U0915786

中国历代皇帝世袭表

朝代	皇帝	年号	公元日期	干支日期	朝代	皇帝	年号	公元日期	干支日期
夏	禹				商	康丁			
	启					武乙			
	太康					文丁			
	仲康					帝乙			
	相					帝辛（纣）			
	少康				西周	周武王姬发		公元前1046年	乙未年
	予					周成王姬诵		公元前1042年	己亥年
	槐					周康王姬钊		公元前1020年	辛酉年
	芒					周昭王姬瑕		公元前995年	丙戌年
	泄					周穆王姬满		公元前976年	乙巳年
	不降					周共王姬繄扈		公元前922年	己亥年
	扃					周懿王姬囏		公元前899年	壬戌年
	廑					周孝王姬辟方		公元前891年	庚午年
	孔甲					周夷王姬燮		公元前885年	丙子年
	皋					周厉王姬胡		公元前877年	甲申年
	发					周宣王姬静		公元前827年	甲戌年
	桀					周幽王姬宫涅		公元前781年	庚申年
商	汤				东周	周平王姬宜臼		公元前770年	辛未年
	太丁					周桓王姬林		公元前719年	壬戌年
	外丙					周庄王姬佗		公元前696年	乙酉年
	中壬					周釐王姬胡齐		公元前681年	庚子年
	太甲					周惠王姬阆		公元前676年	乙巳年
	沃丁					周襄王姬郑		公元前651年	庚午年
	太庚					周顷王姬壬臣		公元前618年	癸卯年
	小甲					周匡王姬班		公元前612年	己酉年
	雍已					周定王姬瑜		公元前606年	乙卯年
	太戊					周简王姬夷		公元前585年	丙子年
	中丁					周灵王姬泄心		公元前571年	庚寅年
	外壬					周景王姬贵		公元前544年	丁巳年
	河亶甲					周悼王姬猛		公元前520年	辛巳年
	祖乙					周敬王姬匄		公元前519年	壬午年
	祖辛					周元王姬仁		公元前475年	丙寅年
	沃甲					周贞定王姬介		公元前468年	癸酉年
	祖丁					周哀王姬去疾		公元前441年	庚子年
	南庚					周思王姬叔		公元前441年	庚子年
	阳甲					周考王姬嵬		公元前440年	辛丑年
	盘庚					周威烈王姬午		公元前425年	丙辰年
	小辛					周安王姬骄		公元前401年	庚辰年
	小乙					周烈王姬喜		公元前375年	丙午年
	武丁					周显王姬扁		公元前368年	癸丑年
	祖庚					周慎靓王姬定		公元前320年	辛丑年
	祖甲					周赧王姬延		公元前314年	丁未年
	廪辛				秦	秦始皇嬴政		公元前221年	庚辰年

朝代	皇帝	年号	公元日期	干支日期
秦	秦二世嬴胡亥		公元前209年	壬辰年
	秦王嬴子婴		公元前206年	乙未年
西汉	汉高祖刘邦		公元前206年	乙未年
	汉惠帝刘盈		公元前194年	丁未年
	汉文帝刘恒		公元前179年	壬戌年
	汉景帝刘启		公元前156年	乙酉年
	汉武帝刘彻	建元元年	公元前140年	辛丑年
		元光元年	公元前134年	丁未年
		元朔元年	公元前128年	癸丑年
		元狩元年	公元前122年	己未年
		元鼎元年	公元前116年	乙丑年
		元封元年	公元前110年	辛未年
		太初元年	公元前104年	丁丑年
		天汉元年	公元前100年	辛巳年
		太始元年	公元前96年	乙酉年
		征和元年	公元前92年	己丑年
		后元元年	公元前88年	癸巳年
	汉昭帝刘弗陵	始元元年	公元前86年	乙未年
		元凤元年	公元前80年	辛丑年
		元平元年	公元前74年	丁未年
	汉宣帝刘询	本始元年	公元前73年	戊申年
		地节元年	公元前69年	壬子年
		元康元年	公元前65年	丙辰年
		神爵元年	公元前61年	庚申年
		五凤元年	公元前57年	甲子年
		甘露元年	公元前53年	戊辰年
		黄龙元年	公元前49年	壬申年
	汉元帝刘奭	初元元年	公元前48年	癸酉年
		永光元年	公元前43年	戊寅年
		建昭元年	公元前38年	癸未年
		竟宁元年	公元前33年	戊子年
	汉成帝刘骜	建始元年	公元前32年	己丑年
		河平元年	公元前28年	癸巳年
		阳朔元年	公元前24年	丁酉年
		鸿嘉元年	公元前20年	辛丑年
		永始元年	公元前16年	乙巳年
		元延元年	公元前12年	己酉年
		绥和元年	公元前8年	癸丑年
	汉哀帝刘欣	建平元年	公元前6年	乙卯年
		太初元将元年	公元前5年	丙辰年
		建平二年	公元前5年	丙辰年
		元寿元年	公元前2年	己未年
	汉平帝刘衎	元始元年	公元1年	辛酉年

朝代	皇帝	年号	公元日期	干支日期
西汉	汉孺帝刘子婴	居摄元年	公元6年	丙寅年
		初始元年	公元8年	戊辰年
东汉	王莽	始建国元年	公元9年	己巳年
		天凤元年	公元14年	甲戌年
		地皇元年	公元20年	庚辰年
	汉光武帝刘秀	建武元年	公元25年	乙酉年
		建武中元元年	公元56年	丙辰年
	汉明帝刘庄	永平元年	公元58年	戊午年
	汉章帝刘炟	建初元年	公元76年	丙子年
		元和元年	公元84年	甲申年
		章和元年	公元87年	丁亥年
	汉和帝刘肇	永元元年	公元89年	己丑年
		元兴元年	公元105年	乙巳年
	汉殇帝刘隆	延平元年	公元106年	丙午年
	汉安帝刘祜	永初元年	公元107年	丁未年
		元初元年	公元114年	甲寅年
		永宁元年	公元120年	庚申年
		建光元年	公元121年	辛酉年
		延光元年	公元122年	壬戌年
	汉顺帝刘保	永建元年	公元126年	丙寅年
		阳嘉元年	公元132年	壬申年
		永和元年	公元136年	丙子年
		汉安元年	公元142年	壬午年
		建康元年	公元144年	甲申年
	汉冲帝刘炳	永憙元年	公元145年	乙酉年
	汉质帝刘缵	本初元年	公元146年	丙戌年
	汉桓帝刘志	建和元年	公元147年	丁亥年
		和平元年	公元150年	庚寅年
		元嘉元年	公元151年	辛卯年
		永兴元年	公元153年	癸巳年
		永寿元年	公元155年	乙未年
		延熹元年	公元158年	戊戌年
		永康元年	公元167年	丁未年
	汉灵帝刘宏	建宁元年	公元168年	戊申年
		熹平元年	公元172年	壬子年
		光和元年	公元178年	戊午年
		中平元年	公元184年	甲子年
	汉献帝刘协	永汉元年	公元189年	己巳年
		初平元年	公元190年	庚午年
		兴平元年	公元194年	甲戌年
		建安元年	公元196年	丙子年
		延康元年	公元220年	庚子年
	武帝曹操			

中国历代皇帝世袭表（续）

朝代	皇帝	年号	公元日期	干支日期
三国·魏	文帝曹丕	黄初元年	公元220年	庚子年
	明帝曹叡	太和元年	公元227年	丁未年
		青龙元年	公元233年	癸丑年
		景初元年	公元237年	丁巳年
	齐王曹芳	正始元年	公元240年	庚申年
		嘉平元年	公元249年	己巳年
	高贵乡公曹髦	正元元年	公元254年	甲戌年
		甘露元年	公元256年	丙子年
	元帝曹奂	景元元年	公元260年	庚辰年
		咸熙元年	公元264年	甲申年
三国·蜀	昭烈帝刘备	章武元年	公元221年	辛丑年
	后主刘禅	建兴元年	公元223年	癸卯年
		延熙元年	公元238年	戊午年
		景耀元年	公元258年	戊寅年
		炎兴元年	公元263年	癸未年
三国·吴	大帝孙权	黄武元年	公元222年	壬寅年
		黄龙元年	公元229年	己酉年
		嘉禾元年	公元232年	壬子年
		赤乌元年	公元238年	戊午年
		太元元年	公元251年	辛未年
		神凤元年	公元252年	壬申年
	会稽王孙亮	建兴元年	公元252年	壬申年
		五凤元年	公元254年	甲戌年
		太平元年	公元256年	丙子年
	景帝孙休	永安元年	公元258年	戊寅年
	末帝孙皓	元兴元年	公元264年	甲申年
		甘露元年	公元265年	乙酉年
		宝鼎元年	公元266年	丙戌年
		建衡元年	公元269年	己丑年
		凤凰元年	公元272年	壬辰年
		天册元年	公元275年	乙未年
		天玺元年	公元276年	丙申年
		天纪元年	公元277年	丁酉年
西晋	晋武帝司马炎	泰始元年	公元265年	乙酉年
		咸宁元年	公元275年	乙未年
		太康元年	公元280年	庚子年
		太熙元年	公元290年	庚戌年
	晋惠帝司马衷	永熙元年	公元290年	庚戌年
		永平元年	公元291年	辛亥年
		元康元年	公元291年	辛亥年
		永康元年	公元300年	庚申年
		永宁元年	公元301年	辛酉年
		太安元年	公元302年	壬戌年
西晋		永安元年	公元304年	甲子年
		建武元年	公元304年	甲子年
		永兴元年	公元304年	甲子年
		光熙元年	公元306年	丙寅年
	晋怀帝司马炽	永嘉元年	公元307年	丁卯年
	晋愍帝司马邺	建兴元年	公元313年	癸酉年
东晋	晋元帝司马睿	建武元年	公元317年	丁丑年
		大兴元年	公元318年	戊寅年
		永昌元年	公元322年	壬午年
	晋明帝司马绍	太宁元年	公元323年	癸未年
	晋成帝司马衍	咸和元年	公元326年	丙戌年
		咸康元年	公元335年	乙未年
	晋康帝司马岳	建元元年	公元343年	癸卯年
	晋穆帝司马聃	永和元年	公元345年	乙巳年
		升平元年	公元357年	丁巳年
	晋哀帝司马丕	隆和元年	公元362年	壬戌年
		兴宁元年	公元363年	癸亥年
	晋废帝司马奕	太和元年	公元366年	丙寅年
	晋简文帝司马昱	咸安元年	公元371年	辛未年
	晋孝武帝司马曜	宁康元年	公元373年	癸酉年
		太元元年	公元376年	丙子年
	晋安帝司马德宗	隆安元年	公元397年	丁酉年
		元兴元年	公元402年	壬寅年
		义熙元年	公元405年	乙巳年
	晋恭帝司马德文	元熙元年	公元419年	己未年
南朝·宋	宋武帝刘裕	永初元年	公元420年	庚申年
	宋少帝刘义符	景平元年	公元423年	癸亥年
	宋文帝刘义隆	元嘉元年	公元424年	甲子年
	宋孝武帝刘骏	孝建元年	公元454年	甲午年
		大明元年	公元457年	丁酉年
	宋前废帝刘子业	永光元年	公元465年	乙巳年
		景和元年	公元465年	乙巳年
	宋明帝刘彧	泰始元年	公元465年	乙巳年
		泰豫元年	公元472年	壬子年
	宋后废帝刘昱	元徽元年	公元473年	癸丑年
	宋顺帝刘準	昇明元年	公元477年	丁巳年
南朝·齐	齐高帝萧道成	建元元年	公元479年	己未年
	齐武帝萧赜	永明元年	公元483年	癸亥年
	齐鬱林王萧昭业	隆昌元年	公元494年	甲戌年
	齐海陵王萧昭文	延兴元年	公元494年	甲戌年
	齐明帝萧鸾	建武元年	公元494年	甲戌年
		永泰元年	公元498年	戊寅年
	齐东昏侯萧宝卷	永元元年	公元499年	己卯年

朝代	皇帝	年号	公元日期	干支日期
	齐和帝萧宝融	中兴元年	公元501年	辛巳年
南朝·梁	梁武帝萧衍	天监元年	公元502年	壬午年
		普通元年	公元520年	庚子年
		大通元年	公元527年	丁未年
		中大通元年	公元529年	己酉年
		大同元年	公元535年	乙卯年
		中大同元年	公元546年	丙寅年
		太清元年	公元547年	丁卯年
	梁简文帝萧纲	大宝元年	公元550年	庚午年
	梁豫章王萧栋	天正元年	公元551年	辛未年
	梁元帝萧绎	承圣元年	公元552年	壬申年
	梁贞阳侯萧渊明	天成元年	公元555年	乙亥年
	梁敬帝萧方智	绍泰元年	公元555年	乙亥年
		太平元年	公元556年	丙子年
南朝·陈	陈武帝陈霸先	永定元年	公元557年	丁丑年
	陈文帝陈蒨	天嘉元年	公元560年	庚辰年
		天康元年	公元566年	丙戌年
	陈废帝陈伯宗	光大元年	公元567年	丁亥年
	陈宣帝陈顼	太建元年	公元569年	己丑年
	陈后主陈叔宝	至德元年	公元583年	癸卯年
		祯明元年	公元587年	丁未年
北朝·北魏	道武帝拓跋珪	登国元年	公元386年	丙戌年
		皇始元年	公元396年	丙申年
		天兴元年	公元398年	戊戌年
		天赐元年	公元404年	甲辰年
	明元帝拓跋嗣	永兴元年	公元409年	己酉年
		神瑞元年	公元414年	甲寅年
		泰常元年	公元416年	丙辰年
	太武帝拓跋焘	始光元年	公元424年	甲子年
		神䴥元年	公元428年	戊辰年
		延和元年	公元432年	壬申年
		太延元年	公元435年	乙亥年
		太平真君元年	公元440年	庚辰年
		正平元年	公元451年	辛卯年
	南安王拓跋余	承平元年	公元452年	壬辰年
	文成帝拓跋濬	兴安元年	公元452年	壬辰年
		兴光元年	公元454年	甲午年
		太安元年	公元455年	乙未年
		和平元年	公元460年	庚子年
	献文帝拓跋弘	天安元年	公元466年	丙午年
		皇兴元年	公元467年	丁未年
	孝文帝元宏	延兴元年	公元471年	辛亥年
		承明元年	公元476年	丙辰年

朝代	皇帝	年号	公元日期	干支日期
北朝·北魏		太和元年	公元477年	丁巳年
	宣武帝元恪	景明元年	公元500年	庚辰年
		正始元年	公元504年	甲申年
		永平元年	公元508年	戊子年
		延昌元年	公元512年	壬辰年
	孝明帝元诩	熙平元年	公元516年	丙申年
		神龟元年	公元518年	戊戌年
		正光元年	公元520年	庚子年
		孝昌元年	公元525年	乙巳年
		武泰元年	公元528年	戊申年
	孝庄帝元子攸	建义元年	公元528年	戊申年
		永安元年	公元528年	戊申年
	长广王元晔	建明元年	公元530年	庚戌年
	节闵帝元恭	普泰元年	公元531年	辛亥年
	安定王元朗	中兴元年	公元531年	辛亥年
	孝武帝元修	太昌元年	公元532年	壬子年
		永兴元年	公元532年	壬子年
		永熙元年	公元532年	壬子年
北朝·东魏	孝静帝元善见	天平元年	公元534年	甲寅年
		元象元年	公元538年	戊午年
		兴和元年	公元539年	己未年
		武定元年	公元543年	癸亥年
北朝西魏	文帝元宝炬	大统元年	公元535年	乙卯年
	废帝元钦		公元552年	壬申年
	恭帝拓跋廓		公元554年	甲戌年
北朝·北齐	文宣帝高洋	天保元年	公元550年	庚午年
	废帝高殷	乾明元年	公元560年	庚辰年
	孝昭帝高演	皇建元年	公元560年	庚辰年
	武成帝高湛	太宁元年	公元561年	辛巳年
		河清元年	公元562年	壬午年
	后主高纬	天统元年	公元565年	乙酉年
		武平元年	公元570年	庚寅年
		隆化元年	公元576年	丙申年
	幼主高恒	承光元年	公元577年	丁酉年
北朝·北周	孝闵帝宇文觉		公元557年	丁丑年
	明帝宇文毓	武成元年	公元559年	己卯年
	武帝宇文邕	保定元年	公元561年	辛巳年
		天和元年	公元566年	丙戌年
		建德元年	公元572年	壬辰年
		宣政元年	公元578年	戊戌年
	宣帝宇文赟	大成元年	公元579年	己亥年
	静帝宇文阐	大象元年	公元579年	己亥年
		大定元年	公元581年	辛丑年

中国历代皇帝世袭表（续）

朝代	皇 帝	年 号	公元日期	干支日期
隋	隋文帝杨坚	开皇元年	公元581年	辛丑年
		仁寿元年	公元601年	辛酉年
	隋炀帝杨广	大业元年	公元605年	乙丑年
	隋恭帝杨侑	义宁元年	公元617年	丁丑年
唐	唐高祖李渊	武德元年	公元618年	戊寅年
	唐太宗李世民	贞观元年	公元627年	丁亥年
	唐高宗李治	永徽元年	公元650年	庚戌年
		显庆元年	公元656年	丙辰年
		龙朔元年	公元661年	辛酉年
		麟德元年	公元664年	甲子年
		乾封元年	公元666年	丙寅年
		总章元年	公元668年	戊辰年
		咸亨元年	公元670年	庚午年
		上元元年	公元674年	甲戌年
		仪凤元年	公元676年	丙子年
		调露元年	公元679年	己卯年
		永隆元年	公元680年	庚辰年
		开耀元年	公元681年	辛巳年
		永淳元年	公元682年	壬午年
		弘道元年	公元683年	癸未年
	唐中宗李显	嗣圣元年	公元684年	甲申年
	唐睿宗李旦	文明元年	公元684年	甲申年
	武则天	光宅元年	公元684年	甲申年
		垂拱元年	公元685年	乙酉年
		永昌元年	公元689年	己丑年
		载初元年	公元689年	己丑年
		天授元年	公元690年	庚寅年
		如意元年	公元692年	壬辰年
		长寿元年	公元692年	壬辰年
		延载元年	公元694年	甲午年
		证圣元年	公元695年	乙未年
		天册万岁元年	公元695年	乙未年
		万岁登封元年	公元696年	丙申年
		万岁通天元年	公元696年	丙申年
		神功元年	公元697年	丁酉年
		圣历元年	公元698年	戊戌年
		久视元年	公元700年	庚子年
		大足元年	公元701年	辛丑年
		长安元年	公元701年	辛丑年
	唐中宗李显	神龙元年	公元705年	乙巳年
		景龙元年	公元707年	丁未年
	唐少帝李重茂	唐隆元年	公元710年	庚戌年
	唐睿宗李旦	景云元年	公元710年	庚戌年
唐		太极元年	公元712年	壬子年
		延和元年	公元712年	壬子年
	唐玄宗李隆基	先天元年	公元712年	壬子年
		开元元年	公元713年	癸丑年
		天宝元年	公元742年	壬午年
	唐肃宗李亨	至德元年	公元756年	丙申年
		乾元元年	公元758年	戊戌年
		上元元年	公元760年	庚子年
	唐代宗李豫	宝应元年	公元762年	壬寅年
		广德元年	公元763年	癸卯年
		永泰元年	公元765年	乙巳年
		大历元年	公元766年	丙午年
	唐德宗李适	建中元年	公元780年	庚申年
		兴元元年	公元784年	甲子年
		贞元元年	公元785年	乙丑年
	唐顺宗李诵	永贞元年	公元805年	乙酉年
	唐宪宗李纯	元和元年	公元806年	丙戌年
	唐穆宗李恒	长庆元年	公元821年	辛丑年
	唐敬宗李湛	宝历元年	公元825年	乙巳年
	唐文宗李昂	太和元年	公元827年	丁未年
	唐武宗李炎	会昌元年	公元841年	辛酉年
	唐宣宗李忱	大中元年	公元847年	丁卯年
	唐懿宗李漼	咸通元年	公元860年	庚辰年
	唐僖宗李儇	乾符元年	公元874年	甲午年
		广明元年	公元880年	庚子年
		中和元年	公元881年	辛丑年
		光启元年	公元885年	乙巳年
		文德元年	公元888年	戊申年
	唐昭宗李晔	龙纪元年	公元889年	己酉年
		大顺元年	公元890年	庚戌年
		景福元年	公元892年	壬子年
		乾宁元年	公元894年	甲寅年
		光化元年	公元898年	戊午年
		天复元年	公元901年	辛酉年
	唐哀帝李柷	天佑元年	公元904年	甲子年
五代·后梁	太祖朱温	开平元年	公元907年	丁卯年
		乾化元年	公元911年	辛未年
	郢王朱友珪	凤历元年	公元913年	癸酉年
	末帝朱友贞	乾化三年	公元913年	癸酉年
		贞明元年	公元915年	乙亥年
		龙德元年	公元921年	辛巳年
五代后唐	庄宗李存勖	同光元年	公元923年	癸未年
	明宗李嗣源	天成元年	公元926年	丙戌年

朝代	皇帝	年号	公元日期	干支日期
五代后唐		长兴元年	公元930年	庚寅年
	闵帝李从厚	应顺元年	公元934年	甲午年
	末帝李从珂	清泰元年	公元934年	甲午年
五代后晋	高祖石敬瑭	天福元年	公元936年	丙申年
	出帝石重贵	开运元年	公元944年	甲辰年
五代后汉	高祖刘知远	天福十二年	公元947年	丁未年
		乾祐元年	公元948年	戊申年
	隐帝刘承祐	乾祐元年	公元948年	戊申年
五代后周	太祖郭威	广顺元年	公元951年	辛亥年
		显德元年	公元954年	甲寅年
	世宗柴荣	显德元年	公元954年	甲寅年
	恭帝柴宗训	显德六年	公元959年	己未年
南唐	烈祖李昪	升元元年	公元937年	丁酉年
	元宗李璟	保大元年	公元943年	癸卯年
		中兴元年	公元958年	戊午年
		交泰元年	公元958年	戊午年
		显德五年(北周)	公元958年	戊午年
		建隆元年(北宋)	公元960年	庚申年
	后主李煜	建隆二年(北宋)	公元961年	辛酉年
		乾隆元年(北宋)	公元963年	癸亥年
		开宝元年(北宋)	公元968年	戊辰年
北宋	宋太祖赵匡胤	建隆元年	公元960年	庚申年
		乾德元年	公元963年	癸亥年
		开宝元年	公元968年	戊辰年
	宋太宗赵光义	太平兴国元年	公元976年	丙子年
		雍熙元年	公元984年	甲申年
		端拱元年	公元988年	戊子年
		淳化元年	公元990年	庚寅年
		至道元年	公元995年	乙未年
	宋真宗赵恒	咸平元年	公元998年	戊戌年
		景德元年	公元1004年	甲辰年
		大中祥符元年	公元1008年	戊申年
		天禧元年	公元1017年	丁巳年
		乾兴元年	公元1022年	壬戌年
	宋仁宗赵祯	天圣元年	公元1023年	癸亥年
		明道元年	公元1032年	壬申年
		景祐元年	公元1034年	甲戌年
		宝元元年	公元1038年	戊寅年
		康定元年	公元1040年	庚辰年
		庆历元年	公元1041年	辛巳年
		皇祐元年	公元1049年	己丑年
		至和元年	公元1054年	甲午年
		嘉祐元年	公元1056年	丙申年

朝代	皇帝	年号	公元日期	干支日期
北宋	宋英宗赵曙	治平元年	公元1064年	甲辰年
	宋神宗赵顼	熙宁元年	公元1068年	戊申年
		元丰元年	公元1078年	戊午年
	宋哲宗赵煦	元祐元年	公元1086年	丙寅年
		绍圣元年	公元1094年	甲戌年
		元符元年	公元1098年	戊寅年
	宋徽宗赵佶	建中靖国元年	公元1101年	辛巳年
		崇宁元年	公元1102年	壬午年
南宋		大观元年	公元1107年	丁亥年
		政和元年	公元1111年	辛卯年
		重和元年	公元1118年	戊戌年
		宣和元年	公元1119年	己亥年
	宋钦宗赵桓	靖康元年	公元1126年	丙午年
	宋高宗赵构	建炎元年	公元1127年	丁未年
		绍兴元年	公元1131年	辛亥年
	宋孝宗赵昚	隆兴元年	公元1163年	癸未年
		乾道元年	公元1165年	乙酉年
		淳熙元年	公元1174年	甲午年
	宋光宗赵惇	绍熙元年	公元1190年	庚戌年
	宋宁宗赵扩	庆元元年	公元1195年	乙卯年
		嘉泰元年	公元1201年	辛酉年
		开禧元年	公元1205年	乙丑年
		嘉定元年	公元1208年	戊辰年
	宋理宗赵昀	宝庆元年	公元1225年	乙酉年
		绍定元年	公元1228年	戊子年
		端平元年	公元1234年	甲午年
		嘉熙元年	公元1237年	丁酉年
		淳祐元年	公元1241年	辛丑年
		宝祐元年	公元1253年	癸丑年
		开庆元年	公元1259年	己未年
		景定元年	公元1260年	庚申年
	宋度宗赵禥	咸淳元年	公元1265年	乙丑年
	宋恭宗赵㬎	德祐元年	公元1275年	乙亥年
	宋端宗赵昰	景炎元年	公元1276年	丙子年
	宋卫王赵昺	祥兴元年	公元1278年	戊寅年
辽	辽太祖耶律阿保机	神册元年	公元916年	丙子年
		天赞元年	公元922年	壬午年
		天显元年	公元926年	丙戌年
	辽太宗耶律德光	天显二年	公元927年	丁亥年
		会同元年	公元938年	戊戌年
		大同元年	公元947年	丁未年
	辽世宗耶律阮	天禄元年	公元947年	丁未年
	辽穆宗耶律璟	应历元年	公元951年	辛亥年

中国历代皇帝世袭表（续）

朝代	皇帝	年号	公元日期	干支日期
辽	辽景宗耶律贤	保宁元年	公元969年	己巳年
		乾亨元年	公元979年	己卯年
	辽圣宗耶律隆绪	统和元年	公元983年	癸未年
		开泰元年	公元1012年	壬子年
		太平元年	公元1021年	辛酉年
	辽兴宗耶律宗真	景福元年	公元1031年	辛未年
		重熙元年	公元1032年	壬申年
	辽道宗耶律洪基	清宁元年	公元1055年	乙未年
		咸雍元年	公元1065年	乙巳年
		大康元年	公元1075年	乙卯年
		大安元年	公元1085年	乙丑年
		寿昌元年	公元1095年	乙亥年
	辽天祚帝耶律延禧	乾统元年	公元1101年	辛巳年
		天庆元年	公元1111年	辛卯年
		保大元年	公元1121年	辛丑年
金	金太祖完颜阿骨打	收国元年	公元1115年	乙未年
		天辅元年	公元1117年	丁酉年
	金太宗完颜晟	天会元年	公元1123年	癸卯年
	金熙宗完颜亶	天会十三年	公元1135年	乙卯年
		天眷元年	公元1138年	戊午年
		皇统元年	公元1141年	辛酉年
	海陵王完颜亮	天德元年	公元1149年	己巳年
		贞元元年	公元1153年	癸酉年
		正隆元年	公元1156年	丙子年
	金世宗完颜雍	大定元年	公元1161年	辛巳年
	金章宗完颜璟	明昌元年	公元1190年	庚戌年
		承安元年	公元1196年	丙辰年
		泰和元年	公元1201年	辛酉年
	卫绍王完颜永济	大安元年	公元1209年	己巳年
	金宣宗完颜珣	贞祐元年	公元1213年	癸酉年
		兴定元年	公元1217年	丁丑年
		元光元年	公元1222年	壬午年
	金哀宗完颜守绪	正大元年	公元1224年	甲申年
		天兴元年	公元1232年	壬辰年
	金末帝完颜承麟	天兴三年	公元1234年	甲午年
元	元太祖铁木真		公元1206年	丙寅年
	元太宗窝阔台		公元1229年	己丑年
	元宪宗蒙哥		公元1251年	辛亥年
	元世祖忽必烈	中统元年	公元1260年	庚申年
		至元元年	公元1264年	甲子年
	元成宗铁穆耳	元贞元年	公元1295年	乙未年
		大德元年	公元1297年	丁酉年
	元武宗海山	至大元年	公元1308年	戊申年
元	元仁宗爱育黎拔力八达	皇庆元年	公元1312年	壬子年
		延祐元年	公元1314年	甲寅年
	元英宗硕德八剌	至治元年	公元1321年	辛酉年
	元泰定帝也孙铁木耳	泰定元年	公元1324年	甲子年
		致和元年	公元1328年	戊辰年
	天顺帝阿速吉八	天顺元年	公元1328年	戊辰年
	元文宗图帖睦耳	天历元年	公元1328年	戊辰年
		至顺元年	公元1330年	庚午年
	元惠宗妥懽帖睦尔	元统元年	公元1333年	癸酉年
		至元元年	公元1335年	乙亥年
		至正元年	公元1341年	辛巳年
明	明太祖朱元璋	洪武元年	公元1368年	戊申年
	明惠帝朱允炆	建文元年	公元1399年	己卯年
	明成祖朱棣	永乐元年	公元1403年	癸未年
	明仁宗朱高炽	洪熙元年	公元1425年	乙巳年
	明宣宗朱瞻基	宣德元年	公元1426年	丙午年
	明英宗朱祁镇	正统元年	公元1436年	丙辰年
	明代宗朱祁钰	景泰元年	公元1450年	庚午年
	明英宗朱祁镇	天顺元年	公元1457年	丁丑年
	明宪宗朱见深	成化元年	公元1465年	乙酉年
	明孝宗朱祐樘	弘治元年	公元1488年	戊申年
	明武宗朱厚照	正德元年	公元1506年	丙寅年
	明世宗朱厚熜	嘉靖元年	公元1522年	壬午年
	明穆宗朱载垕	隆庆元年	公元1567年	丁卯年
	明神宗朱翊钧	万历元年	公元1573年	癸酉年
	明光宗朱常洛	泰昌元年	公元1620年	庚申年
	明熹宗朱由校	天启元年	公元1621年	辛酉年
	明思宗朱由检	崇祯元年	公元1628年	戊辰年
清	清太祖努尔哈赤	天命元年	公元1616年	丙辰年
	清太宗皇太极	天聪元年	公元1627年	丁卯年
		崇德元年	公元1636年	丙子年
	清世祖福临	顺治元年	公元1644年	甲申年
	清圣祖玄烨	康熙元年	公元1662年	壬寅年
	清世宗胤禛	雍正元年	公元1723年	癸卯年
	清高宗弘历	乾隆元年	公元1736年	丙辰年
	清仁宗颙琰	嘉庆元年	公元1796年	丙辰年
	清宣宗旻宁	道光元年	公元1821年	辛巳年
	清文宗奕詝	咸丰元年	公元1851年	辛亥年
	清穆宗载淳	同治元年	公元1862年	壬戌年
	清德宗载湉	光绪元年	公元1875年	乙亥年
	清溥仪	宣统元年	公元1909年	己酉年

至高的权谋和襟怀

诸子百家智慧箴言书丛

帝王治国语录

（全彩典藏图本）

何运忠／译解

为君之道，牧民之术，治国之策，庙堂之上千年回响的九鼎之声。

【原文】为政之要，务全其本。若中国不静，远夷虽至，亦何所益。——《唐太宗文集·政本论》【译文】治理国家的首要任务，务必要保全其根本，如果中原地区不安定，远方夷狄即使来朝拜，又有何益处呢？【原文】立国之初，当先正纪纲。元氏暗弱，威福不移，驯至于乱，今宜鉴之。——《明史·本纪·太祖》【译文】建国家之初，首先要端正纪纲。元朝昏暗衰弱，权威与福祐下移到臣子那里，逐渐发展为动乱，今天应该以此为鉴。【原文】均田之法，势必致贫者未富，富者先贫。我君臣唯崇俭朴，知愧知惧，使四民则效而已。——《清史稿·本纪·高宗》【译解】均田制的法令，势必致使贫困的还未富，富裕的先贫困。我们君臣唯

重庆出版集团　重庆出版社

图书在版编目（CIP）数据

帝王治国语录 / 何运忠译解. —重庆：重庆出版社，2009.4
ISBN 978-7-229-00056-1

Ⅰ. 帝… Ⅱ. 何… Ⅲ. 帝王—政治—谋略—中国—古代
Ⅳ. D691

中国版本图书馆 CIP 数据核字（2008）第 157199 号

帝王治国语录

DIWANGZHIGUOYULU

何运忠　译解

出 版 人：罗小卫
策　　划：刘太亨　刘 嘉
责任编辑：陈红兵
责任校对：刘向东
技术设计：日日新

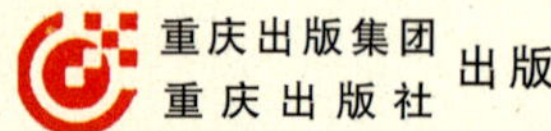

出版

重庆长江二路 205 号　邮编：400016　http://www.cqph.com
重庆海阔特彩色数码分色有限公司制版
重庆长虹印务有限公司印刷
（重庆长江一路 69 号　邮编：400014）
重庆出版集团图书发行有限公司发行
E-MAIL：fxchu@cqph.com　邮购电话：023-68809452
全国新华书店经销

开本：787mm × 1092mm　1/16　印张：27　字数：475 千
2009 年 4 月第 1 版　2009 年 4 月第 1 次印刷
印数：1 — 10 000
ISBN 978-7-229-00056-1
定价：65.00 元

前言

帝，《说文解字》释为“王天下之号也”， 宗教或神话中称为主宰万物的神；古人想象中，帝也是宇宙万物的主宰。王，《说文解字》称“天下所归往也”，汉代大儒董仲舒解释道：“古之造文者，三画而连其中谓之王。三者，天、地、人也，而参通之者，王也。”帝和王连成“帝王”一词，即为天地间权力和主宰的象征。秦始皇一统天下之后，便从古代天皇、地皇、泰皇的名号中去掉“天、地、泰”字，留下 “皇”字，采用上古“帝”的号位，自称“皇帝”，赋予帝王雄踞天地的称呼——皇帝。

皇帝所拥有的不仅是雄踞天地的称呼，还拥有至高无上的权力。在法家的思想中，最核心的思想之一就是君主集权制。虽然秦朝实践法家这一思想建立起的君主集权制国家很快就倾覆，但是其后历代帝王都继承了这一制度。中国古代史，就是帝王的专制史。中国中央集权制的社会体制既然赋予了帝王崇高的权力，也就决定了帝王在治理国家中的作用。王朝兴也由帝王；衰也由帝王。有人统计过，从秦始皇算起，到清朝为止，中国古代共有帝王四百多位；如果算上秦始皇以前夏、商、周三个朝代和春秋战国时代的王、公、侯，中国帝王应该有八百多位。这近千位帝王掌控了中国几千年的历史，演绎了无数王朝的更替，把国家由古代带到了近现代。

历史没有完全重复的一页，历代帝王在治理国家时也没有始终如一的方略。他们面临错综复杂的国情，必然会采取不同的治国措施，他们的话语，就是他们治国思想的体现。一部中国帝王语录，犹如一面镜戒，反映出帝王治理国家的成败得失。

开国之君，往往带有一股霸气，话语铿锵有力，掷地有声，给人以振奋；圣贤明君，大都聪明睿智，言语深邃，寓有哲理，给人以启迪；骄横的君王，几乎都出言不逊，夸夸其谈，伴随他的都是战争和流血；亡国之君，感慨时事，痛陈悔言，令人悲戚落泪……

我们在帝王语录中发现，即使是昏庸荒淫的国君，除了极少数无知至极的君王外，在“励精图治，任人唯贤，亲民爱民，鼓励农桑”等基本国策上大都有普遍的认同，这也许是家天下的一种责任感所致。《诗·小雅·北山》曰“普天之下，莫非王土；率土之滨，莫非王臣”，诗句真实地反映了帝王们的心态，在他们的眼里，国就是家，整个天下都是他们的产业。作为产业的经营者，帝王一般都想把国家经营得风调雨顺，蒸蒸日上，即使是追求享乐、对祖宗江山不以为然的昏君，坐在庙堂之上，一般也不敢公开胡言乱语。因为家天下对他们有一种动力，而愧对祖先也是他们的一个畏惧。所以，我们在帝王语录中，还是可以看到他们经营国家的智慧和处置事件的精思。当然，也有很多无知和愚昧的话语，不过也可以给人以借鉴，从中吸取很多教训。

这部帝王语录，从《尚书》《礼记》《唐太宗集》《二十四史》《清史稿》等史籍中精选了自夏朝开国帝王禹到清代帝王光绪帝止，历史上百余位重要帝王的近千条话语，全面反映了他们的思想、理论、措施、方略。特别是他们在处理具体事件时的思考和决断，以及对臣子的训箴，都是弥足珍贵的翎羽。每条语录，我们都作了翻译，并提供了相关的时间背景，进行了精当的点评，为大家开辟了一条全面窥视古代帝王治国法宝的新途径。

牧民

为君

目录

诸侯（皇亲）

目录

君臣

吏治

修德

谋略

目录

礼仪

立志

赏罚

目录

人才

刑法

军事

附录

治 国

帝王作为国家元首，集国家大权于一身，治国应该是其首要任务。历代帝王选择继承人也首先考虑其治理国家的能力。因为在封建社会里，国就是家，是他们的家天下。任何一个想有所作为的帝王，都会思考治国良策，寻找治国方略。

历史呈现出多样性，各朝各代社会各不相同，面对纷复繁杂的现实，历朝帝王既坚持了治国的基本原理，又采用切合实情的治国方针，推动了中华民族历史的发展。

民之所欲，天必从之（周武王　姬发）

【原文】

天矜于民，民之所欲，天必从之。尔尚弼予一人，永清四海。时哉弗可失！

——《尚书·泰誓上》

【译解】

上天是爱怜百姓的，百姓想得到的东西，上天必定要顺从。你们一定要辅佐我，长久清除天下的罪恶。一定不要失去时机啊！

这段话选自周武王在孟津的誓词。古代，人们对天意非常遵从，周武王从人们的这个心理出发，认为上天是爱

牧野之战

牧野之战，即商周之际周武王率军直捣商都朝歌（今河南淇县），在牧野（今淇县以南卫河以北地区）大破商军、灭亡商朝的一次战略决战。商王朝在纣王的统治下，政治腐败、刑罚酷虐，连年对外用兵，民众负担沉重，痛苦不堪，贵族内部矛盾尖锐，导致了整个社会动荡不安的混乱局面。而商的西方属国周，在牧野之战展开之前，周文王就积极采取措施，积善行德，裕民富国，为此战役的胜利奠定了基础。

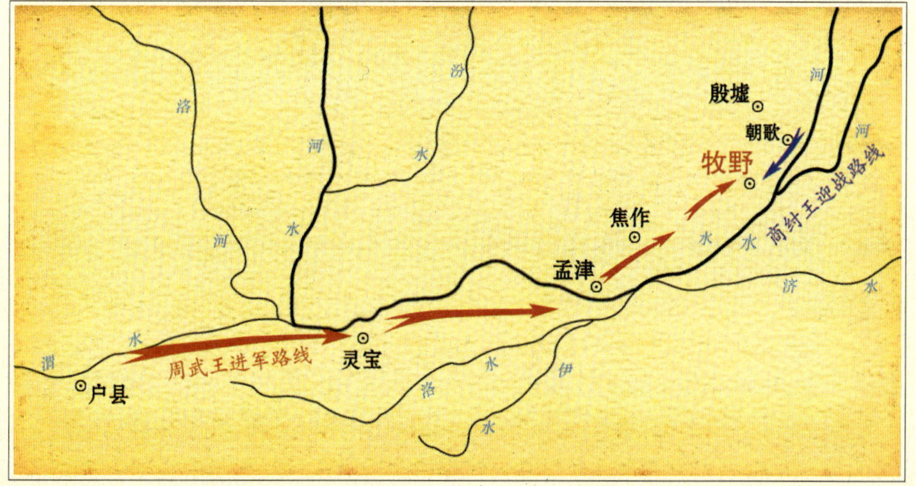

周武王

周武王姬发（？—前1043年），名发，谥号武王，周文王姬昌次子，中国西周第一代帝王。周文王生前早有灭商的打算，武王即位后，继承父亲遗愿，重用姜尚、周公、召公等人治理国家，使周朝日益强盛。并于公元前11世纪消灭殷商王朝，夺取全国政权，建立了西周王朝，定都镐京（今陕西西安西南）。他表现出卓越的军事、政治才能，成为中国历史上一代名君。

民的，指出顺民即顺天，消灭商纣王就是顺天，他借天意来笼络百姓。

文中的弼，即辅佐。予一人，古时天子的自称。

【原文】

告女：维天不飨殷，自发未生于今六十年，麋鹿在牧，蜚鸿满野。天不享殷，乃今有成。维天建殷，其登名民三百六十夫，不显亦不宾灭，以至今。我未定天保，何暇寐！定天保，依天室，悉求夫恶，贬从殷王受。日夜劳来，定我西土，我维显服，及德方明。自洛汭延于伊汭，居易毋固，其有夏之居。我南望三涂，北望岳鄙，顾詹有河，粤詹雒、伊，毋远天室。

——《史记·周本纪》

【译解】

告诉你，上天不接受殷的享祭让它灭亡，自我没有降生到现在六十年，麋鹿散在郊野，飞虫铺满大地。上天不接受殷的享祭降下灾难，今天才有了周的成功。上天建立了殷国，登记的贤人就有三百六十名，既不重用也不废弃，所以能维持到今天。我还没有得到上天的保佑，哪有闲暇睡觉呢！得到天的保佑，依靠上天，把恶人都找出来，都像殷王那样加以贬责。日夜慰劳人民，安我周土。我要把事情办好，直到我的德行显扬四方。从洛水的河湾到伊水的河湾，居住在平坦之处没有险隘，这是夏人居住的地方。我向南可以望见三涂山，向北可以望见太行山，回首可以看见黄河，看到洛水、伊水，不要远离上天。

周武王灭掉纣后，召集九州之长，登上豳的高地。回到周后，晚上彻夜不眠。周公旦问他为何不睡觉，于是他作了上述回答。表明他考虑要任用贤人去治理好国家。

文中的飨是指祭祀。暇，闲暇。寐，睡觉。

制治于未乱，保邦于未危

（周成王　姬诵）

【原文】

弗吊，天降割于我家，不少延。洪惟我幼冲人，嗣无疆大历服。弗造哲，迪民康，矧曰其有能格知天命？已！予惟

商周时期重要的农事活动——采桑

据《尚书》记载，西周时期，采桑养蚕已普及到黄河中下游地区。《诗经·魏风·十亩之间》有文：“十亩之间，桑者闲闲兮。”可见，采桑、养蚕已成为当时很重要的农事活动。

顾　命

晚《书》传云："临终之命曰顾命。"成王在病重将死时，命忠心耿耿的召公毕公率诸侯协助康王共同治理天下；并告诫他们应学习先主安定民生，普施教化，爱民如子，如此一来周王朝方能巍然不动。这幅画描绘的就是成王驾崩前嘱咐诸侯协助康王的场景。

小子，若涉渊水，予惟往求朕攸济。敷贲敷前人受命，兹不忘大功。予不敢闭于天降威，用宁王遗我大宝龟，绍天明。

——《尚书·大诰》

【译解】

上天降灾，没有间断。我这年轻人，继承了伟大长久的王业。我未遇明智之人来使百姓安定，更何况有那晓知天命的人呢？ 唉，我小小年纪，如果要涉深渊，就只想去寻找涉水的办法，大宝龟助先王接受天命，而今仍不忘其开国之大功。在上天降灾时，我不敢还闭藏它，我要用文王遗留给我的大宝龟，卜问天命。

这段话选自周成王将命周公征讨武庚、管叔、蔡叔时的告谕。他述说自己年纪轻轻就继承了王位，决心将通过占卜，来询问解决叛乱之法。这是他利用占卜来树立威信。

文中的幼冲人意为年轻人，这里是成王自指。大历服，伟大而长久的事业，即王业。攸济，渡河的办法。宁王指的是文王。天明即天命。

【原文】

惟曰：若稽田，既勤敷菑，惟其陈修，为厥疆畎，若作室家，既勤垣墉，惟其涂塈茨，若作梓材，既勤斲朴，惟其涂丹雘。

——《尚书·梓材》

【译解】

我想，治理国家和种田一样，既然辛勤地垦地、播种，就应当想到整治土地，修好田界，挖好水渠。如同修建房屋，已经辛劳地筑好墙，就要涂好泥和盖好屋。如

六卿分职

周王安抚万邦，巡守侯甸，四处征讨不来朝贡的诸侯，安定百姓，六服群后均奉承德教，他回到宗周之后，就大力督正治事的诸官。设三公，用以讨论治国之大计；分六卿，掌管不同职务，统领下属，用以指导各州牧伯，三公六卿共同完成天下百姓的治安。

八骏图

图中描绘的是周穆王的八匹战马，它们来历不凡，原是武王伐纣定天下后，散放在华山的战马后代，它们仍然保留着祖先的英勇气概。著名的御者造父在学得了一手高超的驾车技术之后，被周穆王相中，为他驾车，而这八匹优良品种的马就是造父从华山上寻觅回来献给穆王的。

同做梓木器具，已经辛劳地刨皮砍形，就要涂好油漆。

这段话选自周成王对康叔的诰词。他用了耕地、挖渠、做梓木器具等许多比喻，说明一定要完成先王的未竟事业。

文中的敷，即布，指播种。陈修，治理。畎，田里的水沟。涂，指一天完成。塈，涂上泥。茨，用茅草来盖房。斲，用斧子砍。朴，削去树皮。丹雘，本指红色的颜料，这里指油漆的彩色装饰。

【原文】

若昔大猷，制治于未乱，保邦于未危。

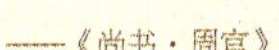
——《尚书·周官》

【译解】

如果按照过去治理国家政事的大法，在国家还未发生动乱时，就要制订政教；还未出现危险时，就要采取措施安邦定国。

这段话选自周成王即位后宣布官制的诰令。他指出要在国家动乱没有出现时及时制定政治措施，这样才能安邦治国，表现了他的远见卓识。

文中的若，意为顺从。大猷，设立官员来治理政事的大法。制治，制定治国的措施。

克左右乱四方（周穆王　姬满）

【原文】

惟予小子嗣守文、武、成、康遗绪，亦惟先正之臣，克左右乱四方。心之忧危，若蹈虎尾，涉于春冰。

——《尚书·君牙》

【译解】

年轻的我继承了文、武、成、康四位君王的遗业，恳切希望先王的大臣助我治理四方。我心里忧患恐惧，就如同用脚踩了老虎的尾巴，也如同行走在春天将融化的冰上。

汉武帝

汉武帝刘彻（前157—前87年），幼名刘彘，是汉朝的第五代皇帝。他7岁被册立为太子，16岁登基，在位五十四年期间，继续推行养生息民政策，进一步削弱诸侯的势力，颁布推恩令，以法制来推动诸侯分封诸子为侯，同时引入了刺史的官级，采贤纳良，监察地方，建立了西汉王朝最辉煌的功业之一。

这段话是周穆王任命君牙为大司徒时所言。他认为自己这么年轻就继位，面对四方的乱象，表达了心中的担忧。借此引起大臣的警惕。

文中的遗绪指先人的遗业。先正的正字是王字之误，应为先王。

上参尧舜，下配三王（汉武帝　刘彻）

【原文】

今朕获奉宗庙，夙兴以求，夜寐以思，若涉渊水，未知所济。猗与伟与！何行而可以章先帝之洪业休德，上参尧舜，下配三王！朕之不敏，不能远德，此子大夫之所睹闻也。贤良明于古今王事之体，受策察问，咸以书对，著之于篇，朕亲览焉。

——《汉书·武帝纪》

【译解】

自从我即位以来，早晚都在寻求思考治国的良策。就如同将涉深渊，还不知涉水的办法。古代圣王的事业多么美好伟大啊！我怎样才能彰显先帝的伟业和美德，往上能够和唐尧虞舜相并立，往下可以和夏禹商汤周文武相匹配呢？我不聪慧，没能够把恩泽施及远方，这是各位大臣所看到和听到的。贤良之士非常了解古代现代国家事务，希望接受我的策问，都以书简来对答，把建议都写在竹简上，我要亲自阅览。

这是元光元年（前134年）汉武帝诏贤良对策中所言。表达了他即位后，要学习古代先贤，与圣人明君并立的志向，以及急于广泛寻求治国良策的心情。

文中的获奉宗庙指即天子位，因为祭祀祖先，天子是主祭人，天子便自称为奉宗庙。贤良，指贤良的文学之士，他们是汉代选拔人才的对象之一。受策察问，指接受策问的考察。汉代就政事、经义等问题设问，写在简策上，让考试的士人回答，称为策问或对策。

以柔道行之（汉光武帝　刘秀）

【原文】

吾理天下，亦欲以柔道行之。

——《后汉书·光武帝纪上》

【译解】

我治理天下，也想采用温和的办法。

汉光武帝于建武十七年回到故乡，受到宗族的款待，与宗族的长辈妇女高兴地饮宴。她们道："文叔少年时谨慎讲信用，不和别人殷勤应酬，是真正温和。今天却也能如此！"汉光武帝

周武王的治国方略

商朝灭亡后，周武王为了收服人心，巩固政权，在政治上采取了许多政策和措施。首先，最大的难点就是如何治理殷商的遗民。为了妥善处理好这个问题，他采取了以殷治殷、分而治之的办法。他封纣王之子武庚为殷侯，继续治理殷商遗民；同时，他还将殷商京城周围的千里之地分为卫、鄘、邶三个小国，封自己的三个弟弟分别治理，负责监视武庚，号称"三监"。他下令释放被纣王囚禁的百姓，修整商朝贤臣比干的坟墓，放出贤臣箕子并恢复其原职。又散发供纣王淫乐奢侈之用的财物、粮食，赈济饥民和贫弱的百姓。通过采取这些措施，殷商之地很快就稳定了下来。其次，他同姜太公、周公旦等商议，采取封邦建国的方略，将古时已有但还未完全形成的宗法制度进一步完善和确定下来。这样，全国就被分成了许多个诸侯国，由周天子分封给在灭商大业中作出了贡献的姬姓亲族和有功之臣，各诸侯必须随时听从天子调遣，定期向天子纳贡、朝贺。

听了大笑，便以此话回答，这反映了他决心以温和措施来治理天下。

夙夜忧危，思改其弊（晋元帝 司马睿）

【原文】

王室多故，奸凶肆暴，皇纲弛坠，颠覆大猷。朕以不德，统承洪绪，夙夜忧危，思改其弊。二千石令长当祗奉旧宪，正身明法，抑齐豪强，存恤孤独，隐实户口，劝课农桑。州牧刺史当互相检察，不得顾私亏公。长吏有志在奉公而不见用者，有贪惏秽浊而以财势自安者，若有不举，当受故纵蔽善之罪，有而不知，当受暗塞之责。各明慎奉行。

——《晋书·帝纪·元帝》

汉光武帝的集权

在重新建立起汉政权后，为了能使权力更为集中，汉光武帝先以优待功臣贵戚为名，将爵位田宅、高官厚禄——赐予那些有功之臣，但却剥夺了他们统帅的军队实权。其次有鉴于西汉前期三公权力过重，汉光武帝虽然也设立了三公之位，但却把所有的行政大权都归在了由皇帝直接指挥的尚书台内。尚书台设尚书令一人，尚书仆射一人，六曹尚书各一人，他们分别掌管各项政务。以下设有丞、郎、令史等官，所有的政令都由尚书台直接禀陈皇帝，由皇帝裁决。从此，“天下事皆上尚书，与人主参决，乃下三（公）府”，“虽置三公，事归台阁”，“三公之职，备员而已”。但是，到了东汉后期，有权势的大臣多加“录尚书事”的职衔，从此权柄再度下移，尚书台又蜕变为权臣专政的工具。在军事制度上，汉光武帝废除了执掌地方兵权的郡国都尉，以后又罢轻车、骑士、材官、楼船士及军假吏，从而达到了取消地方军队的目的。但在某些边远及民族斗争紧张的地区，则设都尉或属国都尉别领。在削弱地方兵权的同时，汉光武帝还逐步扩充中央军，在重要的沿边地区，设有隶属于中央军的边防军。汉光武帝削弱地方军队，加强中央军的措施，不仅使中央集中掌握了镇压人民的武装力量，而且也加强了中央对地方的控制。

【译解】

王室发生了很多变故，奸诈凶暴之徒肆意施暴，朝廷纲纪松弛坠毁，国家大法被颠覆。我的道德不厚，还是继承了帝业，整天都忧虑害怕，思考革除各种弊端。二千石令长应当敬奉原本的礼法，并使自身端正宣明法度，抑制整治豪强，慰问抚恤孤独之民，查实隐瞒了的人口以充实户口，要鼓励从事农业桑业。各州行政长官应当互相检举纠察，不得顾及私利亏损公家。长吏中如果有立志奉公守法还没有被提拔任用的，有贪婪行为、品行秽浊、利用金钱权势维护自己地位的，对这些人不举报的，应当受故意放纵坏人、遮蔽善人罪的惩罚，如果有这些人而

贴金彩绘石雕菩萨立像　　南北朝

南北朝时期社会动荡不安，长期的战乱给人民带来无穷的灾难，统治阶级为了巩固自己的统治并获得精神上的慰藉，大力提倡佛教，使佛法成为了当时主要的精神思想。梁武帝统治的梁代是南朝佛教发展的高峰期，因此出现了大量佛教造像作品，此佛像为这一时期比较典型的菩萨像。

梁武帝

梁武帝萧衍（464—549年），南朝梁的建立者，公元502年至549年在位。字叔达，南兰陵（今江苏常州西北）人。梁武帝是一个多才多艺学识广博的学者。在学术研究和文学创作上的成就，更为突出。史书称他："六艺备闲，棋登逸品，阴阳纬候，卜筮占决，并悉称善。……草隶尺牍，骑射弓马，莫不奇妙。"

不知道，应当受昏暗不明、掩蔽善人罪的惩罚。各位都要明察而慎重行事啊。

这段话选自晋元帝大兴元年（318年）七月的诏令。他针对朝廷纲纪松弛的现象，决心宣明法度，让官吏互相检举纠察，进行整顿，革新政治。

文中的大猷指大道，大法，根本的规划。统庆，即继承。洪绪，大功业，就是帝位。惏，古同"婪"，贪惏即贪婪。

以人废言，君子斯戒（梁武帝　萧衍）

【原文】

商俗甫移，遗风尚炽，下不上达，由来远矣。升中驭索，增其懔然。可于公车府谤木肺石傍各置一函。若肉食莫言，山阿欲有横议，投谤木函。若

从我江、汉，功在可策，犀兕徒弊，龙蛇方垦；次身才高妙，摈压莫通，怀傅、吕之术，抱屈、贾之叹。其理有皦然，受困包匦；夫大政侵小，豪门陵贱，四民已穷，九重莫达。若欲自申，并可投石肺函。

——《梁书·本纪·武帝》

梁武帝《数朝帖》

梁武帝是一个多才多艺学识广博的学者。他在学术研究和文学创作上的成就，尤为突出。史书称他："六艺备闲，棋登逸品，阴阳纬候，卜筮占决，并悉称善。……草隶尺牍，骑射弓马，莫不奇妙。"图为梁武帝书法作品。

【译解】

商代腐败的风气开始变化，但其遗风仍很炽盛，下情不能上达于君，由来已很久远。人们申述意见犹如用朽索驭马，加深了危惧的心理。可以在公车府谤木肺石旁各置一木匣。如果官员无人进言，山野之人有所非议的，可将谏言投入木匣。如果在长江、汉水随我征战的，功劳可以策封奖励，可这样的武士却白白牺牲了，这样的非凡人才正被埋没；本身才能达到至善之妙的，却被抛弃压制不能通达，怀有傅说、吕尚般的谋略，却如屈原、贾谊般的悲叹，这种道理是非常清楚的，但是因未进献礼物而受困，或者大官侵犯下小官，豪族欺凌贫贱之民，士农工商四民已穷困，然而进言却无法送达给天子。以上的人士若要自行申述，可投书于肺石旁边的木匣。

这是梁武帝萧衍在天监元年（502 年）所发的诏令。他要采取在公车府设立木匣来收集意见等措施，以了解下情，积极治理好国家。

文中的升中，原指古代帝王祭天上告成功，这里指要把情况上告天子。公车府，指公车令的衙门，公车令负责警卫司马门和夜间在宫中巡逻，并掌管臣民上书和朝廷的征召。谤木据说为尧所立，民众有何进言，可书于木上。肺石，是古代设在朝廷门外的石头，百姓可以击石鸣冤，因其色赤，形状如肺，故名肺石。包匦，这里指贡物。

【原文】

径寸之宝，或隐沙泥；以人废言，君子斯戒。朕听朝晏罢，思阐政术，虽百辟卿士，有怀必闻，而蓄响边遐，未臻魏阙，或屈以贫陋，或间以山川，顿足延首，无因奏达。岂所以沉浮靡漏，远迩兼得者乎？四方士民，若有欲陈言刑政，益国利民，沦碍幽远，不能自通者，可各诠条布怀于刺史二千石。有可申采，大小以闻。

——《梁书·本纪·武帝》

【译解】

径寸的宝珠，有时隐于泥沙之中。因人废言，是君子需要警戒的。我听奏理政要到很晚，还要思考怎样阐明自己施政方法，虽然百官卿士，有了想法我都能听闻，但是边远处积累的意见，还未上奏到朝廷。有的人被贫穷位低所屈，有的人被山川所阻碍，他们垫着脚伸长脖颈，没有办法奏达君王。怎能让他们的意见沉浮不被遗漏，怎能让远近的意见都能被听到呢？四方的士民，如果有人要对刑罚和政事发表意见，对国家和民众有益，因处在下层或边远地区受到阻碍，不能自己通达到朝廷来的，可以用书面形式报给刺史二千石。凡有可申述采纳的，无论大小都要让我知晓。

这段话选自梁武帝天监六年（507 年）的诏书。他专门发布命令，让各种意见能够到达自己这里，显示了他注重民意的施政作风。

文中的政术指施政的方法。魏阙本来指古代宫门外的阙门，后借指朝廷。

民间情伪，咸欲备闻（隋文帝　杨坚）

【原文】

朕君临区宇，深思治术，欲使生人从化，以德代刑，求草莱之善，旌闾里之行。民间情伪，咸欲备闻。已诏使人，所在赈恤，扬镳分路，将遍四海，必令为朕耳目。如有文武才用，未为时知，宜以礼发遣，朕将铨擢。其有志节高妙，越等超伦，亦仰使人就加旌异，令一行一善奖劝于人。远近官司，遐迩风俗，巨细必纪，还日奏闻。庶使不出户廷，坐知万里。

——《隋书·帝纪·高祖》

【译解】

我做君王统治天下，深思治理国家的方法，想要使民众跟从教化，用德治代替法治，寻求田间为善之人，表扬民间的高尚行为。民间的实情与伪情，我都想完全知道。我已经诏令出使的人，到了每一个地方都要赈济体恤穷人，并要求他们分道快跑，跑遍四海，一定做我的耳目。如果发现文武之才，没有被时人知晓，应该按照规定让他们来京城，我将选拔任用他们。其中若有志向远大、品节高尚、能力超过常人者，也要让使者表扬他们的突出行为，使所有的美好行为、善良举动都得到奖励从而鼓舞人们。远近的官司，各地的风俗，无论大小都要详细记载，回来时向我奏明。这样大概能使我不出朝廷、坐在宫里就能知道万里外的事情。

隋文帝为了了解各地情况，在开皇三年（583 年）派遣使者到全国巡视风俗，这是他当时所言。表明了他注重收集各地民情，据此来决策以治理好国家。

文中的草莱指田野，喻没有做官的人。闾

加工纸　唐代

隋唐时期，中国的造纸技术和纸的生产都有了突破性的发展，皮纸生产增多，造纸工艺的进步使纸的白度、韧度都有所增加。这件藏于日本正仓院的唐代加工纸色泽纯正、质地精美，是纸中精品。

唐代的彩绘文官俑

《军势》中说："圣人之选将也，必择是才而用之，苟得其人，授之专阃，不中制，不外监，不分权，不信馋，然后将得以尽其才。"唐太宗正是这样一位帝王，"用人不疑，疑人不用"，因此方能创造出难得一见的太平盛世。此俑群所表现出的是唐代一些文官的形象。

里，是一般平民居住的地方，泛指民间。铨擢，挑选提拔。

为政之要，务全其本（唐太宗　李世民）

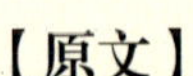

忽必烈对汉人的防范

公元1262年春，当忽必烈与其弟阿里不哥为争夺大汗之位而展开激烈战斗的时候，益都行省的李璮发动了叛乱，虽然这场叛乱。被忽必烈迅速地镇压了下来，但却加重了忽必烈对汉人的猜忌。于是他采取了一系列措施如废除汉人诸侯的世袭，削弱汉人的军权，不准汉族百姓携带兵器，在地方上实行军民分治的政策等，这些做法一方面加强了中央集权，另一方面也减少了汉人造反的可能。除此之外，他还在各级政权中开始起用色目人分掌事权，使之与汉人官僚相互牵制。最为突出的例子是他在财政上重用回人阿合马。阿合马从中统初年就主管中央财政，他在任期间四处搜刮民脂民膏，不但没有受到忽必烈的惩处，反而加大了自己的权势。1282年4月10日夜，当忽必烈离开大都前往他的陪都上都之后，一伙汉人抓住机会密谋诱使阿合马外出，并伺机杀死了他。忽必烈得到消息后立刻返回首都，并处死了刺客。然而，几个月后，忽必烈的汉人幕僚便说服了他，使他相信阿合马是如何的不忠和腐败。于是忽必烈命令将阿合马的尸体挖出来悬挂在都城的市场中，然后又把它弃置在地上，任大车来回轧过他的头颅。最后，又让自己的猎犬来撕咬尸体。阿合马的几个儿子也被处决了，他的财产被没收了，由阿合马亲自任命的大多数官员都被解职了。

【原文】

为政之要，务全其本。若中国不静，远夷虽至，亦何所益。

——《唐太宗文集·政本论》

【译解】

治理国家的首要任务，务必要保全其根本，如果中原地区不安定，远方夷狄即使来到朝廷，又有何益处呢？

这段话选自唐太宗的《政本论》，该书主要是论述治国方略。这里唐太宗论述了治理好国家和周边少数民族的关系，认为只有治理好中原，招徕远方夷狄才有益处。

文中的夷，是对先秦时期非华夏民族泛称之一，夷又有诸夷、四夷、东夷、西夷、南夷、九夷等泛称，一般多用以泛称环渤海而居、南至江淮的中国东方各族，亦称东夷。

【原文】

长气亘地，成败定于锋端；巨浪滔天，兴亡决于一阵。当此之时，则贵干戈而贱庠序。及乎海岳既晏，波尘已清，偃七德之余威，敷九功之大化。当乎此际，则轻甲胄而重诗书。

是知文武二途，舍一不可；与时优劣，各有其宜。武士儒人，焉可废也。

——《唐太宗集·崇文篇》

【译解】

战斗的气氛遍布大地，成败决定于双方兵器的较量；天下大乱，兴亡决定于这一阵前的战斗。在此时刻，就会看重军事而轻视文教。到天下安定之后，战争的风尘已清，就收起武功的余威，遍施九功，广泛深入地教化。在这时，就会轻视军事而重视文教。这里可知文治与武功两种治理之道，放弃哪一种都不行。在这时谁优谁劣，要看他们各自怎样适应。武士和儒人，怎能废弃呢！

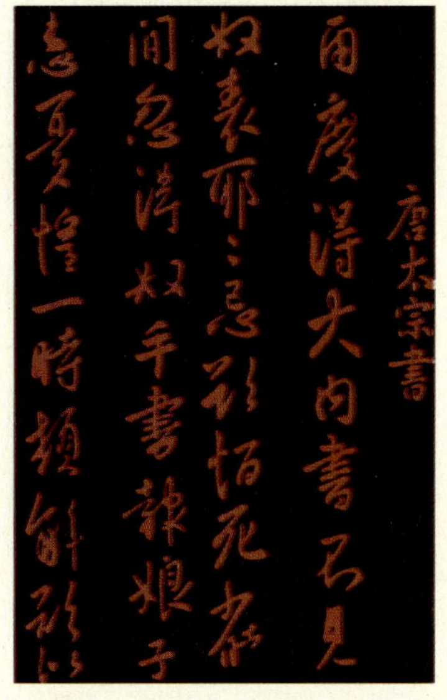

两度帖　唐太宗　唐代

唐朝结束了隋末的分裂和内战，整个社会朝着安定有序的方向发展，特别是唐太宗李世民在位的“贞观之治”期间，国力强盛，人民安康。在这样一个社会氛围中，唐朝书法艺术出现了空前的繁荣。李世民十分热爱书法，身体力行，常常和群臣谈书论道，甚至游戏于宫廷。图为唐太宗李世民的书法作品。

唐太宗的《崇文篇》主要论述了战争结束后文治的重要性。在这段话里，他分析了文武两者的功用和具体使用的情形，表明了治国应该文武兼具的看法。

文中的长气指战斗的气氛。巨浪滔天，喻天下战乱。庠序，古代的地方学校，后也泛称学校或教育事业。七德，本指武功的七种德行，这里指武功。据《左传·宣公十二年》记载，七德是：“一曰禁暴，二曰戢兵，三曰保大，四曰定功，五曰安民，六曰和从，七曰丰财。”九功，古谓六府三事为九功。《左传·文公七年》道“六府、三事，谓之九功。水、火、金、木、土、谷，谓之六府。正德、利用、厚生，谓之三事。”

讲信修睦（元世祖　忽必烈）

【原文】

皇帝奉书日本国王：朕惟自古小国之君，境土相接，尚务讲信修睦，况我祖宗受天明命，奄有区夏，遐方异域畏威怀德者，不可悉数。朕即位之初，以高丽无辜之民，久瘁锋镝，即令罢兵，还其疆场，反其旄倪。高丽君臣，感戴来朝，义虽君臣，而欢若父子。计王之君臣，亦已知之。高丽朕之东藩也。日本密迩高丽，开国以来，时通中国，至于朕躬，而无一乘之使以通和好，尚恐王国知之未审，故特遣使持书布告朕心，冀自今以往，通问结好，以相亲睦。且圣人以四海为家，不相通好，岂一家之理哉？以至用兵，夫孰所好，王其图之。

——《元史·本纪·世祖》

【译解】

大元皇帝奉书信给日本国王：我想，自古以来的小国君主，国土互交，尚

努冉萨墓碑

元代时，中国通过海路与外国的交流十分频繁，如泉州就是外国商人活动的重要港口。图中墓碑的墓主是花剌子模国（当时西亚的一个国家）的一个贵族，碑文用阿拉伯文刻写。立碑时间为公元1322年，见证了当时对外交流的频繁。

且务求信用修好和睦，何况我祖宗承受上天之命，完全拥有了中国，远方异域畏惧我威势而怀念我恩德的国家，不可数尽。我即位之初，认为高丽无辜的百姓，长期困于战争，便立即下令结束战争，返还他们的疆域，归还了他们的老少百姓。高丽的君臣，对我感恩戴德前来朝拜，我们虽然名为君臣，而感情如同父子。料想日本国的君臣，也都知道这些。高丽是我东边的藩国。日本紧靠高丽，建国以来，时常与中国沟通，到了我亲政时，却没有一个使者前来通好，我还是担心你的国家对我们不了解，所以特地派遣使者带着我的书信来告示我的想法，希望从今以后，相互沟通成为友好关系，以相亲和睦。并且圣人认为四海是一家，不互相通好，怎能体现出是一家人的道理呢？如果互相使用武力，谁会喜好这样呢？希望日本国王好好考虑这个问题吧。

忽必烈曾经接连派遣军队远征日本，都因台风而遭到失败。至元三年（1266年）八月，元世祖派遣礼部侍郎殷弘出使日本，给日本国王带去了这封赐书，表达了希望和日本相互沟通，成为友好国家的愿望。

文中的讲信修睦指讲究信用，修好和睦。奄有，指全部占有，多用于疆土。区夏指诸夏之地，即中国。旄倪，合称老和幼。高丽，简称丽，是亚洲中世纪时一个位于东亚朝鲜半岛的王国（918—1392年），由王建所建立。1287年起高丽王兼任征东行省达鲁花赤，成为元朝属国，1356年恭愍王恢复独立。

蒙古骑兵押送俘虏图

善战的蒙古人对于战败国的俘虏相当残忍，他们在抢劫完金银财宝之后会杀害俘虏，并把其首领的头颅悬挂在城墙上示众。这幅图是波斯史学家拉施特《史集》中的插图，描绘的是蒙古军队用木枷押送战俘的情景。

元成宗

元成宗（1265—1307年），名铁穆耳，1294—1307年在位，元朝第七代皇帝。蒙语称完泽笃皇帝。元世祖孙、太子真金之子。其父死后，他于至元三十年（1293年）受皇太子宝，总兵镇守漠北。次年，即皇帝位。即位后，停止对外战争，专力整顿国内军政。采取限制诸王势力、减免部分赋税、新编律令等措施，使社会矛盾暂时有所缓和。同时，发兵击败西北叛王海都、笃哇等，使都哇、察八儿归附，使西北长期动乱局面有所改观。死后谥钦明广孝皇帝，庙号成宗。

绥怀诸国，薄海内外（元成宗　铁穆耳）

【原文】

我国家自祖宗肇造以来，万邦黎献，莫不畏威怀德。向先朝临御之日，尔国使人禀命入觐，诏允其请。尔乃遽食前言，是以我帅阃之臣加兵于彼。比者，尔遣子信合八的奉表来朝，宜示含弘，特加恩渥，今封的立普哇拿阿迪提牙为缅国王，赐之银印；子信合八的为缅国世子，锡以虎符。仍戒饬云南等处边将，毋擅兴兵甲。尔国官民，各宜安业。

——《元史·本纪·成宗》

安营扎寨的蒙古人

蒙古人过着随着季节不断迁徙的游牧生活，他们每到一处丰饶的地方就会搭建蒙古包，暂时安定下来，也正是这点造就了蒙古人能勇善战、易于生存的特点，使他们四处征战，屡战屡胜，不过也正是这点致使他们无法建立持久稳定的政权，因此忽必烈建立的元朝只存在了88年。

【译解】

我国自从祖先创建以来，万国百姓贤人，没有不畏威怀德的。以前先帝统治的时候，你们国家派人来朝晋见，先帝下诏允许了你们的请求。你们却自食前言，因此我帅府的将臣才对你们用兵。最近，你派遣儿子信合八的奉表来朝见，应当表示宽宏，特加恩惠。现在我封的立普哇拿阿迪提牙为缅国的国王，赐给他银印；他的儿子信合八的为缅国的世子，赐给虎符。仍然告诫云南等处的边将，不要擅自兴兵打仗。你们国家的官吏和民众，各自应当安居乐业。

这是大德元年（1297年）二月，元成宗封的立普哇拿阿迪提牙为缅国国王时所言。他指责了对方自食其言的行为，表明对其用兵是迫不得已，也表明了现在希望与缅国和睦相处的愿望。

文中的黎献指黎民中的贤者。入觐指诸侯于秋季入朝觐见天子，也指地方官员入朝觐见帝王。

【原文】

有司奏陈：向者世祖皇帝尝遣补陀禅僧如智及王积翁等两奉玺书通好日本，咸以中途有阻而还。爰自朕临御以来，绥怀诸国，薄海内外，靡有遐遗，日本之好，宜复通问。今如智已老，补陀僧一山道行素高，可令往谕，附商舶以行，庶可必达。朕特从其请，盖欲成先帝遗意耳。至于惇好息民之事，王其审图之。

——《元史·本纪·成宗》

【译解】

有关部门陈述：以前世祖皇帝曾经派遣补陀禅僧如智以及王积翁等两次奉玺书通好日本，都因为中途遇到险阻而返还。自从我登基以来，安抚各国，对邻近海内外的国家，没有遗忘的，和日本的友好，应该再次通好问候。现在如智已经年老，补陀的僧人宁一山一向道行很高，可以让他前往晓谕，随商船去，也许能够到达。我特地同意他的请求，是想成就先帝的意愿罢了。至于有助于友好和安定百姓的事，希望王仔细考虑。

大德三年（1299 年）三月，元成宗命令妙慈弘济大师、江浙佛教总统补陀僧一山持成宗的诏书出使日本，这段话就是选自这一诏书。反映了成宗继承了世祖的意愿，重视发展与日本的友好关系。

文中“世祖皇帝尝遣……”是指至元二十年（1283 年）正月，浙江庆元路普陀山方丈如智向忽必烈进谏，以战争“多害生灵”，愿奉圣旨出访日本。忽必烈决心主动修好，即特派如智充国信使率使团东渡扶桑。元廷备好的礼品有“锦衣、鞍辔、玉环”等，派提举王君智陪同赴日本。当年八月，如智使团航海，过大洋“遇飓风，不能达而还”。

次年即至元二十一年（1284 年，后宇多天皇弘安七年），如智由参知政事王积翁陪同再次出使日本。使团乘船舶四艘，七月船队已驶入日本对马海域。由于这位王积翁大人作威作福，常笞责舟人，发生了船主任甲等“舟人共谋，杀积翁”的突然事故，致使如智再次“中途有阻而还”。

先正纪纲（明太祖　朱元璋）

【原文】

立国之初，当先正纪纲。元氏暗弱，威福不移，驯至于乱，今宜鉴之。

——《明史·本纪·太祖》

【译解】

建国家之初，首先要端正纪纲。元朝昏暗衰弱，权威与福祜下移到臣子那里，逐渐发展为动乱，今天应该以此为鉴。

至正二十四年（1364 年）春正月丙寅朔，李善长等率群臣劝进，朱元璋不允。固请，乃即吴王位。建百官。以善长为右相国，徐达为左相国，常遇春、俞通海为平章政事，于是晓谕众人。这表现了朱元璋的建国思想：强调要端正纪纲，以元朝为鉴戒来治理好新兴的国家。

文中的纪纲指法令制度。驯，指逐渐。

明代兴盛的造船业

中国古代的造船业曾经出现了三个高峰期，一个是在秦汉，第二个是在宋元，第三个则是在明代。不过明代的造船业无论是在技术上还是在规模上，都远超于秦汉和宋元。形成这种现象的原因一方面是和加强对外贸易有直接的关联，另外一方面是和当时的统治者“天朝大国”的思想分不开。此图是日本人所绘制的《唐船之图》中十一种帆船之一。

明太祖

明太祖朱元璋（1328—1398年），原名朱重八（朱八八），后取名朱兴宗。濠州钟离（今安徽凤阳东北）人。元至正二十八年（1368年），在基本击破各路农民起义军和扫平元的残余势力后，于南京称帝，国号大明，年号洪武，在位三十一年（1368—1398年），建立了全国统一的封建政权。在位期间，为了缓和尖锐、复杂的阶级矛盾、民族矛盾和统治阶级内部各集团之间的矛盾，实行了抗击外侵、革新政治、发展生产、安定民生等一系列有利于社会前进的政策，在政治、经济、军事、思想等方面大力加强君主专制的中央集权统治。

违者诘治（明孝宗　朱祐樘）

【原文】

诸边首功，巡按御史察勘，动淹岁年，非所以示劝。自今奏报，以远近立限。违者诘治。

——《明史·本纪·孝宗》

【译解】

各边境的首要功劳，巡按御史实地调查，往往积压一年，这不是用来表示劝勉的办法。从今以后上奏报告，按路途的远近定出期限。超过期限的要查问追究。

这是弘治十七年（1504年）九月明孝宗御暖阁，对刘健、李东阳、谢迁等下的命令。说明了孝宗对提高公文的办理速度，提高治理政务效率的重视。

文中的巡按指明代实行的巡按御史为监察御史赴各地的巡视者，其职权颇重，负责考核吏治、审理大案，知府以下均奉其命，简称“巡按”。

扰民行私，无异劫夺（清世祖　爱新觉罗·福临）

【原文】

榷关之设，国家藉以通商，非苦之也。税关官吏，扰民行私，无异劫夺。

——《清史稿·本纪·世祖》

【译解】

设置税关，是国家依靠它来通商，并非是使商人受苦。税关的官吏，骚扰百姓牟取私利，就等同于抢夺。

这是顺治八年（1651年）闰二月清世祖的一道教谕所言。表明了在清朝开始与世界交往后，他对新出现的税关的重视和对税关官员的严格要求。

文中的榷关指征收关税的机构。

君臣惟崇俭朴

（清高宗　爱新觉罗·弘历）

【原文】

均田之法，势必致贫者未富，富者先贫。我君臣惟崇俭朴，知愧知惧，使四民则效而已。

——《清史稿·本纪·高宗》

【译解】

均田制的法令，势必致使贫困的还未富，富裕的先贫困。我们君臣唯有崇尚勤俭质朴，知道愧疚和戒惧，使士农工商等四民都来效法罢了。

丧权辱国的《马关条约》

光绪二十一年三月二十三日，即公元1895年4月17日，清朝政府和日本在日本的马关签署了丧权辱国的《马关条约》。条约规定：中国从朝鲜半岛撤军并承认朝鲜的“自主独立”，中国不再是朝鲜之宗主国；中国割让台湾岛及所有附属各岛屿、澎湖列岛和辽东半岛给日本；中国赔偿日本军费2亿两；中国开放沙市、重庆、苏州、杭州为商埠；允许日本人在中国通商口岸设立领事馆和工厂及输入各种机器；彼此给予对方最惠国待遇；中国不得逮捕为日本军队服务的人员；台湾澎湖内的居民，两年之内任便变卖产业搬出界外，逾期未迁者，将被视为日本臣民；《马关条约》的签订是中国近代史上的一大转折，对这古老的帝国来说，犹如晴天霹雳。从此，列强势力进一步延伸到了中国同地，资本输出成为了主要的侵略载体和锐利武器。干涉中国内政、践踏中国主权的情况更为严重。正如梁启超所说：“吾国四千年大梦之唤醒，实自甲午战争败割台湾，偿二百兆始。”对日本而言，《马关条约》不仅使日本得到了巨额赔款和台湾等战略要地，还促进了其本国资本主义的进一步发展，为今后的扩张打下了坚实的基础。

清世祖

清世祖顺治皇帝（1638—1661年），名爱新觉罗福临。是清爱新觉罗皇太极太宗文皇帝的第九子，其母为永福宫庄妃，博尔济吉特氏，即孝庄文皇后。崇德八年（1643年）二月十六日承袭父位，时年六岁，由叔父睿亲王多尔衮及郑亲王济尔哈朗辅政。1644年改元顺治。九月自盛京迁都北京，十月初一日即皇帝位于武英殿。福临是于顺治元年入关的清朝的第一位皇帝。十四岁（1651年）亲政。

乾隆四十六年（1781 年）十月御史刘天成上奏，建议行均田法。这段话选自清高宗对此下的一道告诫，表明了他对均田法的反对态度。

文中的四民指士农工商，最早是由管仲提出的，他说："士农工商四民者，国之石民也。"（《管子·小匡》）

马关条约的签订

1895 年即光绪二十一年三月二十日，在日本广岛马关春帆楼上，清政府代表李鸿章和日本首相伊藤博文就停战进行议和谈判。而实际上，所谓的"谈判"条件十分苛刻，可由于日本军事力量的威逼，清政府只得接受。李鸿章于 4 月 17 日，签订了丧权辱国的《马关条约》。此图描绘的就是当时签订条约的场面。

通达济变之才

（清德宗　爱新觉罗·载湉）

【原文】

和约定议，廷臣交章谓地不可弃，费不可偿，当仍废约决战。其言固出忠愤，而未悉朝廷苦衷。自仓卒开衅，战无一胜。近者情事益迫，北可逼辽沈，南可犯畿疆。沈阳为陵寝重地，京师则宗社攸关，况慈闱颐养廿余年，使徒御有惊，藐躬何堪自问？加以天心示警，海啸成灾，战守更难措手。一和一战，两害兼权，而后幡然定计。其万难情事，言者所未及详，而天下臣民皆当共谅者也。兹将批准定约，特宣前后办理缘由。我君臣惟其坚苦一心，痛除积弊。

——《清史稿·本纪·德宗》

【译解】

和约议定，朝廷大臣上奏章说国土不可抛弃，军费不可用来赔偿，应当废约和他们决战。这些话固然出于忠诚与义愤，但却不明白朝廷的苦衷。自从仓猝发生争端，战争无一取胜。近来情况更加紧迫，日方舰队向北可以进逼辽、沈，向南可以进犯京城附近。沈阳是祖坟重地，京师关系到国家的存亡。何况母后颐养天年二十多年了，如果使她和众人受到惊吓，我孱弱的躯体怎么承受惭愧的自问呢？加上上天已出示了警戒，海啸成灾，进攻防守都难处理。一和一战，权衡两者的害处，经过反复斟酌才能定下计策。其中万般困难的情节，上奏的大臣还来不及详细了解。现在将要批准议定的和约，特别说明前后办理缘由。我们君臣只有坚定意志，同甘共苦，上下一心，痛心铲除积弊。

光绪二十一年（1895 年）三月马关和会上，李鸿章代表清朝议定了马关和约，内容包括朝鲜独立，割辽南地、台湾、澎湖各岛给日本，赔偿军

费二万万，增通商口岸以及驻兵威海等。四月，命令道芳、伍廷芳赴烟台与日本换约。这些都遭到了朝野的反对。于是，清德宗颁发了这道告诫令，表达了自己的苦衷和以屈膝投降来换取安宁的想法。

文中的和约指将要与日本签订的马关和约。畿疆指京城附近的疆界，这里指靠近北京附近的天津近海地区。慈闱指清德宗的代母后慈禧太后。藐躬指孱弱的躯体。

戊戌维新的历史意义

戊戌维新不单单是纯粹的政治改革运动，因为康梁集团从开始就计划着手从两方面进行改革。一方面是由上而下，即通过向朝廷上书建言献策，从而达到改变清廷的政治立场与态度，然后再以中央政府政令的方式推行来实行改革。另一方面是由下而上的，即企图游说当时中国社会的精英分子，希望得到他们的支持。由于维新运动得以凝聚《马关条约》后中国朝野上下所感到的愤慨与求变心理，因此，维新运动对当时的社会有着极为重大的影响。这些影响具有两大历史意义：一是从政治史去看，它代表着中国传统政治秩序开始解体，中国社会面临着一个空前巨大的政治危机；二是从思想文化史去看，它开启了中国从传统向现代转型的大门。戊戌维新运动是中国近现代思想文化史上一个划时代的开端，同时，它也是近现代政治史上划时代的里程碑。

【原文】

中外大小诸臣，自王公至于士庶，各宜发愤为雄。以圣贤义理之学植其根本，兼博采西学之切时势者，实力讲求，以成通达济变之才。京师大学堂为行省倡，尤应首先举办。军机大臣、王公大臣妥速会议以闻。

——《清史稿·本纪·德宗》

【译解】

朝廷内外各位大小臣子，从王公到士大夫平民，各自应该发愤成为豪杰。用孔孟圣贤的义理打好基础，兼学切合当前时势的西方学问，切实尽力研讨，以成为全面贯通能够随之应变的人才。京师大学堂要成为各个行省的榜样，尤其应该先举办。军机大臣，王公大臣尽快开会商议把意见报告给我。

瑞雪兆丰年　年画　清代

面对外来的侵略，战争的不断失败，尤其是中日甲午战争的失利，致使光绪帝竭力主张变法图强，借科学的文化来改变清末混乱动荡的政治局面。此图描绘的是一场雪景，取意“瑞雪兆丰年”，期望此图祥瑞吉利的寓意可以转变清代的局面。

清德宗

清德宗光绪（1871—1908年），名爱新觉罗·载湉，庙号德宗，年号光绪。他是道光帝的第七子醇亲王奕的儿子，慈禧太后外甥。1875年12月初，同治皇帝病死无嗣，载湉入继为帝，当时年仅四岁，由慈禧太后垂帘听政。为清入关第九帝，在位三十四年，病死（另一说是被慈禧或袁世凯毒死），终年三十八岁，葬于崇陵（今河北省易县西50里）。

六　部

从隋到清历代中央行政机关列、户、礼、兵、刑、工各部的总称。秦、汉时以九卿分掌各项行政职务。魏、晋以后，九卿职多归尚书。尚书分曹办事，东汉分六曹，魏、晋曹数增多，最多达三十六曹。东汉以一尚书领一曹。魏、晋设尚书五至六人，各辖数曹。主管一曹事之官称尚书郎、侍郎。曹魏有吏部、左民、客曹、五兵、度支五曹尚书，此之“曹”，即后世之“部”。其下有二十五曹，此“曹”，即后世之“司”。尚书郎即后世司官。南朝梁、陈与北朝齐均设六尚书。隋朝依北齐旧制，加以修订，设吏部、礼部、兵部、都官、度支、工部六尚书。开皇三年（583），改都官为刑部、度支为民部。唐又改民部为户部。以后历代不改。六部本属尚书省。元及明初属中书省。均归宰相管辖。明太祖废中书省，不设宰相，六部尚书直隶皇帝。清末增设新部，六部之名遂废。

朝代	宰相	吏部	户部	礼部	兵部	刑部	工部
三代	相	殷太宰、周冢宰、天官太宰卿	夏司徒、殷司徒、周地官大司徒卿	殷太宗、周大宗伯卿、上宗、太宗、宗人	夏司马、殷司马、周夏官大司马卿	夏司寇、殷司寇、周秋官大司寇卿	夏司空、共工、殷司空、周大司空卿
秦	丞相、相国	尚书不分曹	尚书不分曹	尚书不分曹	尚书不分曹	尚书不分曹	
汉	相国、丞相	常侍曹尚书、二千石曹尚书	计相大司农、民曹尚书	客曹尚书		三公曹尚书	
后汉	太尉、尚书令	吏曹尚书选部尚书	大司农卿、民曹尚书	南主客曹尚书、北主客曹尚书		二千石尚书	
三国	蜀丞相、吴丞相、魏尚书令	魏吏部尚书、吴选曹尚书	魏度支尚书、左民尚书、民曹尚书	魏客曹尚书、祠部尚书	魏五兵尚书		
晋	丞相、相国司徒、中书令	吏部尚书	度支尚书、左民尚书、右民尚书	祠部尚书	三公尚书	五兵尚书驾部尚书	屯田尚书

朝代	宰相	吏部	户部	礼部	兵部	刑部	工部
南朝	丞相、尚书令、中书监、令	吏部尚书	度支尚书、左民尚书	祠部尚书	五兵尚书	都官尚书	起部尚书
北魏	丞相、尚书令、中书监、令	吏部尚书	度支尚书、左民尚书、右民尚书	仪曹尚书 祠部尚书	七兵尚书 驾部尚书	都官尚书	
北齐	丞相、尚书令、中书监、令	吏部尚书	度支尚书	殿中尚书 祠部尚书	五部尚书	都官尚书	起部尚书
后周	大丞相、大冢宰	天官 大冢宰	大司徒卿	春官 大宗伯卿	大司马	大司寇卿	大司空卿
隋	内史、纳言	吏部尚书	度支尚书、民部尚书	礼部尚书	兵部尚书	都官尚书 刑部尚书	工部尚书
唐	尚书令、内史令、左右仆射	吏部尚书、司列太常伯、天官尚书、文部尚书	度支尚书、司元太常伯、户部尚书、地官尚书	礼部尚书、司礼太常伯、春官尚书	兵部尚书、司戎太常伯、武部尚书	刑部尚书、司刑太常伯、宪部尚书、秋官尚书	工部尚书、司平太常伯、冬官尚书
五代	同中书门、下平章事	吏部尚书	户部尚书	礼部尚书	兵部尚书	刑部尚书	工部尚书
宋	太宰、少宰、丞相、仆射	吏部尚书	户部尚书	礼部尚书	兵部尚书	刑部尚书	工部尚书
辽	南、北府左宰相、南、北府右宰相、中书令	南院枢密使、吏部尚书	南院大王 北院大王	礼部尚书	兵部尚书	伊勒希巴	工部尚书
金	尚书令、丞相平章政事	吏部尚书	户部尚书	礼部尚书	兵部尚书	伊勒希巴	工部尚书
元	中书令、丞相平章政事	吏部尚书	户部尚书	礼部尚书	兵部尚书	伊勒希巴	工部尚书
明	中书丞相内阁大学士	吏部尚书	户部尚书	礼部尚书	兵部尚书	伊勒希巴	工部尚书
清	大学士、军机大臣总理大臣	吏部尚书	户部尚书	礼部尚书	兵部尚书	伊勒希巴	工部尚书

一诏令下百日维新

光绪二十四年（1898年）四月二十三日，光绪帝颁布“明定国是诏”，正式宣布变法。号召全国努力向上，发奋图强，具体发布了变法的宗旨，揭开了百日维新的序幕。图为《明定国是诏》。

（右）围猎聚餐图　郎世宁　清代

乾隆统治时期的中国达到了封建社会的高峰，国力强盛，社会稳定发展。同时乾隆帝也是个才德兼备的封建君主。此图描绘的是乾隆十四年（1749年）乾隆皇帝与侍卫在围场狩猎完毕后，烹煮、烤鹿肉聚餐的场景。

1840年的鸦片战争打开了中国封闭的大门，在半个多世纪与世界列强打交道的过程中，清德宗感到在依靠中国传统儒学的同时，应该学习一些西方的思想文化，“中学为体，西学为用”，实行变法，让清朝走出困境。光绪二十四年（1898年）他准备实行戊戌变法时，下了这道定国是的诏令，提出了他兼学西学的变法思想。

文中的士庶，士指士人，即士大夫。庶指庶民，即平民。圣贤义理之学是指中国儒家经义名理的学问。西学，亦称“新学”，与“中学”相对，泛指西方文化，在中国近代思想史上，特指西方近代资产阶级文化，成为当时先进人士寻找救国救民真理的根据。

【原文】

国家振兴庶政，兼采西法，诚以为民立政，中西所同，而西法可补我所未及。今士大夫昧于域外之观，辄谓彼中全无条教。不知西政万端，大率主于为民开智慧，裕身家。其精者乃能淑性延寿。生人利益，推广无遗。

——《清史稿·本纪·德宗》

【译解】

国家要振兴各种政务，要兼用西方的办法，为百姓推行政事，中国西方是相同的，西方的办法可以弥补我们不及他们的地方。现在士大夫们对外国的学问不清楚，认为外国的学问没有政治教化的内容。他们不知西方政治虽然有万种，大都主要是为百姓开发智慧，使百姓家庭富裕，它们最精彩的是还能使人们的品性变得善良，寿命得到延长。为人们谋利益，并没有保留地推广利益。

清德宗实行的新政，遭到很多守旧人士的反对，于是在光绪二十四年（1898年）七月他下了一道谕令，以说服朝廷及外面的官员。他介绍了西法的优越性，以期得到大家的支持。

文中的域外之观指外国的学问，主要指西方和日本的学问。条教指条文教令。淑性指使性格善良。

奋发图强的光绪皇帝

年轻的光绪皇帝眼见甲午战争给中国带来了巨大的痛苦和耻辱，“不甘作亡国之君”，一心想有所作为。他接受康有为、梁启超提出的变法，准备进行资本主义改革，提高中国的国际地位。光绪二十四年（1898年）他下诏变法，启用康有为、梁启超、谭嗣同等人推行新政，变法图强，但变法因危及封建守旧势力的利益，遭到以慈禧为主的清室贵族的阻挠，最终以失败告终。

【原文】

载泽等陈奏，谓国势不振，由上下相睽，内外隔阂。官不知所以保民，民不知所以卫国。而各国所由富强，在实行宪法，取决公论。时处今日，惟有仿德宪政，大权统于朝廷，庶政公诸舆论，预备立宪基础，内外臣之切实振兴。俟数年后规模粗具，参用各国成法，再定期限实行。

——《清史稿·本纪·德宗》

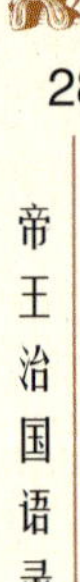

【译解】

载泽等陈奏，说国势不振，是因为君臣上下互相隔离，官员不知为何要保护人民，人民不知为何要保卫国家。而各国走向富强，在于实行了宪法，国政取决于公众的意见。处在当今时代，只有仿照宪政，大权统一在朝廷，各种政务向舆论公开，预备好立宪的基础，朝廷内外臣子们要切实振作起来。等几年以后具备了立宪的条件，就参用各国现成的法律，再确定期限实行。

清代末期，世界民主潮流冲击着中国，变法的呼声日益高涨，使得清德宗也不得不准备推行变法，以巩固清朝的统治。光绪三十二年（1906年）清德宗下了这道命令，表明了准备实行宪政的态度。

文中的载泽是清政府考察政治大臣。庶政指各种政务。

牧 民

牧民即治民，古代帝王借用放牧来喻管理百姓，虽然有些不妥，但还是十分形象。唐太宗形象地把帝王和百姓的关系比喻为舟和水的关系，指出“水能载舟，也能覆舟”，他是帝王中能够清醒地认识到两者关系的人。其实，历代帝王在清醒时都能够认识到处理好君民关系的重要性，他们也知道离开了百姓，自己就是真正的“孤家寡人”，因此，无论是严管还是笼络，对百姓都不敢掉以轻心。

知人则智，能官人（禹）

【原文】

知人则智，能官人；能安民则惠，黎民怀之。能知能惠，何忧乎驩兜，何迁乎有苗，何畏乎巧言善色佞人？”

——《史记·夏本纪》

【译解】

能了解人就是明智，就能正确地任用官吏；能安定民众就是仁爱，民众就会拥护他。能做到了解人和仁爱，又何必担忧驩兜，又何必放逐有苗，又何必害怕巧言令色的人呢？

这是禹、皋陶、伯夷在舜帝面前谈论治理天下时所说言。对皋陶提出的观点，禹做了阐述，认为了解人就能正确任用官吏，安定民众就是仁爱。

知，即了解。怀，即拥护。驩兜，又作欢兜或驩头，是中国古代传说中的三苗族的首领，传说他与共工、鲧一起作乱，被舜流放到崇山。有苗，据《帝王世纪》记载，舜的时候，有苗氏不服，禹请发兵征讨。舜说，不，我修德还不深厚，擅动刀兵，不合于道，于是进一步修明政教。过了三年，他只举行一次

禹让皋陶图

皋陶，与尧、舜、禹同为“上古四圣”，他是舜帝执政时期的士师，相当于国家司法长官，被史学界和司法界公认为“司法鼻祖”，他的“法治”、“德治”思想，与今天的“依法治国”和“以德治国”有着历史渊源关系。在禹欲将帝位让给他时，他拒绝了，他认为禹待民众宽厚仁慈，自己的修为不如禹。

禹

禹（前 2277—前 2213 年），通常尊称为大禹，与尧舜并为传说中的古圣王。《史记》说他名文命，《帝王世纪》说字密。“帝禹为夏后而别氏，姓姒氏”，但一般称作夏禹，是先秦时期以国为氏的习惯。他建立了中国第一个王朝——夏朝，同时也是奴隶社会的创建者。

以干（盾）戚（斧）为道具的舞蹈，有苗氏于是就服威怀德而归顺。

【原文】

鸿水滔天，浩浩怀山襄陵，下民皆服于水。予陆行乘车，水行乘舟，泥行乘橇，山行乘檋，行山刊木。与益予众庶稻鲜食。以决九川致四海，浚畎浍致之川。与稷予众庶难得之食。食少，调有余补不足，徙居。众民乃定，万国为治。

——《史记·夏本纪》

【译解】

洪水滔滔，包围高山，淹没丘陵，百姓长期生活在水中。我陆路乘车，水路乘船，乘坐橇穿过泥地，穿着有铁齿的鞋爬山，翻山越岭，砍伐树木。我跟益发给百姓稻谷和鸟的鲜肉。挖通九条河流入大海，疏通了小沟大渠入河。我和稷发给民众难得的口粮，粮食缺乏时，从粮食多的地方调集粮食来补充，或让民众迁居。这样，民众得以安定，国家得到治理。

这也是禹他们在舜帝面前讨论时所言。当时皋陶问禹什么是孜孜不倦，禹以具体事例阐述了孜孜不倦的体现，表明他要勤奋为民，治理好国家。

文中的檋，是古代登山的用具。“刊”通“砍”。觿，古代一种解结的锥子，用骨、玉等制成。也用作佩饰。

若网在纲，有条而不紊（盘 庚）

【原文】

予若观火，予以拙谋作，乃逸。若网在纲，有条而不紊；若农服田，力穑乃变有秋。汝克黜乃心，施实德于民，至于婚友，丕乃敢大言汝有积德，乃不畏戎毒予远迩，惰农自安，不昏作劳，不服田亩，越其罔有黍稷。

——《尚书·盘庚上》

【译解】

我能够非常清楚地看到你们的行为，就像用火来照亮一样，如果我的谋划很拙劣，才是过错。我们做事，要如同网结在纲绳上，做到有条而不紊；要如同农民治理田地，只要努力耕种，秋天就会有好收成。你们在迁都问题上不要有私心，要想到施德给百姓，惠及你们的亲戚朋友。这样你们才敢大声说，你们积了很大的恩德。你们如

大禹治水玉山　清乾隆

相传四五千年前，在黄河流域发生了一次特大洪水灾害。为了解除水患，部落联盟会议推举了鲧去治水，鲧治水九年劳民伤财，对洪水束手无策，耽误了大事，被帝舜处死在羽山。禹接替了其父未竟的事业。禹认真总结前辈治水失败的原因，刻苦钻研治水方法，有“三过家门不入”的佳话，最后大禹以放水代替堵水之法，解决了黄河泛滥的问题。

周厉王

周厉王（？—前828年）西周第十位国王，姬姓，名胡。在位期间，重用奸佞荣夷公，不听贤臣周公、召公等人劝阻，实行残暴的“专利”政策，奴役百姓，不让他们有丝毫的言论自由。致使周朝国势更加衰落，朝政更加腐败。百姓怨声载道，民不聊生，爆发了试图杀掉周厉王的“国人暴动”。

果不害怕大的毒害流布到远近各地，就如同懒惰的农夫只图安逸，不事劳作，不管理田地，那么就不可能收获到粮食。

这段话是盘庚迁都时对臣子的讲话。这里他用了结网、治理农田等比喻，引导大家做事要从百姓的利益出发，而不要自己贪图享乐。

文中的谋作，指谋略。服田，指整治农田。黜，去掉。婚，指亲戚。

吾能弭谤矣（周厉王　姬胡）

【原文】

吾能弭谤矣，乃不敢言！

——《史记·周本纪》

【译解】

我能消除国人对我指责的话了，他们终于不敢说话了！

周厉王严密监视口出怨言的人，使国人在路上相遇也只能以目示意。他对此非常得意，这是他得意地说出的话，以显示他的威力，其实也正表明他的愚蠢。

文中的弭是止、消除的意思。谤，即指责议论别人的过失。

与父老约，法三章耳（汉高祖　刘邦）

【原文】

父老苦秦苛法久矣，诽谤者族，偶语者弃市。吾与诸侯约，先入关者王之，吾当王关中。与父老约，法三章耳：杀人者死，伤人及盗抵罪。余悉除去秦法。诸吏人皆案堵如故。凡吾所以来，为父老除害，非有所侵暴，无恐！且吾所以还军霸上，待诸侯至而定约束耳。

——《史记·高祖本纪》

【译解】

父老们苦于秦朝的严刑苛法已经很久了，批评朝政的要灭族，相聚议论的要处死。我和诸侯们盟约，先进入关中的就做关中的王，我应该在关中称王。现在我与父老们约法只有三章：杀人的人处以死刑，伤人和抢劫的人依犯法轻重判罪。此外秦朝的法律全部废除，所有官吏与百姓一切照旧生活。我来这里的目的，是要为父老们除害，不是来侵犯和施暴的，你们不要害怕。我之所以回到霸上驻军，是为了等待诸侯到来一起制定规约。

这是刘邦进入咸阳后与秦地父老豪杰相约时所言。表明了他的政治态度，他以柔的政策以期获得秦地百姓的拥护。

周厉王的经济改革

在周厉王继位时，周王朝的统治根基已经动摇了。为了革陋除弊，恢复共主地位，周厉王决定实行改革。在经济上，周厉王起用善于理财，但却被当时的人们称作“好利而不知大难”的荣夷公做卿士，并抓住了“专利”和农业这两个主要环节。《国语·周语》：“夫荣公好专利而不知大难。……今王学专利，其可乎？匹夫专利，犹谓之盗，王而行之，其归鲜矣。”但当时的社会现实是怎么样的呢？西周时代的山林川泽早已为各级贵族所有，厉王的“专利”决不是“垄断”的意思，更谈不上“与民争利”，相反的，他的这一做法实际上就是要求贵族向王室交纳赋税。重视农业是厉王改革的又一项重大措施。《诗·大雅·桑柔》曾指责周厉王：“好是稼穑，力民代食，稼穑惟宝，代食维好。”大意是：你厉王只知道抓农业，以“稼穑”为国宝，这正是厉王发展农业的有力佐证。为了保证经济改革的成功，周厉王采用了高压手段，据《史记·周本纪》记载：“王怒，得卫巫，使监谤者，以告则杀之。”尽管周厉王的初衷是好的，但他一系列的急功近利的做法却彻底激怒了所有的贵族，并最终导致了自己被放逐的命运。

歌颂西汉一统天下的瓦当

公元前202年，长达四年的楚汉之争最终以刘邦的胜利而告终，“汉并天下”的瓦当，就是为了纪念刘邦战胜项羽，一统天下，建立了汉朝而制作的，类似的瓦当出现过很多，曾经在汉武帝时修建的建章宫的遗址中也有所发现。

汉高祖

西汉高祖刘邦（前256—前195年），沛郡丰邑（现江苏省徐州市所辖的丰县）中阳里人，在兄弟四人中排行第三。其原为地痞无赖，后当上泗水亭长。在秦末农民战争中起义，后趁关中兵少趁虚而入。曾经数败于项羽，因为被项羽立为汉王，所以在战胜项羽后建国时，国号定为“汉”，定都洛阳，后迁都长安。

文中的偶语指相聚议论。弃市是秦的一种刑法，在闹市里执行死刑，并把尸体暴露在街上示众，以示被人所弃。抵罪是当其罪，即根据罪行轻重来确定刑罚的轻重。

天生蒸民，置君以养治（汉文帝　刘恒）

【原文】

朕闻之，天生蒸民，为之置君以养治之。人主不德，布政不均，则天示之以灾，以诫不治。乃十一月晦，日有食之，适见于天。灾孰大焉！朕获保宗庙，以微眇之身托于兆民君王之上，天下治乱，在朕一人，唯二三执政犹吾股肱也。朕下不能理育群生，上以累三光之明，其不德大矣。令至，其悉思朕之过失，及知见思之所不及，丐以告朕。及举贤良方正能直言极谏者，以匡朕之不逮。因各饬其任职，务省繇费便民，朕既不能远德，故惆然念外人之有非，是以设备未息。今纵不能罢边屯戍，而又饬兵厚卫，其罢卫将军军，太仆见马遗财足，余皆以给传置。

——《史记·孝文本纪》

【译解】

我听说，上天生下万民，设立君主来养育和治理他们。人主如果不贤，施政不均，那么上天就会用灾象来警示，以告诫他们没有治理好。十一月的最后一天出现了日食，这就是上天显示的谴责，没有比这更大的灾象了！我有幸继承皇位，凭借渺小的身子托在万民和诸侯们之上，天下的治或乱，责任全在于我一人，几位执政大臣犹如我的左右臂。我对下不能治理养育百姓，对上有损于日、月、星辰的光明，我失道太大了。诏令到了，全部都要思考我的过失，以及我的知识、见识、思考问题不足之处，希望你们告诉我。并且推举贤良正直能讲真话进谏的人，以匡正我的不足。你们各自都要谨慎地尽到自己的责任，尽量减少徭役和费用以利民众，我既然不能远播德行，所以常忧虑外族的侵犯意图，因此边境防御从未停止。现在不能撤除边境驻军，反而还要整顿兵马加强京城的防卫，那么就取消卫将军的部队。太仆所管马匹，够用就行了，多余的都给驿站使用。

汉文帝（前 178 年）二年十一月十二日连续两次发生日食，这是他此后宣布的诏令，表明了简政便民、整顿朝纲的意图。

文中的蒸民的蒸，通“烝”，众多之意。三光合称日、月、星。贤良方正指有德有才、端平正直的人。从汉文帝此次下诏起，汉开始设“贤良方正”科目，用来选拔人才。中选的人，由朝廷授予官职。传置，即驿站。

【原文】

农，天下之本，其开籍田，朕亲率耕，以给宗庙粢盛。

——《史记·孝文本纪》

【译解】

农业是天下的根本，要开辟籍田，我亲自去耕种，以能供给宗庙足够的谷物。

这是汉文帝在三年（前 177 年）正月所言。他表达了亲自耕种农田的愿望，说明他重视农耕，希望国家富裕。

文中的籍田的籍，就是借，借民力以来耕种，以田里的谷物来侍奉宗庙，并借

袁盎却座　佚名　南宋

袁盎，汉文帝身边很亲近的官员，官职中郎。一次，汉文帝偕窦皇后、慎夫人一起游玩上林苑，君臣一起坐下休息，慎夫人又像在宫中一样，径直坐在文帝的身边，不料袁盎却将她的座位搬到了窦皇后的后面。慎夫人大怒，不肯就座。文帝见了，准备起驾回宫。袁盎见状，上前说道：“臣闻尊卑有序则上下和。今陛下既已立后，慎夫人乃妾，妾主岂可与同坐哉！适所以失尊卑矣。且陛下幸之，即厚赐之。陛下所以为慎夫人，适所以祸之。陛下独不见‘人彘’乎？”文帝听了，点头称是。

汉文帝

汉文帝刘恒（前202—前157年），是汉朝的第三位皇帝。汉高祖刘邦第四子，初被立为代王，建都晋阳。惠帝死后，吕后掌权，后吕后去世，刘恒在周勃、陈平支持下诛灭了吕产、吕禄等吕势力，登上皇帝宝座。他在位期间（前180—前157年），继续执行与民休息和轻徭薄赋的政策，使得他在位的23年成为汉朝从国家初定走向繁荣昌盛的过渡时期。

此来劝勉和鼓励天下，使他们努力务农。粢，指黍稷，放在器中叫盛。

【原文】

朕获执牺牲珪币以事上帝宗庙，十四年于今，历日长，以不敏不明而久抚临天下，朕甚自愧。其广增诸祀墠场珪币。昔先王远施不求其报，望祀不祈其福，右贤左戚，先民后己，至明之极也。今吾闻祠官祝厘，皆归福朕躬，不为百姓，朕甚愧之。夫以朕不德，而躬享独美其福，百姓不与焉，是重吾不德。其令祠官致敬，毋有所祈。

——《史记·孝文本纪》

【译解】

我有幸捧着牺牲珪币来侍奉上帝宗庙，至今已经十四年了，经历的时间很长，不聪敏不贤明而长久统治天下，我自己感到非常惭愧。要广泛地增加祭祀的墠场和　币。以前先王远施恩惠不求回报，举行望祈而不为自己祈福，尊重贤才，抑制亲戚，先民后己，圣明至极。现在我听祠官祭祀上天、祈求降福时，把福瑞都给我一人，不为百姓祈福，我感到很惭愧。凭我的不德，而独自享受美好的祝福，而百姓却没有得到，这更加深了我的不德。要命令祠官向神致敬，不要为我一人祈求。

这是汉文帝在十四年（前166年）所言。文帝希望不要只为自己祈福，要为百姓祈福，说明文帝对民众的重视。

文中的牺牲指供祭祀用的纯色全体牲畜；供盟誓、宴享用的牲畜。珪币，祭祀用的玉帛。右贤左戚，右是居于高，左是居于下。厘，即福。

农，天下之本（汉景帝　刘启）

【原文】

农，天下之本也。黄金、珠玉，饥不可食，寒不可衣，以为币用，不识其终始。间岁或不登，意为末者众，农民寡也。其令郡国务劝农桑，益种树，可得衣食物。吏发民，若取庸采黄金、珠玉者，坐臧为盗。二千石听者，与同罪。

——《汉书·景帝纪》

【译解】

农业，是天下的根本。黄金和珠玉，饥饿了不能吃，寒冷了不能穿，作为货币使用，不知它的开始和终结。近年来有时不丰收，有人说是从事末业的人太多，农民太少。现在命令郡国多劝农桑，多种树，就可以得到衣物和粮食。官吏征发百姓或雇佣来采黄金的，与盗贼同罪。两千石官员听之任之的，也与此同罪。

这是汉景帝在后元三年（前141年）发的诏令。他下令要劝人们从事农业种植，不要去开采黄金，以增加粮食衣物，保证生活的需要。这反映了他的重农思想。

二牛三人式牛耕图

这种二牛三人式的牛耕，在汉朝十分盛行，同时也是当时统治者推崇的牛耕制度。通常两牛之间的距离在2至3米之间，中间由一木杠相连，杠有绳系在犁铧上。前面一人牵一牛，后面有一人负责操纵犁铧。这种耕作方式的发明和推广是社会生产力进步的表现。

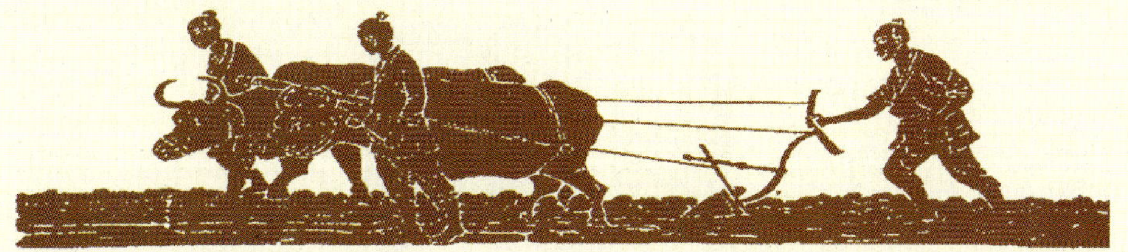

文中的二千石指俸禄两千石的官员，汉代内自九卿郎将外至郡守尉的俸禄等级，都是二千石。

遣使者振贷困乏（汉宣帝　刘询）

【原文】

盖闻农者兴德之本也，今岁不登，已遣使者振贷困乏。其令太官损膳省宰，乐府减乐人，使归就农业。丞相以下至都官令丞上书入谷，输长安仓，助贷贫民。民以车船载谷入关者，得毋用传。

——《汉书·宣帝纪》

【译解】

我听闻农业是兴德的根本，今年五谷不收，我已经派出使者赈济贫困户。命令太宰减少膳食，少宰牲畜，乐府减少乐人，让他们回到农业生产上去。从丞相以下直至都官令丞都要上报捐献粮食的数额，全部运到长安的仓库，协助政府赈济贫民。民众用车船运送粮食进入函谷关的，不用检验凭证。

这是本始四年（前70年）春季汉宣帝为了发展农业而下的诏所言。他在农业五谷不收时，派人救济农民，遣返乐人回去从事农业生产，这说明宣帝非常重视农业，发展经济。

文中的乐府是汉武帝时设立的主管采集诗歌和音乐的机构。关，指函谷关，这是由中原进入汉中的关口和通道。传，指凭证。

崇敬让而民兴行

（汉元帝　刘奭）

【原文】

盖闻安民之道，本由阴阳。间者阴阳错谬，风雨不时。朕之不德，庶几群公有敢言朕之过者，今则不然。偷合苟从，未肯极言，朕甚闵焉。永惟蒸庶之饥寒，远离父母妻子，劳于非业之作，卫于不居之宫，恐非所以佐阴阳之道也。其罢

连击水碓（模型）　西汉

社会的稳定，农商的发展，促使汉代出现了许多具有实用价值的农具，连击水碓就是其中之一，它是加工粮食所用的工具，主要的作用是为谷类去皮，动力来源于水力，可以带动四组碓头同时工作。

陶　仓

陶仓被作为冥器使用，最早见于战国、秦代，汉武帝前后盛行起来。西汉早期陶仓的造型为圆口、折肩、筒腹、平底，口上置覆钵式平顶盖，到了西汉中期其造型逐渐演变成圆弧形，并于平底下沿装三足，足形多为立熊或者神兽。陶仓作为冥器的广泛使用，一方面反映了汉代墓葬的特点，另外一方面则反映了汉代农业的发展状况。

汉元帝

汉元帝刘奭（前75—前33年），是西汉第八位皇帝。他出生几个月后，其父刘询即位做了皇帝。前67年4月，刘奭被立为太子。前49年10月，宣帝死后继位，在位16年（前49—前33年），谥号为孝元皇帝，庙号高宗。

哺乳俑·汉代

绿釉陶厨俑·汉代

庖厨俑·汉代

石抱童俑·汉代

击鼓说唱俑·汉代

汉代的奴隶俑

从西汉中期以来，大规模的土地兼并使土地急剧集中，致使大量丧失了土地的平民沦为奴隶，成为一个严重的社会问题。汉光武帝建立东汉政权后，意识到问题的严重，连续六次下诏释放奴隶，禁止杀、伤奴隶，释放一些奴隶归家种田，同时打击一些占地豪强和地主，这一系列的措施对于当时恢复生产、发展农业起到了莫大的作用。

甘泉、建章宫卫，令就农。百官各省费。条奏毋有所讳。有司勉之，毋犯四时之禁。丞相、御史举天下明阴阳灾异者各三人。

——《汉书·元帝纪》

【译解】

我闻知安民的根本办法在于使阴阳协调。近来阴阳错缪，风雨不顺。我的厚德不够，多么希望有人敢于指出我的过错。现在却不是这样，遇事敷衍，上下迎合，不肯说出真心话，我非常忧伤。时刻想到百姓在忍受饥寒，远离父母、妻子、儿子，在干着不是他们本业的事，守卫着君王并不居住的王宫，这恐怕不是用来协调阴阳的好办法。撤销甘泉、建章宫的守卫，让他们回去务农。百官官署都要节省费用，上报事项不要有所顾忌。有司要勤勉行事，不要违背一年四季的制约。丞相、御史要在天下范围内推举各三位懂得阴阳灾异的人。

这段话是汉元帝在初元三年（前46年）六月的诏令中所言。他对于近来风雨不调的现象主动承担责任，反映了他治理国家时注重阴阳平衡、要使百姓与官府和谐的思想。

文中的蒸庶指民众；百姓。甘泉、建章宫，是汉代首都长安的离宫。《史记》记载：建元元年（前140年），汉武帝在秦林光宫基础上修建了甘泉宫，宫城平面呈长方形，面积约148.6万平方米，周长9.5公里，宫城四面各有一座宫门，其中有宫殿12座、楼台1座。建章宫在都城长安西边，是汉武帝兴修的离宫，宫城周长约10公里，宫城四面各置一座宫门，宫门之外设有“双阙”，西北辟有面积十余顷的水池，取名“太液池”，“太液者，言其津润所及广也”。

【原文】

盖闻明王之治国也，明好恶而定去就，崇敬让而民兴行，故法设而民不犯，令施而民从。今朕获保宗庙，兢兢业业，匪敢解怠，德薄明晻，教化浅微。传不云乎？“百姓有过，在予一人。”其赦天下，赐民爵一级，女子百户牛酒，三老、孝弟、力田帛。……方春，农桑兴，百姓戮力自尽之时也，故是月劳农劝民，无使后时。今不良之吏，覆案小罪，征召证案，兴不急之事，以妨百姓，使失一时之作，亡终岁之功，公卿其明察申敕之。

——《汉书·元帝纪》

【译解】

我听说明君治理天下，在于能够明辨善恶是非，推行什么，舍去什么，崇尚敬让之礼。这样百姓就会振作起来，虽然有法律但是百姓不去触犯，政令一发出百姓就实行。现在我得以保有国家，兢兢业业，不敢懈怠，恩德不厚，洞察力不深，教化力不强。《论语》不是曾说过：“百姓如果有错误，这全是在我一人身上。”要大赦天下，赐给士民一级爵位和受爵人的妻子每百户若干牛、酒，三老、孝悌、力田等赐给丝帛。……现正当春日，正是农业生产繁忙时节，百姓都在抓紧时间尽力忙作，所以这月正是慰劳农民的时候，劝勉他们不要失去农时。现在一些不称职的官吏，审理一些小案子，都要招来百姓在公堂对质，验证案件，办一些不着急的事情，妨碍了百姓，使他们耽误了农时，失去了一年的收成，公卿们要认真追究，加以制止。

周厉王在军事上的胜利

在军事上，周厉王大胆起用虢公长父为卿士，他力图重新建立一支强大的王室部队，并改变周边少数族屡次入侵的状况，解决积弱之弊。在厉王即位的第三年，淮夷已进逼到洛邑，成为周王朝的大患，但由于国力不强，周军没能取得胜利，但在周厉王改革之后，周王朝又再次强大到震摄四方。虽然在历史学家们都指责周厉王的改革，甚至根本就不记载与周厉王有关的军事胜利，但在《史记·楚世家》中却有着这样的记载：“当周夷王之时，王室微……熊渠甚很江汉间民和……乃立其长子康为句宣王，中子红为鄂王……及周厉王之时，暴虐，熊渠畏其伐楚，亦去其王。”从《史记》的记载中，我们可以清楚地知道当时的周王朝是多么的强大，甚至使这个在周夷王时就已经自立为王的熊渠自动放弃王的尊号。熊渠放弃尊号的原因绝不是因为周厉王的“暴虐”，因为如果一个国家积贫积弱，而国君又暴虐的话，那么，它的邻国不仅不会畏惧，反而会高兴。由此可见，所谓的“暴虐”不过是史学家们强加于周厉王身上的称号而已，当时的周王朝必然是再次强大了起来，从熊渠“亦去其王”中我们就可以知道，熊渠在主动去掉自己的尊号之前，必然有不少的诸侯已经被强大的周军击败了，退而臣服，熊渠见了自然畏惧。

歌乐舞百戏图

随着汉代社会的逐渐稳定，农商也开始繁荣起来，这样就促进了音乐舞蹈等娱乐活动的进一步发展，此图表现的即是汉代乐舞的生动场面，图中描绘的是一群人在为主人表演杂技的情景。

这段话选自汉元帝在建昭五年（前34年）春三月发的诏书。他决心学习古代明君，以农为本，不要耽误农时。

文中的宗庙指国家。民，应该指士民。

田租三十税一（汉光武帝　刘秀）

【原文】

顷者师旅未解，用度不足，故行什一之税。今军士屯田，粮储差积。其令郡国收见田租三十税一，如旧制。

——《后汉书·光武帝纪下》

【译解】

过去战争未停，用度不够，所以实行十分抽一分的税制。现在实行军士屯田，储备的粮食略微有了积累。现在我命令郡国田租实行三十分抽一分的税制，如景帝时的制度一样。

建武六年（30年）汉光武帝为了减轻农民负担、促进农业生产专门颁发了诏令，表现了光武帝继承汉初休生养息、减轻税负、促进社会发展的策略。

孙权解决人口匮乏难题的手段

吴国的疆土面积和魏国的差不多，而适于农作物生长的自然条件却远远优于曹魏。但是，由于人口数量的不足和土地开垦的程度低下，却严重阻碍了吴国的发展。因此，当孙权继承孙策统治吴国后，他继续沿用孙策时期的基本国策，即从外国掠夺农业劳动力，以发展本国生产。建安五年，孙权攻克不肯服从他的庐江太守李术于皖城，徙李术部曲三万余人。建安十二、十三年，孙权两次进攻江夏太守黄祖，皆掳其人民而还。建安十九年，孙权征皖城，“获庐江太守朱光、参军董和及男女数万口”。赤乌四年，吴将“全琮略淮南，决芍陂，烧安城邸阁，收其人民”。赤乌六年，吴将诸葛洛“袭魏六安，掩其人民而去”。孙权除了向魏边境掠夺农业劳动力以外，还不断掳掠其境内山区越汉人口。赤乌元年，孙权对其将帅大臣诸葛瑾、步骘、朱然、吕岱等说：“自孤兴军五十年，所役赋凡百皆出于民。”这说明孙权深知农民才是创造物质财富的基本力量。孙权通过掠夺迁徙境内外人口，使吴国劳动力不足的问题有所缓和，这不仅有利于屯田的推行，也有益于自耕农和地主经济的发展。

文中的顷者指过去。差，即略微。旧制，指景帝时三十税一的制度。

务在均平（汉明帝　刘庄）

【原文】

方春戒节，人以耕桑。其敕有司务顺时气，使无烦扰。天下亡命殊死以下，听得赎论：死罪入缣二十匹，右趾至髡钳城旦舂十匹，完城旦舂至司寇作三匹。其未发觉，诏书到先自告者，半入赎。今选举不实，邪佞未去，

青铜纺织贮贝器

汉代的纺织业相对于前代在制造的工艺有了很大进步，并且产生了三种生产方式：一种是官府手工业，一种是独立手工业，另外一种是农村副业。此外，汉代的丝绸为横贯亚欧大陆“丝绸之路”的繁荣昌盛和贸易交往提供了物质基础。贮贝器是古代专门用来贮藏贝币的器皿，它上面铸的是当时平民和奴隶为奴隶主纺织的场面。

权门请托，残吏放手，百姓愁怨，情无告诉。有司明奏罪名，并正举者。又郡县每因征发，轻为奸利，诡责羸弱，先急下贫。其务在均平，无令枉刻。

——《后汉书·显宗孝明帝纪》

【译解】

正当春耕季节，人们忙于耕作和饲养桑蚕。因此命令有关部门要顺应节气，不要去骚扰百姓。天下犯斩头罪以下的在逃罪犯可以赎罪：死罪的缴纳细绢二十匹；犯砍去右足的、剃发的、用铁圈束颈的、服苦役的缴纳十匹；犯不戴刑具服劳役的至发往边地御敌的缴纳三匹。犯罪后没有被发觉，在诏书到达前自首的，可以减半缴纳。如今举贤察能有弄虚作假的现象，奸佞之人还没有除去，权贵们多行请托之风，酷吏们贪赃枉法，为非作歹，百姓愁苦哀怨，无处申诉冤情。主管部门要查明罪名上奏，如举报不实，要治举报人的罪。另外郡县官府经常趁征发百姓服役的机会，擅自作奸牟利，欺诈勒索贫苦百姓，使贫苦百姓深受其苦。应该使劳役平均，不要枉滥苛刻。

这是汉明帝永平二年（59 年）即位后，在十二月下的诏令。诏令反映了明帝重视农业、宽恕犯人、束缚官员、爱护百姓的治国思想。

文中的刑法髡指剃发，古代发肤受之父母，剃发是一种侮辱行为。钳是指铁圈束颈。城旦舂是秦朝实施的劳役刑之一，城旦是指强制男性犯人早起去修筑城墙的苦役。女性犯人处以城旦舂者，服舂米的苦役。汉朝沿用了这一刑罚。

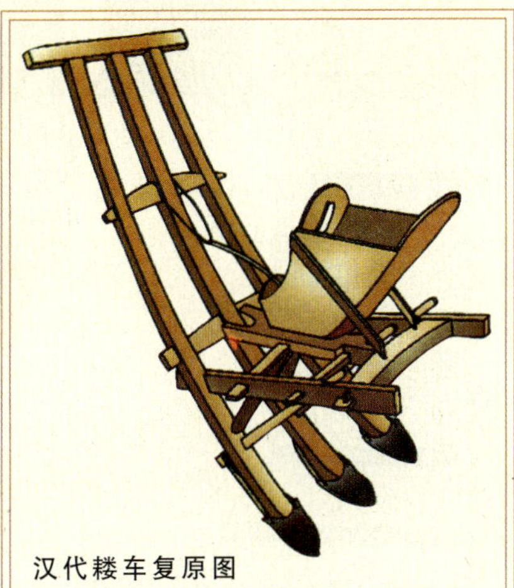

汉代耧车复原图

耧车，也叫"耧犁"、"耩子"，一种畜力条播机，由西汉赵过发明。它由耧架、耧斗、耧腿、耧铲等构成，有一腿耧至七腿耧多种，以两腿耧播种较均匀，可播大麦、小麦、大豆、高粱等。耧车的发明大大提高了生产力。

铜　铃

铃是由铜铁制成圆壳，上面有细小的裂缝，把铁丸放进去，在摇动时就会发出声响。在古代，它的主要用途是悬挂在牛、马、羊的脖颈上，农民在耕作时，如果丢失了牲畜，就可以跟随它们脖子上的铃声寻回。

动务省约（汉章帝　刘炟）

【原文】

车驾行秋稼，观收获，因涉郡界。皆精骑轻行，无它辎重。不得辄修道桥，远离城郭，遣吏逢迎，刺探起居，出入前后，以为烦扰。动务省约，但患不能脱粟瓢饮耳。所过欲令贫弱有利，无违诏书。

——《后汉书·肃宗孝章帝纪》

【译解】

皇帝乘车行走在秋收期间，以观察收获情况，因此要经过各个郡界。要减少马匹轻装前行，不要装载很多货物。

汉章帝

肃宗孝章皇帝刘炟（58—88年），东汉皇帝。汉明帝刘庄第五子，公元75—公元88年在位。年号：建初、元和、章和。章帝在位期间，国家兴盛、政局稳定，社会安宁，两度派班超出使西域，使得西域地区重新称藩于汉，与汉明帝共称“明章盛世”。但由于过分抬高儒教，致使一些官员求虚丢实，开始腐败。且章帝过于放纵外戚，致使外戚专权，直接导致了东汉的覆亡。

不得随便修道架桥，不得派遣官员到远离城市的地方来迎接，伺候我的起居，出门前呼后拥，以致扰乱百姓的生活。行动务必节省，就只怕食不到糙米和不能用瓢饮水。所经过的地方要让贫困弱小的人有利，不得违背诏书。

建初七年（82年）九月，汉章帝到偃师，往东渡过卷津到河内去视察收成。他为了减少各个官员迎送对百姓的干扰，于是发了此诏。表现了章帝不注重繁文缛节、减少百姓负担的想法。

章帝要去的卷是县名，属于河南郡。文中的刺探是候伺之意。章帝说食糙米，用瓢饮水，是援引历史上的典故。晏子在齐国做宰相，食的脱粟之饭；

孔子曾道："颜回一瓢饮。"

【原文】

王者八政，以食为本，故古者急耕稼之业，致耒耜之勤，节用储蓄，以备凶灾，是以岁虽不登而人无饥色。自牛疫已来，谷食连少，良由吏教未至，刺史、二千石不以为负。其令郡国募人无田欲徙它界就肥饶者，恣听之。到在所，赐给公田，为雇耕佣，赁种饷，贳与田器，勿收租五岁，除筭三年。其后欲还本乡者，勿禁。

——《后汉书·肃宗孝章帝纪》

【译解】

帝王治理的八项方针，以食物为根本，所以古代的帝王对农业的耕作都很着急，并致力于耒耜等工具的制作，节约用度而贮蓄粮食，以防备灾年，因此遇到歉收的年成而人们没有饥色。自从牛瘟发生以来，谷物连年减少，原因是官吏的教育没有做好，刺史、两千石的官员并不感到惭愧。我命令郡国招募没有田而想迁到富裕地方去的人，任由他们迁徙。所到的地方，要赐给他们公田，为他们雇佣耕作，借给粮食，赊给农业用具，不收租五年，免除人丁税三年。以后，想要回到家乡的人，不要禁止。

这段话选自汉章帝在元和元年（84 年）春二月发的诏书。汉章帝在春耕生产将要到来时，发布诏书，鼓励没有农田的人迁徙到富裕地区，并要求政府进行资助，这反映出章帝重视农业和民生。

文中的以食为本来自《尚书》洪范八政，其第一就是讲食，所以食是为政之本。耒耜，指古代的农器，耒，是农具的手柄，耜，是下面的刃。负，是忧的意思。

陆胤

三国时的陆胤，兼具文韬武略，曾经担任交州刺史。在交州，它奉宣朝恩，使流民归附，海隅肃清。苍梧、南海，曾经每年都有暴风瘴气之害，自胤到州，风气绝息，商旅平行，民无疾疫，田稼丰稔。他州治临海，为官清廉，"而内无粉黛附珠之妾，家无文甲犀象之珍"。

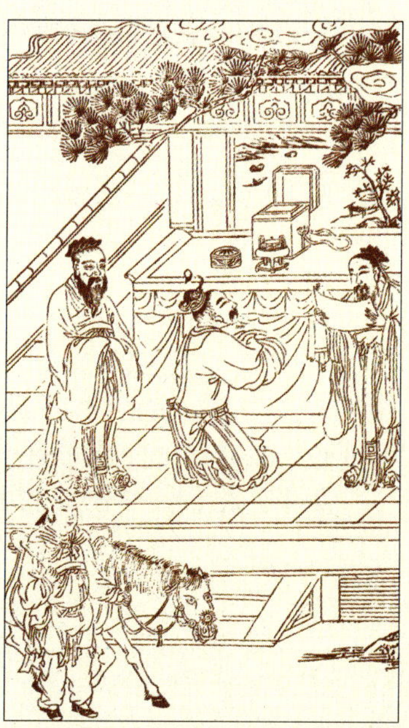

有以宽息（吴大帝　孙权）

【原文】

军兴日久，民离农畔，父子夫妇，不听相恤，孤甚愍之。今北虏缩窜，方外无事，其下州郡，有以宽息。

——《三国志·吴书·吴主传》

【译解】

军队作战已经很久了，民众离开农田土地，父子夫妻不能相互体恤，我很同情他们。现在北方的敌人已经退缩，边境没有战事，要下令给各州县，让百姓能够宽松地修养生息。

吴大帝

吴大帝孙权（182—252年），字仲谋，三国时期吴帝国的创建者。孙权聪明机智，十四岁便随兄长孙策作战，参与平定江东，后来孙策猝亡，孙权接掌江东。在名将周瑜的辅佐下领导东吴在赤壁大胜曹操，使天下成三国鼎立之势。

黄武三年（224年）夏季，魏文帝出巡广陵，遥望长江，感叹道："那里有杰出的人，不能够谋取。"于是就回去了。吴魏战事告一段落。孙权即时发布了命令，要各地放松对百姓的约束，让他们安心生产。这反映了孙权能审时度势、安定民心、维护社会稳定的思想。

文中的恤，指体恤。北虏，指曹魏军队。

【原文】

盖君非民不立，民非谷不生。顷者以来，民多征役，岁又水旱，年谷有损，而吏或不良，侵夺民时，以致饥困。自今以来，督军郡守，其谨察非法，当农桑时，以役事扰民者，举正以闻。

——《三国志·吴志·孙权》

【译解】

国君没有民众就不能当政，民众没有谷物就不能生存。最近以来，民众有很多赋税劳役，今年又有水旱之灾，减少了收成，有的不良官员侵占农忙时间，导致了民众的饥饿困苦。从今以后，督军和郡守，要谨慎地督察非法的行为，在农忙时间里，凡是用劳役来骚扰民众的，都要察举纠正并让朝廷知道。

这是赤乌三年（240 年）春正月孙权下的诏书。他认识到了民众和君王的关系，下令不许耽误农时，表明孙权不许扰民，重视民生。

耕蚕树艺，各尽其力（宋文帝　刘义隆）

【原文】

自顷农桑惰业，游食者众，荒莱不辟，督课无闻。一时水旱，便有罄匮，苟不深存务本，丰给靡因。郡守赋政方畿，县宰亲民之主，宜思奖训，导以良规。咸使肆力，地无遗利，耕蚕树艺，各尽其力。若有力田殊众，岁竟条名列上。

——《宋书·本纪·文帝》

【译解】

近来农业蚕桑之业衰败，不耕作到处求食的人很多，田园荒芜无人开垦，督责考核也没有人管。如果遇到水灾旱灾，就会粮缺财尽。如果不重视农业这根本，就不会丰衣足食。郡守主政辖区，县宰是爱民的主人，应该思考奖励和劝勉，用好的规章来引导。使得人尽其力，地尽其利，有的种桑养蚕，有的种粮种菜，各自发挥自己的力量。如果有种田成效突出的，年终时将他们的名字逐层上报。

这是宋文帝元嘉八年（431 年）闰六月颁发的诏书。他同许多杰出的帝王一样，非常重视农桑，提倡根本，鼓励人们积极从事农耕。

文中的荒莱犹草莱，指荒地。督课，督察考核。罄匮，罄竭匮乏。方畿，古指天子领属的方千里之地，后泛称境内。

爱民如子的元云

南北朝元云担任都督，善于处理民间诉讼，在当地闻名一时，后遇叛乱，元云讨平，升为徐州刺史。在徐州，他安抚民众，深得民心，离任时百姓依依不舍，纷纷捐送钱财给他，他分文不取。后升至征西大将军、雍州刺史，仍然政绩卓著。

宋文帝

宋文帝刘义隆（407—453年），是中国南北朝时期宋朝的第三位皇帝。宋武帝刘裕第三子，424年即位，在位三十年，年号“元嘉”，谥号“文皇帝”，庙号“太祖”。在位期间，宋文帝继续实行刘裕的治国方针，在东晋义熙土断的基础上清理户籍，下令免除百姓欠政府的“通租宿债”，又实行劝学、兴农、招贤等一系列措施，使百姓得以修养生息，社会生产有所发展，经济文化日趋繁荣，是东晋南北朝国力最为强盛的历史时期，史称“元嘉之治”。

宫停税入（齐高帝　萧道成）

【原文】

自庐井毁制，农桑易业，盐铁妨民，货鬻伤治，历代成俗，流蠹岁滋。援拯遗弊，革末反本，使公不专利，氓无失业。二宫诸王，悉不得营立屯邸，封略山湖。太官池岩，宫停税入，优量省置。

——《南齐书·本纪·高帝》

【译解】

自从井田制被毁，农桑业者改行，盐铁业妨碍民众生机，商业混乱，历代成为习俗，流弊日益严重。匡拯流弊，改革商业，返回农业根本，使官府不垄断货利，民众没有失业。二宫各王，都不得营建府邸霸占农田，封占山林湖泊。太官管理的皇家园林，要停止征收税赋，酌情减省。

建元元年（479 年）夏四月齐高帝登基，他禁止各地进送庆贺的礼物，然后下了这道诏令。这反映了齐高帝即位后决心整顿商业。限制贵族和官府的谋利行为，以农业为根本的思想。

文中的庐井指古代的井田制，当时八家共一井，于是称共一井的八家庐舍为庐井。流蠹，犹如遗害、流弊。池岩，指皇家园林。

衰老官给廪食（梁武帝　萧衍）

【原文】

宋氏以来，并恣淫侈，倾宫之富，遂盈数千。推算五都，愁穷四海，并婴罹冤横，拘逼不一，抚弦命管，良家不被蠲；织室绣房，幽厄犹见役。弊国伤和，莫斯为甚。凡后宫乐府，西解暴室，诸如此例，一皆放遣，若衰老不能自存，官给廪食。

——《梁书·本纪·武帝》

【译解】

刘宋王朝以来，都是过度恣意奢侈，高官华楼的豪富人家，多达几千户。以都市来推算，就见忧愁遍布四海，横冤到处都有，被拘逼的情况各不相同，被迫去吹弹演奏，良家子弟也不能免除；被迫去绣花织布，被幽禁了还要服役。这样给国家带来弊毁，伤了和气，没有比这更严重的了。后宫所有的歌伎，西府从事刺绣纺织的艺工，以及类似这样的人，全部都要遣散。至于那些衰老没有能力生存的，则由官府供养他们。

这段话是萧衍即天子位后所言，他放出宫里的艺人工匠，以缓解社会矛盾，巩固新建立的政权。

文中的宋氏指刘裕建立的宋朝。倾官，高高的宫殿。五都，泛指各都市。西解，当时官府名称。暴室，宫廷内织作的地方。

【原文】

刍牧必往，姬文垂则；雉兔有刑，姜宣致贬，薮泽山林，毓材是出，斧斤之用，比屋所资，而顷世相承，并加封固，岂所谓与民同利，惠兹黔首?凡公家诸屯戍见封熂者，可悉开常禁。

——《梁书·本纪·武帝》

彩绘玄武画像砖　南朝

古代的人们把北方的若干星星想象为龟蛇形象，谓之玄武，是四大灵兽之一。龟在古代又有着长寿和不死的象征，并能导引咽气。这对于追求长生不死的帝王官僚乃至普通人都有很大的吸引力，因此，从汉代开始就大量出现了绘有玄武的画像砖，祈求长寿不老。

汉宣帝的“中兴”

宣帝亲政以后，他把施政重点放在使政治更加清明上，这样一来，社会经济更加繁荣，百姓也能够安居乐业。在亲政的二十年中，不但诛灭了腐败的霍氏家族，还诛杀了一些地位很高但却非常腐败的官员。他击灭西羌，袭破车师。甘露三年，匈奴发生内乱，呼韩邪单于亲至五原塞上请求入朝称臣，成了汉朝的藩属。这样一来，他终于完成了汉武帝倾全国之力用兵而未能完成的功业。史书上这样赞赏汉宣帝：“孝宣之治，信赏必罚，文治武功，可谓中兴。”后世史学家这样评价汉宣帝：“政教明，法令行，边境安，四夷清，单于款塞，天下殷富，百姓康乐，其治过于太宗（即汉文帝——编者）之时”。

【译解】

割草放牧的人一定能进入君王的园圃，这是周文王遗留的法则。杀死野鸡和兔子的人要被处以刑罚，因此齐宣王受到贬责。草泽山林提供了木材，使用斧头伐木，是每家每户生活都要依靠的。然而近代相互沿袭，对草泽山林封闭禁锢，难道这就是所说的与民同利、施惠给平民百姓吗？凡是公家防守封山禁火的地方，要全部开禁。

这段话选自梁武帝在天监七年（508 年）九月发的诏令。梁武帝开放山禁，惠及民生，想表明自己的爱民思想。

文中的“刍牧必往，姬文垂则”出自《孟子·梁惠王下》：“文王之囿方七十里，刍荛者往焉，雉兔者往焉，与民同之。”“雉兔有刑，姜宣致贬”出自《孟子·梁惠王》：“杀其麋鹿者如杀人之罪。”文中误为 “雉兔”。比屋，指每家每户。顷世，指衰世。封炊，指封山禁火。

民惟国本（隋炀帝　杨广）

【原文】

民惟国本，本固邦宁。百姓足，孰与不足！今所营构，务从节俭，无

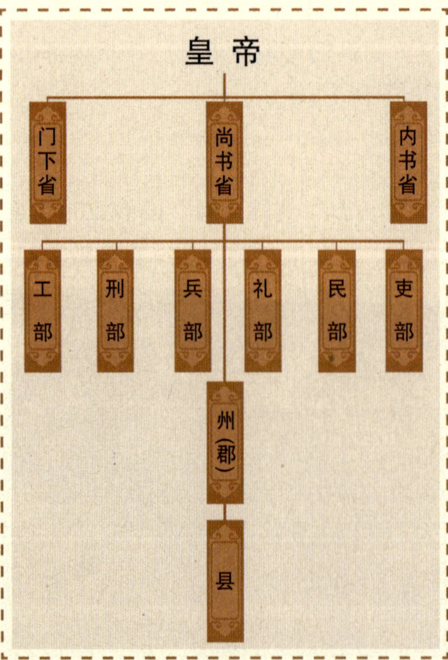

隋朝三省六部

三省六部制是我国古代封建社会一套组织严密的中央官制。隋文帝即位后，为了加强中央集权，综合前代各种制度，确立了三省六部制。隋文帝时期的三省六部制，在中央设置尚书、门下、内史三省。内史省是决策机构，长官叫内史令；门下省是审议机构，长官叫纳言；尚书省是执行机构，处理全国行政事务，长官叫尚书令，副长官叫左、右仆射。尚书省下设吏、礼、兵、都官（后改为刑）、度支（后改为民）、工六部，各部长官为尚书，副长官为侍郎。三省的长官相当于秦汉的宰相。把宰相之职一分为三，避免了权臣专权，中央集权进一步加强。

隋炀帝

隋炀帝杨广（569—618年），隋朝的第二个皇帝，隋文帝杨坚的次子，母独孤皇后。亲政后，他巡视边塞，开通西域，推动大建设。然而却无形中增加了人民的负担，尤其是对人民奴役征敛十分严苛，使生产遭到严重破坏，也留下“暴君”称号于世。后在隋末农民大起义的打击下，部下宇文化及等发动兵变，将他缢死于江都（今江苏扬州）。

令雕墙峻宇复起于当今，欲使卑宫菲食将贻于后世。有司明为条格，称朕意焉。

——《隋书·帝纪·炀帝》

【译解】

人民是国家的根本，根本巩固国家就安宁。百姓富足了，谁还会不富足呢？现在进行的营建工作，务必节俭，不要在现今出现雕花墙壁的高楼大厦，我想让低矮的宫室和菲薄的饮食流传到后世。有关部门要确切制定法令条文，使我称心如意。

仁寿四年（604年）七月隋文帝即位后，马上营建东京洛阳，以满足他奢侈的需要。这就是他为此下的诏令。他诏令提倡节俭，实际浪费无度，表现了隋炀帝以虚言掩饰自己本意的特征。

文中的菲食本指粗劣的饮食，这里指饭菜不丰厚。

民为邦本（唐太宗　李世民）

【原文】

民为邦本，本固邦宁。

——《唐太宗集·备北寇诏》

【译解】

民众是国家的根本，根本稳固国家就会安宁。

这选自唐太宗在武德九年（626年）九月的诏令。他在武德九年八月即位，九月突厥献来三千匹马、一万头羊，但是唐太宗不接受，他命令突厥将掳去的中国户口归还。所选的这句话反映了他将以百姓为根本，稳定国家。

文中的北寇指突厥。

皇都积胜图（局部）

由于国内长期统一、人口增加、农工进步、漕运便利，加上白银的输入，使得商业相当发达。一时间，因为商业发达而兴起的城镇众多。这幅长卷描绘的就是北京城繁盛的景象。街道上车马行人熙来攘往，茶楼酒肆店铺林立，一片繁华景象。

【原文】

夫食为人天，农为政本。仓廪实则知礼节，衣食乏则忘廉耻。故躬耕东郊，敬授民时。国无九岁之储，不足备水旱；家无一年之服，不足御寒温。然而莫不带犊佩牛，弃坚就伪，求伎巧之利，废农桑之基，以一人耕而百人食，其为害也甚于秋螟。莫若禁绝浮华，劝课耕织，使民还其本，俗反其真，则竞怀仁义之心，永绝贪残之路，此务农之本也。

——《唐太宗集·务农篇》

遇物教储

唐史记载，唐太宗除了日常生活严格要求自己之外，还经常告诫太子要爱民如子，看到太子在吃饭就会提醒太子，要他能深刻体会百姓种庄稼的艰难，有次和太子乘船时还告诫太子“水能载船，亦能覆船，百姓如水，国君是船”的治国道理。

【译解】

粮食是百姓天大的事，农业是国政的根本。如果仓库里的粮食充足，那么民众就知道礼节；如果衣食缺乏，百姓就会忘记廉耻。所以天子亲自在东郊耕种，及时告诉百姓天时节令。国家没有九年的粮食储存，就不足以防备水旱等灾害；家里没有备上一年的衣服，就不足以防备寒暑。然而人们无不佩带刀剑，抛弃实在的农业而走向虚幻，追求以伎艺、工巧来牟利，废弃了农桑的基础，用一个人耕种所得来养活百人，这种危害胜过秋天的螟蝗之灾。不如禁止浮华，鼓励耕田织布，使民众回到农业这根本之上，风俗返归淳朴，那么大家就会争着拥有仁义之心，永远断绝走贪婪残暴的道路，这是从事农业的根本。

唐太宗的《务农篇》是论述重农抑商的经济思想。他的这段话，阐明了农业的重要性，农业对于国家安定、人们生活、社会风气的重要作用。

文中的躬耕，指古代帝王亲自下田耕作，以鼓励农业生产。带犊佩牛，典故出自汉代，宣帝时，龚遂任渤海太守，渤海郡发生饥荒，龚遂去劝民务农，他见民有带持刀剑者，使卖剑买牛，卖刀买犊，便问道：“何为带牛佩犊！”这里喻百姓弃农耕而佩带刀剑。

令汝等知稼穑之难（唐玄宗　李隆基）

【原文】

此将荐宗庙，是以躬亲，亦欲令汝等知稼穑之难也。

比岁令人巡检苗稼，所对多不实，故自种植以观其成；且《春秋》书麦禾，岂非古人所重也！

——《旧唐书·本纪·玄宗》

唐玄宗

唐玄宗李隆基（685—762年），712—756年在位。李隆基为睿宗李旦第三儿子，庙号“玄宗”，又因其谥号为“至道大圣大明孝皇帝”，故亦称为唐明皇。清代为避康熙讳，多称其为唐明皇。另有尊号“开元圣文神武皇帝”。玄宗在位年间，是唐代由盛变衰的关键时期。

【译解】

这些麦子是要进献给祖宗的，所以我要亲自耕种收获，是为了让你们知道稼穑的艰难。

近年来命令人去检查禾苗庄稼，所回答的大多不真实，所以我亲自种植庄稼来观看收成；何况《春秋》上也书写有麦禾，难道不是古人也重视耕作吗！

开元二十二年（734年），唐玄宗亲自在禁苑中种植麦子，率领皇太子和其他人收获，第一句话是他对皇太子说的，以教诲皇子知道稼穑的艰辛，以便治理国家。后一句话是他把麦子分赐给群臣后对他们说的，表明自己耕作的用心和对天下耕作收成的关心。

履清白之道（唐代宗　李豫）

【原文】

皇穹以朕为子，苍生以朕为父，至德不能被物，精诚不能动天。俾我生灵，沦于沟壑，非朕之咎，孰之过欤？朕所以驭朽悬旌，坐而待曙，劳怀罪己之念，延想安人之策。亦惟群公卿士，百辟庶僚，咸听朕命，协宣乃力，履清白之道，还淳素之风。率是黎元，归于仁寿，君臣一德，何以尚兹。

——《旧唐书·本纪·代宗》

【译解】

皇天把我作为儿子，百姓把我看作父亲，但我最大的德行不能覆盖万物，精诚不能感动上天。使我的百姓，沦在沟壑，这不是我的罪责，是谁的过错呢？我戒惧不安心神不定、坐着等待天亮的原因，是在焦虑归罪自己，想着安定的策略。也希望公卿士、百官僚属，都听我的命令，协同尽力，履行清廉之道，还我淳素之风。引导百姓，归到仁寿，君臣同心同德，有什么比这个更高的呢。

这段话选自唐代宗永泰元年（765 年）正月初一下的命令。他十分动情地表达了忧虑百姓生活，希望带领大家过上好日子的愿望。

文中的皇穹指皇天，天帝。

下钱谷委金部（唐德宗　李适）

【原文】

东都河南江淮山南东道等转运租庸青苗盐铁等使、尚书左仆射晏，顷以兵车未息，权立使名，久勤元老，集我庶务，悉心瘁力，垂二十年，朕以征税多门，乡邑凋耗，听于群议，思有变更，将置时和之理，宜复有司之制。晏所领使宜停，天下钱谷委金部、仓部，中书门下拣两司郎官，准格式调掌。

——《旧唐书·本纪·德宗》

【译解】

东都、河南、江淮、山南东道等转运租庸青苗盐铁等使，尚书左仆射刘晏，近年来因为战事没有停息，权且设立使名，长久使元老辛苦，办理了我朝很多事务，全心尽力，将近二十年。我因为征税名目繁多，致使乡邑凋耗，听到了群臣的建议，想有所变更，将变为和平时期的办法，应该恢复有关部门平时的制度。刘晏所领职使应该停止，天下钱谷委给金部司、仓部司掌管，中书门下各自选择两司的郎官，准照格式调整掌管。

这是建中元年（780 年）春正月唐德宗所发的诏令。鉴于以前因为战争，收税名目繁多，给百姓造成了沉重的负担，现在他决定恢复到正常的税收，以减轻百姓负担。

文中的刘晏（约 716—780 年），字士安，曹州南华（今东明县）人。历任吏部尚书同平章事、领度支、铸钱、盐

焚锦销金

唐玄宗即位之初，励精图治，爱民如子，提倡节俭，反对奢侈浪费，开元二年（714 年）命令销毁皇帝所乘车马所用的金银器玩和珠玉锦绣等物，要求皇后及妃子以下，都不可以穿着珠玉锦绣，甚至撤销了长安和洛阳的织锦纺。唐玄宗初期这种节俭持家的态度也使他创造了开元盛世。

铁等使，是唐代著名的理财家。

【原文】

邕州所奏金坑，诚为润国，语人以利，非朕素怀。其坑任人开采，官不得禁。

——《旧唐书·本纪·德宗》

【译解】

邕州所上奏的金矿，确实可以使国家富强，但是与人谈利，这不是我平素的心怀，这金矿可以任人开采，官府不得禁止。

这是唐德宗在大历十四年（766 年）七月所下的诏令，是对邕州的金矿的批复。他认为金矿应该随意让百姓开采，官府不要去禁止，这表现了他不与民争利的想法。

文中的邕州，唐改南晋州置，治宣化，即今南宁市。素怀，平素的怀抱。

唐德宗

唐德宗李适（kuò）（742—805 年），唐代宗长子，唐朝第九位皇帝（去武则天以外，779—805 年在位）。广德二年（764 年）被立为皇太子，大历十四年（779 年）即位。在位期间，时局稍为稳定，但任用宦官为统帅，并且勒索地方官进奉物资，在长安施行宫市，征收间架、茶叶等杂税，使民生困苦。虽有人称之为“中兴之治”，但并没有特别显著的成就。德宗卒于贞元二十一年（805 年），谥号为神武孝文皇帝。

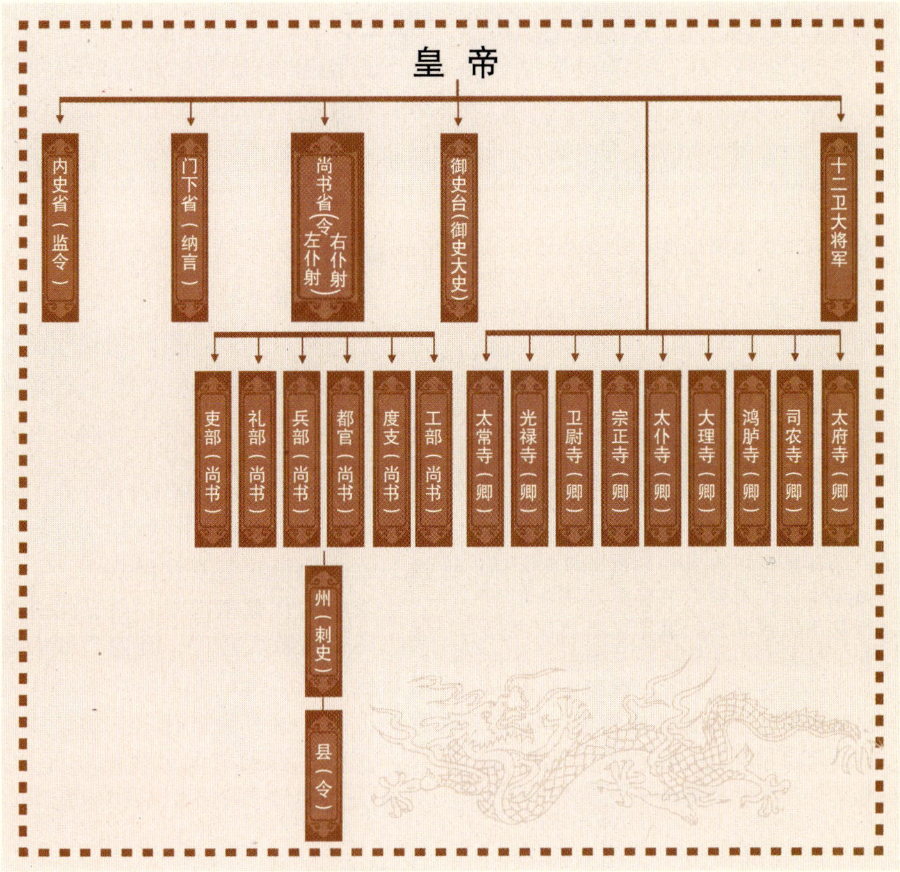

- 皇帝
  - 内史省（监令）
  - 门下省（纳言）
  - 尚书省（令 左仆射 右仆射）
    - 吏部（尚书）
    - 礼部（尚书）
    - 兵部（尚书）
      - 州（刺史）
        - 县（令）
    - 都官（尚书）
    - 度支（尚书）
    - 工部（尚书）
  - 御史台（御史大史）
  - 太常寺（卿）
  - 光禄寺（卿）
  - 卫尉寺（卿）
  - 宗正寺（卿）
  - 太仆寺（卿）
  - 大理寺（卿）
  - 鸿胪寺（卿）
  - 司农寺（卿）
  - 太府寺（卿）
  - 十二卫大将军

唐代三省六部

唐代的三省为尚书省、门下省和中书省。中书省是决策机构，负责草拟、颁发皇帝的诏令，其长官为中书令。门下省是审议机构，负责审核政令，驳正违失，其长官为侍中。尚书省是执行机构，负责贯彻执行重要政令，其长官为左、右仆射。三省为中央最高统治机构，三省长官同为宰相，共同负责中枢政务。六部即尚书省下属的吏、户、礼、兵、刑、工六部，分别掌管官吏的考核任免、户口和赋税、礼仪制度、军政、法律、刑狱、水陆工程等。各部长官为尚书。三省分权削弱了相权，加强了皇权。三省六部职司划分明确，提高了行政效能，加强了中央统治力量。

开垦者不加征（宋太祖　赵匡胤）

【原文】

民能树艺、开垦者不加征，令佐能劝来者受赏。

——《宋史·本纪·太祖》

【译解】

能够种树、开垦荒地的百姓不增加税赋，县令、佐吏能够招徕百姓的受赏。

乾德四年（966年）闰八月乙丑，黄河溢入南华县。己巳，衡州大火。乙亥，宋太祖下了这道诏令。他鼓励民众植树开荒，鼓励官员招徕百姓，这反映了他的农本思想。

人口多寡是孙权考察地方官的标准

据《三国志》卷五十七《骆统传》载："统年二十，试为乌程相，民户过万，咸叹其惠理。权嘉之，召为功曹，行骑都尉，妻以从兄辅女。"可见孙权考察地方官政绩的重要标准，是视其辖区民户有无增减。乌程是吴国的一个诸侯国，这里的人口不足一万，经过骆统治理后，这个诸侯国的人口大幅增加，超过了一万，于是纳税、服役和当兵的人口也相应增加，骆统也因此受到了孙权的赏识，被调到将军府任要职，并妻以族女。这样处置，体现了孙吴政权对增加编户自耕农民的重视。孙吴的编户自耕农属郡县管辖，也叫县户或正户。孙吴编户农民的地位似乎逊于曹魏编户，政府可以更轻易地把他们变为屯田民或军户，甚至赏给功臣做佃客。例如孙权爱将陈武于建安二十年从权出击合肥时战死，孙权除命武爱妾殉葬外，还赐陈武家二百户复客，《三国志》卷五十五《陈武附子表传》载陈武之子陈表得赐之后的情况：嘉禾三年（234 年）……以表领新安都尉……初，表所受赐复人得二百家，在会稽新安县。表简视其人，皆堪好兵，乃上疏陈让，乞以还官，充足精锐。诏曰："先将军有功于国，国家以此报之，卿何得辞焉！"表乃称曰："今除国贼，报父之仇，以人为本，空在此劲锐，以为僮仆，非表志也。皆辄料取，以充部伍。"所在以闻，权甚嘉之，下郡县，料正户羸民，以补其处。表在宫三年，广开降纳，得兵万余人。

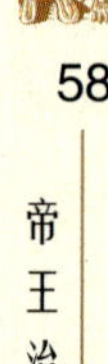

【原文】

广南有买人男女为奴婢转佣利者，并放免。伪政有害于民者具以闻，除之。增前代帝王守陵户二。

——《宋史·本纪·太祖》

【译解】

广南有购买别人男女为奴转卖谋利的，一律要释放。南汉政权有害于人民的伪政都要具体上报，全部革除。增加两户为前代帝王守陵的人。

这是宋太祖开宝四年（971 年）三月所下的诏令。他释放奴仆，清除伪政，这表明他很重视民间疾苦。

文中的伪政指南汉，是五代时十国之一，曾称大越国，刘隐、刘岩兄弟所建，都广州番禺（今广东广州），称兴王府；盛时疆域有六十州，约为今广东、广西两省及云南的一部分。历五主，共六十七年。后被宋所灭。

协心奉令（宋哲宗　赵煦）

【原文】

先皇帝临御十有九年，建立政事以泽天下，而有司奉行失当，几于烦扰，或苟且文具，不能布实惠。其申谕中外，协心奉令，以称先帝惠安元元之意。

——《宋史·本纪·哲宗》

【译解】

先帝统治国家一十九年，建立政事来恩泽天下，然而有关部门实施不当，接近于扰乱天下，或者只是一纸空文，不能布施实实

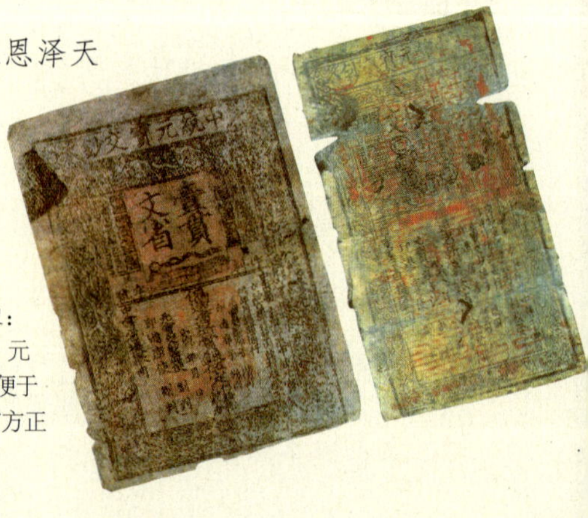

中统元宝交钞

据刘秉忠太保在《过丰州诗》中提到的元代丰州的景象："夹路禾黍""晓空寺塔""晓日城楼""车喧马闹"……可见，元代的工商贸易已经十分发达。经济的发展促进了携带轻便、便于交换的纸币的大量流通。图中的纸币，是我国现存最早由官方正式印刷发行的纸币实物。

宋哲宗

宋哲宗赵煦（1076—1100年），北宋第七位皇帝，在位时间1086—1100年。元丰八年，神宗去死，赵煦即位为帝，是为宋哲宗，改元“元祐”。谥号宪元继道显德定功钦文睿武齐圣昭孝皇帝，葬于今天河南巩县的永泰陵。哲宗是北宋一位有作为的皇帝。但由于在新党与旧党之间的党争没有得到解决，反而使矛盾激化，为北宋灭亡埋下了祸根。

在在的恩惠。我重申晓谕朝廷内外，同心协力奉行命令，以符合先帝施惠安定百姓的旨意。

元丰八年（1085年）四月，神宗死，哲宗即位。这段话选自哲宗即位后的一道诏令，表明他希望落实先帝安抚百姓的各项措施，施惠于民。

文中的先皇帝指宋神宗。文具，犹具文，指空文。

百姓所急者钱尔（元宪宗　蒙哥）

【原文】

方今百姓疲弊，所急者钱尔，朕独有此何为？

——《元史·本纪·宪宗》

元宪宗

元宪宗蒙哥（1209—1259年），蒙古国大汗，成吉思汗之孙、拖雷长子。元太宗七年（1235年），与拔都、贵由等西征不里阿耳、钦察、斡罗思等地。元宪宗元年（1251年），被拔都等拥立即大汗位。随后，镇压窝阔台后王，制定限制诸王的措施，又以弟忽必烈领漠南汉地军政事务，派亲信分管各地，加强统治。元宪宗八年，大举进攻南宋，并亲率主力攻入四川。次年，在围攻合州钓鱼城（今重庆合川）时，死于军中。在位九年（1251—1259年），庙号宪宗，谥桓肃皇帝。

【译解】

现在百姓正疲弊，所需的正是钱币，我独有这个有什么用呢？

宪宗七年（1257年）九月，回鹘献上水精盆、珍珠伞等物，可值银三万余锭。于是元宪宗说了这段话，然后谢却退回了。这表明他关心百姓疾苦，不随意乱收钱财。

恤民事天之实（明太祖　朱元璋）

【原文】

朕闻王者使天下无遗贤，不闻无遗利。今军器不乏，而民业已定，无益于国，且重扰民。

——《明史·本纪·太祖》

【译解】

我只听说明君要使天下没有被录用的贤者，不曾听说要使天下没有被遗漏的利益。现在军器不缺乏，民众已经安于所从事的生产，冶铁对国家没有好处，并且还严重骚扰百姓。

洪武十五年（1382 年）夏四月丙子，广平府吏王允道请开磁州铁冶。于是明太祖回答了这段话并处罚了他，将其流放到岭南。朱元璋不与民争利，主张国家不要骚扰百姓。

文中的遗贤指弃置未用的贤才。

【原文】

所谓敬天者，不独严而有礼，当有其实。天以子民之任付于君，为君者欲求事天，必先恤民。恤民者，事天之实也。即如国家命人任守令之事，若不能福民，则是弃君之命，不敬孰大焉。

——《明史·本纪·太祖》

【译解】

所谓敬天，不仅要严肃有礼节，还应当有实际内容。上天让国君担当起了治理百姓的责任，国君想要敬奉上天，就先要体恤百姓。体恤百姓，就是敬奉上天的实际内容。就如同国家任命的郡守县长，假如他不能造福于百姓，就是放弃了国君托付的使命，不敬的事还有比这个更大的吗？

洪武二十年（1387 年）正月，明太祖在南郊祭祀天地。祭祀完毕，天空一片晴朗。臣子道："此陛下敬天之诚所致。"明太祖便回答了这段话。表明了他要体恤百姓，要造福于民。

岁丰民乐

（清世祖　爱新觉罗·福临）

【原文】

岁丰民乐，即是祯祥，不在瑞麦。当惠养元元，益加抚辑。

——《清史稿·本纪·世祖》

【译解】

年岁丰收民众快乐，这就是吉祥的兆头，不在于一定有瑞麦。应当遍施

浸种图

浸种能使种子加快吸收水分，促进生产，还能防虫防病，提高粮食作物的产量，古代的农民也意识到要想"种芽吐的粗，秧苗长得壮"就必须浸种的道理。这种方法直到现在还为人民所用。

仁惠，养育百姓，更加注重对他们的安抚和团结。

顺治二年（1645年）五月，河道总督杨方兴向朝廷进奉瑞麦，清世祖于是讲了这段话。说明他注重养民，不看重瑞麦等虚幻的东西。

文中的祯祥是指吉祥的征兆。瑞麦指一株多穗或异株同穗之麦，古代认为是吉祥之兆。

修路以为民（清圣祖　爱新觉罗·玄烨）

【原文】

修路以为民也。若不许行，修之何益。后若毁坏，令步兵随时葺治。

——《清史稿·本纪·圣祖》

【译解】

修路是为了百姓。如果不许百姓通行，修路又有什么好处。以后如果路毁坏了，命令步兵随时修治。

康熙三十三年（1694年）五月戊寅，步军统领凯音布奏天坛新修之路，勿令行人来往。这是清圣祖的答复，他放开禁路，方便百姓，具有民本思想。

祭先农坛图

古代礼仪，包括的范围非常广泛，诸如政治体制、朝廷法典、天地鬼神祭祀、水旱灾害祈禳、学校科举、军队征战、行政区域划分、房舍陵墓营造。祭礼是吉礼的一种，是对土地的崇拜，主要目的是祈求农作物的丰收、祈祷国盛民强。祭礼的正祭，一般是指每年夏至之日在国都北效水泽之中的方丘上举行的祭典。这幅图描绘的是雍正皇帝祈求上天保佑黎民百姓的场景。

民计即国计（清世宗　爱新觉罗·胤禛）

（上）车脚踏轧棉花

这种轧棉花的方式是应用在清代家庭作坊中最为广泛的方式。

（中）弹棉花的妇女

在男耕女织的传统家庭副业的形势下，妇孺是纺织业的动力。

（下）棉花铺

清代有专门买卖棉花的店铺，这些店铺的形成和当时家庭纺织业的兴盛有着莫大的关联。

【原文】

民间之生计，即国计也。国用不敷之时，不得不藉资民力。方今国用充裕，仍发帑银给之。

——《清史稿·本纪·世宗》

【译解】

民间维持生活的办法，就是国家维持的办法。国家的用度不够支出时，不得不借助民众的力量。现在国家用度充足富裕，应该发给他们银币以资助他们。

雍正五年（1727年）十二月辛丑，范时绎上奏道，太仓州所属的七浦士民原来准备自行修浚公用工程。清世宗不允许，于是讲了这段话。表明了他要用国家的财政来支持民间公用设施的观点。

服勤稼穑（清高宗　爱新觉罗·弘历）

【原文】

内地民人往蒙古四十八部种植，设禁之，是厉民。今乌鲁木齐各处屯政方兴，客民前往；各成聚落，汗莱辟而就食多，大裨国家牧民本图。无识者又疑劳民。特为宣谕。

——《清史稿·本纪·高宗》

【译解】

内地的民众前往蒙古四十八部种植农作物，制定法律来禁止他们，这是虐害百姓。现在乌鲁木齐各处正在兴起屯田，别处的百姓前往那里，各自聚合成村落，连积水的洼地和草莽丛生的高地都开辟出来了，扩大了生产粮食的地区，大大有利于国家发展农业和牧民谋生。没有见识的人又怀疑这是在劳民。所以特地宣示晓谕。

这是乾隆二十五年（1760年）五月清高宗的一道诏令所言，表明了他对开发西北蒙古地区，迁徙民众的支持。

文中的设禁之是指制定禁止的法律。聚落指村落。汗莱指积水的洼地与草莽丛生的高地。本图即基本意图，指国家发展农业

清高宗

清高宗爱新觉罗·弘历（1711—1799年），是清朝第六任皇帝，入关后的第四任皇帝。他是雍正帝第四子，雍正元年（1723年），弘历被立为太子，十一年封为和硕宝亲王，开始参与军国要务。雍正十三年（1735年），雍正去世，弘历即位，改年号乾隆。统治期间，平定准噶尔部、消灭大小和卓木势力，加强中央对西部地区的控制、管理。开博学鸿词科，修《四库全书》，完成《明史》、《续文献通考》、《皇朝文献通考》等书籍的编纂。但屡兴文字狱，加强思想统治。又到处巡游，挥霍浪费。后宠信和珅20年，助长官吏贪污之风，政治日趋腐败。因此，乾隆末年，亦是清朝由盛转衰的过渡。

御用桦皮弓

清代从皇帝到士兵都习武，且每年定期进行武练。其中武生及绿营兵还要进行武试，中举者称武举人、武进士，分别授官。皇帝习武亦常用弓箭、刀枪。图中所示为乾隆皇帝使用过的弓。

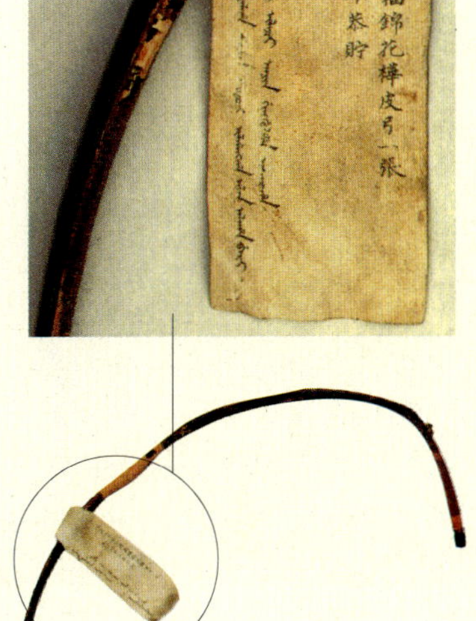

生产和牧民谋生。

【原文】

生之者寡，食之者众，势必益形拮据。各省督抚及有牧民之责者，务当劝谕化导，俾皆俭朴成风，服勤稼穑，惜物力而穷地理，共享升平之福。

——《清史稿·本纪·高宗》

【译解】

生产的粮食少，食用粮食的人多，势必加剧拮据的境况。各省的总督、巡抚与其他管理民众的官员，一定要劝导教育百姓，使他们都养成节俭朴素的作风，忠于农事，勤劳地从事农业生产，爱惜物力，使土地尽力发挥效能，共享太平之福。

乾隆五十八年（1793 年）十一月，根据各省上奏报告的数字，全国人口到达了三亿七百四十六万多，比康熙四十九年（1710 年）增加了十五倍，于是清高宗下这道告诫令。他一改过去帝王注重人口增加的观念，对人口的增长与粮食增长的差距表示了担忧，说明了他对人口问题的明智态度。

文中的生之者指生产出来的粮食。服勤指服持职事勤劳。

ji min

济 民

我国幅员辽阔，地形复杂，几乎年年都有灾害。特别是遇到特大灾害时，民众往往处于九死一生的苦难之中。知道如何牧民的帝王，都会把济民放在重要位置。他们一般会采取减免税赋的方法，让百姓减轻负担，渡过难关。在特殊时候也会开仓放粮，赈济饥民。济民，成了帝王仁政的象征，我们从帝王们的话语中，还真能感受到他们对民众的慈心。

仁不异远（汉武帝　刘彻）

【原文】

仁不异远，义不辞难。今京师虽未为丰年，山林池泽之饶与民共之。今水潦移于江南，迫隆冬至，朕惧其饥寒不活。江南之地，火耕水耨，方下马蜀之粟致之江陵，遣博士中等分循行，谕告所抵，无令重困。吏民有振救饥民免其厄者，具举以闻。

——《汉书·武帝纪》

【译解】

推行仁政不应因地区偏远而有异；实行道义，不应因困难而推辞。现在京城附近虽然算不上丰年，山林池塘水泽地丰富的出产，应该与民众共有。现在淫雨转移到了江南各地，隆冬季节将来临，我担心南方的民众会因为饥寒而无法生活。江南地区，生产方式是火耕水耨，粮食产量不多，现在正把蜀地的粮食东下运往江陵。同时派遣博士中等分头巡行，告谕抵达之地，使那里的老百姓免于陷入重重的困苦中。官吏和百姓凡是有拯救饥民使其免除

明辨诈书

汉昭帝即位之时，尚且年幼，大权掌握在长公主、左将军上官桀等人的手里，他们之间相互结党，令一人假装燕王旦的身份与口气向昭帝上奏书，陷害大将军霍光，但却被深思熟虑的昭帝识破，并扬言如果再有人陷害霍光将严惩不怠，此后上官桀不敢再造谣生事。这件事情反映了汉昭帝不仅爱民如子，还“用人不疑”的处事态度。

彩绘踏鼓舞佣群　西汉

稳定的社会环境，繁荣的农商业，为音乐舞蹈的发展创造了物质基础，此民间歌舞的场面，表演的是汉朝颇负盛名的“盘鼓舞”。正中为女主角，她要在面前的盘鼓上跳跃起舞，双脚要同时踏出有节奏的鼓声。盘鼓舞将杂技的技巧和舞蹈的动作巧妙地结合起来，成为汉朝盛极一时的舞蹈形式。

了困苦的人，全都要报告上来让我闻知。

汉武帝元鼎二年（前115年）汉朝接连遭到灾难，三月降大雨雪，夏天发大水，致使关东上千人饿死。秋天，南方又遭水潦。眼看隆冬即将来临，九月，武帝特发此诏，让官员和百姓救济灾民。

文中的不异远，即不因为地处偏远而有所不同。火耕指用火把野草烧去后再耕种。水耨是等草与稻长出后，都剪除掉再灌水，这样草被淹死，只有水稻生长起来。

天下以农、桑为本（汉昭帝　刘弗陵）

【原文】

比岁不登，民匮于食，流庸未尽还，往时令民共出马，其止勿出。诸给中都官者，且减之。

——《汉书·昭帝纪》

【译解】

粮食连年歉收，民众粮食匮乏，在外做工流浪的百姓还没有完全返回乡里，往年要求百姓为官府供养马匹，现在停止执行，不要让百姓出力。供给京城各官府的税金也要减免。

这段话是汉昭帝在始元四年（前83年）秋七月下诏所言。昭帝即位后继续了与民休养的政策，在粮食歉收时，他下令减税养民，表现了他的宽厚待民。

文中的流庸亦作流佣，指流亡在外受人雇佣的人。

【原文】

天下以农桑为本。日者省用，罢不急官，减外徭，耕桑者益众，而百姓未能家给，朕甚愍焉。其减口赋钱。

——《汉书·昭帝纪》

汉昭帝

汉昭帝刘弗陵（前95—前74年），西汉第八位皇帝，前86—前74年在位，汉武帝幼子，谥号孝昭皇帝。昭帝的母亲钩弋夫人，是当时的大美人，被称为"拳夫人"。武帝死后，刘弗陵在重臣的拥立下登基继位，就是汉昭帝。

【译解】

国家以农桑为本。以前节省开支，裁减不急需的官员，减少了徭役，于是从事农业耕作、养桑的人增多了，可是百姓还是不够维持家庭开支，我非常怜悯他们。我命令减少他们的人口税。

这是汉昭帝在元平元年（前74年）春二月发的诏书。春荒时，百姓缺粮，昭帝令减其口赋。诏令发出后，有司奏请减赋十分之三，昭帝答应了。说明他能减赋为民。

宜明纠非法（汉章帝　刘炟）

【原文】

比年阴阳不调，肌馑屡臻。深惟先帝忧人之本，诏书曰"不伤财，不害人"，诚欲元元去末归本。而今贵戚近亲，奢纵无度，嫁聚送终，尤为僭侈。有司废典，莫肯举察。《春秋》之义，以贵理贱。今自三公，并宜明纠非法，宣振威风。朕在弱冠，未知稼穑之艰难，区区管窥，岂能照一隅哉！其科条制度所宜施行，在事者备为之禁，先京师而后诸夏。

——《后汉书·肃宗孝章帝纪》

【译解】

近年来阴阳不调和，饥饿等灾荒不断发生。我深思先帝忧虑人民的根本，诏书说"不伤财，不害人"，真正想百姓去商归农。现在贵族和近亲，放纵奢侈无度，婚娶送终，尤其奢侈。有关主管部门放弃了法典，没有谁肯检举纠察。《春秋》中的微言大义是以高贵治理卑贱。现在从三公开始，一并明白纠察非法行为，重新振奋国家的威风。我才满二十岁，不知道耕作的艰难，从小小的一个管中观察，哪里能够照亮每一个角落！这些规章制度应该实施，在职的人要以此来规范自己的行为，先从京师开始，然后再推行到各个地方。

这是汉章帝在建初二年（77年）春三月发的诏书。章帝深忧百姓的疾苦，想到达官贵人奢侈无度，想要有关部门加强监管，以规范官府的行为。这反映了章帝想约束达官贵人、减轻民众负担的想法。

"烛影斧声"之谜

根据记载，开宝九年（976年）十月十九日夜，宋太祖赵匡胤召其弟赵光义进宫饮酒，当时宋太祖身体很好，但酒后有些不舒服，就躺下休息。赵光义屏退了所有的宫人说要自己来照料哥哥。之后，宫人只远远地看见赵匡胤和赵光义说了一些什么，紧接着就是烛影摇晃，随后又听到了铁斧戳地之声，听见赵匡胤高声说："好为之，好为之。"天快亮时，赵光义叫皇子都来，说赵匡胤已经逝世。二十一日早晨，赵光义就在灵柩前继位为皇帝，改元太平兴国。对于这一事件，历史上的许多人都认为是赵光义杀死了哥哥赵匡胤。但据司马光《涑水纪闻》记载，宋太祖驾崩后，已是四鼓时分，孝章宋后派人召太祖的四子秦王赵德芳入宫，但使者却直接去了开封府召赵光义。赵光义大惊，犹豫不敢前行，经使者催促，才于雪下步行进宫。据此，太祖死时，太宗并不在寝殿，因而不可能"弑兄"。

文中的本指的是稼穑。管窥出自《史记》扁鹊道：“以管窥天，以隙视文。”

深思以救其弊（晋元帝　司马睿）

【原文】

天下凋弊，加以灾荒，百姓穷困，国用并匮，吴郡饥人死者百数。天生蒸黎而树之以君，选建明哲以左右之，当深思以救其弊。昔吴起为楚悼王明法审令，捐不急之官，废除公族疏远，以附益将士，而国富民强。况今日之弊，百姓凋困邪！且当去非急之务，非军士所须者皆省之。

——《晋书·帝纪·元帝》

【译解】

国家凋弊衰败，加上又接连发生灾荒，百姓非常困苦，国家的用度也很匮乏，吴郡因饥饿而死的有几百人。上天生育了众多的百姓，又为他们设立了君王，选拔任用英明贤哲的大臣来辅佐他们，我们都应当深思如何消除这些弊端。过去法家吴起为楚悼王审明法令，除去不重要的官职，废除疏远的王室公族，以提高将士的待遇，因而国家富裕军力强盛。何况今天国家如此衰败，百姓如此困苦！所以现在应当去掉不重要的事务，不是军队所必须的开支都要减省。

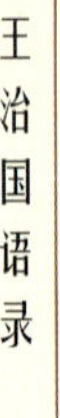

商旅图　壁画　汉代

尽管汉朝与匈奴的长年征战，给两国的百姓带来莫大的灾难，但是却间接地刺激了中原与西域地区的商贸往来。这幅图描绘的是汉时中原商人与西域地区商人相互贸易的繁荣景象。

大兴二年（319 年）五月，晋朝连续出现蝗灾、饥灾、兵灾，民众生活十分困苦，于是晋元帝下发了这道诏令，表明他要尽到君王的职责，减省国家的开支，以战胜当前的困难，实现国富民强的愿望。

康熙起用施琅收复台湾

在清廷平息了“三藩之乱”解决了内部问题之后，康熙就开始着手解决台湾问题。这时，康熙再次高瞻远瞩，他力排众议，采取“剿抚并用”的方针。在收复台湾的将领选择上，康熙起用郑氏降将施琅，并授予他福建水师提督的官职，而施琅的老师、福建总督姚启圣却只管后勤供应，与施琅和衷共济，保证了施琅出征的粮食和物资供应。康熙二十二年（1683 年）六月十四日，施琅率兵出征，首先他在澎湖大败了郑军，从而极大地鼓舞了士气。澎湖战败后，郑克塽等人极为恐慌，施琅趁机对台湾进行攻心战。他对郑军的800 名伤残者进行医治，并将他们释放回台，同时他还令这些人向台湾人民宣示招抚之意，台湾民众“莫不解体归心，唯恐王师之不早来”。　康熙二十二年七月二十七日，郑克塽向清军奉表纳降，康熙接受投降，优待郑氏，称：“尔等从前抗违之罪，全行赦免。仍从优叙录。”康熙二十三年（1684 年），清廷在台湾设府，同时台湾、凤山、诸罗三县，隶属福建省，在台澎分别驻兵1 万人，设官治理、筑城戍守。

文中的凋指衰败。蒸黎指众多的人民。附益，指增益。

矜物罪己（唐高宗　李治）

【原文】

去岁关辅之地，颇弊蝗螟，天下诸州，或遭水旱，百姓之间，致有罄乏。此由朕之不德，兆庶何辜？矜物罪己，载深忧惕。今献岁肇春，东作方始，粮廪或空，事资赈给。其遭虫水处有贫乏者，得以正、义仓赈贷。雍、同二州，各遣郎中一人充使存问，务尽哀矜之旨，副朕乃眷之心。

——《旧唐书·本纪·高宗》

【译解】

去年关辅地区，受到蝗虫的严重侵害，天下各州，有的也遭受了水旱之灾，在百姓中出现了贫穷困乏的人。这些是由于我的德行不厚造成的，亿万百姓有什么罪呢？怜悯百姓，责备自己，深感忧惧。现在是新年的春天，春耕才刚刚开始，有的粮仓已空，需要救济。那些遭受了虫灾、水灾而贫困的人，可以用正仓、义仓的粮食进行借贷救济。雍州、同州二州，各自派遣郎中一人担任使者进行慰问，务必尽到哀怜的用意，体现我的眷念之心。

唐高宗即位不久，齐州、定州等十六

不受贡献

唐宪宗即位之初，升平公主就为其献上佳丽五十人，但却宪宗拒绝。后来南方的某个地方又向他贡献了两只绿毛龟，同样被他拒绝了。他认为一位有作为的皇帝首先想到的不应该是自己的享乐，而应该考虑到百姓的生活现状，对于一个帝王来说最大财富就是人才，而非珍禽异兽、金银珠宝。

州发生水灾，永徽二年（651 年）正月，高宗下了这道诏令。这段话表现他即位后开仓赈济百姓、关心民生的想法。

文中的关辅指关中及三辅地区。《汉书》曰："右扶风、左冯翊、京兆尹，是为三辅。"忧惕，忧虑戒惧。

唐宪宗赈恤　《帝鉴图说》插图　明代

唐宪宗是一位比较清明有为的皇帝，能处处为百姓着想。他继位不久，南方遭受旱灾，庄稼颗粒无收，百姓流离失所。宪宗命左司郎中郑敬等为宣慰使，赈恤之。临行前，告诫曰："朕宫中用帛一匹，皆籍其数。惟赒救百姓，则不计费，卿辈宜识此意，勿效潘孟阳饮酒游山而已。"

各勉忠孝（唐宪宗　李纯）

【原文】

王者之牧黎元也，爱之如子，视之如伤。苟或风雨不时，稼穑不稔，则必除烦就简，惜力重劳，以图便安，以阜生业。况邦畿之内，百役所业，虽勤恤之令亟行，而供亿之制犹广。重以经夏炎暵，自秋霖澍，南亩亏播植之功，西成失丰登之望。内乏口食，外牵王徭，岂惟转输之虞，虑有馁殍之患。斯盖理道犹郁，和气未通，永言于兹，良所咎叹。京兆府每年所配折粜粟二十五万石宜放。于百姓有粟情愿折纳者，时估外特加优饶。今春所贷义仓粟，方属岁饥，容至丰熟岁送纳。元和五年已前诸色逋租并放。百官职田，其数甚广，今缘水潦，诸处道路不通，宜令所在贮纳，度支支用，令百官据数于太仓请受。遭水旱处，通计所损，便与除破，不得检覆。为理之本，在乎安人。咨尔尹京宰邑之臣，实为亲人阜俗之寄，必当询其疾苦，奉我诏条。恤隐为心，无怠于事，罔或徇利以剥下，吐刚而茹柔，使闾井咸安，茕嫠获济。各勉忠孝，宜悉朕怀。

——《旧唐书·本纪·宪宗》

【译解】

王者爱抚百姓，爱之如儿子，视之如受伤。如果遇到风雨不顺，庄稼不收，就一定要除繁就简，珍惜看重劳力，以图便利，以促进生业。何况国都附近，各种劳役最为集中，虽然多次发布诏令表示怜悯体恤，但是供应的制度还是太多。加之今夏炎热干旱，进入秋天后又遇淫雨，农业亏损了春播种植之功，失去了五谷丰登的希望。在内缺乏口粮，在外被徭役受累，哪里只是转输的忧虑，担心还有饿死人的忧患。这大概是治理的通道还在堵塞，和气还未通畅，只要说到这事，都要长久地感叹。京兆府每年分配折价出售二十五万石粟米应当放免。对于百姓有粟米情愿折价交纳者，在时价之外另加优惠。今年春天所贷出的义仓粟米，因为正值饥年，容许到丰年再交纳。元

和五年以前各种拖欠的租赋一律免除。百官的职田，其数量很广，今年由于水涝，各处道路不通，应该命令所在贮纳，由度支使支用，命令百官根据数额到太仓去领取。遭遇水旱的地方，统计所受的损失，如数除去，不得检查。治理的根本，是在于安定百姓。你们这些京城的府县之臣，实际上是有亲民淳俗的寄予，一定要询问百姓的疾苦，遵照我的诏令，用心体恤民情，对事不要懈怠，不要图利而盘剥下民，欺软怕硬，要使乡村里巷都平安，孤老和寡妇都获得救济。各位努力尽到忠孝，应知晓我的心怀。

这选自唐宪宗在元和六年（811年）冬十月所下的诏令。他专门谈了农村百姓受灾后官府应该折价出售米、减免徭役等救济问题，反映了宪宗忧虑百姓的思想。

宋太宗的北伐

北汉是契丹人扶植起来的政权，宋初时，宋朝一直与契丹有和约，但太平兴国四年（979年），宋太宗车驾亲征北汉。在听说宋太宗伐北汉后，契丹朝廷一片大乱，忙遣使来问。太宗血气方刚，拍胸脯言道："河东逆命，正应兴师问罪！如北朝不援，和约如故；否则，只有兵戎相见！"这样的话也只有宋太宗敢说，自宋太宗之后的近三百年内，再没有任何一个宋朝皇帝敢说了。辽朝得知宋朝出兵后，也马上表明了自己的姿态，一面派出北院大王耶律奚底率兵守燕地，一面以南府宰相耶律沙等人率军支援北汉。结果耶律沙率军到达白马岭后，与宋军交锋，结果惨败，各路辽军士气衰落，纷纷退军。宋军得势不饶人，连克太原周边重镇及战略要地。北汉皇帝刘继元只得亲自到城北投降。

文中的暵，即干枯、干旱。南亩，指农田。西成，指秋天庄稼已熟，农事告成。茕嫠，指无兄弟和无丈夫的人，也泛指孤苦无依靠的人。

朕将自焚（宋太宗　赵炅）

【原文】

朕将自焚，以答天谴。

——《宋史·本纪·太宗》

皇后骂殿　清代

宋太祖赵匡胤死后，由其弟赵光义继承兄之皇位，在赵匡胤皇后贺氏看来是名不正言不顺的。因此，贺氏让长子德昭上殿质问，赵光义大怒，称要斩侄子，德昭一气之下撞死在金殿。贺后于是带着次子德芳上殿，细数光义之过。光义理屈谢罪，赐贺尚方宝剑，封为太后，且加封德芳为八贤王。此图就表现了这个故事。

宋神宗重用王安石推行变法

自宋太祖开国以来，“三冗”就已经存在了，到了宋神宗时期，“三冗”使得整个宋朝出现了严重的财政、社会危机，“变法”已经越来越成为众多士大夫的心声。为了改变这一现状，宋神宗于熙宁二年（1069 年）提拔王安石为相，开始了著名的“王安石变法”。当时整个宋朝危机重重，农民起义持续不断，欧阳修形容得好，“刚去一伙，又来一伙，惶惶不可终日”，但王安石却还要利用变法“恢复汉唐盛世”，这简直就是大言欺世。同时，王安石变法的涉及面又太广，不仅有农田水利法、青苗法等农业方面的变法，而且还有保甲法、将兵法、太学三舍法等政治、军事、教育等方面的变法，但这些法要么收效甚微，要么就还不如以前的旧法好。为了堵塞士大夫们的批评，王安石人为地加快了变法的速度，妄想几年内就达到自己预想的效果。结果新法出，在实施的过程中就会变样而“民皆怨”，长此以往，王安石本人也就心灰意懒，再加上自己的两次罢相，最终导致了变法的失败。

康熙对郑氏分裂活动的态度

康熙元年（1622 年），郑成功收复台湾，但在收复后不久他就病逝了，在他死后，台湾郑氏内部发生了内讧。清朝乘机派出使者，企图说服郑成功之子郑经归降清朝。郑经为了减轻压力，与清朝谈判，交出南明皇帝赐给的敕书、印玺。但由于清朝要求所有的台湾民众必须迁回内地，并且剃发易服，因此郑经坚决不允，于是，谈判破裂。康熙二年，清朝出兵攻打厦门，康熙六年（1667 年），清廷派总兵孔元章，赴台湾议抚，答应郑经如归顺，可封“八闽王”，郑经犹豫不决，后以“和议之策不可久，先王之志不可坠”为由，拒绝了清朝的招抚。康熙亲政后，刑部尚书明珠奉旨入福建，主持和议，派知府慕天颜入台，宣示招抚之意。清廷作出重大让步，允许郑氏封藩，世守台湾。郑经则提出：“苟能照朝鲜事例，不削发，称臣纳贡，尊事大之意，则可矣。”康熙答复：“若郑经留恋台湾，不思抛弃，亦可任从其便。至于比朝鲜不剃发，愿进贡投诚之说，不便允从。朝鲜系从未所有之外国，郑经乃中国之人。”康熙的话很明确，台湾是中国领土的一部分，他决不容忍任何分裂台湾的行为出现，正因为如此，谈判再次破裂。

【译解】

我将要焚烧自己，以此回答上天的谴责。

淳化二年（991 年）闰二月，天大旱，祈雨不灵；然后河水泛滥，汴河决溃，鄄城县又发生蝗灾。宋太宗对宰相吕蒙正等说了上面的话。说明他关心百姓疾苦，敢于承受上天的惩罚。据记载，他谈话后第二天就下雨了，蝗虫全部死亡。

【原文】

分遣近臣巡抚诸道，有可惠民者得便宜行事，吏罢软、苛刻者上之，诏令有未便者附传以闻。

——《宋史·本纪·太宗》

【译解】

分别派遣近臣巡视安抚各地，凡是对百姓有好处的事都可以见机行事，官吏软弱处置不力的、对百姓苛刻的都要向上报告，诏令中有对民众不利的内容，马上交由传车让我知道。

淳化四年（993年）二月，江、浙、淮、陕发生饥荒，宋太宗于是派遣使者巡视安抚，这段话就是当时的诏书。这反映了他倡导官吏为民办事，解救百姓疾苦的用心。

文中的巡抚是巡视、安抚的意思。道是行政区划，唐代把全国分为十个道。

【原文】

溺死者给殓具，澶人千钱，涪人铁钱三千，乃发廪以振。

——《宋史·本纪·太宗》

【译解】

因为水灾溺死的人由政府供给丧葬用具，澶州每人给钱一千，涪州每人给铁钱三千，还要打开国家粮库分发粮食来救济他们。

淳化四年（993年），从七月到九月连下大雨，河水溢出，毁坏了澶州城和涪州。宋太宗便下了这道诏令，采取发钱的措施以救济灾民。

轸念流民

宋神宗时，东北方大旱，于是下诏征求直言，郑侠进上流民图的奏书，神宗反复观看，长叹数次，最后把图置于袖中带到了宫里，一夜未眠，第二天便把王安石变法中的不利于民生的十八件事废除了，老百姓欢呼相互庆贺，结果次日便天降甘霖，解决了长期的大旱。

河决害民田（宋神宗　赵顼）

【原文】

河决害民田，所属州县疏瀹，仍蠲其税，老幼疾病者振之。

——《宋史·本纪·神宗》

【译解】

黄河决口损害民田，所属州县要进行疏导，还要免除百姓的捐税，老幼生病的人还要进行救治。

熙宁十年（1077年）七月丙子日，黄河在澶州曹村埽决口，九月庚戌，神宗颁发了这道诏令。他要求对百姓实行免捐税，对有病的要医治，表现了他对救灾的积极态度。

文中的疏瀹指疏浚，疏通。振，通“赈”。

其他中央机构

乐部——掌音乐事宜	
朝代	官职
三代	大司乐中大夫
汉	协律都尉
晋	协律中郎将
北魏	协律中郎
后周	大司乐中大夫
宋	大司乐典乐
清	总理乐部大臣

理藩院——主管外藩一切政令	
朝代	官职
秦	典客
汉	典客，大鸿胪
三国（魏）	大鸿胪
晋	大鸿胪
北齐	鸿胪寺卿
隋	鸿胪寺卿
唐	鸿胪寺卿、同文寺卿、司宾寺卿
辽	北大王院知院事、南大王院知院事
元	宣政院史

都察院——最高监察机关	
朝代	官职
秦	御史大夫
汉	御史大夫、御史中丞
三国（蜀）	御史中丞
晋	御史中丞
北齐	御史中丞
隋	御史大夫
唐	御史大夫、大司宪
宋	御史中丞
元	御史大夫
明	左右御史大夫、左右中丞、监察都御史、左右都御史
清	左右都御史

通政使司——主管奏章和臣民申诉之件	
朝代	官职
三代（周）	太仆下大夫
秦	公车司马令
汉	公车司马令
晋	公车令
隋	谒者台大夫
唐	知四方馆事通事舍人、判四方馆事
五代	知四方馆事、知匦使
宋	知通进银台司、判登闻检院
金	判登闻鼓院
明	通政使司通政使
清	通政使司通政使

翰林院——修国史，起草册立、封诰文章		
朝代		官职
三代（周）		内史中大夫
三国	蜀	东观令
	魏	崇文观祭酒
	吴	东观令
晋		大著作
唐		翰林学士丞旨、翰林学士
宋		翰林学士丞旨、翰林学士
元		翰林国史院丞旨、翰林国史院学士
明		翰林院学士
清		翰林院掌院学士

詹事府——主管东宫事务	
朝代	官职
秦	詹事
汉	詹事
晋	詹事
六朝	詹事
隋	詹事
唐	詹事
五代	詹事

续表

詹事府——主管东宫事务	
朝代	官职
宋	詹事
辽金	詹事
元	储政院院使、左詹事、右詹事
明	詹事
清	詹事府詹事

国子监——中央官学，为古代最高学府	
朝代	官职
三代(周)	师氏中大夫
汉	博士仆射、博士六经祭酒
晋	国子祭酒
隋	国子监祭酒
唐	国子监祭酒、司成馆大司成
宋	国子监祭酒
元	蒙古国子监祭酒、国子监祭酒
明	国子监祭酒
清	国子监祭酒

钦天监——掌管天文、气象、历法纪史		
朝代		官职
三代	夏	羲氏和氏太史令
	殷	太史令
	周	太史下大夫
秦		太史令
汉		太史令
后汉		太史令
三国		太史令
晋		太史令
六朝		太史令
隋		太史令、太史监
唐		司天台监
宋		太史令

钦天监——掌管天文、气象、历法纪史	
朝代	官职
元	太史令、太史院使
明	钦天监监正
清	钦天监监正

太医院——掌医之政令，率其属以供医事	
朝代	官职
三代	医师上士
秦	太医令
汉	太医令、太医监
晋	太医令
隋	太医令、尚药奉御
唐	尚药奉御、太医署令
宋	医官院使
辽	太医局都林牙
金	太医院提点
元	提点太医院
明	太医院院使
清	太医院院使

銮仪卫——掌皇帝的保卫与仪仗队	
朝代	官职
三代(周)	巾车下大夫、太仆下大夫
秦	太仆
汉	奉车都尉
晋	太仆
北齐	奉车都尉
隋	奉车都尉
唐	奉车都尉、卫尉卿、太仆卿
五代	仪銮司
宋	六军仪仗司
元	拱卫直都指挥使
明	锦衣卫使
清	銮仪使

责躬思过（宋哲宗　赵煦）

【原文】

冬夏旱暵，海内被灾者广，避殿减膳，责躬思过，以图消复。

——《宋史·本纪·哲宗》

【译解】

冬季夏季都出现干旱，四海内遭受灾害的地区广阔，我避开正殿削减膳食，责备自己反思过失，以此来图谋消除灾害恢复正常。

这是宋哲宗在元祐二年（1087年）四月下发的诏令。面对全国冬夏出现的灾害，他希望以自责来消除，表明了对国事的忧心。

文中的暵，指干旱。

庶底兴复（宋理宗　赵昀）

【原文】

河南新复郡县，久废播种，民甚艰食，江、淮制司其发米麦百万石往济归附军民，仍榜谕开封、应天、河南三京。

——《宋史·本纪·理宗》

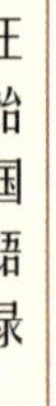

【译解】

河南新近收复的郡县，长久废除了播种，民众非常缺乏粮食，江、淮制司拨出米麦一百万石前往救济归附的军民，仍要张榜告诉开封、应天、河南三京。

宋理宗

宋理宗赵昀（1205—1264年），南宋的第五位皇帝，在位时间1224年到1264年。宋理宗本不是皇子，而只是宋宁宗的远房堂侄。他是赵匡胤之子赵德昭的十世孙、赵惟吉的八世孙，生父是赵希瓐。嘉定十四年（1221年）选入宫内，赐名贵诚，十七年（1224年）立为皇子。宋宁宗死后，宰相史弥远废太子赵竑，立宋理宗为皇帝。

山村场院集市

社会的安定，农业的发展，促进了宋代乡村经济的繁荣，逐渐发展出了一些以城镇为中心的集市，这些集市为小商品之间的交易提供了条件。

清朝唯一的一个平等条约《中俄尼布楚条约》

1689年8月22日，中俄两国会谈两国边界问题才开始。面对俄国代表的蛮横无理，中方代表坚决不做任何让步，并且据理力争，终于在1689年9月7日，两国签订了第一个边界条约——《中俄尼布楚条约》，条约明确规定中俄两国东段边界从外兴安岭至海、格尔必齐河和额尔古纳河为界，岭南一带的土地以及所有流入黑龙江的河川，都属于中国，而以北一带的土地及河流，都属于俄国。《尼布楚条约》的签订极大程度地抑制了沙皇俄国向远东扩张的野心，沉重地打击了侵略者，维护了国家的主权。在条约签订后的150多年间，两国一直按照这一条约管理边界，在此期间，黑龙江流域也没有发生重大的边界冲突。

康熙是中国唯一懂得西方自然科学的皇帝

康熙皇帝对西医很有兴趣，也很有研究，这与他得过几场大病有着很大的关系。康熙四十岁那年得了疟疾，中医药未能治愈，耶稣会士洪若翰、刘应进金鸡纳霜，康熙服用后病很快就好了。从此以后，康熙便对西药产生了兴趣，他命人在京城内炼制西药，还在宫中设立实验室，试制药品，并亲自临观。康熙非常喜爱、研习自然科学，钦天监杨光先状告汤若望，当时的整个朝廷就天算历法展开了一场大争论。于是，康熙命各位大臣在午门前观测日影，但在九卿中没有一个懂得天文历法的，康熙自己也不懂。当时的他对自己的无知感到非常羞愧，于是发愤学习自然科学。康熙二十七年（1688年）十一月二十八日，白晋、张诚等六位法国科学家在乾清宫受到了康熙的召见，他们献上了从法国带来的三十件科技仪器和书籍作见面礼。这些礼物令康熙“龙颜喜悦”，他当场将这六位科学家召入宫中，担任自己的科学顾问，于是，这六位科学家在清朝宫廷从事科学活动长达数十年之久。

这是宋理宗在端平元年（1234年）八月所发的诏令。他要求调拨粮食给新收复的郡县，表现了他对于新收复地区军民的关心，以笼络人心，以利今后更多的民众归附。

【原文】

比者蜀道稍宁，然干戈之余，疮痍未复，流离荡析，生聚何资。咨尔旬宣之寄，牧守之臣，轻徭薄赋，一意抚摩，恤军劳民，庶底兴复。其被兵百姓，迁入城郭，无以自存者，三省下各郡以财粟振之。

——《宋史·本纪·理宗》

明朝农民的形象

明朝是一个等级制度非常严格的朝代，不同的社会阶层各有不同的服饰限制。对于庶民、农民、商人等平民阶层的服饰有着相当严格的限制，其服饰以朴素为主，限制服饰上镶饰金银珠宝。此外，明朝遵循了汉代以来的重农抑商的政策，对于商人服饰的限制更为严格。

【译解】

近来蜀道渐渐安宁，然而战争之后，创伤还没有平复，百姓流离失所家庭分离，又能依靠什么来生活？希望巡抚大臣、州郡的守令，要减轻徭役，减少赋税，一心安抚，抚恤军队，慰劳百姓，期望能够复兴。遭受战火的百姓，迁入进城里，没有办法生存的，三省要下令各州用财粮来救济他们。

这是宋理宗在开庆元年（1259 年）十月发的诏令。他专门针对蜀地百姓在战乱后的生活救济发出指示，要求减赋安民，表现了他对于受到战争伤害的百姓的关心。

速发仓储振之（明成祖　朱棣）

【原文】

比闻所属岁屡不登，致民流莩，有司坐视不恤，又不以闻，其咎安在。其速发仓储振之。

——《明史·本纪·成祖》

【译解】

近来听闻陕西所属地方，庄稼多年没有收成，致使百姓流离饿死，有关官吏坐视不体恤，又不上奏使我闻知，这是谁的罪责呢？我命令迅速开仓发放储备粮来赈济他们。

这是永乐十六年（1418 年）七月明成祖责备陕西官员的诏令。他对陕西等地官员在百姓遭受灾难时坐视不管的态度给予了谴责，反映了他关心民众疾苦的思想，并能以开仓发放储备粮的实际措施来赈济灾民。

文中的登指庄稼成熟。莩，指饿死。

后苑观麦

古代皇帝由于深居皇宫，一般很难亲自体察到百姓耕种的情况。据宋史记载，宋仁宗建造了一座后花园，却拒绝了大臣们提出的在里面放养珍禽异兽，种植奇花异草的建议，而在里面种植了麦子，以借此了解百姓耕种和收获的困难，体察民情。

念切民依（清圣祖　爱新觉罗·玄烨）

【原文】

朕夙夜求治，念切民依。迩年水旱频仍，盗贼未息，兼以贪吏朘削，民力益占，朕甚悯焉。部院科道诸臣，其以民间疾苦，作何裨益，各抒

所见以闻。

——《清史稿·本纪·圣祖》

【译解】

我日夜寻求国家大治之策，殷切思念民众生计的依靠。近年来水灾旱灾频繁发生，加之贪官污吏的剥削，民力多被侵占，我很怜悯他们。部、院、科、道的各位大臣，你们认为对于民间疾苦，怎样做才能对百姓有好处，各自抒发自己的见解让我听闻。

这是清圣祖在康熙八年（1669年）六月对大臣们所言。他对灾害频生、民田被占等现象非常忧虑，发动大臣们来商量解决办法，上报到他那里，以作出最好的决策，表现了他关心民众疾苦的思想。

文中的朘削指剥削。科道，指科和道两衙门。

精通经史和文学康熙

康熙是中国历史上少有的精通经史和文学的帝王。他从五岁起进入书房读书，昼夜苦读，不论寒暑，甚至废寝忘食。同时他还喜好书法，“每日写千余字，从无间断”。对于《四书》，他完全做到了“必使字字成诵，从来不肯自欺”。后来他要求皇子读书，读满百遍，还要背诵，这是他早年读书经验的传承。康熙读书不是为消遣，而是为“体会古帝王孜孜求治之意”，读书能帮助他治国平天下。他在出巡途中，深夜乘舟，或居行宫，谈《周易》，看《尚书》，读《左传》，诵《诗经》，赋诗著文，习以为常。到了六十岁之后，他仍旧手不释卷。康熙帝重视史籍，下令编纂《清文鉴》(满文字书)、《康熙字典》、《古今图书集成》、《全唐诗》、《皇舆全览图》等，开一代整理与雕印文化典籍之风。他还有《御制文集》、《御制诗集》、《几暇格物编》等传世，留下一千一百四十七首诗词。

康熙帝南巡图（局部）

康熙帝一生，六次南巡，对于南巡目的，他谓之“正欲体察民情，周知吏治”。并要求“一应沿途供用，皆令在京所司储备，毫不取之民间”。康熙帝这六次南巡，其主要活动内容大致有四项。首要是督河，即“相度形势，察视河工”；其次是体察民情，安抚百姓，“凡有地方利弊，必设法兴除”；然后是周知吏治，每到一处，他都要告知官员要“当洁己爱民，奉公守法，激浊扬清，体恤民恤”；最后是消除满汉民族之间的对立情绪，康熙趁南巡之际接见汉族耆旧及致仕官员，大行羁縻之策，尤其是坚持祭扫明陵，给汉族士人及百姓以精神安慰，借以笼络人心、稳定统治。这幅图描绘的是康熙帝南巡之时渡江的情景。

谆恳谢罪

（清高宗　爱新觉罗·弘历）

【原文】

一春以来，雨泽稀少。皇太后以天时久旱，忧形于色，今日从寝宫步行至园内龙神庙虔祷。朕惶恐战栗，即刻前往请安，谆恳谢罪，特谕内外臣工知之。

——《清史稿·本纪·高宗》

【译解】

春天以来，雨水稀少。皇太后因为天上长久干旱，脸上一直是忧虑的神色，今天我从寝宫步行到园内的龙神庙虔诚地祈祷上天降雨。我诚惶诚恐，马上到皇太后处请安，诚恳谢罪，特地告之朝廷内外的大臣们知道这件事。

乾隆九年（1744年）四月，清高宗赈济山东德平等八州县旱灾。己卯，下了这道谕令。他借皇太后的忧心，表达了自己对灾情的关心，对民生的忧虑。

康熙帝读书像

康熙帝十分崇尚汉族传统文化，这与他自幼受汉文化的熏陶密不可分。作为他的侍者兼启蒙老师的张氏、林氏都是明代读书人，因此康熙帝从小就学习汉学，喜欢读书写字，研究学问。

乾隆帝夏朝冠及夏朝冠冠顶

皇帝朝冠分为冬朝冠和夏朝冠两种。夏朝冠冠形作圆锥状，下檐外敞呈双层喇叭状。用玉草或藤丝、竹丝做成，外面裱以罗，以红纱或红织金为里，在两层喇叭口上镶织金边饰；内层安帽圈，圈上缀带。冠前缀镂空金佛，金佛周围饰东珠15颗，冠后缀东珠7颗。冠顶再加镂空云龙嵌大东珠金宝顶，宝顶形式与冬朝冠相同。图中所示为清高宗夏朝冠及冠顶。

wei jun

为君

孟子说过："民为上，社稷次之，君为轻。"传统的儒家学说不仅仅是为民众、国家、君王排列了次序，重要的是给君王提出了严格的要求：为君要把民众和国家的利益放在前面，然后再考虑自己。

历史上有很多帝王认识到为君的职责，承当的重任，治理国家兢兢业业、诚惶诚恐；也有的自命不凡，趾高气扬。最后，历史给了他们最为公正的评价。

慎乃在位（禹）

【原文】

於，帝！慎乃在位，安尔止。辅德，天下大应。清意以昭待上帝命，天其重命用休。

——《史记·夏本纪》

【译解】

帝啊！你要谨慎你所处的帝位，你的举止要稳妥，辅助你的大臣要有德行，天下的人才都会顺应你。你用纯洁的心灵来承受并光大上帝的命令，上帝会重用并赐福给你。

这是大禹对舜帝说的话。他敬告舜帝做帝王要谨慎，举止要稳妥，选用的辅臣要有德行，这样才会成为一位贤明的帝王，得到上天的赐福、百姓的爱戴。

先王言不可不勉（汤）

【原文】

予有言：人视水见形，视民知治不。

——《史记·殷本记》

禹拜昌言图

舜帝、大禹和皋陶在一起商讨政事，皋陶对参与治理国家的人提出了修身、知人、安民三项要求，认为君王的仁德不可乱施，不以过繁的礼乐要求人民，而要以宽厚的态度进行管理。惩罚不涉及后代，赏赐却要延续到子孙。禹听后，长揖拜谢曰："俞（好啊）！"

【译解】

我曾经说过，人从水里就可以看见自己的形貌，君王察看民情，就可以了解国家治理得如何。

这段话是汤征伐葛伯时所言。成汤以水能观察形貌来比喻君王察看民情的重要性，说明他很重视从民情中考察自己的政治得失。

罪当朕躬图

商灭夏后，汤布告天下，检讨自己的过错，以安抚民心，史称《汤诰》。此后，适逢商连年大旱，五谷不收。汤又“剪发断爪”，“以六事自责”。于是，民大悦，雨亦大至。汤对自身过错和失败的反省忏悔，经过后世的不断附会神化，成为后世帝王笼络人心、拯救危难的一种手段，后经演化，就演变成了历代帝王自书己罪的《罪己诏》。

【原文】

古禹、皋陶久劳于外，其有功乎民，民乃有安。东为江，北为济，西为河，南为淮，四渎已修，万民乃有居。后稷降播，农殖百谷。三公咸有功于民，故后有立。昔蚩尤与其大夫作乱百姓，帝乃弗予，有状。先王言不可不勉。

——《史记·殷本纪》

【译解】

古代的夏禹和皋陶长期在外面劳作，对于百姓是有功劳的，因此百姓才能有安居的生活。他们在东面治理了长江，在北面疏通了济水，在西面开通了黄河，在南面疏通了淮河，四条河治理好后，百姓才能够安居乐业。后稷传下播种的技术，百姓才能种植百谷。他们三位都是对百姓有功的，所以他们的后代都建立了国家。以前蚩尤在百姓和大臣中作乱，上帝不保佑他，他因此而灭亡。先王的话是不可不努力实现的。

这选自成汤写的《汤诰》中的一段话。他列举了夏禹和皋陶辛苦劳作为百姓的事迹，告诫大家一定要学习先王，遵照先王的话去做。

文中的后稷，是古代周族的始祖。传说有邰氏之女姜原踏巨人脚迹，怀孕而生，因一度被弃，故又名弃。他善于种植各种粮食作物，曾在尧舜时代当农官，教民耕种，被认为是最早开始种稷和麦的人。

若火之燎于原（盘 庚）

【原文】

若火之燎于原，不可向迩，其犹可扑灭？

——《尚书·盘庚上》

【译解】

（谣言四起），就好像熊熊大火燃烧在草原上，不可以接近它，难道还可

商纣王

帝辛（？—约前1066年），本名受德，帝号辛王，史称"商纣王"，是商王朝最后的一个君主。《史记》上说他"资辩捷疾，材力过人"。帝辛曾南征北战，特别是攻克东南方各国，使商王朝的疆域得以扩大，奠定了中国古代大一统江山的基本轮廓。但他大功告成之时，却放松了警惕，加之他横征暴敛，骄奢淫逸，滥施酷刑，终于失去了民心，而导致牧野之战时前徒倒戈，最后自焚鹿台。

成汤对人心的笼络

在笼络人心方面，成汤使用了最为恰当的手段。在做部落酋长的时期，一日成汤奉召觐见夏桀。他乘车路过杞邑，看见好多农人在田野里猎取鸟兽，一面下网一面祷祝着说："从天上掉下来的、从地下钻出的、从四面八方跑出来的鸟兽啊，请都入我们的网吧！" 成汤看见此种情形，慨叹着说："上有残民以逞的君主，下有残酷不仁的百姓，无怪国事日非，生灵涂炭。如果人人都这样残忍，再这样赶尽杀绝，非但人类难以存在，鸟兽亦将绝种了。" 于是，成汤将农人所下的网罗扯去三面，仅留一面，并且祷祝着说："蜘蛛织网以杀昆虫，本来就已觉得残忍，而人类仿效更觉不仁。今天我成汤网开三面，恳请世界上的鸟兽们。愿意向左的向左，愿意向右的向右，愿意向上的高飞，愿意向下的快跑；仅留这一面，捕杀那些糊涂不怕死的。"他一边说。一边不住虔诚地磕头祈祷。汉南地区的人们听到这个消息，深感成汤的仁德。于是，四十多个诸侯国都归顺了成汤。人用四面之网捕捉野兽而未必能得，成汤仅一面之网，却能使四十余国归顺，可谓极具大智慧。

以扑灭它吗？

盘庚针对有人借谣言来反对迁都的情况，警告大家：如果轻信谣言，被谣言迷惑，就相当于点火自焚，后果是非常严重的。

不有命在天呼（纣）

【原文】

呜呼，我生不有命在天呼？

——《史记·殷本纪》

【译解】

哎呀，我生下来做国君不是有天命吗？

周文王平定了商朝的属国黎国，纣王的贤臣祖伊来向他报告这事，并向他进谏，于是纣回答了这句话。说明商纣并未看到自己的错误，而是相信天命，认为上天可以让他长久统治下去。

元后作民父母（周武王　姬发）

【原文】

惟天地万物父母，惟人万物之灵。亶聪明，作元后，元后作民父母。

——《尚书·泰誓上》

（左）王访箕子图

箕子名胥余，是殷纣王的叔父，曾任太师之职，封于箕。他因劝谏纣王，被囚禁。周灭殷之后，武王向他探讨制定治国安邦的规则，箕子提出了治理国家必须遵循的九条大法，即“洪范九畴”。

（右）西旅贡獒图

“西旅”指西部羌族。周武王克殷后，西旅国来献大犬。召公认为不可接受，劝武王慎德，重视贤能，安定国家，保护百姓。史官记录召公的话，名曰《旅獒》。

【译解】

天地是万物的父母，人是万物中的精灵。要真正聪明的人才能做大君，大君就是老百姓的父母。

这段话选自周武王伐纣时在孟津大会诸侯时的誓词，表明了他关于怎样做一个好国君的看法，主张国君要像父母一样爱护百姓。

文中的灵指神，奇妙的事物。亶，确实，实在。元后，指大君。

【原文】

天佑下民，作之君，作之师，惟其克相上帝，宠绥四方。有罪无罪，予曷敢有越厥志？

——《尚书·泰誓中》

【译解】

上天为了辅导天下百姓，立了君主来治理百姓，设立了师长来教导百姓，君主师长也要帮助上帝，以爱护安定百姓。有罪的就要讨伐，无罪的就要赦免，我怎敢违背上帝的这种意志呢？

这段话选自周武王在孟津的誓词。他说明了上帝、君师、下民三者的关系，提出君主要帮助上帝保护安定下民。

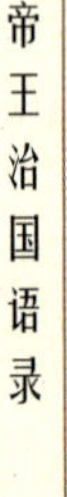

（左）生民保居图

使民众得以生养，让百姓富裕安康，是国主君王治理天下的最根本追求。历史上无数先王的成功之治都可以归因于其所采取的亲民政策，只有使人民的生活富裕了，帝王的江山社稷才能长治久安，因为“生民保厥居，惟乃世王”。

（右）御王册命图

“册命”亦称“策命”，为西周至春秋时周王任命官员的制度。西周时代周王亲临册命，册命授职与舆服赏赐同时进行，授职称命，赐服称赐。册命的内容一般先直呼受命者之名，然后叙述册命的原由，或加以告诫。其次宣布受命者就任某官，职司何事，并嘱以“敬夙夜用事，勿废朕命”。

【原文】

惟天惠民，惟辟奉天。

——《尚书·泰誓中》

【译解】

上天是会施恩惠给百姓的，天子应该奉承上天的意志。

这段话选自周武王渡过孟津驻扎在黄河北岸时的誓词。周武王阐明了天、民、君之间的关系，天子既然是上天的儿子，就要秉承上天的意志。他巧妙地借天命来作为讨伐商纣王的理论。

文中的辟，指君王。

用端命于上帝（周康王　姬钊）

【原文】

庶帮侯甸男卫，惟予一人钊报告。昔君文武丕平，富不务咎，底至齐信，用昭明于天下。则亦有能罴之士，不二心之臣，保乂王家，用端命于上帝。

——《尚书·康王之诰》

【译解】

侯服、甸服、男服、卫服等诸侯，姬钊我回答你们。昔日君王周文王、周武王处事公平，仁厚而不倚重刑罚，施行的是中信之道，因而他们光照天下。他们还有那猛如熊罴的武士，没有二心的大臣，一起治理周朝的天下，因此，我们从上帝那里受命来端正天下。

这是周康王即位时所言。他向诸侯群臣讲解了周文王周武王处事公平、仁厚、实施中信之道的成功经验。

文中的侯甸男卫指处在侯服、甸服、男服、卫服四个地区的诸侯，他们离京城的远近不同。丕平指非常公平。能罴，即熊罴。

秦统一六国文字及货币

公元前221年，秦始皇发布“书同文”诏令，规定以秦国小篆为统一书体，并以小篆书写的《仓颉》《爰历》《博学》三篇作为文字范本。文字统一后，始皇帝废止战国时各国形制和轻重大小各不相同的货币，改以黄金为上币，以“镒”为货币单位；以秦国旧行的圆形方孔钱为下币，称“半两”。文字、货币，再加上度量衡的统一，为社会经济、文化的发展提供了有利条件，促进了国家的发展，成为维护封建国家统一的重要基础。

吾欲造千乘之驾（秦始皇　嬴政）

【原文】

吾前收天下书不中用者尽去之。悉召文学方术士甚众。欲以兴太平，方士欲练以求奇药，今闻韩众去不报，徐市等费以巨万计，终不得药，徒奸利相告日闻。卢生等吾尊赐之甚厚，今乃诽谤我，以重吾不德也，诸生在咸阳者，吾使人廉问，或为訞言以乱黔首。

——《史记·秦始皇本纪》

【译解】

我以前收集了天下无用的书都把它们烧了，又尽力召集了很多会文学方

术的士人，想要依靠他们使天下太平。方士们想去寻求奇药，现在听说韩众等不辞而别，徐市等花费的钱财有亿万，始终也没有寻得奇药，只是每天听到他们相互告发非法牟利。卢生等人，我非常尊敬他们，又赐给他们很多钱财，现在却诽谤我，加重了我行为失当。在咸阳的儒生们，我派人访查过，有人竟制造妖言来迷惑百姓。

这是秦始皇听闻方术之士卢生等逃跑后所言。秦始皇为求长生不老之药，被方士卢生等欺骗，并将此迁怒到众多儒生身上，在咸阳坑杀了儒生四百六十余人。

文中韩众、徐市、卢生，都是当时的方术之士。练，即选择。訞言就是妖言。

龙纹空心砖　秦代

空心砖主要用于建筑宫殿、官署和墓葬。秦始皇根据其祖秦文公曾猎获黑龙的传说，赋秦以水德，多以龙为象征来表达。从图中可以看出当时龙的形象，庄严神秘，飞扬流动，气势雄浑，整个砖体丰满朴实，古拙厚重。

成汤为民求雨

在成汤执政的头七年，连年大旱，最后河水都干了。成汤命人占卜求雨之法，占卜之人回答说："要用人作牺牲，杀人祭天求雨。"成汤说："我本来是为民求雨，现在却要杀他们，这不行！我自己作牺牲好了。"于是，成汤沐浴斋戒修饰仪表，身披白茅乘坐素车白马前去祭天求雨。他命人持三足鼎祝告："现在小人，谨备黑牛祭天，愿天帝听之，为何大旱七年？是政事有误？宫殿建筑得太好？官吏贪污？小人得志？百姓没有安居乐业？女色太盛？如果上天惩罚我，我实在不知道自己犯了什么过错，因为我向来谨慎小心，赏罚分明。如果是四方百姓有罪，那么惩罚我一人好了，不要再让他们受罪了。"他让群臣架起柴火，自己站在中间，要点火自焚以祭天。这时，闻风而来的老百姓涌上前去，他们也都跪到祭坛前，请求上天饶恕自己的罪孽。老百姓高喊着，不让商汤自焚。商汤为了表示自己的虔诚，抽出宝刀割断了自己的头发，割破自己的手指，作为"牺牲"，供奉在祭坛上，用以祈福于上帝。祷告结束后，大雨就下起来，老百姓们终于度过了难关，他们感谢成汤为百姓求雨成功，感谢上帝赐予黎民好收成。

【原文】

朕年少，初即位，黔首未集附。先帝巡行郡县，以示强，威服海内，今晏然不巡行，即见弱，毋以臣畜天下。

——《史记·秦始皇本纪》

【译解】

我年纪小，刚登上皇位，百姓还未归附。先帝巡行于各郡县，彰显了强力，声威震服了天下。如今我平静治理不巡行天下，就显示我力量弱小，就不能统治天下。

这是秦二世即位后，和赵高商量如何树立自己的权威时所言。反映他希望巩固自己统治的愿望。

文中的晏然为平静安逸貌。臣畜是统治之意。

【原文】

大臣不服，官吏尚强，及诸公子必与我争，为之奈何？

——《史记·秦始皇本纪》

【译解】

大臣不服从我，官吏还非常强硬，以及各位皇子必定与我争权，对此该如何对付呢？

这是秦二世和赵高商议加强权势时所言。既表现了他的恐惧，又隐示了将会以一切手段来达到目的。

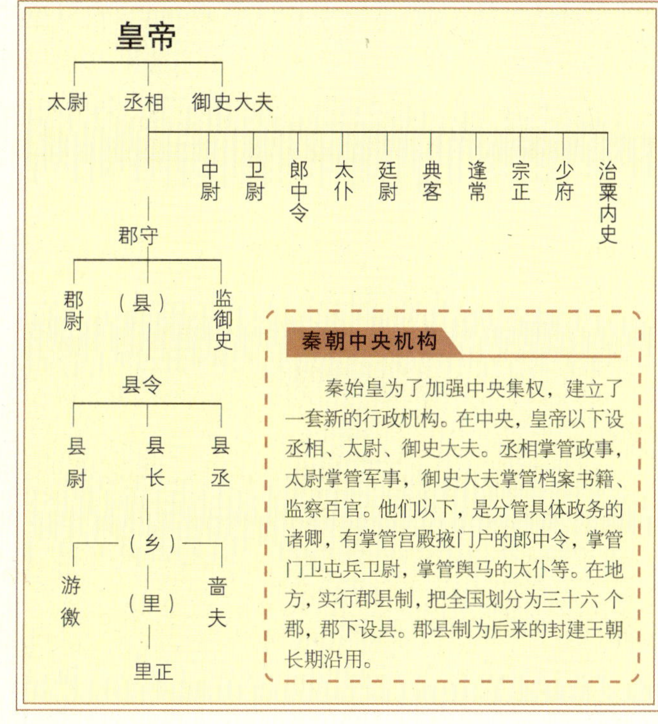

【原文】

吾闻之韩子曰："尧舜采椽不刮，茅茨不翦，饭土熘，啜土形，虽监门之养，不觳于此。禹凿龙门，通大夏，决河亭水，放之海，身自持筑臿，胫毋毛，臣虏之劳不烈于此矣。"凡所为贵有天下者，得肆意极欲，主重明法，下不敢为非，以制御海内矣。夫虞夏之主，贵为天子，亲处穷苦之实，以徇百姓，尚何于法？朕尊万乘，毋其实，吾欲造千乘之驾，万乘之属，充吾号名。

——《史记·秦始皇本纪》

【译解】

我听韩子说过："尧舜用原木做椽子不经刮削，茅屋不加修饰，用瓦罐盛饭，用瓦盆喝水，即使看门人的供养，也不比这差。禹开凿龙门，疏通大夏，疏通黄河水，引入大海，亲自拿着杵和锹，腿上的毛都磨光了，即使是奴隶的劳作也不比这更辛劳。"大凡能享有天下的人，就要能够为所欲为，尽情享受，满足所有的欲望。君主重示修明法制，臣下就不敢做坏

焚书坑儒　水彩　日日新绘

秦统一六国后，丞相李斯认为古代制度不适用于当下。在他的建议下，除官家所藏书及秦国史书外，所有前代如《诗》、《书》百家语和史书一律遭到焚烧；私学被禁，并坑杀咸阳儒生四百六十余名。秦朝的这一统治手段，不仅是思想史上的一次大劫难和倒退，而且其余波还促成了秦朝的灭亡。

事，这样就便于统治天下了。虞、舜、夏、禹这样的君主，是高贵的天子，自己却处于贫困的境况之中，为百姓作出了牺牲，我怎么会效法他们呢？我为尊贵的万乘的天子，怎能没有天子万乘之实，我要组建千辆马车的卫队，万辆兵车的军队，以此充实我的名号。

秦二世重修阿房宫，右丞相去疾、左丞相李斯、将军冯劫进谏请求停止修筑阿房宫，这是秦二世对此的答复。表现了他要有“万乘之实”的奢华思想。

文中的虞夏之主指虞、舜、禹。万乘指天子，周制规定，天子可以拥有一万辆兵车。

【原文】

先帝为咸阳朝廷小，故营阿房宫。为室堂未就，会上崩，罢其作者，复土郦山。郦山事大毕。今释阿房宫勿就，则是章先帝举事过也。

——《史记·秦始皇本纪》

【译解】

先帝因为咸阳朝廷小，所以营建阿房宫。宫室还未建成，就赶上先帝逝世，只能让人们停工，去郦山填土覆盖陵墓。现在郦山修陵墓的事已经完成，如果放下阿房宫的工程不完成，那就是在宣扬先帝的过错。

这是秦二世杀害了官吏和诸皇子，巩固统治地位后所言。显示了他将修建宫殿、追求享乐的思想。

文中的复土是指挖出泥土修建墓穴，待棺下去后再复土筑陵。

帝贤者有也（汉高祖　刘邦）

【原文】

吾闻帝贤者有也，空言虚语，非所守也，吾不敢当帝位。诸君必以为便，便国家。

——《史记·高祖本纪》

【译解】

我听说帝王是贤能的人才能胜任的，空言虚语，不能守住帝位，我不敢

刘邦拜孔

在历史中，政治与文化是裹挟在一起前进的。刘邦祭祀孔子，标志着儒家学说正式被统治者接纳，无疑已奠定了整个中华文明的基调。

吕后

吕后（前241—前180年）名雉，汉高祖刘邦之妻。刘邦去世后，吕后当政十五年，相继重用萧何、曹参、王陵、陈平、周勃等开国功臣。而这些大臣们都以无为而治，从民之欲，从不劳民。在吕后统治时期，不论政治、法制、经济和思想文化各个领域，均全面为“文景之治”奠定了坚实的基础。

做帝王。各位一定要坚持认为我做帝王好，是为了对国家有利啊。

这是臣子们劝刘邦即位为皇帝时刘邦所言。表达了刘邦对做帝王的态度，是要做贤能而有利于国家的人。

文中的便，是指有利。

欢心以安百姓（吕后　吕雉）

【原文】

凡有天下治为万民命者，盖之如天，容之如地，上有欢心以安百姓，百姓欣然以事其上，欢欣交通而天下治。今皇帝病久不已，乃失惑惛乱，不能继嗣奉宗庙祭祀，不可属天下。其代之。

——《史记·吕后本纪》

【译解】

凡是拥有天下治理万民的人，要像天似地覆盖着万物，像大地似地容纳万物。皇上用欢乐仁爱之心来安抚百姓，百姓就会高兴地服侍皇上，上下之间欢乐与愉快的感情互相交通，天下才能治理得好。现在皇帝久病不好，竟至神智混乱不清，不能再继承帝位，奉承宗庙，主持祭礼，不能把天下交付于他，应该找人代替他。

惠帝的皇后无子，吕后以后宫美人所生子为皇后的儿子，立为太子。惠帝逝世，此太子继位，因年纪小，太后临朝处政。后来，少帝知晓了自己的身世，有些怨言。吕太后将其幽禁。此言就是吕后的诏令，表现了她处事果决、不讲感情的性格。

文中的失惑昏乱指失去本性、神智昏乱。守祭祀指主持祭祀。

不诛无罪（汉文帝　刘恒）

【原文】

朕既不德，上帝神明未歆享，天下人民未有嗛志。今纵不能博求天下贤圣有德之人而禅天下焉，而曰豫建太子，是重吾不德也。谓天下何？其安之。

——《史记·孝文本纪》

【译解】

我的道德还不厚，上帝神明还未享用我的祭祀，天下百姓也还未满足，如今即使我不能广求天下圣贤把天下禅让给他，就说要先立太子，这是加重我的不贤。我对天下怎么交代？还是以后再说吧。

这是汉文帝在臣子提出要立太子时所言。既表现了他的恭谦，又说明他对立太子的谨慎。

文中的歆享是指让鬼神享受祭品。嗛通“谦”，嗛志即满足。禅即禅让，把皇位让出。

【原文】

盖闻古者祖有功而宗有德，制礼乐各有由。闻歌者，所以发德也；舞者，

纣王的恶政

在蔡邕《独断》中这样说道：“残义损善曰纣。”纣王在讨伐东夷胜利后，并没有想过如何使日益衰落的商王朝再次振兴起来，相反地，他变得骄横起来。他为了镇压那些反对他的人，听从妲己的建议，设置了一种残酷的刑罚，名叫炮烙。《史记·殷本纪》：“纣乃重刑辟，有炮烙之法。”即在铜柱上涂油，下加炭使热，令有罪之人行其上，辄坠炭中活活烧死。不仅如此，妲己还向他建议设置虿盆，所谓虿盆就是内部布满蛇蝎的坑。虿盆被设置出来后，第一批被投入虿盆的人正是那些原来为正宫皇后姜皇后的侍女们，她们被跣剥干净后，就被投入虿盆中，一时间坑下传出揪心的悲哀号哭，可谓残忍至极。纣王的叔叔比干向纣王进谏，纣王大怒，并说：“吾闻圣人心有七窍。”于是，他命人剖开比干的心脏，观察是否如此。纣王的另一个叔叔箕子也参与了比干的进谏，为了逃避纣王的迫害，箕子假装发疯，但即使这样，纣王仍然将他贬为奴隶，并永久囚禁。除了这些之外，纣王的恶行还有酒池肉林、剖腹观胎等。

汉代骑兵俑　西汉

汉帝国最主要的进攻目标，是来自西北，拥有大量骑兵队伍的匈奴军队。匈奴的骑兵战术灵活多变，快速机动。西汉政府为对付匈奴军队，从文帝时开始创立骑兵部队，至汉武帝时，骑兵已经成为军队的主力。图为汉高祖陪葬墓中出土的骑兵俑，是皇家骑兵的形象。

所以明功也。高庙酎，奏《武德》《文始》《五行》之舞。孝惠庙酎，奏《文始》《五行》之舞。孝文皇帝临天下，通关梁，不异远方。除诽谤，去肉刑，赏赐长老，收恤孤独，以育群生。减嗜欲，不受献，不私其利也。罪人不帑，不诛无罪。除宫刑，出美人，重绝人之世。朕既不敏，不能识。此皆上古之所不及，而孝文皇帝亲行之。德厚侔天地，利泽施四海，靡不获福焉。明象乎日月，而庙乐不称。朕甚惧焉。其为孝文皇帝庙为《昭德》之舞，以明休德。然后祖宗之功德着于竹帛，施于万世，永永无穷，朕甚嘉之。

——《史记·孝文本纪》

【译解】

我听说古代帝王有开国之功的成为祖，有治国之德的称为宗，制定礼仪音乐各有所依。听说歌是用来颂扬德行的，舞是用来彰明功劳的。祭祀高庙用酎酒，演奏《武德》《文始》《五行》等舞曲。祭祀孝惠庙用酎酒，演奏《文始》《五行》等舞曲。孝文皇帝治理天下，开通关口桥梁，对远方也不例外。废除了诽谤的罪名，废除了肉刑，赏赐年老之人，收养孤独之人，以抚养众生。减免自己的嗜好和欲望，不接受献贡，不谋私利。不连累罪犯的亲属，不杀无罪的人。废除了肉刑和宫刑，放出了宫中的美人，把使人绝后看作是大事。我很不聪敏，不能认识文帝的伟大，这些都是上古帝王所不能做到的，而孝文皇帝都亲自去做了。他的厚德可比天地，恩泽施于四海，无人没有得到恩惠。他的圣明好比日月，可是祭祀的乐舞却不相称，我很不安。要为孝文皇帝作《昭德》之舞，以彰明他的美德。然后将祖宗的功德载入史册，传于万世，永远无止境，我很赞成这样做。

这是汉景帝即位后，在元年（前156年）十月给御史的诏令。主要颂扬了汉文帝的功绩，表示要立庙来纪念他。

文中高庙酎，是指正月旦作酒，八月成，名曰酎。酎是言纯。到武帝时，因八月尝酎会诸侯于庙中，出金助祭，即所谓的“酎金”。《武德》，是高祖所作，起舞的人拿着干戚舞。《文始》，是舜时的舞蹈，舞执羽钥。《五行》，是周代的舞蹈，舞冠冕，衣服模仿法五行的颜色。

【原文】

朕闻盖天下万物之萌生，靡不有死，死者天地之理，物之自然者，奚可甚哀！当今之时，世咸嘉生而恶死，厚葬以破产，重服以伤生，吾甚不取。

——《史记·孝文本纪》

南北武士俑

魏晋时期，南方与北方的军队机制不同，士兵装束各具特色。此组雕塑左侧为北方武士俑，其盔甲分为两片，胸前一片，背后一片，肩上加“披膊”，手扶虎头纹盾牌。右侧的南方武士装备与北方不同，铠甲只是身份最高的骑兵装备，一般的武士没有铠甲。

魏文帝

魏文帝曹丕（187—226年），三国时期魏国君主。庙号世祖（魏世祖），谥号文皇帝（魏文帝）。曹操次子。东汉建安十六年（211年），为五官中郎将、副丞相。二十二年，立为太子。延康元年（220年），曹操死，继位为丞相、魏王。当年十月，逼迫汉献帝禅位，自立为帝，国号魏。

【译解】

我听说天下万物生出之后，没有不死的，死是天地的常理，生物的自然规律，哪里值得特别悲哀呢！现今世上，人们都乐意生而厌恶死，人死后又实行厚葬以至破产，注重守服以至伤害了身体，我认为这种做法很不可取。

这是汉文帝生前遗诏。他认为生死是自然规律，对死去的人不要太厚待，要求丧事从简，不要因为厚葬而导致破产。

文中的服指居丧、守服，就是按照规定的时间为死者尽礼致哀。

妇人与政乱之本（魏文帝　曹丕）

【原文】

夫妇人与政，乱之本也。自今以后，群臣不得奏事太后，后族之家不得当辅政之任，又不得横受茅土之爵，以此诏传后世，若有背违，天下共诛之。

——《三国志·魏书·文帝纪》

【译解】

妇人参与国家政事，是国家动乱产生的根源。从今以后，各位大臣不得向太后奏报政事，皇后家族中的人不得担任辅佐朝政的大臣，也不得无端接受王侯的封爵。把这个诏令传示后代，假若有违背者，天下的人就共同来讨伐他。

这段话是魏文帝于黄初三年（222 年）九月所言。他总结了历史和汉代的教训，对妇人干政的危害深有认识，于是不许后宫干政，以防止皇帝的权力旁落。

文中的横受指无缘无故蒙受。茅土之爵指接受王侯的封爵。

此鸣者为官乎（晋惠帝　司马衷）

【原文】

此鸣者为官乎，私乎。

——《晋书·帝纪·惠帝》

【译解】

这种鸣叫，是为了官家叫呢，还是为了私人叫呢？

有一年夏天，晋惠帝与随从游华林园。来到一个池塘边，听见青蛙咕咕的叫声。惠帝觉得很奇怪，于是便问了这句话。随从感到皇帝的问题很可笑，不好不回答，只好说：“在官家里叫的，就是为官家；在私家里叫的，就是为私人。”这反映了晋惠帝的愚昧。

惠帝迁长安

晋惠帝司马衷是中国历史上典型的昏庸无能的皇帝之一。他性格愚笨，任由其皇后贾南风独揽大权。贾南风的干政，导致了“八王之乱”，更使西晋“宗室日衰”，以致五胡乱华。大一统的中国，从此陷入了三百多年的分裂割据局面。此图选自明刊本《东西晋演义》，描绘的即是“八王之乱”时，晋惠帝被迫迁往长安时的情景。

晋惠帝

晋惠帝司马衷（259—306年），是历史上有名的白痴皇帝，在位时间290年至306年，但一直是傀儡。最初由太傅杨骏辅政，后贾皇后杀杨骏，掌握大权。因贾皇后毒死太子，从而引起诸王起兵。赵王司马伦杀掉贾皇后，后篡夺帝位，以晋惠帝为太上皇，囚于金庸城。之后诸王混斗，晋惠帝被他们辗转挟持，受尽凌辱。后被东海王司马越迎归洛阳毒死。

【原文】

何不食肉靡？

——《晋书·帝纪·惠帝》

【译解】

（没有饭吃），为什么不吃肉粥呢？

有一年大灾，百姓没饭吃，饿死了很多人。有人向晋惠帝报告情况时，他说出了这句话。灾民连饭都吃不上，哪来肉粥吃呢？可见晋惠帝的愚蠢糊涂。

蹈节死义（晋元帝　司马睿）

【原文】

孤，罪人也，唯有蹈节死义，以雪天下之耻，庶赎铁钺之诛。吾本琅邪王，诸贤见逼不已。

——《晋书·帝纪·元帝》

【译解】

我是一个罪人，只有履行我做臣子的节义，为了愍帝不惜自己的生命，以此洗净天下的耻辱，这样也许还能抵挡我应该被杀戮的罪。我本来是琅邪王，诸位贤士，不要再逼迫我了吧！

建武元年（317年），晋愍帝被汉刘聪幽禁，愍帝诏令司马睿摄万机，群僚也上书要他尊王称帝，司马睿没有同意，以这段话作为答复，表示他没有野心、不愿做王的态度，这说明了司马睿具有成熟的政治手腕。

文中晋元帝称自己为罪人，是指晋愍帝司马邺被汉刘聪囚禁，作为臣子自己没有尽到保护皇帝的责任因而有罪。蹈节死义，指履行节义责任，为愍帝而死。

秦始皇对中国交通的贡献

前222年，秦国消灭了赵国，为了让将来的大帝国能有一个良好的交通系统，还是秦王的嬴政就已经着手开始大幅修筑以国都咸阳为中心、向四面八方延伸出去的驰道。驰道并实行“车同轨”，即所有的驰道都有五十步宽。驰道的作用有这样几种：一是使交通方便，以利管理六国旧地；二是能更加便利地为北方战场提供补给，当时北方的敌人主要是匈奴人；三是为了方便嬴政在出巡时能畅通无阻。著名的驰道包括：上郡道、临晋道、东方道、武关道、秦栈道、西方道及秦直道。在秦始皇灭六国后，为方便运送征讨岭南所需的军队和物资，于是秦始皇命令史禄开凿河渠以便能使秦国的战船可以开进湘江和漓江。最终，这些河渠在始皇二十年（前225年）至二十三年间（前222年）完成。最值得一提的河渠是灵渠，它不但是世界上最古老的运河之一，而且从修筑完成之日起，在之后的两千多年间，它一直是岭南与中原地区之间的水路交通要道。

【原文】

孤以不德，当厄运之极，臣节未立，匡救未举，夙夜所以忘寝食也。今宗庙废绝，亿兆无系，群官庶尹，咸勉之以大政，亦何敢辞，辄敬从所执。

——《晋书·帝纪·元帝》

【译解】

我的道德不足，又恰逢非常艰难困苦的命运，做臣子的忠节还没有树立起来，还没有建立匡复挽救天下的功业，这就是我早晚废寝忘食的原因。如今宗庙被废毁，亿万百姓失去君王，没有归属，很多官吏劝我担负起治理天下的大任，我怎么敢推辞呢，就恭敬地听从大家的主张吧。

太兴元年（318年）三月，晋愍帝被刘聪杀害，官吏们劝司马睿任天子，

六抬肩舆　魏晋

舆轿本是贵族的交通工具，魏晋南北朝时期逐渐普及，平民也可以使用，只是形式略有区别。这顶舆轿由六人抬杠，装饰富丽，上有伞盖，通常为贵族使用。

军士牵马俑

魏晋南北朝时期，因战乱频繁，盗贼蜂起，士族豪强为求自保，都有自己的武装组织。其庄园既是武装单位，又是经济组织，同时也是一种基层政治单位。这也是为何士族豪强的墓室中有如此多陪葬军俑的原因。

统率天下，司马睿答应了大家的请求，即位时发布了这道命令。这段话和前段话相比较，表现了司马睿政治上的老道和成熟。

文中的亿兆无系指天下百姓失去了君主而无依靠。群官庶尹指很多官吏。

【原文】

昔之为政者，动人以行不以言，应天以实不以文，故我清静而人自正。其次听言观行，明试以功。其有政绩可述，刑狱得中，人无怨讼，久而日新，及当官软弱，茹柔吐刚，行身秽浊，修饰时誉者，各以名闻。令在事之人，仰鉴前烈，同心戮力，深思所以宽政息役，惠益百姓，无废朕命。远近礼贽，一切断之。

——《晋书·帝纪·元帝》

陶　灯

图中所示的陶灯是东汉末年流行于中原的居室照明用具，魏晋南北朝时期更是遍及长江流域和河西走廊一带。此灯共有七个灯盘，可同时点亮使用，增加照明范围。

【译解】

过去为政的人，打动人依靠的是行动而不是言语，响应上天的旨意用的是实际行动而不是文饰，因而为政的人清静无为百姓就会走正路。其次对官吏们既要听他们的言论又要观察他们的行为，以他们的功绩来明白地进行考核。那些有政绩可以陈述，断案施刑都能很适中，百姓对刑罚没有怨恨，能长期坚持道德与功业不断有新成就的人，以及对那些做官软弱、欺软怕硬、行为污浊、修饰言行以获得时誉的人，都要报上他们的名字使朝廷知道。要使做官办事的人，以前代贤人作为镜子对照检查，齐心协力，深思如何放宽政事，使百姓不受徭役之苦，让百姓受到恩惠，不要废弃我的命令。无论远近为立皇太子所送的礼物，一律都要谢绝。

这段话选自大兴元年（318 年）三月晋元帝为立皇太子所下的诏令。表达了他希望政治宽松、官风肃正的愿望。

文中的明试以功，即以功明试，用功绩来明白地进行考察。茹柔吐刚，茹指吃，吃进那些柔软的，吐出刚硬的，比喻欺软怕硬。修饰时誉，指修饰自己的言行，以博得人们的赞誉。前烈指前代贤人。礼贽，指礼物。

【原文】

先公武王、先考恭王临君琅邪四十余年，惠泽加于百姓，遗爱结于人情。朕应天符，创基江表，兆庶宅心，襁负子来。琅邪国人在此者近有千户，今立为怀德县，统丹阳郡。昔汉高祖以沛为汤沐邑，光武亦复南顿，优复之科一依汉氏故事。

——《晋书·帝纪·元帝》

【译解】

先公武王、先考恭王在琅邪做君王四十余年，施给百姓恩惠，遗爱凝结在人心。我顺应天命，在江南创立大业，亿万百姓归心，扶老携幼来归顺我。琅邪国人在这里的人有千多户，现在我命令设立怀德县，辖丹阳郡。以前汉高祖把沛作为汤沐邑，光武帝也免除了南顿的赋税，对怀德县优待减免的规定全部按照汉代的旧例。

这是大兴三年（320 年）七月晋元帝下的诏令，依照高祖刘邦、光武帝刘秀的作法，命令设立怀德县，以示对兴起之地的恩惠。

文中的琅邪应该指今安徽省滁州市西南的琅邪山。西晋伐吴，琅邪王司马伷率兵驻此而得名。江表指长江以南地区，从中原看，地在长江之外，故称江表。

长安近，日近（晋明帝　司马绍）

【原文】

长安近。不闻人从日边来，居然可知也。

——《晋书·帝纪·明帝》

【译解】

长安比太阳近，没有听说有人从日边来，显然从这里就可以知道这个道理。

晋明帝司马绍从小很聪明。几岁时，有一天晋元帝把他置于膝前，碰巧长安有使者来，元帝于是问明帝道："你说太阳和长安谁远？"明帝于是以此话作答，显示了他的聪慧机智。

【原文】

日近。……

出行图　壁画

魏晋时代，世家大族垄断了社会的大部分资源，生活奢华。图中大规模的车马出行除了玩乐，也可显示出他们堪与皇权相抗衡的现实地位。

晋成帝

晋成帝司马衍（321—342年），明帝长子，明帝死后继位。司马衍在位十七年，在位期间，任用外戚庾亮执政，试图排斥王导势力，振作东晋王室。但庾亮疑忌大臣，任意杀逐重要官员，引起统治集团内部冲突。327年，历阳镇将苏峻、寿春镇将祖约以杀庾亮为名，起兵叛乱，攻入建康。后被陶侃、温峤起兵平定，王导再次出山执政，东晋王朝又一次转危为安。342年司马衍病死，庙号为显宗，谥号为成帝。

举目则见日，不见长安。

——《晋书·帝纪·明帝》

【译解】

太阳比长安近。……因为抬头就可以看到太阳，可是看不到长安。

晋元帝问日后的第二天，大宴群臣，又用这个问题问司马绍。司马绍却回答道："日近。"与前一天的回答正好相反，元帝变了脸色，问他为什么与昨天说的不一样，他就作了上述解释。说明晋明帝能够从不同角度观察事物，机智善辩。

人作贼，舅作贼（晋成帝　司马衍）

【原文】

舅言人作贼，便杀之，人言舅作贼，复若何。

——《晋书·帝纪·成帝》

【译解】

你称别人做贼便杀了他，别人称你做贼，又该怎么办呢？

晋成帝年幼时，南顿王被辅政的舅舅庾亮杀了，成帝不知道。后来他问："那个白头公现在在什么地方？"庾亮回答因为谋反被杀了，成帝于是就说了以上的话。表明他很小就有成人的气量。

宜令明审（宋武帝　刘裕）

【原文】

主者处案虽多所谘详，若众官命议，宜令明审。自顷或总称参详，于文漫略。自今有厝意者，皆当指名其人；所见不同，依旧继启。

——《宋书·本纪·武帝》

【译解】

主管部门处理文书虽然多方面咨询，但如果众官员命令议论，应当使文书明确精审。最近有的总称详细，在文书中随意省略。从今日开始凡是有着意之处，都应当指明由何人提出

对兄弟大臣极端残忍的秦二世

在秦二世胡亥登上帝位之前，他就和赵高、李斯合谋害死了自己的哥哥扶苏。在登基后，他对自己兄弟姐妹的屠杀更是达到了高峰，最残忍的一次是在咸阳市（市即古代城市中的商业区。——编者）将他的十二个兄弟全部处死。还有一次，他又在杜邮将自己的六个兄弟和十个姐妹全部碾死。另外，胡亥还有三个兄弟，他们都很沉稳，胡亥找不出什么罪名陷害，就关在了宫内。等其他许多的兄弟被杀后，赵高派人逼他们自尽。除了自己的兄弟姐妹外，胡亥对其他不服从他命令的文武重臣大开杀戒。首先遭到迫害的是蒙恬兄弟，一开始时，胡亥想继续重用他们，但赵高害怕他们对自己构成威胁，就向胡亥造谣说："先帝原来曾想立胡亥做太子，但蒙恬的兄弟蒙毅极力阻止，这才使先帝打消了立胡亥做太子的念头。"胡亥信以为真，不但没有释放蒙恬，还将蒙毅也囚禁在代郡（现在河北省蔚县东北）的监狱中。后来，胡亥派使者逼蒙毅自尽，然后又派人到阳周的监狱中逼蒙恬自杀，蒙恬开始不肯，申辩说要见胡亥，请他收回诏命，使者不许，蒙恬见生还无望，只得服毒自尽。其他大臣，如右丞相冯去疾和将军冯劫为免遭羞辱而死，也选择了自尽。

的；如果见解不同，依照旧例继续咨询。

这是宋武帝在永初元年（420 年）闰八月所下的诏令。我们从他下诏规定如何处理文书的小事，可以看出宋武帝注重国家规范化管理的想法。

言及封禅宜禁（隋文帝　杨坚）

【原文】

岂可命一将军，除一小国，遐迩注意，便谓太平。以薄德而封名山，用虚言而干上帝，非朕攸闻。而今以后，言及封禅，宜即禁绝。

——《隋书·帝纪·高祖》

【译解】

怎么可以因为任命了一位将军，除灭了一个小国，远近在关注，就能称天下太平了。凭借微薄的道德去泰山封禅，用虚假的言辞去冒犯上帝，我没有闻知过。从今以后，言及泰山封禅之事，应立即禁绝。

开皇九年（589 年）朝廷内外议论纷纷，都希望登泰山封禅。于是隋文帝发表了这一诏令，表明了对封禅的看法，认为自己小小的功绩不能去行封禅大典，说明了他的自知之明和进取之心。

文中的封禅指中国古代帝王为祭拜天地而举行的活动。所谓“封”就是天子登上泰山筑坛祭天；而“禅”则是在泰山下的梁父山小丘除地祭地，向天地宣告人间太平。

理人必以文德（唐太宗　李世民）

【原文】

为君之道，处至极之尊，以亿兆为心，以万邦为意。理人必以文德，防边必以武威。

——《唐太宗集·金镜》

【译解】

做君王的方法是，虽然居于天下至尊的位置，但是要把万民放在心上，心里要想着国家每个地区。要用礼乐文教来治理人民，要用武力来守卫边防。

这段话选自唐太宗在贞观初年所著的《金镜》一书。他认为做君王就要想着百姓，想着国家，教育和保护人民，阐述了为君的要领。

文中的至极之尊指天子的尊位。

【原文】

舟所以比人君，水所以比黎庶；水能载舟，亦能覆舟；尔方为人主，可不畏惧！

——《唐太宗集·自鉴录》

唐太宗

唐太宗李世民（599—649年），唐朝第二位皇帝，祖籍陇西成纪人(今甘肃静宁成纪乡人)，伟大的军事家，卓越的政治家，堪称"千古一帝"。他即位之后，统一了全国，同时执行"夷汉一家"的政策，在促进民族团结和融合中作出了巨大的贡献。在位期间国泰民安，社会安定，经济发展繁荣，军事力量强大，为唐代此后繁荣的社会奠定了一定的基础。

玄武门之变
明、清刊本《隋唐演义》插图

武德九年（626年），秦王李世民发动政变，诛杀太子李建成及其弟李元吉，史称“玄武门之变”。李世民由此登上帝位。

【译解】

船是用它来比喻人君的，水是用它来比喻民众的。水能承载船，也能翻覆船。你正准备做人君，可以不畏惧民众吗？

《自鉴录》是唐太宗要太子读的文章，他要求太子以文为镜，检查自己的言行。这段话形象地阐明了君民的关系，在封建帝王中算认识比较清楚的。

【原文】

夫民者国之先，国者君之本。人主之体，如山岳焉，高峻而不动；如日月焉，真明而普照。亿兆之所瞻仰，天下之所归往。宽大其志，足以兼苞；平正其心，足以制断。非威德无以致远，非慈厚无以怀民，抚九族以仁，接大臣以礼。奉先思孝，处后思恭，倾己勤劳，以行德义。此为君之体也。

——《唐太宗集·君体篇》

【译解】

民众是国家成立的先决条件，国家是君主存在的根本。君主自身，犹如山岳，高耸巍峨而不可撼动；犹如太阳月亮，真的光明并普照大地。他受到万民瞻仰，天下归顺。他有着宽广博大的志向，足以兼容并包；他有着公平正直的心，足以专断裁决。没有威严与恩惠就不能使远方的人民归服；没有仁慈宽厚就不能安抚人民。用仁爱来安抚九族，按照礼节来接待大臣。祭祀祖先就想到孝顺，对待后人就想着谦恭，竭尽全力勤劳理政，以实行德义。这就是做君主的本体。

唐太宗阐述了君主与国家、与民众的关系，以及如何才能做一个贤明的君主，这表达了他希望成为明君的愿望。

文中的制断指专断、裁决。怀民指怀德归顺之民、安抚人民。九族，指从自己往上推到父、祖、曾祖、高祖四代，往下推到子、孙、曾孙、玄孙四代，连同自己一代，共为九族。一说是父族四、母族三、妻族二，共为九族。

【原文】

余闻大德曰生，大宝曰位，辨其上下，树之君臣，所以抚育黎元，陶均庶类。自非克明克哲，允文允武，皇天眷命，历数在躬，安可以滥握灵图，叨临神器。是以翠妫荐唐尧之德，玄珪赐夏禹之功。丹乌呈祥，周开七百之祚，素灵表庆，汉启重世之基，由此而观，帝王之业，非可以智竞，不可以力争矣。

——《唐太宗集·帝范序》

【译解】

我听说天地最大的功德是化生万物，皇帝最宝贵的事物是帝位，分辨上下的次序，设立君主和臣子，用来抚育百姓，造就民众。假如不是非常明智，能文能武，上天赋予大命，依次继承在其身的人，怎能随便获得河图的符瑞、承受君位呢？因此翠妫荐举陶唐是尧帝的

胡人骑驼俑

唐朝以博大的胸怀拥抱世界，气派泱泱。这件胡人骑驼俑的唐代特征十分明显，他头戴布弁，鼻高目深，含笑的唇角，溢出一缕自信。工匠在塑造此俑时，定是一丝不苟，将自己的精气神也注入到了里面，于是此俑才有了长久的生命力。

道德，黑色的玉器赐夏禹以彰显功劳，丹乌呈现祥瑞，周朝启开了七百年的福祚。白蛇的精灵表示瑞庆，汉代开启了东西两朝的基业。由此来看，帝王的事业，不可以凭借智力来竞争，不可以凭借武力来争。

唐太宗在贞观末年写作了《帝范》，以教育太子李治。这段话他强调了君权神授的思想，而只有非常明智和文武双全的人才能得到神的授权，目的是勉励太子努力成为这样的人。

文中的大宝指皇帝之位。翠妫，水名，传说黄帝于此受图箓。玄珪，一种黑色的玉器，上尖下方，古代用以

唐玄宗李隆基的宫廷政变

唐中宗李显昏庸无能，放纵其妻韦后和宠女安乐公主干预朝政。景龙四年（710年）年六月初二，韦后和安乐公主投毒害死了中宗。初三，韦后调集府兵五万人进驻长安城内，命其亲戚韦捷、韦灌、韦踏、韦琦、韦播、高嵩等人分头统领。随后她修改遗诏，免去相王李旦参谋政事的职务。初四，韦后为中宗发丧，并宣布由她主持朝政，改元唐隆。初七，十六岁的温王李重茂继位，是为殇帝。李旦的三子李隆基素怀大志，他在姑母太平公主的支持下，积极进行捍卫李唐社稷、反对韦后篡权的斗争。李隆基争取“万骑”的将领葛福顺、陈玄礼、李仙凫等人的支持，于二十日夜发动政变，并在第二日迎其父相王入宫，同时大肆搜捕韦氏余党。二十四日，李旦即皇帝位为睿宗，改元景。李隆基在二十七日被立为皇太子。

六尊者像　卢稜伽　唐代　绢本设色

唐代很重视对于佛教的整顿和利用，虽然唐王朝自认为是道教始祖李耳的后裔，但实际上采取了佛道两教并重的方针。唐代统治者重视文治，因而佛教文化成为了其统治人民思想的一种武器。图中六尊者威严尊贵同时又带有世俗化的特点。

唐玄宗对佛教的打击

由于道教祖师老子与唐朝皇帝同姓，因此道教倍受唐朝皇室的推崇。但到了武则天时期，为了在宗教上打击原唐朝时期的李姓皇族，武则天对佛教采取了纵容态度，这使得佛教得到了快速发展。佛教寺院遍布全国，僧侣们不仅在国家的包庇纵容下兼并土地，还极力逃避国家税收。和尚数目的增加，使承担赋税和徭役的人数日益减少，这严重影响了国家的收入。在开元二年，恢复了李姓统治的唐王朝，在唐玄宗的命令下，大量削减全国的僧人和尼姑数量，最后使全国还俗的僧尼达到一万二千人之多。然后，玄宗又下令，禁止再造新的寺庙，禁止铸造佛像，禁止传抄佛经。对于官员和僧尼的交往也进行禁止，这使得佛教受到了空前严重的打击。

赏赐建立特殊功绩的人，旧说上帝把玄圭赐给禹。素灵，白蛇的精灵，指汉高祖斩白蛇有老妪夜哭之事。

【原文】

每见表奏符瑞，惭恧增怀。且安危在乎人事，吉凶系于政术。若时主肆虐，嘉贶未能成其美；如治道休明，咎徵不能致其恶。以此而言，未为可恃。

——《唐太宗集·禁奏祥瑞诏》

【译解】

每次见到上表奏符瑞，心里感到增加了惭愧。况且国家安危在于人为，国家吉凶关系的是为政事措施。假如当时的君主恣意暴虐，符瑞不能成就他的美好政迹；如果治国之道美好清明，凶咎的征兆也不能致使社会变得邪恶。以此说来，符瑞未必可靠。

这是唐太宗在贞观二年（628 年）九月发的诏令。即位不久的他见下面送来许多表奏符瑞之事，便说了自己对此的态度，这种公然不信鬼、注重人为的思想在封建帝王中是难能可贵的。

文中的符瑞指吉祥的征兆，多指帝王受命的征兆。惭恧，惭愧。嘉贶，厚赐，指符瑞。咎征，凶咎的征兆。

【原文】

致治之君，远谗佞，近忠良，屈己以伸人，故能成其化；为乱之主，亲不肖，疏贤臣，虐下以恣情，用能成其乱。明君遵彼以兴国，暗主行此以忘身。

——《唐太宗集·令天下诸州举人手诏》

【译解】

国家大治的国君，都疏远谗邪奸佞的臣子，亲近忠诚贤良的臣子，即使自己受屈，也要使人得到伸张，所以能够成就他的教化；国家乱的国君，都亲近谗邪奸佞的臣子，疏远贤臣，虐待臣下，放纵私情，因此造成国家大乱。明君要遵循前一种治国之法使国家兴盛，昏君因实行后一种方法而招致灭身的灾祸。

这篇《令天下诸州举人手诏》是唐太宗在贞观二十年（646 年）六月所写。他区别了明君和昏君的两种不同的治国之法，指出了两种不同的结果，昭示君王应该怎么做才是正确的方法。

拯社稷之危（唐玄宗　李隆基）

【原文】

我拯社稷之危，赴君父之急，事成福归于宗社，不成身死于忠孝，安可先请，忧怖大王乎！若请而从，是王与危事；请而不从，则吾计失矣。

——《旧唐书·本纪·玄宗》

【译解】

我拯救国家之危，赶赴君父的急难，如果发动事情成功，幸福归于宗庙社稷；如果发动事情失败，自身是为了忠孝而牺牲，怎能先请示大王，致使大王担忧害怕呢！假若请示了得到他的同意，这样大王就参与了这危险的事；假若请示了没有得到他的同意，那么我的计策就失败了。

这是唐玄宗在除掉韦皇后之前回答大家的话。唐中宗景龙四年（710 年）六

宠幸番将

唐玄宗开元初年（713 年），社会安定，政治清明，经济空前繁荣，唐朝由此进入鼎盛时期。但玄宗后期贪图享乐，宠信并重用奸臣，终于导致安史之乱发生，唐朝开始衰落。此图出自明刊本《帝鉴图说》，描绘玄宗设宴勤政楼，又特命人在御座东楼挂金鸡帐，为安禄山专座，以显示对安禄山的宠爱。但令玄宗此时没想到的是，安禄山正在紧锣密鼓地准备谋反。

月，中宗驾崩，韦后临朝称制，把持了朝政。李隆基联络人决定诛杀韦后。有人说应该先请示睿宗后再行动，于是唐玄宗就讲了这段话。这反映了他析事明理、处事决断的作风。

躬行则难（唐宪宗　李纯）

【原文】

凡好事口说则易，躬行则难。卿等即言之，须行之，勿空口说。

——《旧唐书·本纪·宪宗》

【译解】

凡是好事口说就很容易，要亲自做就难了。你们既然说了，就一定要实行，不要空口说。

元和十三年（818年）十二月戊寅，军前擒到李师道将夏侯澄等四十七人，下诏赦交付魏博及义成军接收管理，要求返回贼人境内的人，然后根据不同情况从优发落放回。宪宗和宰相讨论这事时说了这段话，这反映了他注重言行一致的作风。

帝兴自有天命（宋太祖　赵匡胤）

【原文】

帝王之兴，自有天命，周世宗见诸将方面大耳者皆杀之，我终日侍侧，不能害也。

——《宋史·本纪·太祖》

【译解】

帝王的兴起，自有天命，周世宗看见各位将领中有方面大耳帝王之相的人全都杀掉，而我整天在他身边事奉他，他却不能害我。

宋太祖登上皇位后，常便服出行，有人担心他安

文官进谒　壁画　唐代

唐朝文武官员的形象，身上所佩鱼袋，用于装鱼符，即是刻有官员职务、身份的特别明证。图为唐朝文官进殿拜谒皇帝的情景。

全，谏阻他外出，他便说了这段话。这表现了他的自信和无拘无束的性格。

文中的周世宗指后周世宗柴荣，是后周太祖郭威的内侄和养子，后周显德元年（954 年），周太祖驾崩，晋王荣按遗命在柩前即皇帝位。

（左）宋太祖登基

960 年正月初四，掌握后周禁军的归德节度使、殿前都点检赵匡胤发动“陈桥兵变”，夺取了后周政权，建立了宋王朝。赵匡胤生长于残酷血腥的五代乱世，却开创了一个宽松的政治环境，营造了一个有利于文人文化蓬勃发展的氛围。他全部政策的着力点，实现了乱世思维向治世思维的转化。同时，他主持下的统一战争，既顺应了历史潮流，也为宋王朝的执政合法性加上了砝码。

（右）战太行

赵匡胤登上皇位后，昭义节度使李筠进兵反抗，讨伐檄文历数赵匡胤不忠之罪。赵匡胤又羞又气，下诏亲征。遣石守信等将分道出击，先截住李筠退入太行山的道路，再将李筠困于泽州，李筠蹈火自焚。

【原文】

尔谓为天子容易耶？早作乘快误决一事，故不乐耳。

——《宋史·本纪·太祖》

【译解】

你们说做天子很容易吗？我很早起来赶快做事，却作了一个错误的决定，所以不快乐。

有一日，宋太祖罢朝，坐在便殿，久久都郁郁不乐。伺奉他的人问这是何故，他于是回答了这段话。说明了他做事谨慎，善于自责。

【原文】

朕推赤心于人腹中，宁肯尔耶？

——《宋史·本纪·太祖》

【译解】

我对你推心置腹，怎么肯做这种事呢？

南汉刘鋹做国君时，喜欢用鸩酒毒臣下。他归顺宋朝后，宋太祖赐他一杯酒喝，他端着这酒，哭泣着不肯饮。于是，宋太祖说了这句话，把酒接过来饮下去，又倒酒赐给刘鋹。表明他的耿直和善于标榜自己。

以佐予治（宋真宗　赵恒）

【原文】

霾曀颇甚，卿等思阙政，以佐予治。

——《宋史·本纪·真宗》

错用三人导致盛唐衰败

在安史之乱中，唐玄宗向自己的手下承认自己错用了三个人，他们分别是宰相李林甫、杨国忠，将领安禄山。首先是李林甫，在他的时代，能臣、直臣、良吏、廉吏在朝中无立足之地，而小人、奸人、贪官、酷吏得势、猖狂于一时。其次是杨国忠，杨国忠在出任宰相期间将选拔、任用官吏的那套制度、程序都打乱，另外他还撇开各有关衙门，让他的手下人在他的私宅密定名单，导致很多不合格的人都被选上。最后是胡人安禄山，他重金收买朝廷派到河北的使者，每次使者回京城，都赞誉安禄山。同时，他又不断地向京城运送奇禽、异兽、珍宝、牛羊等，贿赂朝廷重臣，于是满朝大臣都说他忠心耿耿，而玄宗也就此非常地信任他。当时天下人都知道安禄山要反，只有唐玄宗认为谁都可能造反，只有安禄山不会。

明末农民起义

崇祯皇帝继位伊始，明朝就陷入了轰轰烈烈的农民起义之中。在他继位的当年，也就是1627年，陕北白水县农民王二率领数百农民杀死知县张斗耀，揭开了明末农民战争的序幕。1628年，王嘉胤、王大梁、高迎祥和王左卦等纷纷起兵响应起义军，而消灭明朝的李自成以及在四川建立大夏政权的张献忠也在1630年左右加入了起义军。1635年，明朝派洪承畴出陕西，朱大典出山东，两面夹攻起义军，使得起义军大败。经过这次失败之后，各路起义军于当年会师河南荥阳，共商对敌之策。李自成在大会上提出了联合作战、分兵出击的方案，得到广泛的支持。李自成所领导的起义军英勇善战，南征北讨，声威大震，使腐朽的明朝统治阶级闻风丧胆。他们每到一处，都是砸官府，开粮仓，对官僚、地主坚决镇压，把粮食和财物分给劳动人民。因此，李自成很受群众欢迎。当时在民间广泛流传这样的歌谣："盼闯王，迎闯王，闯王来了不纳粮。"

【译解】

云雾烟尘遮蔽天空，你们要思考我治理的过失，以便辅佐我治理天下。

咸平四年（1001年）三月丁丑日，大雪弥漫，真宗说了这句话。与其他帝王一样，他把异常的天气看作是上天的告诫，表明他很注重自己的政治得失。

文中的霾曀指蔽天的灰尘或云翳。阙政，指有缺陷或弊病的政治措施。

何以拜为（元太祖　铁木真）

【原文】

我谓中原皇帝是天上人做，此等庸懦亦为之耶，何以拜为！

——《元史·本纪·太祖》

【译解】

我认为中原的皇帝应该是天上人做的，像这样的平庸懦夫也能做皇帝呀，凭什么要跪拜他呢？

最初，铁木真要向金主完颜璟进贡。卫王完颜允济代表金主到净州接受贡物。铁木真对允济不按礼节下拜。允济很生气，回到金国准备请求金主派兵攻打铁木真。正好这时完颜璟死了，由完颜允济即位。完颜允济于是传诏书给铁木真，要他跪拜接受诏书。铁木真便问金国使者道："谁是新的君主？"金使答道："是卫王。"铁木真听后马上向南唾了一口痰说了这段话。这表明了他对金主的不屑，以及准备替代金主的志向。

【原文】

我向欲汝主授我河朔地，令汝主为河南王，彼此罢兵，汝主不从。今木华黎已尽取之，乃始来请耶？……念汝远来，河朔既为我有，关西数城未下者，其割付我。令汝主为河南王。勿复违也。

——《元史·本纪·太祖》

【译解】

我以前想要你们君主割让黄河以北地区给我，让你们君主做河南王，我们双方就停止战争，你们君主不听从。现在木华黎已基本夺取了黄河以北地区，你们这才来请求呀？（金国使者仲端乞求太祖哀怜，太祖又说）不过我念你远来，黄河以北地区大部分已经归我所有了，还有关西几座城市没有攻下，你们就把这些城割付给我。我让你们君主做河南王，这次不要再违背我了。

铁木真1206年即位以后，就开始向金国发动进攻，到十七年（1222年），金国黄河以北广大地区都被他占领。这年秋天，金派遣使者乌古孙仲端来求和。铁木真在回鹘国接见了他，对他说这段话，表现了他咄咄逼人的态度和藐视一切的性格。

文中的河朔泛指黄河以北的地方。木华黎是铁木真手下大将，1217年铁木真封他为太师、国王、都行省承制行事，让他带领一万三千名蒙古兵和八万契丹、女真兵攻打中原。关西指函谷关以西地区。

分赉尝有圣训（元成宗　铁穆耳）

【原文】

世祖以分赉之难，尝有圣训，阿难答亦知之矣。若言贫乏，岂独汝耶？去岁赐钞二十万锭，又给以粮，今与，则诸王以为不均；不与，则汝言人多饥死。其给粮万石，择贫者赈之。

——《元史·本纪·成宗》

建国斡难河

13世纪的蒙古高原，部落林立，征战不休，部落结构经常被打破，从而使跨部落的军事联盟成为必然趋势。1206年春，铁木真完成了历时十八年的统一战争，在斡难河源头被各部推举为全蒙古的大汗，尊号成吉思汗，创立蒙古汗国。从此，成吉思汗的旗帜——九尾白旄纛，成为所有蒙古人的旗帜。

【译解】

世祖因为赏赐的难处，曾经有圣训，这个阿难答也知道。如果说贫乏，难道只有你们吗？去年已经赐钞二十万锭，又给了粮食，现在再给你们，那么诸王就认为不公平；不给，你们又说很多人都饿死。那么就给粮食一万石，选择那些贫穷的人进行赈济。

元贞二年（1296 年）五月，安西王派使者来朝廷说他们财用贫乏，于是元成宗说了这段话。他不因为诸侯王有困难就滥给财物，表明了他处理事情考虑非常周到。

父老善自爱（明太祖　朱元璋）

【原文】

吾去乡十有余年，艰难百战，乃得归省坟墓，与父老子弟复相见。今苦不得久留欢聚为乐。父老幸教子弟孝弟力田，毋远贾，滨淮郡县尚苦寇掠，父老善自爱。

——《明史·本纪·太祖》

【译解】

我离开家乡十多年，经历了无数艰难困苦之战，才得以回来祭扫祖墓，和家乡的父老和子弟重见。现在只恨不能长久留下与大家享受欢聚的快乐。希望父老要教育子弟，能够孝敬父母尊敬兄长，努力耕作，不要远离家乡去做生意，靠近淮河的各郡县还在遭受流寇劫掠的痛苦，父老们要照顾好自己。

至正二十六年（1366 年）四月甲子，朱元璋回到濠州省墓，置守冢二十家，赐故人汪文、刘英粟帛。置酒召父老饮，极欢，于是感慨地说了这段话。表达了他对乡亲们的情意和关心。

文中的孝弟即孝悌，孝指孝顺、服从父母；悌指敬重、顺从兄弟。

瑞应依德而至（明成祖　朱棣）

【原文】

瑞应依德而至，驺虞若果为祥，在朕更当修省。

——《明史·本纪·成祖》

毡帐顶陶车

这辆陶车是元朝典型的毡帐式车型。以游牧为生的北方民族，过着逐水草而居的流动生活，车帐、毡庐就是他们游动的居所。即使定居之后，毡庐仍是他们偏爱的传统居所。

明成祖

明成祖朱棣（1360—1424年），明朝第三代皇帝，继位后提出“为治之道在宽猛适中”的原则，对内疏通大运河，宣扬儒家思想，组织学者编撰百科全书——《永乐大典》；对外则北击蒙古残部，以招抚为主要手段管辖东北少数民族，并先后遣郑和下西洋七次，沟通了中国同东南亚和印度河沿岸国家，为当时政治、经济、军事、文化等方面的发展奠定了思想和组织基础。

【译解】

吉祥的征兆应该是依德行而到来，驺虞如果真是祥瑞，对于我来说应该更加注重修身反省。

永乐二年（1404年）九月丙午，周王橚来朝，献驺虞，百官请贺，明成祖讲了这段话。表明他的谦恭和谨慎。

文中的驺虞是传说中的义兽名。《诗·召南·驺虞》：“彼茁者葭，壹发五豝，于嗟乎驺虞。” 毛传：“驺虞，义兽也。白虎，黑文，不食生物，有至信之德则应之。”

明思宗

明思宗朱由检（1611—1644 年），明朝末代皇帝。在位共十七年（1627—1644 年）。即位后，虽勤于政务，事必躬亲，但皇室官僚广占民田，赋役繁重，使得农民军日益强盛，并最终爆发了李自成农民大起义。1644 年李自成攻克北京，朱由检在景山自缢。年号崇祯。庙号思宗，后改为毅宗，唐王谥为威宗。清改为庄烈愍皇帝。庙号怀宗。葬北京昌平思陵。

国君死社稷（明思宗　朱由检）

【原文】

国君死社稷，朕将焉往。

——《明史·本纪·庄烈帝》

【译解】

国君要为国家而死，我将前往哪里呢？

崇祯十七年（1644年），在李自成领导的农民起义军的打击下，明王朝已经接近瓦解。三月辛卯，李建泰疏请南迁。壬辰，他召廷臣于平台，出示了建泰的奏疏，说了这句话。表明了他准备为国而死的决心。

【原文】

朕凉德藐躬，上干天咎，然皆诸臣误朕。朕死无面目见祖宗，自去冠冕，以发覆面。任贼分裂，无伤百姓一人。

——《明史·本纪·庄烈帝》

【译解】

我寡德谦恭，触犯了上天，上天降下了灾祸，然而这都是群臣贻误了我。我死后无颜去见祖宗。因而我脱去皇冠，用头发盖脸。任凭盗贼分裂我吧，只希望不要伤害一个百姓。

崇祯十七年（1644年）三月己巳日，李自成率领军队进攻北京，守卫首都的明军迅速崩溃，丙午日下午，李自成攻陷外城。这天晚上周皇后死。翌日清晨，李自成攻陷内城。崇祯皇帝在景山自缢而死。这段话是他临死前写在自己衣襟上的。

敬天勤民（清世祖　爱新觉罗·福临）

【原文】

致福之道，在敬天勤民，安所事此，其置之。

——《清史稿·本纪·世祖》

【译解】

寻求幸福的途径，在于敬奉上天勤于民事，哪里用得着做这种事呢？还是把它搁置在一边吧。

顺治三年（1646年）七月，江西巡抚李翔凤向世祖进献四十幅《正一真人符》，于是清世祖说了这段话，表明他不信迷信，提倡以实

永乐通宝

据史料记载，明代每位皇帝都曾改铸新钱，图中这枚“永乐通宝”是明成祖朱棣永乐六年（1408年）铸造的。铜色紫红，制作精良，轮廓非常严整，上面刻“永乐通宝”四字。

淮河治水图　清代

善治国者，必重水利。淮河历来在北方的水运中起着重要作用，且由于黄河、淮河、运河在淮安交汇，因而淮河又成为北方一大水患。为保障漕运、剪除水患，清政府立国之初，就十分重视对淮河的治理。图中所绘，即是清顺治时治理淮河的场面。

际行动为民谋福。

登进贤良（清圣祖　爱新觉罗·玄烨）

【原文】

自逆贼倡乱，莠民响应，师旅疲于征调，闾阎敝于转输。加以水旱频仍，灾异叠见。此皆朕躬不德所致。赖宗社之灵，削平庶孽。方当登进贤良，与民休息，而乃侈然自足，为无谓之润色，能勿恧乎！其勿行。

——《清史稿·本纪·圣祖》

【译解】

自从逆贼发动叛乱，乱民响应，军队因征伐调动而疲惫，民间因转输物质而困乏。加上水灾旱灾频繁发生，奇异的自然现象屡次出现。这些都是因为我的德行不厚所致。依赖宗庙社稷的神灵，削平了众多叛逆作乱的人。现在应当进擢贤良，让百姓得到休息，如果骄纵自大只求满足自己，做些毫无意义的夸饰，能够不感到惭愧吗？一定不要这样做。

康熙二十年（1681年），吴三桂叛乱被平定。十二月，大臣们请求上尊号，这是清圣祖因此下的诏令。他拒绝了尊号，表现了他的自知之明和谦恭的态度。

文中的逆贼指吴三桂。倡乱指吴三桂发动的叛乱。莠民指坏人、乱民。闾阎，本指里巷内外的门，后多借指里巷，也泛指民间。恧（nǜ），指惭愧。

以奉上之心抚百姓（清世宗　爱新觉罗·胤禛）

【原文】

跸路所经，虽有微尘何碍。地方官当以牧养生民为重。若移奉上之心以抚百姓，岂不善乎？

——《清史稿·本纪·世宗》

【译解】

帝王车驾行经之路，即使有些微尘又有什么妨碍呢？地方官应当以治理统治百姓为重。假若把侍奉上面的心思用来安抚百姓，这不是很好吗？

雍正十一年（1733 年）正月丁未，清世宗去谒陵。二月壬子，看见沿道安设水缸，蓄水洒道，于是他告诉了地方官这段话。表明他不看重形式，教喻官员不要一心奉上，要真心为百姓，这在封建帝王中是难能可贵的。

文中的跸路指帝王车驾行经之路。牧养指治理、统治。

垂帘听政不得已

（慈禧太后　叶赫那拉氏）

【原文】

垂帘非所乐为，惟以时事多艰，王大臣等不能无所禀承，是以姑允所请。俟皇帝典学有成，即行归政。

——《清史稿·列传·后妃》

【译解】

垂帘听政不是我们乐意做的事，只是因为现在世事艰难，王大臣做事不能没有禀承之命，所以姑且应允了董元醇等的请求。等到皇帝学习有成之后，立即把政权归还皇帝。

咸丰十一年（1861 年）清文宗病死，清穆宗即位。慈禧对文宗遗命辅政的怡亲王载垣、郑亲王端华、协办大学士尚书肃顺等“赞襄政务王大臣”的专权不满。这时御史董元醇请求两位太后暂且掌管朝政。在恭亲王奕䜣的支持下，慈禧将载垣等赐死。十一月初一，两宫皇太后开始垂帘听政。这是当时慈禧代表两位皇后下的教谕，她阐述了

顺治皇后像

皇后佟佳氏，初入宫为妃，十五岁生康熙帝玄烨，是顺治皇帝的第三位皇后。顺治帝死后，八岁的玄烨因已出过天花而被选为继承人，佟佳氏被尊为皇太后，当时只有二十二岁。两年去世，谥号：孝康慈和庄懿荣惠温穆端清崇天育圣章皇后，简称为孝康章皇后。

史书对崇祯的记载

在清朝人所编纂的《明史》中，人们仍然认为崇祯是一个兢兢业业，勤勉勤俭的皇帝。《明史·本记第二十四》中说：“然在位十有七年，不迩声色，忧劝惕励，殚心治理。”他在位十七年，多次降下《罪己诏》，想以此来安抚民心，《罪己诏》中的用语都表达着强烈的自责。据《明季北略》卷十三中记载了这样一道《罪己诏》，下这道《罪己诏》的原因是因为在崇祯十年闰四月，天下大旱，崇祯向苍天祈雨多日而不得，于是下诏，他说：“……张官设吏，原为治国安民。今出仕专为身谋，居官有同贸易。催钱粮先比火耗，完正额又欲羡余。甚至已经蠲免，亦悖旨私征；才议缮修，乘机自润。或召买不给价值，或驿路诡名轿抬。或差派则卖富殊贫，或理谳则以直为枉。阿堵违心，则敲朴任意。囊橐既富，则好慝可容。抚按之荐劾失真，要津之毁誉倒置。又如勋戚不知厌足，纵贪横了京畿。乡宦灭弃防维，肆侵凌于闾里。纳无赖为爪牙，受奸民之投献。不肖官吏，畏势而曲承。积恶衙蠹，生端而勾引。嗟此小民，谁能安枕！”

垂帘听政的缘由是迫不得已，表示待皇帝长大后将会归政。

文中的垂帘听政指女后辅幼主临朝听政，因为不便抛头露面，于是在女后前面以帘子隔开。王大臣，指文宗逝世时，遗命指定载垣等为“赞襄政务王大臣”。典学，称皇子或帝王致力于学。

【原文】

封疆大吏，当勤求闾阎疾苦，加意抚恤，清讼狱，勤缉捕。办赈积谷，饬有司实力奉行，并当整饬营伍，修明武备，选任贤能牧令，与民休息。

——《清史稿·列传·后妃》

【译解】

各地掌管军政大权的官吏，应当不辞辛劳地到民间去询问疾苦，加强安抚救济；清查案件，抓紧缉捕盗贼。办理好赈济和蓄积粮食的工作，命令专管官吏认真努力执行；同时应当整饬军队，整治好装备，选拔贤能的人任州县长官，让百姓得到休息。

同治十三年（1874 年）十二月，清德宗光绪立。两宫太后继续垂帘听政，这是对封疆大吏的告谕。慈禧对大臣们提出了严格的要求，从体察民情、加强武备、选拔官员等方面进行了告诫，说明她们在听政时的小心谨慎。

文中的封疆大吏在清代指总督、巡抚等总揽一省或数省的军政大权的官员，类似古代分封疆土的诸侯，故称。闾阎，泛指民间。饬，命令，告诫。牧令，牧指州官，令指县官。

【原文】

垂帘听政，本万不得已之举。深宫远鉴前代流弊，特饬及时归政。归政后，惟醇亲王单衔具奏，暂须径达。醇亲王密陈：“初裁大政，军国重事，定省可以禀承。”并非著为典常，使训政永无底止。

——《清史稿·列传·后妃》

（左）慈禧太后

慈禧（叶赫那拉·杏贞）太后（1835—1908 年），又称“西太后”、“那拉太后”、“老佛爷”，1852 年，被咸丰皇帝选入宫，封兰贵人，1857 年封为贵妃。穆宗立，尊为圣母皇太后，尊号为慈禧。死后清朝上谥号为“孝钦慈禧端佑康颐昭豫庄诚寿恭钦献崇熙配天兴圣显皇后”，总共二十五字，为有史以来皇太后身后哀荣之最。慈禧是清朝政府腐败、软弱、无能、残暴的代表，她以垂帘听政、训政的名义统治中国长达四十七年之久。

慈禧太后陵的龙凤阶石

龙、凤是中国古代帝、后的象征。一般帝后陵前的龙凤阶图案均是龙上凤下，以此说明帝尊后卑。慈禧太后将自己陵前的龙凤阶石雕成凤上龙下，意在表明她的权力凌驾于皇帝之上。

崇祯的用人得失

崇祯是一个倍受争议的皇帝，他提拔了大批的忠臣良将，组建了一个完备且非常有效率的政治军事框架。腐败无能的南明王朝之所以能够迅速建立政权，拥有百万大军，并能存活到康熙朝，这些与崇祯有着密切关系。而在另一方面，他从继位到自杀，一共换了五十个大学士，这一数目等于宋太祖到宋哲宗初期的所有宰相的总和。在那些受他提拔而得到重用的人中，温体仁、周延儒二人被列入了《明史·奸臣传》，而整部《明史·奸臣传》中的奸臣也不过十人而已。除此之外，他还换了十一个刑部尚书，十四个兵部尚书，诛杀总督七人，杀死巡抚十一人、逼死一人，在这些被他杀死的人中，总督袁崇焕无疑是最为有名的。总的来说，他是一个能够知人善任的皇帝，但他的成长经历却造就了他多疑的性格。

【译解】

垂帘听政，本是万不得已的举措。我远远借鉴了前代的流弊，特此饬令归政给皇帝。归政以后，只有醇亲王独自署名的奏章暂时须要直接送达给我。醇亲王曾经秘密陈述："皇帝刚刚开始裁决国家的大事，涉及到军国的重大事务，在早晚来向太后问安时可以听从太后的旨意。"但是这并非是用文字确定的常法，使我训政永不停止。

光绪十五年（1889年）清德宗结婚，标志已经成年。二月己卯，太后归政给德宗。这时御史屠仁守上疏，请求太后仍然要披览章奏，事情经太后裁决后再执行。慈禧太后下了这道旨进行驳斥，并削去了屠仁守的官职，表示归政的决心。但是，我们从慈禧保留的醇亲王可以单独上奏的权力，可以看出慈禧的归政仍然是口是心非的。

文中的深宫本是指宫禁之中，帝王居住处，这里代指太后。单衔，单独具衔或独自署名。定省即晨昏定省，指朝夕服侍慰问双亲。训政，指皇帝退位为太上皇，嗣皇帝仍须禀承训示处理大政，清代指皇太后垂帘听政。

大驾卤薄图（局部）　清代

卤薄即古代帝王外出时扈从的仪仗队。封演在《封氏闻见记》中记载："舆驾行幸，羽仪导从谓之卤薄，自秦汉以来使有其名。"自汉以后，后、妃、太子、王公、大臣皆有卤薄，各有定制，并非为天子所专用。图绘光绪帝大婚时太和殿前的卤薄。

君臣

孔子提出的“君君臣臣父父子子”是儒家“三纲五常”的核心，处理好君臣关系是治理好国家的重要保证。古代帝王对待这个问题常常体现在“纳谏”和“进谏”上。作为帝王，他们表示要有宽阔的胸怀，海量的气度，能容忍臣子的忠言，哪怕逆耳，也要听得进去；作为臣子，帝王要求他们要敢于进谏，即使受到帝王的呵斥，甚至威吓，也要坚持尽忠。当然，这是理想的君臣关系，虽然理想和现实有差距，但是帝王们的话语却表现出对此的期望。

朝夕纳诲（武丁）

【原文】

朝夕纳诲，以辅台德。若金，用汝作砺；若济巨川，用汝作舟楫；若岁大旱，用汝作霖雨。启乃心；沃朕心，若药弗瞑眩，厥疾弗瘳；若跣弗视地，厥足用伤。惟暨乃僚，罔不同心，以匡乃辟。俾率先王，迪我高后，以康兆民。呜呼，钦予时命，其惟有终。

——《尚书·说命上》

【译解】

你早晚都要进谏，以辅佐我修养品德。我若是铁器，就用你做磨刀石；我若是要渡过江河，就用你做舟和楫；我若是遇上旱灾的年景，就用你做甘雨。开启你的心来浇灌我的心田吧，如果吃了药不会感到头晕目眩，病痛就不会治好；如果光着脚走路目不看地，光足就会受伤。希望你和部属们，一定要同心协力，以纠正我的过错，使我能够追随先王，跟在伟大的成汤

麟趾贻休图　焦秉贞　清代

在历代后宫中涌现出了不少有良好德行的皇后，她们不仅管理后宫大小事物，还辅佐自己的丈夫成为明君。太姒，周文王妻，武王母。《诗·大雅·思齐》：“大姒嗣徽音，则百斯男。”《史记·管蔡世家》：“武王同母兄弟十人，母曰太姒，文王正妃也。”此图根据诗歌《国风·周南·麟之趾》：“麟之趾，振振公子，于嗟麟兮。麟之定，振振公姓，于嗟麟兮。麟之，振振公族，于嗟麟兮。”所绘，借此赞许西周武王之母太姒的贤德。

武丁

武丁，商代第二十三位国王，盘庚的侄子，在位五十九年（前1250—前1191年），商王小乙之子。少年时曾遵父命行役于外，与平民一同劳作，得以了解民众疾苦和稼穑艰辛。继位后勤于政事，任用傅说、甘盘、祖己等贤能之人辅政，使商朝政治、经济、军事、文化得到空前发展。此后，商王朝达到鼎盛时期，史称“武丁中兴”。

后面，来使亿万民众安康。啊，谨慎地接受我的命令吧，并一定要一直执行到最终。

这是武丁任命傅说为相时所说的话。他通过各种比喻，希望傅说发挥作用，纠正他的错误，辅佐他振兴商朝。

文中的纳诲指进谏。台，指我。霖雨，指连续下了三天以上的雨。辟，指君王。

【原文】

尔惟训于朕志，若作酒醴，尔惟麹糵；若作和羹，尔惟盐梅。尔交脩予，罔予弃，予惟克迈乃训。

——《尚书·说命下》

说复于王图

殷代传至武丁，已历二十二帝。其间自成汤居亳，至盘庚迁殷，为了生存，四次迁都，直到武丁任傅说为相，君臣二人作了一次推心置腹的对谈，记为《说命》三篇。对谈中，表现了武丁对傅说的恭谨、期望和信任。武丁与傅说励精图治，使殷商中兴，其版图西达秦陇、东至海滨、北起燕山、南越江汉。

【译解】

你一定要教训开导我，帮助使我树立远大的志向，如果我做甜酒，你就要做麴和糵；如果我做羹汤，你就要做盐和青梅；你一定要从各个方面使我培育品德，不要嫌弃我，我也定能遵循你的教诲。

这也选自武丁在任命傅说为相时所言。他非常诚恳地向傅说求教，并以甜酒和麴糵，羹汤和盐、青梅作比，说明他们相互间的合作关系。

文中的酒醴，指酒和醴，亦泛指各种酒。

民养其劝弗救劭（周成王　姬诵）

【原文】

若昔朕其逝，朕言艰日思。若考作室，既底法，厥子乃弗肯堂，矧肯构？厥父菑，厥子乃弗肯播，矧肯获？厥考翼其肯曰：予有后弗弃基。肆予曷敢不越卬敉宁王大命？若兄考，乃有友伐厥子，民养其劝弗救劭。

——《尚书·大诰》

【译解】

就像昔日武王讨伐商纣王，我也将前往，我说说在这艰难日子中的所思。好比父亲建筑房屋，建筑方案确定之后，其儿子却不肯打地基，何况建筑呢？父亲开垦了田地，其儿子却不愿播种，何况收获呢？父亲希望儿子愿意继续自己的事业，于是道："我有后代，不会抛弃我的事业。"所以我怎敢不亲手完成文王的伟大使命呢？又好似兄长死，却有人攻击兄之子，民众养的官员难道不去拯救吗？

这段话选自周成王将命周公征讨武庚、管叔、蔡叔时的告谕。周成王借从前武王讨伐商纣王的正义性来为自己的讨伐行动张本，又用了几个比喻，告诫邦君和群臣应该努方完成周文王留下的事业。

文中的若昔即好像过去。艰日思，艰难日子的思考。卬，意为定。敉，终，完成。民养，指诸侯即各级民众的长官。

武丁的开疆扩土

武丁既是商朝的中兴名君，还是一名极具军事才能的统帅。当时商王朝势力范围大致西达今陕西西部，北至河北北部，与游牧民活动地域接壤。当时的社会正处于"强则分种为酋豪，弱则为人附落，更相抄暴，以力为雄"的军事民主制时代。因生产生活方式不同，商人常将他们视为异族，统称为羌、戎，将其大量掳掠作为奴隶和人祭的牺牲。而经济相对发达、富裕的商王朝也成为崇尚武力的游牧民侵暴的目标。其中，"强种"如土方、羌方等，有时单独行动，有时结成联盟或互相配合，经常突入商王朝边鄙或属国，掳掠人口、庄稼、牲畜，袭击奴隶劳营，造成奴隶逃亡，对商王朝构成很大威胁。为消除边患，武丁集中力量连续多年对西北用兵，以倾国之师征讨。通过对西北"多方"的进攻，商朝基本上解除了游牧部落的威胁。除了攻打北方的游牧部落之外，武丁还对南方荆楚地区发动了进攻，商军在武丁的指挥下，突破了荆山(今湖北荆山)的险阻，占领了夔国、雩方等国，还击败了当时雄霸荆楚的虎方，抓获众多俘虏，消除了南方威胁。经过这一系列的战争，各族之间的融合更加紧密，同时，商王朝的统治地位也更加巩固。

后德惟臣（周穆王　姬满）

【原文】

仆臣正，厥后克正，仆臣谀，厥后自圣。后德惟臣，不德惟臣。

——《尚书·冏命》

【译解】

仆人和臣子正直，君主也就正直，仆人和臣子阿谀奉承，君主就会把自己当做圣哲。君主有德是由于臣子有德，君主无德是由于臣子无道德。

这是周穆王任命伯冏为太仆正时所言。他认为臣子正直君王就正直，指出了天子的道德与臣仆道德之间的关系。

文中的自圣，即自己以为是圣哲。

简恤尔都（周平王　姬宜臼）

【原文】

父往哉！柔远能迩，惠康小民，无荒宁。简恤尔都，用成尔显德。

——《尚书·文侯之命》

王命文侯图

晋文侯姬仇（？—前746），西周春秋晋国国君。晋文侯十年（公元前771年），周幽王被犬戎所杀，姬仇与诸侯拥立周平王有功，故《国语·郑语》评价为“晋文侯于是乎定天子”。《春秋左氏传》隐公六年也言：“周桓公言于王曰，我周之东迁，晋郑焉依。”而《尚书·周书·文侯之命》即是周平王褒奖晋文侯时所作。

【译解】

伯父回到本国去吧！对边远的臣子进行安抚，对近处的的臣子表示亲善，对百姓表示仁爱使他们安定，不要荒废政事去贪图安逸。专心致志安定你的晋国，以成就你光明的美德。

这是周平王表彰晋文侯功绩、赐他车马弓矢时所言。他勉励晋文侯安抚臣子、安定百姓，告诫不要荒废了政事。

文中的父是周天子称晋文侯，年轻的天子对同姓诸侯中的尊长可称为父，有时也称伯父。能，指亲善。宁，指贪图安逸的生活。简，指专心致志。

祸自怨起福繇德兴（汉文帝　刘恒）

【原文】

古之治天下，朝有进善之旌，诽谤之木，所以通治道而来谏者,. 今法有诽谤妖言之罪，是使众臣不敢尽情，而上无由闻过失也。将何以来远方之贤良？其除之。民或祝诅上以相约结而后相谩，吏以为大

周平王

周平王（约前781—前720年），西周幽王之子。姬姓，名宜臼。是中国东周第一代王，公元前770到前720年在位。公元前771年，周幽王被犬戎杀死，都城镐京（今陕西西安西南）经犬戎侵袭，残破不堪。太子宜臼受到申、许、鲁等诸侯拥戴，在申（今河南南阳北）即位，是为平王。为避犬戎，平王把都城从镐京东迁至洛邑（今河南省洛阳），史称东周。

羽人像　西汉

商朝，巫师施展神通以求得到“上帝”的指示；周朝，统治者更多地将国之大小事问诸祖先；至于秦汉，方士们的努力则是要与神仙同乐，显示了对人的地位和生命价值的肯定。图为西汉时期的羽人，身披羽毛，背有羽翼，头部两只大耳，高高竖立过头顶，是汉代仙人之生动写照。汉诗《长歌行》《论衡》都对羽人的形象作过描绘。

逆，其有他言，而吏又以为诽谤。此细民之愚无知抵死，朕甚不取。自今以来，有犯此者勿听治。

——《史记·孝文本纪》

【译解】

古代治理天下，朝廷设有进善言的旌旗，立有讽谏朝政的木牌，用来开通治道招徕进谏之人。现在法律有讥讽朝政与妖言惑众之罪，这就使群臣不敢尽情进谏，主上也不能听到自己的过失，这怎能招徕远方的贤良呢？要废除这些罪名。有百姓暗中诅咒皇上并约定保守秘密，又互相欺骗揭发，官吏认为这样大逆不道。如果再说别的话，官吏又认为是诽谤朝廷。这都因百姓愚昧而犯下死罪，我不赞成这种做法。今后，有犯了这条法的，不再治罪。

这是在文帝三年（前 177 年）汉文帝所言。他提倡广开言路，广纳贤才，以利治理天下。并且要求废除诽谤的罪名，不要再对此治罪。

文中的进善之旌、诽谤之木来源于帝尧，他曾在路上树立旗帜和木牌，让百姓在旗下提意见，在牌上写谏言。祝诅是祈求鬼神降祸给那些自己想加害的人。相谩指互相欺骗向官府告发。细民泛指百姓。

【原文】

盖闻天道祸自怨起而福繇德兴。百官之非，宜由朕躬。今秘祝之官移过于下，以彰吾之不德，朕甚不取。其除之。

——《史记·孝文本纪》

【译解】

我听说天道是祸自怨起，福由德兴。百官的过失，应该由我一人来承担。现在秘祝之官把过失推给下面的臣子，这样更彰显了我的不贤德，我很不赞成这样做。要废除这种做法。

这是在文帝十三年（前 167 年）汉文帝所言。他从祸自怨起、福由德兴方面来提倡德行，并主动为百官承担过失的责任。

文中的秘祝之官指代司祈祝之官。秦代开始设立，汉初承袭，至文帝时始废。

汉宣帝

汉宣帝刘询（前91—前49年），本名刘病已，字次卿，即位后改名询，西汉第十位皇帝，前73年至前49年在位。刘病已是中国历史上唯一一位在即位前受过牢狱之苦的皇帝，他少年时流落民间，察知民间疾苦，所以即位之后，能躬行节俭，多次下令节省开支，为政励精图治，史称“中兴”。

上下和洽，海内康平（汉宣帝　刘询）

【原文】

盖闻上古之治，君臣同心，举措曲直，各得其所。是以上下和洽，海内康平，其德弗可及已。朕既不明，数申诏公卿大夫务行宽大，顺民所疾苦，将欲配三王之隆，明先帝之德也。今吏或以不禁奸邪为宽大，纵释有罪为不苛，或以酷恶为贤，皆失其中。奉诏宣化如此，岂不谬哉！方今天下少事，徭役省减，兵革不动，而民多贫，盗贼不止，其咎安在？上计簿，具文而已，务为欺谩，以避其课。三公不以为意，朕将何任？诸请诏省卒徒自给者皆止。御史察计簿，疑非实者，按之，使真伪毋相乱。

——《汉书·宣帝纪》

【译解】

我闻知上古的治国之道，是君臣同心，各种举措得当。因而上下和睦融洽，海内康乐平安，那时的德政是比不上啊。我很不明达，多次发布诏书要公卿大夫实行宽大政策，把民间的疾苦理顺当，这是想和三王的德政相媲美，发扬光大先帝的德政。可是现在有的官吏把不查禁奸邪作为宽大，纵容释放有罪的人作为不苛刻，有的管理者甚至把酷恶之徒当作贤者，这些都有失偏颇。官员如果如此理解奉诏向百姓宣传，这岂不是很荒谬吗？现在天下少事，徭役减少了许多，又无战事，可是民众多贫困，盗贼不能禁止，原因何在呢？有的官员只是在年底上报所在地区的户籍、税赋、人事等，大多名不副实，在欺骗上级，以逃避对他的考核。三公们没有把这事放在心上，我又将依靠谁去考查呢？过去有的规定可以使奉命外出的官员获得额外收益，现在停止执行。御史要负责审查上报的材料，对于有疑问和不确实的，一定要查实，不能真假不辨，是非不分。

这段话选自汉宣帝黄龙元年（前49年）二月宣帝所下的诏书。反映了他对于宽大政策的态度，批评了一些官员借行宽大之名不理政事的做法，命令御史严格考察官员的行为。

文中的三王指夏、商、周三代之君，即夏禹、商汤、周武王。三公，从武帝时起，把丞相、御史大夫和太尉称为三公。

周平王迁都的其他原因

根据《史记》记载，平王迁都的主要原因是镐京被犬戎破坏，王室为躲避犬戎而迁都。但除此之外，另一个原因就是申侯和犬戎在杀死周幽王后，国内出现了两个政权，一个是携王政权，一个是平王政权，一时间周朝出现了“二王并立”的情况。“周二王并立”之初，大多数诸侯如晋、芮、魏、虞、鲁、卫及西方的嬴秦等都站在虢公翰所立的携王一方，以与平王政权相对抗。但是到了“周二王并立”后期，形势发生了剧变，周平王为获得诸侯的支持打败携王政权，在政治上做出了重大让步，即承认秦、晋、郑等诸侯在犬戎入侵期间因趁火打劫而得到的周王室土地，并给予了让秦、郑两国渴望已久的诸侯头衔，于是，以晋文侯为首的诸侯竟杀废携王，转而拥立平王，原来依附申诸并拥戴周平王的西戎犬狄却因为没有得到任何的好处而掉转矛头，与周平王为敌。尽管得到了诸侯们的支持，但周平王仍然感到自己的王位很不稳，由于镐京邻近西戎犬狄和正在崛起的秦国，而支持周王室的晋、郑、卫等又都在洛邑附近，所以不如迁往东都安全。

务以职尽规谏（魏文帝　曹丕）

【原文】

轩辕有明台之议，放勋有衢室之问，皆所以广询于下也。百官有司，其务以职尽规谏，将率陈军法，朝士明

制度；牧守申政事，缙绅考六艺，吾将兼览焉。

——《三国志·魏书·文帝纪》

抬榇出降

公元316年冬，晋愍帝司马邺乘羊车，衔玉璧，带着棺木，出长安东门，向匈奴汉国中山王刘曜出降。晋君的荒淫好色，颓废虚无，骨肉相残，搜刮民财，只重门第不重才能和品德，导致西晋从司马炎称帝到司马邺投降，仅经历了短短的五十二年。

【译解】

轩辕黄帝筑有明台让大臣发表议论，尧帝在通衢大道筑有听取意见的房屋，目的都是为了广泛征询下面人的意见。百官和各专门的官吏，你们一定要按照自己的职责尽力劝诫，将领们都要陈述兵法，朝廷的官吏要明白各项制度，地方的州牧太守等要申述国家的政事，士大夫们要思考探究《诗》《书》《易》《礼》《乐》《春秋》六种经书的要旨，我将从各个方面来考察。

延康元年（220年）曹丕继承曹操成为魏王和汉丞相后，七月发布了此项命令。表达了他希望广泛听取下属的意见、开拓进取、建功立业的想法。

文中轩辕指黄帝轩辕氏，明台传说是黄帝听政的地方。放勋，即尧，他曾在大街上修筑专门的房屋，以听民言。将率，将领。

【原文】

灾异之作，以谴元首，而归过股肱，岂禹、汤罪己之义乎？其令百官各虔厥职，后有天业之眚，勿复劾三公。

——《三国志·魏书·文帝纪》

【译解】

发生灾异，应该谴责元首，如果把过错归给臣子，难道符合夏禹王、商汤王将罪责归于自己的本意吗？我今令百官都要恪守自己的职责，以后再有天地之灾，不要再弹劾三公。

黄初二年（221年）六月戊辰日发生了日食，有官员上奏要罢免太尉，于是魏文帝说了这段话。表现了魏文帝宽大的胸怀，不归咎于下，自己敢于承担责任的作风。

文中的股肱比喻大臣。眚（shěng）指灾异。

思与万国，共享休祚（晋武帝　司马炎）

【原文】

昔朕皇祖宣王，圣哲钦明，诞应期运，熙帝之载，肇启洪基。伯考景王，履道宣猷，缉熙诸夏。至于皇考文王，睿哲光远，允协灵祇，应天顺时，受

社会生活图卷
敦煌壁画　南北朝

在佛教传入中国的过程中，敦煌壁画全面而真实地记录了这一世界性宗教与中国传统文化相融合的历史。那时的画工们，在临摹佛教图本的同时，不断加入自身的理解和想象，时代的生活和审美情趣自然或不自然地渗透其中，使外来的宗教中国化、世俗化。图中的壁画，是一幅完整的社会生活图卷，人物和僧侣有机地结合在一起，反映出当时的社会风尚。

兹明命。仁济于宇宙，功格于上下。肆魏氏弘鉴于古训，仪刑于唐虞，畴咨群后，爰辑大命于朕身。予一人畏天之命，用不敢违。惟朕寡德，负荷洪烈，托于王公之上，以君临四海，惴惴惟惧，罔知所济。惟尔股肱爪牙之佐，文武不贰之臣，乃祖乃父，实左右我先王，光隆我大业。思与万国，共享休祚。

——《晋书·帝纪·武帝》

【译解】

我的先王宣王圣哲英名，顺应天命，在清明和乐之时，开创奠基了伟业。伯父景王，践行正道遍行众人。我的父亲文王，睿智圣哲，广和神灵，顺应天时，接受了这天命。仁爱充满天地，功德布及上下。于是魏氏借鉴古训，仿效唐虞，咨询了诸王后，集大命在我身上。我敬畏天命，不敢违抗。只是我的德行不厚，肩负大业，依托在王公之上，凭借君王的身份俯临四海，心里惴惴不安，不知如何济涉。你们这些手足大将，忠诚的文臣，你们的祖辈父辈，都是我先王的左右，兴盛了我的大业。我们也将兴盛万国，一起享受福泽。

这是泰始元年（265年）冬十二月丙寅日，晋武帝在南郊设坛，率领百官及匈奴南单于四夷数万人祭祀时所言。晋武帝在此拉拢人心，希望大家真心辅佐自己成就大业，以共享福泽。

文中的猷，是计谋、打算、谋划的意思。灵祇，神明、神灵。股肱爪牙之佐，股，指大腿；肱，指手臂从肘到腕的部分，比喻辅佐帝王的重臣，也比喻十分亲近且办事得力的人。爪牙，也是肱骨之义。

晋武帝《省启贴》

晋武帝司马炎擅长书法，其书疏宕秀逸，清新洒丽。〔宋〕陈思《书小史》载："帝善行草书。"宋《宣和书谱》中说："武帝喜作字，于草书犹工，落笔雄健，挟英爽之气。"

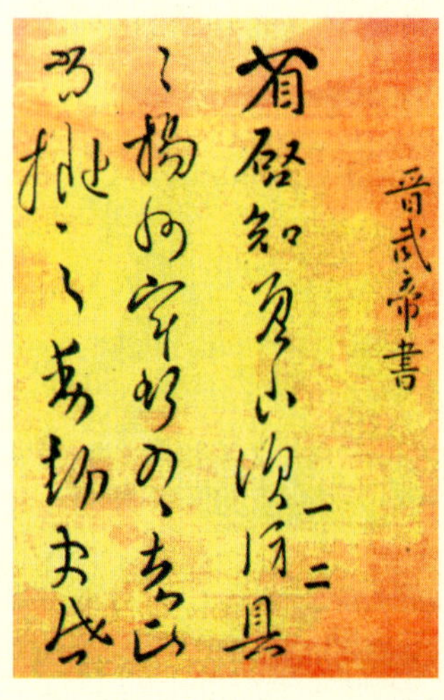

【原文】

凡关言人主，人臣所至难，而苦不能听纳，自古忠臣直士之所慷慨也。每陈事出付主者，多从深刻，乃云恩贷当由主上，是何言乎？其详评议。

——《晋书·帝纪·武帝》

【译解】

凡是涉及到君王的事，是臣子们最感到为难的了，而苦于君王不能听取采纳谏言，这是自古以来忠臣正直的臣子所感慨的事。每次陈述事情给君王，都是深思熟虑了的，却说恩准宽免应当由君王决定，这是什么话呢？希望你们详细评议。

泰始二年（266年）九月，散骑常侍皇甫陶、傅玄兼任谏官，上书晋武帝陈述谏言，主管奏请废除他们的官职，于是晋武帝说了这段话。表明了他体恤臣子进谏的难处、希望能够听到真言的心情。

文中的慷慨是感慨的意思。

【原文】

谠言謇谔，所望于左右也。人主常以阿媚为患，岂以争臣为损哉！徽越职妄奏，岂朕之意。

——《晋书·帝纪·武帝》

【译解】

说正直的话做正直的人，我希望左右的臣子都能做到这样。人主常常认为阿谀谄媚是祸患，难道能够把正直谏诤的臣子认为是损害吗？郑徽超越自己的职位

重装甲马作战图　壁画　魏晋

骑兵在魏晋南北朝时期的发展锐不可当，在战场已经成为主力兵种。“铁骑”更成为骑兵中的主力部队，其特点是骑士和战马都身披甲胄，保护严密，故又称“重装骑兵”，其发明者便是前燕名将慕容恪。铁骑兵以严密的防护、快速的进攻来增强冲击力，横扫了中国整个北方大陆。此后这种战术绵延流传了一千年，并成为每次胡人入侵中原的利器。

妄奏，这哪里是我的心意？

泰始八年（272 年）二月，晋武帝与右将军皇甫陶谈议国家大事，皇甫陶和皇帝争论起来，散骑常侍郑徽上表请求治皇甫陶的罪，于是晋武帝就回答了这段话。可以看出武帝广开言路，非常注重听取意见。

文中的谠言指正直的话。謇谔，正直。争臣，指能够直言谏诤的大臣。

餐直言，引亮正（晋明帝　司马绍）

【原文】

餐直言，引亮正，想群贤达吾此怀矣。予违汝弼，尧、舜之相君臣也。吾虽虚暗，庶不距逆耳之谈。稷、契之任，君居之矣。望共勖之。

——《晋书·帝纪·明帝》

【译解】

接纳直言，举用诚信正直的人，希望群臣辅佐我实现这一愿望。我有过失你们就帮助我改正，这是尧舜时的君臣相处之道。我虽然浅薄不聪慧，但是也不希望拒绝逆耳的忠言。稷和契的重任，由你们承担。希望你们共同努力。

这是晋明帝太宁三年（325 年）四月所下的诏书。他勉励群臣直言进谏，为了社稷的重任，帮助自己治理好国家。

文中的餐是接纳之意。稷契，稷和契的并称，他们都是唐虞时代的贤臣。

慎终追旧心之隆（宋武帝　刘裕）

【原文】

夫铭功纪劳，有国之要典，慎终追旧，在心之所隆。自大业创基，十有七载，世路迍邅，戎车岁动，自东徂西，靡有宁日。实赖将帅竭心，文武尽效；宁内拓外，迄用有成。威灵远著，寇逆消荡，遂当揖让之礼，猥飨天人之祚。念功简劳，无忘鉴寐，凡厥诚勤，宜同国庆。其酬赏复除之科，以时论举。战亡之身，厚加复赠。

——《宋书·本纪·武帝》

【译解】

铭刻功勋记录劳绩，是建立

屯垦　壁画　魏晋

这是对三国时期流行的军屯制度的反映。画面上方为列队行进的士兵，下方为正在犁地的耕者。这一时期，屯田制开始推广实行，士兵战时打仗，平时耕种，百姓亦有参加屯田，在保证了战斗力的同时不误农时，确保了经济的发展。

晋明帝

晋明帝司马绍（301—325年），字道畿，是东晋的第二代皇帝，晋元帝之子。322年，晋元帝司马睿死后，明帝即位。司马绍曾经微服乘马密探王敦营垒，并于太宁二年（324年）平定王敦的叛乱，停止对于王敦党羽的追究，为安定皇帝的权威全力重用王导，并且与世族保持和谐的关系，成功对“王敦之乱”做出善后。325年，司马绍病死，年仅二十七岁，葬于武平陵。

魏文帝的政绩

虽然魏文帝在四十岁时就死了，但他的政绩仍然非常突出。他重视文教，在建安二十六年他下令，凡人口达十万的郡国每年察举孝廉一人。同年他又命人重修孔庙，封孔子后人为宗圣侯。黄初五年，他下令恢复太学，设立春秋谷梁博士。他还命人修复洛阳，营建五都。面对吴蜀的进攻，以及当时中原地广民稀的问题，他采取战略防守，恢复生产，与民休息，与此同时，他继续发展屯田制，施行谷帛易市，稳定社会秩序，魏国国库也因此得到了充实，并基本上解决了因战争所造成的通货膨胀问题。为了进一步巩固中央集权，强化中书省的职能，发展校事官制度，他还限制并削夺了外戚及藩王的权利，建立防辅制度。在吏治上，他采纳陈群的建议，创立了拉拢士族的“九品中正制”。在最初，这一制度是致力于解决朝廷选官和乡里清议的统一问题，是对汉代选官传统的延续，也是对曹操用人政策的继承。但到魏晋之交，因大小中正官均被各个州郡的“著姓士族”所垄断，他们在评定品级时，偏袒士族人物，九品的划分，已经背离了“不计门第”的原则。

国家的主要法典，慎重办理丧事追怀故人，是心中非常隆重的事情。自从创立了大业奠下了基础，已有十七年了，世事艰难，战事不断，从东到西，没有安宁的日子。确实靠将帅们竭尽心力，文武官员尽力效忠，安宁内部开拓境外，到如今才有所成就。威风远闻，敌寇消灭荡尽，我于是承受了禅让的礼仪，享受了天人的福祚。思念功勋平定劳苦，日夜不忘，凡是忠诚辛苦的人，都应该共同享受国家的庆典。那赏赐和免除的条令，要及时议论提出。对于战亡的人，要丰厚地加以追赠。

永初元年（420 年）六月丁卯，宋武帝在南郊设立祭坛，登上了皇帝位，仪式完后，他就发了这道诏书，以缅怀厚赏为国立功的人。这段话反映了宋武帝以大封功臣的手段来稳定政权的策略。

文中的迍邅指艰辛难以行走。揖让之礼，指恭帝把皇位让给宋武帝时的禅让之礼。鉴寐，指假寐，不脱衣冠而睡。鉴，通“监”。

百司各献谠言（宋文帝　刘义隆）

【原文】

朕恭承洪业，临飨四海，风化未弘，治道多昧，求之人事，鉴寐惟忧。加顷阴违序，旱疫成患，仰惟灾戒，责深在予。思所以侧身克念，议狱详刑，上答天谴，下恤民瘼。群后百司，其各献谠言，指陈得失，勿有所讳。

——《宋书·本纪·文帝》

【译解】

我恭敬地继承大业，君临四海，可是风俗教化还没有弘扬，治理之道还充满迷茫，探求人间的事，忧虑得不能入睡。加上最近以来阴阳无序，旱灾、疾病相继成患，仰思祸患的教训，我要承担很大的责任。想到用戒慎忧思和专心致志的态度，评议狱讼和慎刑的做法，对上以回答天的谴责，对下体恤民众的痛苦。各诸侯和官员，应该各自献上直言，指出得失，不要有所忌讳。

这是宋文帝在元嘉五年（428 年）正月颁发的诏书。表达了他继承皇位后的责任和忧虑，以及号召诸侯百官进言以治理好国家的决心。

文中的飨，本来指用酒食招待客人，泛指请人受用，这里是掌管享用天下之意。昧，本来指糊涂、头脑不清，隐藏这里指模糊迷茫。民瘼，百姓的痛苦。

岂朕寡德，所能独断（梁武帝　萧衍）

【原文】

经国有体，必询诸朝，所以尚书置令、仆、丞、郎。旦旦上朝，以议时事，前共筹怀，然后奏闻。顷者不尔，每有疑事，倚立求决。古人有云，主非尧舜，何得发言便是。是故放勋之圣，犹咨四岳，重华之睿，亦待多士。岂朕寡德，所能独断。自今尚书中有疑事，前于朝堂参议，然后启闻，不得习常。其军机要切，前须谘审，自依旧典。

——《梁书·本纪·武帝》

【译解】

治理国家有一定的法式，一定要向朝廷里的官员征询，所以在尚书省设置令、仆、丞、郎。天天上朝廷，以商议有关事务，然后上奏。近来却不是这样，每当有疑难的事，站立等主上决断。古人道，不是每个君王都是尧舜，为何讲话都是对的呢？因此像放勋那样圣明，仍然要向四岳征询；以尧舜那样的明智，也需要依靠士人。这岂是我这样微薄道德的人所能够独断的呢？从今以后，尚书省有疑问事，先在朝堂上召集大家商议，然后再奏启，不得再像以前那样。至于军机要务，以前是必须征询确切，现在自然还是照旧法办理。

梁武帝在大同六年（540年）八月大赦天下，然后发了此诏。说明他要学习古代圣明君王，发动朝廷大臣们积极参与商议政事，改变君王一人做出决断的现象。

隋唐十八路好汉前图
年画　清代后期

“当今之世，君择臣，臣亦择君。”这是隋末唐初这个英雄辈出时代的发展趋势，君臣之间形成了一个双向选择的微妙关系，演绎出一幕幕绚丽的故事。隋末唐初的十八条好汉包括李元霸、宇文成都、裴元庆、雄阔海、伍云召、伍天赐、罗成、杨林、魏文通、单雄信、秦琼、程咬金、尉迟恭等人。

隋文帝

隋文帝杨坚（541—604年），隋朝开国皇帝，谥号文帝，庙号高祖，在位二十四年。581年，杨坚以“受禅”为名，废北周静帝而自立，改年号为“开皇”，建立了“隋朝”。589年，隋朝统一了全国，结束了自东汉末年以来近四百年的分裂割据状态，实现了自秦汉以来的又一次统一，使北方民族大融合，南方经济发展。又创立三省六部、科举等重要制度，再加上大运河的开凿，使隋代有“国计之富者莫如隋”的美誉，为我国封建社会隋唐盛世的出现奠定了基础。

文中的体指法式、规矩。尚书指尚书省，官署名，南朝宋始置，魏晋至宋的中央最高政府机构之一，东汉有尚书台 ，后称尚书省，令、仆、丞、郎是尚书省下的属官。放勋，中国古代传说的圣王，姓尹祁，号放勋。因封于唐，故称“唐尧”。重华，舜帝。

开直言之路（隋文帝 杨坚）

【原文】

朕君临区宇，于兹九载，开直言之路，披不讳之心，形于颜色，劳于兴寝。自顷逞艺论功，昌言乃众，推诚切谏，其事甚疏。公卿士庶，非所望，各启至诚，匡兹不逮。见善必进，有才必举，无或噤默，退有后言。

——《隋书·帝纪·高祖》

【译解】

我统治天下，至今已有九年。开启直言的道路，说话不应有所顾忌，我这想法已经显露在我的脸上，坐卧都很辛苦。自前不久表现才艺研讨学问、畅所欲言的人才多起来，但是表达诚意直言进谏，这样的事还是很少。各位官员士人百姓，凡是不希望见到的，各自要开启至诚心，匡正不足的地方。看见有德行的一定要进荐，有才能的一定要推举，不要当面有顾忌而不做声，退朝之后又议论。

这段话选自隋文帝在开皇九年（589 年）四月发的诏令。隋文帝坦陈心言，希望官员百姓直言进谏，举荐贤才，为治理国家尽力。

文中的逞艺指炫耀艺术、研讨学问。昌言，放言，没有顾忌地说话。噤默，闭口不言。

【原文】

日往月来，唯天所以运序；山镇川流，唯地所以宣气。运序则寒暑无差，宣气则云雨有作，故能成天地之大德，育万物而为功。况一人君于四海，睹物欲运，独见致治，不藉群才，未之有也。

——《隋书·帝纪·高祖》

【译解】

日往月来，是上天在运行时序；山岳镇峙河流，是大地在宣发生气。时序运行寒暑就无差错，宣发生气就会生成云雨，所以才能成就天地的大德，养育万物而生成功劳。何况一人君临四海，睹万物想要运

宣华夫人事父子

宣华夫人是陈宣帝之女。陈为隋所灭后，陈氏被选为隋文帝的嫔妃，得封宣华夫人。隋文帝病重时，太子杨广意图在宫中奸污陈氏。杨广继位后，派人送数枚同心结给宣华夫人，从此陈氏又开始侍奉文帝之子炀帝。

化，单独到达大治，不依靠众多的人才，是从未有过的。

这是隋文帝在仁寿四年（604年）七月所发的诏令。他以天地山河的运行为喻，说明了人才对于君王治理天下的重要作用。

人君受谏则圣（唐太宗　李世民）

【原文】

朕历观前代，谗佞之徒，皆国蠹贼，巧令朋比，暗君庸君，莫不迷惑，忠诚孝子，泣血衔冤。故丛兰欲茂，秋风败之；王者欲明，谗人蔽之。

——《唐太宗集·谕侍臣绝谗构论》

【译解】

我历观前代历史，那些进谗言奸巧谄谀的人，都是祸害国家的蠹贼。他们巧言令色结为朋党，昏庸的君主，无不被他们迷惑，使得忠臣孝子，泣血饱含冤屈。因此丛兰要想生长茂盛，而秋风要使它衰败；君王要想明察，进谗言的人却要蒙蔽他。

《谕侍臣绝谗构论》是唐太宗贞观初年（627年）所作。这段话表明了他吸取历史教训，贬黜奸佞之人，决心做明辨事理的明君。

文中的蠹贼是危害禾稼的害虫，喻危害国家的奸臣。巧令朋比，指巧言令色，结成私党。

剪须和药　《帝鉴图说》插图　明代

唐朝初年，功臣李勣生了重病，医生说要用胡须做药引。唐太宗立即自剪胡须给他当药引和药。儒家礼仪，身体发肤受之父母，一般人都不会轻易损伤，何况九五天子，亲剪"龙须"为臣子做药引，成为千古美谈。

【原文】

公得其一，未知其二。此人性至察而心不明。夫心暗则照有不通，至察则多疑于物。自以欺孤寡得之，谓群下不可信任，事皆自决，虽劳神苦形，未能尽合于理。朝臣既知上意，亦复不敢直言，宰相已下，承受而已。朕意不然。以天下之广，岂可独断一人之虑？朕方选天下之才，为天下之务，委任责成，各尽其用，庶几于理也。

——《旧唐书·本纪·太宗》

【译解】

公等只知其一，不知其二。这人的性情非常苛察但是心底不明白。心底暗淡察看时就会不周到，苛察至极就会对事物多有怀疑。自己知道是欺负了孤儿寡妇而取得的天下，就不信任下属，凡事都是自己决断，虽然费了心神苦了身体，也没有能做到合乎事理。朝中的大臣已经知道皇上的心意，也就再不敢直言，从宰相以下，只是秉承顺从罢了。我认为不是这样。天下如此广大，怎么能由一人思虑独断呢？我正在选拔天下的人才，处理天下的事物时，各自负责，各尽其用，希望达到治理。

贞观四年（630年）秋七月甲子初一，发生日蚀。唐太宗问房玄龄、萧瑀道："隋文帝是个什么样的皇帝？"房玄龄等回答是"励精之主"，然后他讲了这段话，表明他对独断专行后果的认识，表示要选拔人才来帮助他治理国家。

文中的至察指极分明，过于明察。

【原文】

此木虽曲，得绳则正；为人君虽无道，受谏则圣。

——《唐太宗集·自鉴录》

【译解】

这木虽然是弯曲的，但得到木匠的墨绳加工就变得正直了。做人君的虽然品德不高，但只要能接受大臣们的谏言，就会变得圣明。

这选自《自鉴录》。唐太宗以弯曲的木头经过木匠墨绳就变直的比喻，教育太子若能够虚心纳谏，就能成为明君。

【原文】

夫王者高居深视，亏聪阻明，恐有过而不闻，惧有阙而莫补。所以设鼗树木，思献替之谋；倾耳虚心，伫忠正之说。言之而是，虽在仆隶刍荛，犹不可弃；言之而非，虽在王侯卿相，未必可容。其议可观，不责其辨；其理可用，不责其文。至若折槛坏疏，标之以作戒，引裾却座，显之以自非。故忠者沥其心，智者尽其策。臣无隔情于上，君能遍照于下，昏主则不然。说

望陵毁观　《帝鉴图说》插图　明代

唐贞观十年（636年），皇后长孙氏崩，葬于昭陵，太宗思念皇后，在禁苑中起台观，时常登之以望昭陵，以释其思念之意。大臣魏征认为，太宗之父高祖品行甚高，死后葬于献陵，一直也没有修建这样大的祭奠场所。现今却为皇后修台观，如此厚此薄彼会引来举国非议。因此直言进谏。太宗自知举动差错，遂命拆毁此观，不复再登。直臣魏征劝进善言，太宗即时感悟，改过不吝，真乃盛德事也。

搬殿营居　《帝鉴图说》插图　明代

唐太宗很关心魏征。有次听说魏征的私宅没有厅堂，就停下宫中建殿的工程，将砖石木料用来为魏征修建厅堂。魏征十分感动，上表谢恩。太宗说："我只是为江山社稷考虑而已，你何必多谢呢？"唐太宗与魏征，一个敢于进谏，一个善于纳谏，唐太宗造就了谏官魏征，魏征造就了明君唐太宗。

者拒之以威，劝者穷之以罪。大臣惜禄而莫谏，小臣畏诛而不言。恣暴虐之心，极荒淫之志，其为壅塞，无由自知，以为德超三皇，才过五帝，至于身亡国灭，岂不悲矣！此拒谏之恶也。

——《唐太宗集·纳谏篇》

【译解】

帝王高居君位观照四海，耳被堵塞目被蔽障，恐怕有了过失听不到，担心犯了错误不能弥补，所以设置鼗鼓，树立诽谤之木，想听到进谏的诤言；侧耳去听取意见，等待忠诚正直的话语，即使是奴仆或打柴割草人的话，也不可丢弃。话语不对，即使是王侯卿相，未必能够容纳。意见只要好就行，不求巧妙；道理能用则可，不求有文采。至于折槛坏疏那样的进谏，要标明以用作鉴戒；引裾却座那样的进谏，要宣扬以用作自责。因此，忠诚的人能尽其忠心，聪明的人能尽其谋略。臣对君无隔阂，君对臣能普观遍照。庸君却不如此，用威严来拒绝进谏的人，用罚罪来打击规劝的人。大臣珍惜俸禄不愿进谏，小臣害怕受诛罚不敢进言，这样君主即使放纵暴虐，极尽荒淫，由于已经被壅塞，自己也没有办法知道，还以为自己道德赛过三皇，才能超过五帝，以至于自身被杀、国家灭亡，这岂不感到悲伤吗？这就是拒绝谏言的恶果。

唐太宗在历史上以善于听取进谏而闻名。这段话就阐述了他对于纳谏与国家兴衰的关系，表达了他对虚心纳谏的态度。

文中鼗，即拨浪鼓。献替，即“献可替否”，诤言进谏。折槛，是汉代的典故，汉槐里令朱云朝见成帝时，请赐剑以斩佞臣安昌侯张禹。成帝听了大怒，命将朱云拉下斩首。朱云拉着殿槛，抗声不止，槛因而被折断。在大臣们的劝解下，朱云被皇帝免罪。后修槛时，成帝命保留折槛原貌，以表彰直谏之臣。坏疏，即砸坏窗，这典故说战国时，魏文侯曾道：“我的话，谁也不敢违抗。”当时，旁边的乐师师经认为魏文侯的话与国君的身份不符，便用瑟投魏文侯，却撞坏窗。魏文侯要处治师经，师经辩道：“尧舜之君，恐言而人不违；桀纣之君，唯恐言而人违之。臣撞桀纣，非撞吾君也。”魏文侯听后理解了他的忠言，不仅取消了处罚还保留了被砸坏的窗户，以之警戒。引裾，指三国魏辛毗拉住魏文帝衣襟坚持诤谏的故事，后以“引裾”喻人臣能据理直谏。

八王之乱的始作俑者——晋武帝

八王之乱的根源出现于西晋建国之初，当时的晋武帝认为魏国的短命与没有强力的曹氏同宗藩屏有着密切的关系，于是，他前后总共分封了二十七位同宗为王，并不断扩大诸侯王的权力。在晋武帝死后，由于惠帝的皇后贾氏是野心非常大的人，她在元康元年（291年）与楚王玮合谋，发动禁卫军政变，杀死了掌管朝政的杨骏。可是杨骏死后，政权却落到了汝南王亮和卫瓘手上。于是贾氏又在当年六月，唆使楚王玮杀死汝南王亮，然后反诬楚王玮矫诏擅杀大臣，将玮处死。在杀死司马亮、司马玮、卫瓘之后，贾后终于掌握了政权。赵王司马伦在这个过程中一直充当贾后的亲信，但是在贾后掌权之后，他又联合齐王冏起兵杀贾后，之后又废惠帝自立。此后的中国进入了长达十六年之久的八王混战，最终大权落入司马越之手，八王之乱才得以结束。经过这场混战，汉族社会受到了严重的破坏，北方游牧民族趁虚而入，中国从此也进入了“五胡乱华”的时代。

【原文】

开直言之路，广不讳之门，闻所未闻，日慎一日。

——《唐太宗集·赐孝义高年粟帛诏》

【译解】

打开大臣们直言的道路，扩大他们进言不隐讳的大门，我就能听到从未听过的事和理，就会一天比一天更加谨慎。

在这段话里，唐太宗希望大臣们直言进谏，使自己听到更多的事理。他诚心纳谏，广开言路，以治理好国家。

文中的讳指隐讳。《春秋公羊传》闵公元年："《春秋》为尊者讳，为亲者讳，为贤者讳。"

文官进谒图　壁画　唐代

科举制度、地方州县二级制及三省六部制创于隋，盛于唐，唐承隋制，沿袭不变。州是唐朝一级地方政权，州下设县，置县令一人。县级机构精简，职责明确，负责征收田户赋役及刑法、教育管理，地方的重要政务需逐级上报中央审批，中央法令逐级下达贯彻执行。隋唐社会能够呈现出一片新气象、新秩序，实赖于国家体制的完备。图为唐初的文官进谒图。

【原文】

朕闻尧舜之君，自愚而益智；桀纣之主，独智以添愚。故异顺逆于忠言，则殊荣辱于常道。

——《唐太宗集·求直言手诏》

【译解】

我听说像尧舜那样的君王，自认愚拙反而显得更加智慧；像桀纣那样的君王，认为只有自己才聪明却增添了愚蠢。所以因其对忠言听或不听的态度不同，为君之道所带来的荣誉和耻辱就不一样。

《求直言手诏》是唐太宗在贞观二十年（646年）写的。所选的这段话，表达了他对于忠言的态度，他非常愿意听取忠言，并且很自谦。

文中的桀是夏朝最后一个国王，名履癸。纣是商代最后一位君主，殷帝辛名受，"天下谓之纣"，人称殷纣王。他们都是中国历史上有名的暴虐、荒淫的国君。

夫孝，始于事亲（唐高宗　李治）

【原文】

夫孝，始于事亲，中于事君，终于立身。君子之事上，进思尽忠，退思补过，将顺是美，匡救其恶。

——《旧唐书·本纪·高宗》

【译解】

孝道，最先体现在服侍父母上，中期体现在奉事君主上，最终体现在自

武则天

武则天（624—705年），中国历史上唯一的女皇帝，也是即位年龄最大的皇帝（六十七岁即位），又是寿命最长的皇帝之一（终年八十一岁）。唐高宗时被封为皇后（655—683年），唐中宗时贵为皇太后（683—690年），后自立为武周皇帝（690—705年），705年退位。

身立身和建业上。君子奉事君主，进要考虑为君主尽忠，退要考虑补救君主之过。要顺从君主的美德，匡正君主的恶行。

高宗七岁时学了《孝经》，唐太宗问他道："此书中何言为要？"他就引用了书中这两句话作为回答。表明了他对孝道和忠君的看法。

文中的夫孝四句引自《孝经开宗明义章》。君子五句引自《孝经事君章》。

朕不敢爱身知爱人（武则天　武曌）

【原文】

朕辅先帝逾三十年，忧劳天下。爵位富贵，朕所与也；天下安佚，朕所养也。先帝弃群臣，以社稷为托，朕不敢爱身，而知爱人。今为戎首者皆将相，何见负之遽？且受遗老臣伉扈难制有若裴炎乎？世将种能合亡命若徐敬业乎？宿将善战若程务挺乎？彼皆人豪，不利于朕，朕能戮之。公等才有过彼，蚤为之。不然，谨以事朕，无诒天下笑。

——《新唐书·列传·后妃》

【译解】

我辅佐先帝三十多年，为了天下而担忧辛劳，这些爵位富贵，是我给予你们的；天下的安乐舒适是我培养的。先帝弃群臣而去，把国家托付给我，我不敢珍惜自身，可是知道关爱别人。现在叛乱的首领都是将相，为何要这么迅速地辜负我呢？而且接受遗托的老臣中，有像裴炎这样傲慢难以制服的人吗？将相的子孙中，有像徐敬业这样能够聚合亡命之徒的人吗？在老将中，有像程务挺这样善于战斗的人吗？他们都是超人的豪杰，但他们对我不利时，我就能够杀死他们。你们的才能若有超过他们的，就趁早起来反对我吧！不这样，你们就谨慎服从我，不要在天下遗留下笑话！

这是武则天挫败徐敬业叛乱后在朝廷对群臣的讲话。武则天执政后，一心想建立大周王朝，而李姓竭力反对，斗争非常激烈。这时唐朝功臣原姓徐、后赐姓李的李勣长孙徐敬业趁机起事，他联合括苍令唐之奇、临海丞骆宾王等在扬州起兵，想迎庐陵王即被废弃的唐中宗李显为君。

武则天金简　唐代

武则天作为中国唯一的女皇帝，在执政方面自然有她的独特魄力。武则天提倡科举，能够破格用人。在她统治时期进一步完善、发展了科举制，创立了殿试和武举。她通过科举、自举和别人推荐，选拔了一批杰出的人才，成为武周政权的中流砥柱，如狄仁杰、姚崇、宋璟等，后来成为开元时期的贤相。故北宋史学家司马光认为武则天"挟刑赏之柄以驾驭天下，政由己出，明察善断，故当时英贤亦竟为之用"。

但是徐敬业的兵变三个月就失败，被杀。随后，武则天又杀了裴炎、程务挺。

武则天的这段话是恩威并用，既摆出了自己辅政的功劳及对大臣们的恩典，又宣示了自己的威力，从而镇住百官。这显示了她成熟的政治手腕。

文中的先帝指唐高宗。裴炎是当时的中书令，武承嗣曾请求武则天为武氏建立七庙，裴炎对此表示了反对，徐敬业起兵后，武则天就把裴炎关进监狱处死，又杀了左威卫大将军程务挺。将种，指将门的后代。

蜀路险狭（唐玄宗　李隆基）

【原文】

朕须幸蜀，路险狭，人若多往，恐难供承。今有此綵，卿等即宜分取，各图去就。朕自有子弟中官相随，便与卿等诀别。

——《旧唐书·本纪·玄宗》

【译解】

我必须到蜀郡，那里道路艰险狭窄，如果很多人前往，恐怕难以供养。如今有这些彩色丝绢，你们立即分别取走，各自考虑去处。我自有子弟宦官相随，现在便与诸位诀别。

天宝十五年（756 年）六月马嵬驿事件以后，唐玄宗驾临扶风郡，会益州贡春丝十万匹，玄宗悉命置之于庭，然后诏集诸将说了这段话。话中流露了他无可奈何的痛苦心情。

文中的缲指彩色丝织品。中官指宦官。

人臣死无二（唐肃宗　李亨）

【原文】

人臣之节，有死无二；为国之体，叛而必诛。况乎委质贼廷，宴安逆命，耽受宠禄，淹延岁时，不顾恩义，助其效用，此其可宥，法将何施？达奚珣等或受任台辅，位极人臣；或累叶

迎玄宗图　佚名　绢本设色　唐代

亲贤臣，远小人，则盛；亲小人，远贤臣，则衰。唐玄宗李隆基在执政的前期量才任官，提拔贤能，如姚崇、宋璟、张九龄等做宰相，开创了唐朝的鼎盛时期。但执政后期却贪图享乐，宠信并重用李林甫等奸臣，终于导致安史之乱发生，唐朝由此开始逐渐衰落。图为安史之乱后的至德二年（757 年），唐肃宗从咸阳望贤驿迎接从四川归来的李隆基的情景。

重视教育的宋武帝

宋武帝虽然出生寒门，学识浅薄，但他非常重视教育。永初三年（422 年）正月，他下诏："古之建国，教学为先，弘风训世，莫尚于此；发蒙启滞，咸必由之。故爰自盛王，迄于近代，莫不敦崇学艺，修建庠序。自昔多故，戎马在郊，旌旗卷舒，日不暇给。遂令学校荒废，讲诵蔑闻，军旅日陈，俎豆藏器，训诱之风，将坠于地。后生大惧于墙面，故老窃叹于子衿。此《国风》所以永思，《小雅》所以怀古。今王略远届，华域载清，仰风之士，日月以冀。便宜博延胄子，陶奖童蒙，选备儒官，弘振国学。主者考详旧典，以时施行。"这一政令不仅巩固了宋国的统治，还改善了社会风气。另外，宋武帝还鼓励妇女读书受教育，当时还有不少的妇女也能开课收徒，其中最为有名的是吴郡（即今江苏苏州）韩蔺英，她擅长文辞，宋武帝时曾献《中兴赋》，受赏入宫。宋武帝重视教育的政策对宋文帝有很大的影响，元嘉十九年（442 年），宋文帝正式恢复国子学，下诏书命令广训学子。元嘉二十三年（446 年），宋文帝亲临国子学，策问学子，并对国子学的学子和教授进行了褒奖。

宠荣，姻联戚里；或历践台阁，或职通中外。夫以犬马微贱之畜，犹知恋主；龟蛇蠢动之类，皆能报恩。岂曰人臣，曾无感激？在逆胡作乱，倾覆邦家，凡在黎元，皆含怨愤，杀身殉国者，不可胜数。此等黔首，犹不背国恩。受任于枭獍之间，咨谋于豺虺之辈，静言此情，何可放宥。

——《旧唐书·本纪·肃宗》

傀儡戏画像镜

这是宋代傀儡戏表演的场景。傀儡戏是用木偶表演的戏剧，现在通称木偶戏，有布袋、提线、杖头木偶等形式。傀儡戏是宋代城市中逐渐形成的强大的社会阶层——市民阶层喜爱的表演形式之一。

【译解】

臣子的礼节，是效死无二心；治理国家的根本制度，是叛变的人一定诛杀。何况委质于贼人的朝廷，安心顺从贼人的命令，承受了恩宠与俸禄，时间一长，便不顾恩义，替敌人效命。这种事如果可以宽恕，将怎么施行法律呢？达奚珣等人有的受任宰相，位极人臣；有的几代受到宠荣，与皇亲贵戚联姻；有的历任台阁；有的在朝廷内外都任了职。那些犬马低微的畜生，都还知道迷恋主人；龟蛇等愚蠢的动物，都能报恩，何况人臣，竟然没有感激之情？自从逆胡安禄山作乱，颠覆国家，所有的百姓，没有不含怨抱愤。为国捐躯的人，不可数尽。这等普通百姓，尚且不背国家恩典。而达奚珣他们竟然接受凶恶忘恩之徒的委任，为豺狼毒蛇之辈出谋划策，静想此情，怎么可以宽恕呢？

烧梨联句 《帝鉴图说》插图 明代

唐史载：唐肃宗以宾友之礼待李泌。曾有一个寒冷的夜晚，肃宗坐地炉，自烧两个梨赐予李泌。颖王年幼，要这梨吃，肃宗不肯，说："李先生休粮绝粒，不吃烟火食，所以我才烧梨给他，你何必争。"后来肃宗收复两京，平定安史之乱，李泌谋策甚多，为唐王朝立下汗马功劳。

至德二年（757 年）十二月，史思明把本部八万士兵的登记册和伪河东节度使高秀岩一起奉表送降，肃宗针对他们下了命令，这段话就选自此命令。他从君臣之道痛斥了这些人的行为，表示对他们一定要依法严惩。

文中的贼廷指安禄山建立的燕国朝廷。枭獍，也作"枭镜"，枭为恶鸟，生而食母；獍为恶兽，生而食父，比喻忘恩负义之徒或狠毒的人。虺指毒蛇。

每事十论（唐宪宗　李纯）

【原文】

朕览国书，见文皇帝行事，少有过差，谏臣论诤，往复数四。况朕之寡昧，涉道未明，今后事或未当，卿等每事十论，不可一二而止。

——《旧唐书·本纪·宪宗》

【译解】

我览阅本朝的史书，看见文帝处理事情，很少有差错，谏臣论证进言，要反复数次。何况像我这样薄德愚昧的人，对治理的门道还没有明确，今后如果事情不恰当，你们要每件事议论十次，不可以议论一二次就停止了。

【析解】

这是唐宪宗在元和二年（807 年）十二月下的诏令。他鼓励朝臣们放开心胸议论国事，以减少决策的误差，希望学习唐太宗“兼听则明”。

毋惜直言（宋真宗　赵恒）

【原文】

凡政有阙失，宜相规以道，毋惜直言。

——《宋史·本纪·真宗》

【译解】

凡是政治上有过失，应该用道理来规劝，勿要吝惜你们的直言。

咸平二年（999 年）闰三月，长久不下雨，于是宋真宗就下了这道诏令。他表明了愿意接受大臣们的意见的态度，以及治理好国家的想法。

文中的阙失指过失。

直言朝政阙失（宋哲宗　赵煦）

【原文】

中外臣庶许直言朝政阙失，民间疾苦。

——《宋史·本纪·哲宗》

耕织图　清代

《耕织图》是宋室南迁时所绘，详细地描绘了江南的农事活动，是中国最早的有关农业生产的图像资料。宋代《耕织图》早佚，图为清人所绘。

宋高宗

宋高宗赵构（1107—1187年），南宋第一代皇帝。1127年—1162年在位。年号先后为建炎和绍兴。宋徽宗赵佶第九子，宋钦宗赵桓之弟。宋徽宗宣和三年（1121年）封为康王。靖康二年（1127年）金兵俘徽、钦二宗北去后，于南京应天府（今河南商丘）即位，改元建炎。拒绝主战派抗金主张，南逃至临安（今浙江杭州）定都，建立南宋政权。

【译解】

无论是朝廷内的大臣或朝廷外的庶人，都允许他们直言朝政过失，直言民间的疾苦。

这段话选自宋哲宗在元丰八年（1085年）六月下的诏令。他提倡朝廷内外直言过失，直接说出民间的疾苦，表明了他希望革新执政方法。

曷若同寅协恭（宋高宗　赵构）

【原文】

与其去位，曷若同寅协恭，交修不逮，思所以克厌天心者。

——《宋史·本纪·高宗》

【译解】

与其离开官位，何不齐心协力来做好政事，整修政教方面做得不好之处，思考怎样才能满足上天的心意。

绍兴三年（1133年）七月，大臣吕颐浩因天气旱灾请求罢政，于是宋高宗就赐给吕颐浩这道诏令。这反映了宋高宗注意安抚大臣，激发他们的积极性，以做好工作。

文中的同寅协恭指同僚恭谨事君，共襄政事。克厌天心，指能够满足上天的心意。

见闻封章来上（宋理宗　赵昀）

【原文】

内外文武大小之臣，于国政有所见闻，封章来上，毋或有隐。

——《宋史·本纪·理宗》

【译解】

内外文武大小臣子，对于国家的政事有看法和意见，就以密封奏章呈上，不要有所隐瞒。

这是宋理宗在宝庆元年（1225年）五月所发的诏令。他要广泛发动内外臣子，对国事提出意见，好从中采纳加以实施，表明了他积极进取、治理好国家的愿望。

文中的封章即密封的、大臣给皇帝的上表。

宋武帝的治国理念

刘裕出生寒门，因此他非常关心百姓生活，多次下令减免税役。在吏治上，刘裕于永初二年（421年）三月，规定“荆州府置将不得过二千人，吏不得过一万人；州置将不得过五百人，吏不得过五千人。兵士不在此限”。在法制上，刘裕大力改革东晋以来的酷刑，永初三年（422年）正月，他下诏“刑罚无轻重，悉皆原降”。由于自己的出生以及深知奢侈的危害，因此刘裕非常崇尚节俭，史书称他“清简寡欲，严整有法度，未尝视珠玉舆马之饰，后庭无纨绮丝竹之音”，“财帛皆在外府，内无私藏”。他衣着简朴，常常拖着连齿木屐，在神虎门散步，左右从者不过十余人。就连他的儿子向他请安时，他也不拘于礼，常穿着平常衣服。他的床头上挂着土布做成的帐子，墙壁上挂着布做的灯笼，麻绳做的拂灰扫把。为告诫后人，他命人将年轻时耕田用过的耨耙之类的农具藏入宫中，以使后人知稼穑之艰难。后来的孝武帝刘骏在见到这番情景时说：“田舍公得此，以为过矣。”

【原文】

昨郁攸为灾，延及太室，罪在朕躬，而二三执政，引咎去职。今宗庙崇成，神御妥安，薛极、郑清之、乔行简并复元官。

——《宋史·本纪·理宗》

【译解】

不久前发生火灾，延及太庙，罪过在我，而一些执政大臣却引咎辞职。现在宗庙已经修成，神位已经安排妥当，薛极、郑清之、乔行简都恢复原来的官职。

这是绍定五年（1232年）五月宋理宗发的诏令。他命令恢复了因宗庙失火事情而辞职的官员职务，表明了他主动承当责任、调动大家积极性的想法。

文中的郁攸指火气、火焰。薛极、郑清之、乔行简都是当时的官员。

汝主何负焉（元世祖　忽必烈）

【原文】

朕或乘怒欲有所诛杀，卿等宜迟留一二日，覆奏行之。

——《元史·本纪·世祖》

【译解】

我如果发怒想有所诛杀时，你们应该延迟一二日，详细审查后重新向我奏明，得到明示后再执行刑罚。

紫光阁赐宴图　姚文翰　绢本设色　清代

乾隆二十五年（1760年），紫光阁修缮完成，乾隆下旨将平定准部、回部的一百名功臣画像张悬于四壁。1762年正月，乾隆皇帝在此设庆功宴，西征将士共百余人出席。此幅描绘了当时宴庆的宏大场面。紫光阁始建于明代，至清代成为皇帝阅射和殿试武举之所，乾隆时重修，至今依然保持着当年盛世的形貌。

伎乐纹双人耳玉杯　元代

此杯为白色，局部有红色侵蚀。体为圆形，口微敞，腹部内收，圈足略外撇。双耳为攀杯童子，头高于杯口，双手并拢抓住口沿，身着博衣飘带，足登祥云。腹内壁及底部，有三十二个浮雕成的如意头形朵云，口沿饰圆珠纹一周。腹部有浮雕仕女十人奏乐，仕女有坐有立，博衣束带，手持笙、笛、琵琶等乐器，呈演奏状。此杯装饰华丽，雕琢极为精致，当属元代宫廷用品。

这是元世祖在中统三年（1262 年）十一月对大臣史天泽的一道旨意。他要借助大臣来劝阻自己的冲动行为，表明他力求做到谨慎处理事情。

文中的覆奏指详审事情，重行上奏。

【原文】

借使似道实轻汝曹，特似道一个人之过耳，且汝主何负焉。正如所言，则似道之轻汝也固宜。

——《元史·本纪·世祖》

【译解】

假如贾似道确实轻视了你们，这只是贾似道一个人的过错罢了，你们的君主哪里辜负了你们呢？如果真像你们所说的贾似道轻视了你们，这本来也是应该的了。

至元十三年（1276 年）正月，南宋朝廷投降。二月，元世祖召集宋朝诸将问道："尔等何降之易耶？"宋诸将说："宋有强臣贾似道擅国柄，每优礼文士，而独轻武官。臣等久积不平，心离体解，所以望风而送款也。"世祖就回答了他们这段话，他表明了无论何时，臣子必须忠于君主的态度。

文中的似道指贾似道（1213—1275 年），南宋末权臣，字师宪。台州天台（今属浙江）人。其姐贾贵妃为宋理宗所宠，因此屡蒙超擢，先后为两淮制置大使、加参知政事及知枢密院事等要职。开庆元年（1259 年）蒙古攻鄂州（今湖北武昌），贾似道即军中拜右丞相奉命赴援，擅自遣使诣忽必烈军前请和，许割江为界，岁奉银绢各二十万。宋度宗赵禥即位后，他更加专权，特授平章军国重事。德祐元年（1275 年）他兵败丁家洲（今安徽铜陵东北江中），群臣请诛之，被贬为高州团练副使，循州安置。八月，为监押使臣会稽县尉郑虎臣所杀。

天何不遗一人（清太祖　爱新觉罗·努尔哈赤）

【原文】

天何不遗一人送朕老耶！

——《清史稿·本纪·太祖》

皇帝之宝信牌　清代

清代驿道系统分为三等：一是以北京为中心的“官兵大道”；二是以省城为中心的“大路”；三是通往各市镇的“小路”。在各驿道的重要地点设驿站，以保证朝廷文书按时到达。图为清代皇帝调兵用的满文信牌，持这类信牌者便可使用驿站。

【译解】

上天为何不留一人来给我送老呢！

天命九年（1624年）八月，总兵官、一等大臣何和里死，清太祖闻讯悲痛不已，然后说了这句话。表明了他对何和里的器重。

从宽假以广耳目

（清高宗　爱新觉罗·弘历）

【原文】

与其惩言官而开讳灾之端，宁从宽假以广耳目。

——《清史稿·本纪·高宗》

【译解】

与其惩罚进言的官员而开创忌讳说灾害的先例，宁愿从宽对待进言之事，借以扩大朝廷的耳目。

乾隆六年（1741年）十一月，御史李塬上奏甘肃饥荒的情况，但是与实际情况不相符合，部里提出要革除李塬的职务，这是高宗答复部里的话。表现了他不主张堵塞言路，以便广听意见的想法。

zhu hou

诸侯（皇亲）

最早的诸侯都是皇亲，是帝王的子孙，后来才扩大到了功臣身上。周天子创立了分封制，就产生了诸侯。帝王们对诸侯寄予了厚望，希望他们在天子有难时能够起兵“勤王”。可是历史事实却恰恰与帝王们的愿望相反，灭掉天子最有可能的就是诸侯，连始作俑者的周天子都是被诸侯所灭。于是，诸侯成了后来帝王的一块心病，即使他们发自肺腑的淳淳话语，也不能消除诸侯王觊觎君王之位的野心。

各守尔典，以承天休（汤）

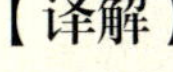

【原文】

凡我造邦，无从匪彝，无即慆淫，各守尔典，以承天休。尔有善，朕弗敢蔽；罪当朕躬，弗敢自赦，惟简在上帝之心。其尔万方有罪，在予一人，无以尔万方，呜呼！尚克时忱，乃亦有终。

——《尚书·汤浩》

【译解】

凡是我建立的诸侯国，对于那些违背常理的法则，可以不遵循。但是不要过分追求享乐，要遵守你们的法典，接受上天赐予你们的幸福。你们有了善行，我不敢掩蔽；我如果有罪，也不敢自己赦免，因为上帝的心里是非常清楚的。如果万国诸侯有罪，罪在我一人，不要你们承担。唉，我希望如此的诚信，有一个好的结局。

这是汤伐桀回亳后，对万方诸侯说的话。他告诫诸侯们要遵守法度，不要过分享乐，并主动承担责任，希望诸侯同心同德，使自己的诚信得到好报。

文中的造指建立，邦指诸侯国。慆

若保赤子图

周成王是周代的第二代王室，他即位的早期由于年龄尚幼，由周公协助其执政，在周公的淳淳教导之下，成年后的成王励精图治、治吏改礼，为此后的“成康盛世”打下了基础。赤子，指的是婴孩，若保赤子是周成王在告诫康叔时所提出的，意思是说要康叔保护平民百姓要像爱护自己的孩子一样。

商王

成汤（？一前1646年）是商朝的第一代君王，亦称大乙、天乙、唐。成汤即位期间在国内布德施惠，轻赋薄敛，以宽治民，使百姓亲附，政令通行。《诗·商颂·殷武》有“自彼氐羌，莫敢不来享，莫敢不来王”这样的记载，间接地反映出商汤统治时期的盛况。

淫，过度地享乐。万方，各个诸侯国。终，美好的结局。

惠不惠，懋不懋（周成王　姬诵）

【原文】

怨不在大，亦不在小；惠不惠，懋不懋。

——周成王《尚书·康诰》

【译解】

民怨不在于大，也不在于小，治理的人要使不顺从的人顺从，使不努力的人努力。

这段话选自周成王分封康叔的诰命。周成王告诫康叔要注意民怨，要认识民怨不在于大小，产生了民怨都是很危险的。要做到让民众顺从，要小心谨慎地治理邦国。

懋，即劝勉，努力。

【原文】

呜呼，封，汝念哉！今民将在祗遹乃文考，绍闻衣德言。往敷求殷先哲王用保乂民。汝丕远惟商耇成人宅心知训。别求闻由古先哲王用康保乂民。宏于天，若德裕乃身，不废在王命。

——《尚书·康诰》

【译解】

啊，封，你一定要好好思考呀！现在民众观察你是否严肃按照你先父文王的教诲，去认真听取殷人的德言。你前往殷地，要广泛寻求殷之英明的先王安定和治理老百姓之法，深入地想想殷商那些有德行的长者是如何揣摩百姓的心理并知道了教导百姓的方法。还要另求殷商先前明君用来安定老百姓的方法。要宏扬天命，传播美德，以此为行动的指南，不要中断王命。

这段话选自周成王分封康叔的诰命。他希望康叔要好好思考，听从先王的教诲，继承先前各朝治民的经验，以宏扬天命，传播美德。

文中的遹是遵循之意。文考，指先父文王。乂，即养。耇成人，指德高望重的老人。裕，指导。

蔡 仲

周武王灭掉商之后，对功臣谋士进行了大规模的分封，其中把叔鲜封于管，叔度封于蔡，他俩与霍叔一起监管殷的遗民，是为“三监”。武王死后，由其子姬诵继位，因成王年幼，由周公摄政。引起了管叔、蔡叔的不满，于是勾结武庚（商纣王之子），联合淮夷和徐戎发动叛乱。周公平定了叛乱，并处死了武庚与管叔，而蔡叔不久也死于居所。而其子胡，谨遵周文王德训，与人为善，不与父亲同流合污，周公听说后便派他到鲁国辅佐自己的儿子伯禽。由于其政绩卓著，周公奏请成王改封胡于蔡，以奉叔度之祀，是为蔡仲。

【原文】

皇天无亲，惟德是辅。民心无常，惟惠之怀。为善不同，同归于治；为恶不同，同归于乱。

——《尚书·蔡仲之命》

【译解】

皇天无非常亲近的人，只是辅佐那些贤德的人。百姓心中无不变的常君，归向

世享殷民

此图源于《尚书·康诰》中的“王若曰：‘往哉！封，勿替敬，典听朕告，汝乃以殷民世享’”这句话，周公对康叔说这句话的含义是告诫康叔只要他不丢开应当遵守的常法，听从他的忠言，就可以永远地统治殷民，世世享国不绝了。

诸侯

古代，人们把中央政权分封的各国国君称为诸侯。周代分公、侯、伯、子、男五等，汉朝分王、侯二等。周制，诸侯名义上须服从王室的政令，向王室朝贡、述职、服役，以及出兵勤王等。汉时诸侯国由皇帝派相或长吏治理，王、侯仅食赋税。

西周时，诸侯有同姓、异姓之别，同姓即姬姓诸侯。诸侯受封时要举行册封仪式，谓之锡命。周天子为受封者颁布册命，宣布疆土范围、土地数量，以及所封给的属臣、奴隶、礼器和仪仗的数量。受封的诸侯必须为周天子承担镇守疆土、出兵勤王、缴纳贡赋、朝觐述职等义务。

汉以后也称分封的诸王和列侯为诸侯。

要囚用劝

治国先治民，周公把殷商遗民迁到成周，亲自监督。周公去世，成王命令他的臣子君陈，代替周公治理成周，管理殷民，并用策书教导君陈，告诫君陈不能倚势作威作福，对待殷民要宽大而有法制。

的是仁爱的君主。为善事的方法不同，但都会共同达到天下大治；为恶事的方法也有不同，但都会共同导致天下大乱。

这段话都是周成王在封蔡叔的儿子蔡仲做蔡国国君时所说。他告诫蔡仲不要有佞臣，要为善，这样才会天下大治。

文中的是，表宾语前置，惟德是辅，只是辅助那些贤德的人。怀，归向。

【原文】

慎厥初，惟厥终，终以不困。不惟厥终，终以困穷。懋乃攸绩，睦乃四邻，以蕃王室，以和兄弟，康济小民。率自中，无作聪明乱旧章。详乃视听，罔以侧言改厥度。

——《尚书·蔡仲之命》

【译解】

慎重于事物的开初，并思考到事物的终结，这么就不会在终结时感到困窘。不思考事物的终结，到时就会陷于困窘。勤勉地进行你的事业，与你的四邻和睦，以此作为周朝王室的屏障，以此来和顺诸侯兄弟，使民众安居乐业。要采用实行中道，不要自作聪明使先王的成法混乱，要详查你所听闻之事，不要因为片面的话而改变法度。

周成王封蔡仲为蔡君，特地讲述了做事要慎始谋终、不偏不倚的中道。并勉励他要勤奋开创事业，与四邻和睦，坚持法度。说明了成王对他的殷切希望。

文中的蕃，即藩，意为屏障，守护。康济，使动用法，康济小民即使小民安康。率，依循。自，用。中，指中道，就是不偏不倚的正道。

周康王

康王乃周代第三代皇帝，他在位期间继续推行周成王的政策，进一步加强了统治，同时，先后平定东夷大反，北征略地，并且西伐鬼方，故成康之际，天下安宁，旧史家夸称当时是“刑错四十余年不用”。周康王死后，他的儿子暇即位，即周昭王。至此，周王室开始衰微。

【原文】

至治馨香，感于神明。黍稷非馨，明德惟馨。尔尚式时周公之猷训，惟日孜孜，无敢逸豫。凡人未见圣，若不克见；既见圣，亦不克由圣，尔其戒哉！

——《尚书·君陈》

【译解】

治理到最高境界，其芬芳就会传得很远，使天上的神明感动。黍稷的香气不会传得很远，只有美德散发的香气才能远远传播。希望效法周公的遗训，每天孜孜不倦地工作，不要有贪恋逸乐之心。所有的常人都未见过圣道，似乎自己是不能见圣道之人；有人见到了圣道之后，可又不能实行圣道，这你一定要警戒啊！

这是周成王任命君陈继任周公职务时说的话。他认为治理到了最高境界上天也会感动，希望君陈继承周公的做法，勤勉工作。

文中的“至治”指治理到达极境。

【原文】

惟圣罔念作狂，惟狂克念作圣。

——《尚书·多方》

【译解】

圣哲的人如果不思考问题，就会变成狂妄无知的人；狂妄无知的人如果能够深入思考问题，也能变成圣哲的人。

周成王说明如果善于思索，圣人与狂人就可以互相转化。希望诸侯们做事要冷静，不要冲动，以免做出危害邦国和百姓的坏事。

彰善瘅恶（周康王 姬钊）

【原文】

旌别淑慝，表厥宅里，彰善瘅恶，树之风声。弗率厥典，殊厥井疆，俾克畏慕。

——《尚书·毕命》

【译解】

你要能够识别善良与邪恶，对善良殷民的住宅区，要立表扬的标志，以显扬善良，斥责邪恶，树立起良好的风尚。对违反教令的殷民的住宅区，要立区别的标志，使他们能感到害怕，敬慕行善之人。

这段话及下面两段话是周康王册命毕公治理成周殷民时所言。周康王要求毕公用树立标志的方法，对殷民表现的好坏进行表扬和批评，以震慑坏人，引导人们行善，这是古代一种很有创意的治理方法。

文中的旌别，即识别。慝（tè），即恶。井是指按照西周的井田制，八家为井，这里引申为乡里家宅。

唐宪宗的“元和中兴”

唐宪宗是个奋发有为的皇帝，他在继位后把“太宗之创业”、“玄宗之致理”，都当作效法的榜样。为了扭转朝廷权力日益衰微，藩镇权力日益膨胀的局面，他提高宰相的权威，平定藩镇的叛乱，致使“中外咸理，纪律再张”，出现了“元和中兴”的盛况。但是，在其他方面，许多问题都没有解决。元和十四年（819年），库部员外郎李渤上疏道：“臣出使经行，历求利病。窃知渭南县长源乡本有四百户，今才一百余户，乡县本有三千户，今才一千户，其他州县大约相似。访寻积弊，始自均摊逃户。凡十家之内，大半逃亡，亦须五家摊税。似投石井中，非到底不止。摊逃之弊，苛虐如斯，此皆聚敛之臣剥下媚上，唯思竭泽，不虑无鱼。”在奏章中，他提到了由于官僚地主的残酷剥削和压迫，导致了广大农民的逃亡，影响生产的发展。所以，他向唐宪宗指明：“夫农者，国之本，本立然后可以议太平。”但这些根本问题，宪宗却没能解决，所谓的“元和中兴”也没有恢复唐朝富强繁荣的局面。

【原文】

道有升降，政由俗革，不臧厥臧，民罔攸劝。惟公懋德，克勤小物，弼亮四世，正色率下，罔不祗师言。嘉绩多于先王，予小子垂拱仰成。

——《尚书·毕命》

【译解】

世道有好坏，政事要依据风俗的变化来改革，如果不褒奖善良的人，就不能劝导百姓为善。您努力修德，忧念勤劳甚至不放过小事，辅佐了四代君王，严肃认真地统率部下。部下无不敬重你的教导。先王都赞扬你的

佳绩，年轻的我只需垂衣拱手仰仗你就能成功。

周康王从为政要注重风俗的变化，从嘉奖善良的人劝导百姓方面，赞扬了毕公忧念勤劳、辅佐四代君王的政绩。

文中的升降即好坏之意。弼亮，即辅佐。四世指周文王、周武王、周成王、周康王，这四代君王时，毕公均为公卿。多，是重视、赞扬的意思。

【原文】

政贵有恒，辞尚体要，不惟好异。商俗靡靡，和中惟贤，余风未殄，公其念哉。

——《尚书·毕命》

【译解】

为政事最可贵的是有常法，说话最崇尚的是体现要点，不要喜好说得奇异。殷商人有相互模仿的风俗，认为花言巧语的人才是贤良的人，这种风气至今未灭，毕公，你可要考虑如何解决这个问题啊！

周康王要毕公考虑怎样革除殷人以巧辩为贤的余风，说明康王已经认识到了这种风气的危害性，如果不革除，就不能选拔出真正的贤人。

文中的靡靡是指互相追随的样子。殄指绝灭。

求其宁息（秦始皇　嬴政）

【原文】

天下共苦战斗不休，以有侯王。赖宗庙，天下初定，又复立国，是树兵也。而求其宁息，岂不难哉？廷尉议是。

——《史记·秦始皇本纪》

【译解】

无休无止的战争，使天下的人都蒙受了痛苦，这就是因为分封了诸侯王。我依仗祖宗佑护，刚使天下平定，如果再建立诸侯国，这是制造战争。要用这样的办法

要囚殷民

殷民指的是殷商的百姓，亦指殷代遗民。《书·微子》中有“今殷民乃攘窃神祇之牺牷牲，用以容，将食无灾”的说法，《吕氏春秋·古乐》中亦有“成王立，殷民反，王命周公践伐之”的记载。为了加强统治，周代的君王对于殷民实行了一系列的政策，其中囚禁商代的遗民就是其中之一。

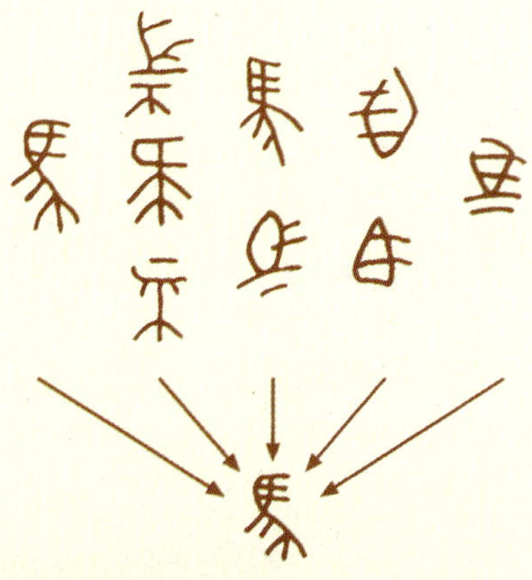

秦统一各国文字

秦始皇扫平六国之后，为了尽快推行国家法令，加强中集权，防止诸侯叛乱，下令废除六国文字，在全国实行“书同文字”。丞相李斯在原秦文的基础之上，对于文字的书写、结构、字形进一步规范化，创立了小篆。

来求得国家安定无事，不是太困难了吗？廷尉的意见正确！

天下初定，关于是否实行西周的分封制立诸侯，丞相绾等与廷尉李斯等进行了激烈的争论，这是秦始皇发表的意见。他支持李斯，不再分封，要实行郡县制。

文中的树兵是制造战争之意。

武士斗兽纹铜镜　秦代

此镜于1975年出土于湖北云梦睡虎地秦墓，该铜镜以双勾连雷纹为底，描绘了正在与两只猎豹搏斗的两名武士，类似于这种斗兽题材的铜镜自战国末以来相当地盛行，这也和当时军事的强大有着直接的关联。

各守其地，以时入贡（汉文帝　刘恒）

【原文】

朕闻古者诸侯建国千余，各守其地，以时人贡，民不劳苦，上下欢欣，靡有遗德。今列侯多居长安，邑远，吏卒给输费苦，而列侯亦无由教驯其民，其令列侯之国。为吏及诏所止者，遣太子。

——《史记·孝文本纪》

【译解】

我听说古代有一千多个诸侯国，他们都各自居住在自己的封地，只在规定的时间入朝进贡，民众不会劳苦，上下都欢欣，也没有出现失德的事。现在列侯大都居住在京城长安，远离封邑，由吏卒运送给养来，花费了很多钱财，吏卒也很辛苦，并且列侯也无机会教训百姓。我命令列侯都回到封国，那些在朝廷做官和诏令留下的人，也要遣送太子回去。

汉初诸侯王长居京师，费用很高，运输不便。这是汉文帝二年（前178年）就此进行整顿时所言，文帝以民为本，革除弊端，减轻了民众的负担。

文中的靡即无。遗德指失德，干了不道德的事。

丝缕玉衣

玉衣是汉代皇帝和诸侯王特有的一种葬服，其目的是追求永生期望下葬以后尸体永保不朽。对于不同身份、地位的人，入葬所着的玉衣的材料也有所不同，汉代的礼制将玉衣分为金缕、银缕、铜缕三种等级。只有皇帝才可以享用金缕玉衣，诸侯王和列侯用银缕玉衣，大贵人、长公主则用铜缕玉衣，不过在混乱的西汉时期诸侯王大多用金缕玉衣，这也是他们无视朝廷、“拟同天子”的史实。该玉衣是南越王所穿着的葬服，长1.73米，由2291片玉片编缀而成。

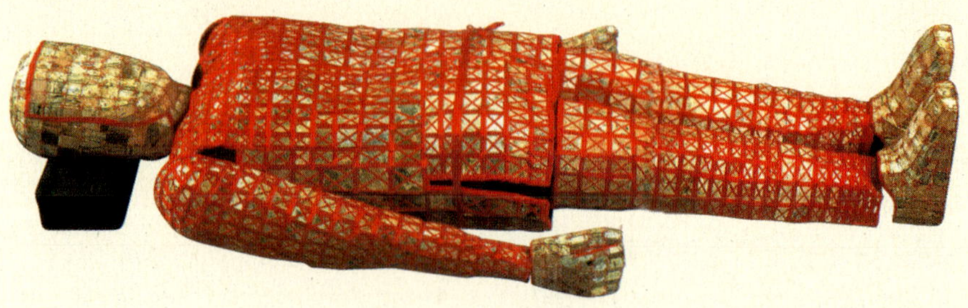

亲九族以和万国（汉宣帝　刘询）

【原文】

盖闻尧亲九族，以和万国。朕蒙遗德，奉承圣业，惟念宗室属未尽而以罪绝，若有贤材，改行劝善，其复属，使得自新。

——《汉书·宣帝纪》

【译解】

我听闻古尧帝亲善各宗族，又能团结各部族使其和睦相处。我承蒙先帝的遗业，想到宗族亲属还有很多人在，有的因为获罪而断绝了与宗室的关系。他们之中，若有贤才，能够改掉恶性而从善的，可以恢复他们的属籍，使他们改过自新。

这段话选自地节元年（前69年）夏六月宣帝所下的诏书。之前，广川王吉有罪，被废迁上庸后自杀。春正月，有星孛于西方。宣帝希望皇族亲善，改过自新，并表示要给他们机会。

元成宗的守成政治

元成宗继位后，尊孔崇儒，以此争取蒙汉儒臣的拥戴，同时依旧沿用忽必烈的政策以色目官员管理财政。在他统治期间，虽然时局比较稳定，但朝廷政治却日益腐败，财政经济的紊乱和钞法的败坏也仍在继续发展。同时，为了争取蒙古贵族的支持，元成宗还滥加赏赐，比如他对三个驸马的赏银就超过十二万两。大量赏赐使朝廷的府库空虚，国用不足，动用钞本，形成通货膨胀，货币贬值，财政愈加困难。而各级官员的腐败也越来越严重，贪污受贿盛行一时，比如右丞相完泽，由于他曾拥立元成宗，因此当他公然接受朱清、张瑄的贿赂时，元成宗竟然不加理会。再比如，有人揭露中书平章赛典赤·伯颜、梁德珪等贪污受贿已经到了人神共愤的程度，这时的元成宗为平息众怒只好将他们罢免，但到了第二年，赛典赤·伯颜、梁德珪等又都相继恢复原职。元成宗在晚年时一直多病，于是朝政由皇后卜鲁罕和赛典赤·伯颜等把持，从此元朝的统治就更加腐败了。

兴灭继绝（晋明帝　司马绍）

【原文】

三恪二王，世代之所重；兴灭继绝，政道之所先。又宗室哲王有功勋于大晋受命之际者，佐命功臣，硕德名贤，三祖所与共维大业，咸开国胙土、誓同山河者，而并废绝，禋祀不传，甚用怀伤。主者其祥议诸应立后者以闻。

——《晋书·帝纪·明帝》

【译解】

封前三个王朝的后人为王侯，这是世世代代都很重视的事情；兴起灭世继承绝世，这是为政首先需要考虑的问题。又宗室明哲之王在大晋受命之时有功勋的人，辅佐大命的功臣，品德高尚的明贤，和三位先皇一起维持大业，都封国赐土、誓和山河共在的人，现在爵位和土地都已经废绝，祭祀也不传，我对此感到很伤怀。主管官员应该详细地商议各个应该立后的人再报告给我。

这是晋明帝在太宁三年（325年）七月所下的诏书。他主张对前朝的后人封侯，说明了他对前朝后人处置的重视，以调动各方面的积极性，来支持他的统治。

贵妃上马图　佚名　绢本设色　宋代

画中唐玄宗骑在马上显得英姿勃勃，他兴趣昂然地回首关注着杨贵妃，对杨贵妃的迷恋之情难以言表。也正是由于唐玄宗的这份迷恋，让他在统治后期，不理朝政，滥用宦官、外戚，最终导致了安史之乱的发生，杨贵妃也因此被赐自缢。

文中的三恪，指周朝新立，封前代三王朝的子孙给以王侯名号称三恪以示敬重，后世帝王亦多承三恪之制。胙土，指帝王将土地赐封功臣宗室，以酬其勋劳。

内修睦亲，以叙九族（唐玄宗　李隆基）

【原文】

朕君临宇内，子育黎元。内修睦亲，以叙九族；外协庶政，以济兆人。勋戚加优厚之恩，兄弟尽友于之至。务崇敦本，克慎明德。今小人作孽，已伏宪章，恐不逞之徒，犹未能息。凡在宗属，用申惩诫：自今已后，诸王、公主、驸马、外戚家，除非至亲以外，不得出入门庭，妄说言语。所以共存至公之道，永协和平之义，克固藩翰，以保厥休。贵戚懿亲，宜书座右。

——《旧唐书·本纪·玄宗》

【译解】

我统治天下，养育百姓。在内修整和睦亲戚，为九族排序；在外协调各种政务，使亿万百姓得到救助。勋戚施加优厚之恩，兄弟尽友情到极至。务必遵从根本，能够做到谨慎明德。现在小人作孽，已经伏法，恐怕不法之徒，还是未能停息。凡是我宗室所属的人，要申明惩诫：从今以后，诸王、公主、驸马、外戚等家，除非至亲以外，不得相互串门，妄自传说流言飞语。目的是共同保存至公之道，永远协调和平之义，以能够巩固藩卫，以保持完美。贵戚至亲，应该书写为座右铭。

这是开元四年（716 年）唐玄宗下的命令。他强调了皇亲宗室要遵守法令，相互间不要传播流言，认识到了约束皇室人员对于国家长治久安的重要性。

文中的庶政指各种政务。藩翰，如篱笆守卫。

李锜日逞淫刑（唐宪宗　李纯）

【原文】

李锜属列宗枝，任居方伯，穷赫奕之贵，饱绸缪之恩。待以亲贤，报之以逆节；授其师旅，用之以乱常。屡献表章，亟请朝会，初则诈疾，后乃纵兵。僚佐以献规受屠，王臣以传命见胁。朕切于含垢，未忍发明，累降中人，令遵前旨。无轺车之戒路，有沴气之滔天。加以日逞淫刑，月兴暴赋。朕为人父母，闻甚恻然，顾惟纪纲，焉敢废坠！李锜在身官爵，并宜削夺。

——《旧唐书·本纪·宪宗》

【译解】

李锜属籍列在宗室，任居方镇的节帅，显赫又高贵，饱受了深重的恩典。我以亲贤对待他，他却以叛逆来回报；授给他军权，他却用来扰乱纲常。多次献上表章，急请前来朝会。开始假装称有病，后来又纵兵作乱。幕僚们规劝他，却被他杀戮，王臣因为传达命令而受到威胁。我一再宽容他，不忍心公布他的罪行，多次派宦官去传令，让他遵守前旨。他却没有走上改正的道路，只有不祥之气弥漫天空。再加上每天使用滥刑，每月都在横征暴敛。我作为百姓的父母，听说后很伤感，想到纪纲怎么敢废坠！李锜身上所有的官爵，全部都要削夺。

元和二年（807 年）十月，唐宪宗以浙西节度使李锜为左仆射；以御史大夫李元素为润州刺史、镇海军、浙西节度使。庚申，李锜据润州反，杀判官王澹、大将赵琦。这时李锜诈请入朝。于是，宪宗就下了这道诏令，决心削弱藩镇，对宗室成员的违法也绝不姑息。

文中的逆节指叛逆的念头或行为。中人，指宦官。轺车，奉使者和朝廷急命宣召者所乘的车。戒路，指登程，出发上路。沴气，灾害不祥之气。

启闭，王事也（宋太祖　赵匡胤）

【原文】

父子固亲，启闭，王事也。

——《宋史·本纪·太祖》

【译解】

父与子固然是亲人，可关门的开与闭，这是国家的公事（亲人也不

宫苑图

此图描绘的是宋代一所供皇室家族居住的府第，在前景中，妇女们正在准备一桌丰盛的宴席，具有斜坡式瓦房屋顶的建筑物被掩饰在丛丛绿荫之中，类似的这种景致在描绘宋代皇室生活的绘画中还有很多，从此图中我们可以得知宋代丰富的皇家生活。

宋太祖

宋太祖赵匡胤（927—976年），“陈桥兵变，黄袍加身”赵匡胤称帝，建立宋朝，定都开封，一举结束五代十国分裂混战的局面，统一了大半个中国。又以杯酒释兵权等策，削夺禁军宿将及藩镇兵权，加强中央集权。在位十六年，庙号太祖。

能破例)。

后周显德三年(956 年),宋太祖赵匡胤跟随周世宗征战淮南,夺取了清流关,由他亲自把守,规定晚上不能开关。他的父亲半夜率兵来到城下,要求开关门,赵匡胤来到关上,对父亲说了这句话,让他父亲第二天早晨再入关。这显示了他秉公办事的原则。

下罪听赎(宋仁宗　赵祯)

【原文】

前代帝王后尝仕本朝,官八品以下,其祖父母、父母、妻子犯流以下罪,听赎;未仕而尝受朝廷赐者,所犯非凶恶,亦听赎。

——《宋史·本纪·仁宗》

【译解】

前代帝王的后代在本朝做官的,官位在八品以下的,他们的祖父母、父母、妻子子女犯了流放以下罪的,听从他们赎罪;没有做官但是曾经受到朝廷赏赐的,所犯的罪行如果不凶恶,也听从他们赎罪。

这是宋仁宗在至和元年(1054 年)八月发的诏令。他采取手段宽恕笼络前朝帝王的后代,以收买人心,减少敌对势力。

得官毋过朝请大夫(宋哲宗　赵煦)

【原文】

娶宗室女得官者,毋过朝请大夫、皇城使。

——《宋史·本纪·哲宗》

【译解】

娶了皇族儿女而做官的人,官位不能超过朝请大夫、皇城使。

这段话选自宋哲宗在元祐六年(1091 年)五月发的诏令。他对与皇族联姻而做官作了限制,表明他不放纵皇亲的想法。

文中的朝请大夫指隋唐时设置的散官。皇城使,始见于唐末,宋太平兴国

喜庆热闹的宋代婚礼

宋代的统治者非常注重家礼对于社会的影响,因此积极制定家礼条文,宣传家礼规范,丧葬、婚嫁都成为重要的改革对象,不过和过去的朝代相当,宋代的丧葬、婚嫁制度也是分等级的。新娘坐花轿是在宋代流行起来的,它取代了原来迎亲所使用的花车,这种迎娶的方式一直影响到近代。此图描绘的就是宋代一个热闹非凡的婚礼场面。

六年（981年）改武德司为皇城司，掌宫门出入、保卫宫廷、宫门启闭等事。

宗亲贫窭非国家睦族

（宋理宗　赵昀）

【原文】

比年宗亲贫窭，或致失所，甚非国家睦族之意。大宗正司、南外西外宗正司，其申严州郡，以时赡给，违者有刑。

——《宋史·本纪·理宗》

【译解】

近年来宗室亲戚贫困，有的还流离失所，这不是国家和睦亲族的本意。大宗正司、南外西外宗正司，应该告诫各个州郡，按时供给皇族所需，违者受刑。

这是宋理宗在端平元年（1234年）四月所发的诏令。他针对皇室亲族贫困的情况，下令各地要给予赡养，说明他很注重团结各皇族，调动其积极性。

文中的贫窭指贫乏、贫穷。大宗正司是宋官署名，景祐三年（1036年）置，掌纠合宗室外族属而训之以德行、道艺，接受其词论而纠正其违失，有罪即先劾奏皇帝，法例不能决断者，即共同上殿取裁，总管宗室服属远近之数及其赏罚规式，长官为知大宗正事与同知大宗正事。

元世祖皇后察必像

察必生性仁明，随事讽谏，多裨时政。世祖在位30年，察必立为皇后，始终勤俭自律，事事用心。据传在其所居王宫丹墀前，她亲手栽种了一株从成吉思汗兴业故地带回的青草，名为“誓俭草”，用以告诫皇宫子孙保持崇俭风尚。史称“其性明敏，达于事机，国家初政，左右匡正，后有力焉”。元至元十八年（1281年）病逝。死后追尊昭睿顺圣皇后。

织金披肩　元代

织金锦本为波斯特产，是以金缕或金箔切成的金丝做纬线织制的锦。元代织金锦发展空前，据《马可·波罗游记》所述，当时元代的蒙古贵族不仅衣着满身红紫细软、组织华丽的纳石失金锦，就连日常生活中的帷幕、被褥、椅垫等都为纳石失所制，无一例外，甚至连军营所用的帐篷也是由这种织金锦制成的，绵延数里，场面十分壮观。图为元代贵族使用的织金披肩，金光闪闪，以此显示他们的财富和地位。

非闻奏不许擅取官物

（元世祖　忽必烈）

【原文】

自今使臣有矫称上命者，有司不得听受。诸王、后妃、公主、驸马非闻奏，不许擅取官物。

——《元史·本纪·世祖》

【译解】

从今天开始使臣有诈称皇上命令的，主管官员不得听从接受。诸王、后妃、公主、驸马没有报告我同意的，不许擅自获取公家财物。

这是元世祖在中统二年（1261 年）八月发的诏令。他严格限制皇亲国戚的行为，指示主管官员不得听从他们的命令，要拿公家财物的需要他亲自批准，表现了他维护国家制度的决心。

文中的矫称指诈称。驸马指皇帝的女婿。

王相府，惟行王傅事（元成宗　铁穆耳）

【原文】

去岁阿难答已尝面陈，朕以世祖定制谕之，今复奏请，岂欲以四川、京兆悉为彼有耶？赋税、军站，皆朝廷所司，今姑从汝请，置王相府，惟行王傅事。

——《元史·本纪·成宗》

【译解】

去年阿难答曾经面陈过，我用世祖定的制度告诉他们。现在又奏请，难道想把四川、京兆全部归他们所有吗？赋税、军站，都是由朝廷所管，今天姑且听从你们的请求，设置王相府，只是行王府属官的事。

元贞二年（1296 年）春正月，安西王傅铁赤和脱铁木等人再次要求设置西相王府，于是元成宗回答了这段话。表明了他既能坚持世祖时候制定的原则，又能灵活运用的政治手腕。

文中的京兆指京师所在地区。王傅指王府的属官。

元人宿营图

忽必烈即汗位后，推行“汉法”，建立中央集权的封建统治体系，同时，也保留了大量的蒙古旧制，主要的有：忽里勒台制度、怯薛制度、帝师制度、札鲁忽赤制度、达鲁花赤制度和投下制度。从图中元人宿营的场景中可见蒙古人原有的生活习性。

吏 治

从古至今，中国都以庞大的官僚机构闻名于世。《礼记》道：“官者，管也。”帝王对于这支协助自己管理国家的队伍一直念念不忘，他们谈到了官吏的设置、配备、选拔、任用、升黜、奖惩、考核、监察、教育、培养、道德、操行、规章、制度等有关官吏管理的诸多方面的内容，可见对此的重视。

诸多话语中，还是有许多珍贵的东西，譬如有的帝王提出对官员举荐失误的要实行“连坐”，这无疑是值得我们借鉴的。

人惟求旧（盘 庚）

【原文】

迟任有言曰：人惟求旧，器非求旧，惟新。

——《尚书·盘庚上》

【译解】

古代贤能的史官迟任有这么一句话：用人，要使用长期做官的人；用器物，就不要使用旧物，要用新的器物。

盘庚从使用器物的习惯来比喻用人，表明他也习惯使用旧臣，只要听他的话，他就不会轻易惩罚臣子，希望大家支持他的行动。

【原文】

无有远迩，用罪伐厥死，用德彰厥善。邦之臧，惟汝众；邦之不臧，惟予一人有佚罚。

——《尚书·盘庚上》

【译解】

不论将来还是现在，都要实行刑罚，对作恶的进行惩治，对为善的进行赏赐表彰。国家治理得好，功劳是你们大家的；国家治理得不好，罪过由我一

敩始在位图

孙家鼎《钦命书经图说》插图　清代

《尚书·盘庚》中有：“盘庚学敩于民”，“敩”即教化之意。盘庚做了君主以后，计划带领臣民渡过黄河迁移，但遭到贵族的反对。盘庚决意迁都，并作书告谕，违者重惩，《尚书·盘庚》就是他在迁殷前后的讲话记录。

盘庚

盘庚，商代第二十位国王，《太平御览》引《史记》称他在位二十八年（前 1300 —前 1277 年）。

在盘庚以前，商王朝政局混乱，统治阶级豪华奢侈，王朝的统治出现了危机。盘庚继位以后，决定把都城从奄（今山东曲阜）迁到殷（今河南安阳），遭到贵族的反对。但是盘庚决意迁都，并作书告谕，违者重惩。于公元前 1298 年迁都以后，执行比较开明的政策，人民安居乐业，文化发展，社会富足繁荣，商王朝从此中兴。故商又可称为殷或殷商。

审训命汝图
孙家鼎《钦命书经图说》插图　清代

周成王将崩，担心太子钊不胜任，于是命召公、毕公率诸侯辅佐太子钊，并宣示对召公、毕公的训命。成王是中国历史上有记载的第一个立下顾命诏书的天子。康王即位后，在召公、毕公的辅佐下，继续推行成王的政策，先后平定东夷大反，北征略地，西伐鬼方，其统治时期，天下安宁，民不犯法，刑错四十余年不用，号为“成康之治”。

魏明帝禁浮华

“浮华”一词在魏晋时期因使用场合不同而有多种含义，既可以指奢靡，不守章句礼仪，有名无实及轻薄放纵的社会风气，也可以指朋党。太和年间，魏明帝禁浮华主要目的是从政治着眼，其真实意义在于严禁朋党。魏明帝虽口吃少言，但胸中却有着雄才大略，他喜好法理、军事，并想要完成统一大业，因此对于那些桀骜不驯、恃才傲物的名士颇为厌恶。太和二年（228 年）的未遂政变，使他强烈地感受到了叔父曹植所带给他的政治压力。曹植与当时的名士们在很多方面都有相通之处，他极有可能和那些名士们结为朋党，成为政治隐患。因此，曹植一死，禁浮华也便由激烈归于平静了。

人承担。

盘庚强调一定要坚持对臣子实行赏罚，惩恶扬善，以此来鼓励大家治理好国家，表明了盘庚擅长激励和约束臣子，具有很高的领导能力。

文中的远迩指将来和现在。臧，好，善。

邦之臧，惟汝众（纣）

【原文】

吾闻圣人心有七窍。

——《史记·殷本纪》

【译解】

我听闻圣人的心上有七个孔。

商纣荒淫无度，微子多次进谏他也不听，于是微子就离开了。商纣的另一位贤臣比干又以死强谏，商纣听了大怒，就说了这句话，然后命令剖开比干的胸腔，取出他的心来看是不是有七个孔。商纣的残暴可见一斑。

同心同德（周武王　姬发）

【原文】

受有亿兆夷人，离心离德；予有乱臣十人，同心同德。虽有周亲，不如仁人。

——《尚书·泰誓下》

【译解】

这段话选自周武王渡过孟津驻扎在黄河北岸时的誓词。商纣王拥有亿万平庸的人，离心离德；我有治理乱世的十位大臣，同心同德。商纣王虽然有最亲的人，却不如我有仁爱的人。

这段话选自周武王渡过孟津驻扎在黄河北岸时的誓词。周武王把亿万和十人对比，把离心离德和同心同德对比，让大家明白了臣子同心是能战胜商纣王的主要原因。

文中的夷人指平常的人。乱臣，治理国家的大臣。十人指的是周武王的辅佐大臣周公旦、召公奭、太公望、毕公、荣公、太颠、闳天、散宜生、南宫适、邑姜等。

令出惟行，弗惟反（周成王　姬诵）

【原文】

呜呼！凡我有官君子，钦乃攸司，慎乃出令，令出惟行，弗惟反。以公灭私，民其允怀。学古人官，议事以制，政乃不迷。其尔典常作之师，无以利口乱厥官，蓄疑败谋，怠忽荒政，不学墙面，莅事惟烦。

——《尚书·周官》

【译解】

啊，所有任职的官吏，都要严肃谨慎地对待你们的工作，慎重发出政令，政令一出就必须施行，不能违反。要以公心灭私心，百姓才会信任并归附你。要学习了古代的典章制度以后才能任官职，任官职后议处政事也要以古代的典章制度为依据，处理政事才不会迷失方向。你们一定要以法典为师，不要让巧言乱了你官属的心。心里蓄积疑虑会败坏谋略，工作懈怠疏忽会荒废政事，不学习就如面墙站立，不看所有，遇事将心烦意乱不能做主。

这段话选自周成王即位后宣布官制的诰令。周成王要求官吏对待工作要严肃谨慎，以公灭私，并强调要学习古代典章制度，心里不要有疑惑。他对官员的要求严格，期望很大。

文中的有官君子指有官职的人。攸司，所主管的事务。议事以制的制，指古代的典章制度，以古代的典章制度为依据来处理事务。不学墙面，不学习如同面墙站立，什么也看不见。

【原文】

戒尔卿士，功崇惟志，业广惟勤，惟克果断，乃罔后艰。位不期骄，禄不期侈，恭俭惟德，无载尔伪。作德，心逸日休；作伪，心劳日拙。居宠思危，罔不惟畏，弗畏入畏。推贤让能，庶官乃和，不和政庞。举能其官，惟尔之能，称匪其人。惟尔不任。

——《尚书·周官》

乱为四辅图
孙家鼎《钦命书经图说》插图　清代

"四辅" 指辅导天子的四位大臣，在前的称 "疑"，后面名 "丞"，左面曰 "辅"，右面叫 "弼"。

周成王身边的四辅，即周公、召公、太公与史佚。武王逝世后，成王年幼，四辅忠心谋国，勉励成王施行德政，爱护百姓，发扬光大文王、武王开创的业绩。

【译解】

我告诫你们这些执政的官员，高高的功劳在于立志，多多的业绩在于勤劳，办事坚决果断，后来就不再艰难。位高之人容易骄傲，俸多之人容易奢侈。恭敬节俭是美德，不要有虚伪奸诈之心。做了好事，心里安逸，美德一日日显现出来；做了虚伪奸诈之事，心里痛苦，一日日变得笨拙。居于尊宠地位时要想到危难，无事不谨慎敬畏，如不知畏将会陷入可怕的境地。要举荐贤人，让位于贤人，这样各位官员就会和顺，如果不和顺，政事将会杂乱无章。推荐贤人担任官职，就表现出了你们的才能，举荐不贤的人做官，就说明你们不胜任官职。

伯冬戈饮壶　西周

周穆王初期，任用贤臣，国力强盛，遂致力于向四方发展，曾因游牧民族戎狄不向周朝进贡，两征犬戎，还东攻徐戎，在涂山会合诸侯，使周王朝的影响扩展到很远的地区。图中的伯冬戈饮壶，便是大臣冬戈讨伐淮夷、胜利班师后穆王所赐。

这段话选自周成王即位后宣布官制的诰令。周成王从官员的志向和勤劳来劝勉高官，他认为他们应该努力修养品德，勤于王事，积极举荐有才能的人来做官，这样才是称职的官员。

文中的卿士，指执政大臣。期是邀约之意。能其官，指能胜任所任之官职。匪其人，是指按照条件不应该推举的人。

慎简乃僚图
孙家鼎《钦命书经图说》插图　清代

伯冏是周穆王大臣，穆王痛惜国家政治衰微，文王、武王的德政遭到损害，便命伯冏为周太仆正，并作《冏命》勉励伯冏慎选贤良。穆王依靠贤臣，匡救己之不及，以整肃朝纲，增进自己的德行。于是天下大治。

尔身克正，罔敢弗正（周穆王　姬满）

【原文】

尔身克正，罔敢弗正，民心罔中，惟尔之中。夏暑雨，小民惟曰怨咨；冬祁寒，小民亦惟曰怨咨。厥惟艰哉！思其艰以图其易，民乃宁。

——《尚书·君牙》

【译解】

只要你自身正直，就无人敢不正直，百姓心中没有行为思想的准则，希望以你的中正之道作为百姓的准则。夏日酷暑暴雨，百姓只有发出怨恨叹息；冬日严寒，百姓也是怨恨叹息。他们的生活真是非常艰难啊！你要想着他们的艰难，并设法让他们生活变得很容易，这样百姓才会安宁。

周穆王希望君牙以身作则，关注

民生，安定百姓。他具体列举了民众在夏日和冬日的困难，提醒君牙一定要设法解决。

文中的中，指中正之道，即行为思想的准则。图其易，指教民耕种，减轻徭役，减少税赋，使百姓生活变得容易。

【原文】

非人其吉，惟货其吉。若时，瘝厥官，惟尔大弗克祗厥辟。

——《尚书·冏命》

【译解】

不是人良善，而是行贿的货物良善。这样，只会败坏官风，也就是不敬重你们的君主。

这也是周穆王任命伯冏为太仆正时所言。他批评了提拔官员看贿赂不看品德的风气，指出了这样是对君主的不敬。

文中的瘝（guān），指败坏。祗，是敬的意思。辟，指国君。

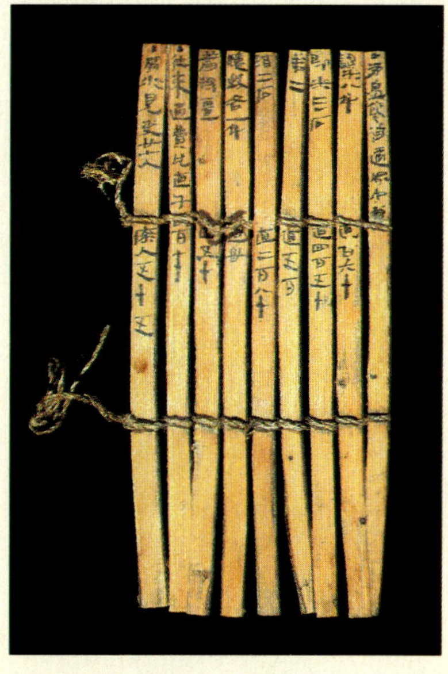

居延木简　汉代

敦煌和居延木简的发掘，被称为20世纪中国的四大发现之一。而今天甘肃已出土秦汉敦煌和居延木简的简牍多达六万余枚。对这些距今已两千年左右、由古人写在竹简木片上的文字实物的研究，已形成国际显学——简牍学。

人患其为诈（汉景帝　刘启）

【原文】

人不患其不知，患其为诈也；不患其不勇，患其为暴也；不患其不富，患其亡厌也。其唯廉士，寡欲易足。今訾算十以上乃得官，廉士算不必众。有市籍不得官，无訾又不得官，朕甚愍之。訾算四得官，亡令廉士久失职，贪夫长利。

——《汉书·景帝纪》

【译解】

人不怕他不智，怕他狡诈；不怕他不勇敢，怕他凶暴；不怕他不富裕，怕他贪得无厌。作为廉洁的人，要少欲望而容易满足。现在资产十万钱以上才能做官，但廉士财产一定不多，（就做不上官）。有市籍的不能做官，没有财产的也不能做官，我很同情他们。我命令财产有四万就可以为官，不要让廉士长久没有官做，而让贪婪的人长期得利。

这是汉景帝后元二年（前142年）的诏令所言。他主张降低做官者拥有的财产数目，让廉洁的、财产少的人也能做官。

汉光武帝

光武帝汉世祖刘秀（前6—57年），字文叔，是汉高祖刘邦九世孙，东汉王朝的开国皇帝，25年至57年在位。为了巩固新建的东汉封建政权，光武帝汲取历史的经验教训，先后采取了如外戚与后宫不得干政等一系列加强皇权和缓和阶级矛盾的政策措施。

日慎一日（汉光武帝　刘秀）

【原文】

人情得足，苦于放纵，快须臾之欲，忘慎罚之义。惟诸将业远功大，诚欲传于无穷，宜如临深渊，如履薄冰，战战栗栗，日慎一日。

——《后汉书·光武帝纪上》

【译解】

一般人的情志满足后，就会放纵，痛快于一时，忘记了谨慎施行刑罚的意义。我想各位将军事业宏远，功劳盛大，确实希望封国永远传递下去，直至无穷。要想这样，就应该犹如面临深渊，犹如脚踏薄冰，战战兢兢，一天天更加谨慎。

建武二年（26年）正月，汉光武帝大封功臣，这是他在诏令中说的一段话。他告诫受封的列侯们，不要居功自傲，应该慎罚谨慎，这样封国才能传之无穷。

文中的慎罚之义出自《尚书》："罔不明德慎罚，亦克用劝。"是希望谨慎地施行刑罚，鼓励人们向善。

【原文】

在上不骄，高而不危；制节谨度，满而不溢。敬之戒之。传尔子孙，长为汉藩。

——《后汉书·光武帝纪上》

【译解】

身在上位不骄傲，虽然位高也没有危险；节制行为并持谨慎的态度，虽然盈满也不会溢出。对此，一定要警戒，一定要慎重。这样就能够把你们的封国传给子孙，长久地做护卫汉朝的藩国。

这段话也是建武二年（26年）光武帝封功臣为列侯时的策命所言。汉光武帝要列侯们不要居高位自傲，要谨慎行事，长久享有封国。

文中的藩，意为藩屏，即藩国。

【原文】

夫张官置吏，所以为人也。今百姓遭难，户口耗少，而县官吏职所置尚繁，其令司隶、州牧各实所部，省减吏员。县国不足置长吏可并合者，上大司徒、大司空二府。

——《后汉书·光武帝纪下》

【译解】

国家置官设吏，是为了治理人民。如今百姓遭遇灾难，户口耗损变少，但

宾礼故人　《帝鉴图说》插图　明代

严光，字子陵。少年时与汉光武刘秀相知。刘秀称帝后，严光应刘秀之邀赴相见，在皇宫内如少年时代一样，与刘秀同榻而眠，还把脚搁在刘秀的肚子上睡觉。严光后来谢绝光武之邀，独自隐居富春山，其洁身全行，高风亮节，为后人推崇。然光武礼贤下士，加三聘之礼，亲屈万乘之尊殷勤款待贤士的王者风范，更为先儒所推重，他们说光武之量，包乎天地之外。

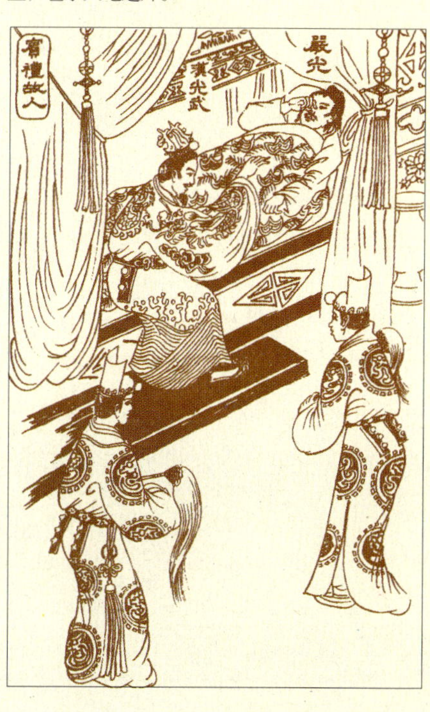

是官府所设置的官吏还是繁多，现在我命令司隶与各州都要查实所属部属，以减少官员和吏员。县里不够置长吏而可以进行合并的，都要上报大司徒与大司空二府。

这段话选自建武六年（30 年）汉光武帝为省减吏员所发的诏令。汉光武帝从国家遭受灾难、百姓户口减少的实际情况出发，决定减少官员的设置。他治国讲究实情，不讲排场，切实减轻民众负担。

文中的县官指官府。司隶为负责掌管河南、河内、右扶风、左冯翊、京兆、河东、弘农七郡行政权力的首脑。县国本指县与侯国，文中均指县。

世之质文，随教而变（魏明帝　曹叡）

【原文】

世之质文，随教而变。兵乱以来，经学废绝，后生进趣，不由典谟。岂训导未洽，将进用者不以德显乎？其郎吏学通一经，才任牧民，博士课试，擢其高第者，亟用；其浮华不务道本者，皆罢退之。

——《三国志·魏书·明帝纪》

焚裘示俭　《帝鉴图说》插图　明代

晋武帝初即位时，有臣下以雉头羽毛织成裘袄来献，武帝见其华丽，恐长奢靡之风，命人以火焚之于殿前，以示自己不贵异物，不尚服饰。然而晋武帝只是存心做做样子，而没有诚心。孟子说："恭俭岂可以声音笑貌为哉！"这正是司马炎"焚裘示俭"之谓。

【译解】

世风的质朴和浮华，是随着教化的改变而变化的。战乱以来，经学被废止，年轻人求取功名，不经过儒家经典的学习。难道不是教育训导还不够，将要任用的人并不能显示其美好的德性吗？现在郎官要学通一本经书，才能做官管理百姓，由博士来考试，选拔那些成绩突出的，迅速任用；那些浮华不务经学实际的人，一律罢免黜退。

这段话选自魏明帝在太和四年（230 年）二月发的诏书。表明了魏明帝对战乱以来选拔官员不经过考试的不满，提出了要以儒家经典来选拔考核官员的措施。

礼教设，禁令行（晋武帝　司马炎）

【原文】

郡国守相，三载一巡行属县，必以春，此古者所以述职宣风展义也。见长吏，观风俗，协礼律，考度量，存问耆老，亲见百年。录囚徒，理冤枉，详察政刑得失，知百姓所患苦。无有远近，便若朕亲临之。敦喻五教，劝务农功，勉励学者，思勤正典，无为百家庸末，致远必泥。士庶有好学笃道，孝弟忠信，清白异行者，举而进之；有不孝敬于父母，不长悌于族党，悖礼弃常，不率法令者，纠而罪之。田畴辟，生业修，礼教设，禁令行，则长吏之能也。人穷匮，农事荒，奸盗起，刑狱烦，下陵上替，礼义不兴，斯长吏之否也。若长吏在官公廉，虑不及私，正色直节，不饰名誉者，及身行贪秽，谄黩求容，公节不立，而私门日富者，并谨察之。扬清激浊，举善弹违，此朕所以垂拱总纲，责成于良二千石也。於戏戒哉！

——《晋书·帝纪·武帝》

提倡节俭的青年唐德宗

"安史之乱"的动荡生活使德宗深知安定的可贵，更使他知道唐玄宗的奢侈为唐朝带来了什么。即位之初，为了实现自己的政治理想，他提倡节俭，实行改革，以期能使唐王朝再次强大起来。在任命崔佑甫为相的两天之后，他下令就废除诸州府、新罗、渤海等地每年必须进贡鹰鹞的规定。第三天，他又下令山南枇杷、江南柑橘每年只许进贡一次以供享宗庙，其余的进贡一律停止。之后几天，他连续下令，宣布废止南方一些地方每年向宫中进贡奴婢和春酒、铜镜、麝香等。同时，他还禁令天下不得进贡珍禽异兽，甚至还规定银器不得加金饰。为了显示自己的决心，他下令将文单国所献的三十二头舞象放养到荆山。另外，他还裁撤了梨园使及伶官三百多人，需要保留的人则全部归属于太常寺，并放出宫女百余人。唐德宗的做法赢得了全国上下的高度赞誉。唐德宗不仅自己以身作则，还要求地方也是如此，为此，他还选用许多以节俭出名的人去当地方官，其中最有名的就是被后人尊为"福神"的道州刺史阳城。阳城在任期间励精图治，关心民情，实行节俭，赏罚分明。史载他"治民如治家，宜罚罚之，宜赏赏之"。

【译解】

各地郡国守相，三年要巡视一次所属的县，并一定要在春天时节，这是古代用来述职和展示风化教义的方式。下去后要召见官吏，观察风俗，协调礼仪律令，考察度量衡器，体恤慰问长者，亲自去见百岁老人。查看囚徒的状况，处理冤案，详细察看行政执法的得失，了解百姓的疾苦。无论地域的远近，都要如同我亲自视察一样。敦促教喻大家遵守五教，劝导大家从事农业生产，勉励学者，勤奋学习典章制定，不要学习平庸的百家末流之学，不然学习深远后就会拘泥不化。士族和庶族中有喜好学习、笃守道义、孝悌忠信、品行清白没有不良行为的人，要举荐并任用他们；有不孝敬父母，不尊重家族乡亲，不接受礼仪民俗，违背常礼、违法乱纪的人，要进行揭发并依法处理。开垦荒地，修治产业，弘扬礼教，做

"位至三公"铜镜　三国

三公为官名。泛指辅佐帝王处理国务的最高官员。西周以太师、太傅、太保为三公，北魏后又称三师。西汉以丞相、太尉、御史大夫为三公。东汉时以太尉、司徒、司空为三公，亦称三司。元、明、清沿用此官作为大臣的最高头衔。图为三国时期的铜镜，"位至三公"表明了人们对政治前途的期盼。

到令行禁止，这是长吏的功劳和才能。百姓困乏，农事荒芜，就会造成盗贼兴起，诉讼繁多，对下欺凌对上欺骗，礼义就会被败坏，这是长吏的无能和过错。对于长吏公正廉洁的，做事不徇私的，正直有气节的，不沽名钓誉的，以及那些行为贪婪污秽，轻慢渎职而阿谀求官的，不能秉公办事，自己越来越富裕的，都要谨慎考察他们。弘扬清白，荡涤污浊，举荐善良，弹劾违法者，这是我得以垂衣拱手总揽大纲，责成两千石良吏处理事情的原因。应该自以为戒。

这是晋武帝在泰始四年（268 年）六月初一下的诏令，要求各地郡国相守要在春天时下去巡视，并陈述了巡视要做的事情。晋武帝重视民情，提倡亲政爱民。

文中的耆老源于我国的乡约制度。也称“里老”、“乡老”。耆老保持有乡土社会成员的身份，义务是“劝民为善”和“听一里之讼”，也有相应的仲裁、调解、裁量和审判的某些权力。耆老有的由乡民推举，有的听官府选定。五教，指父义、母慈、兄友、弟恭、子孝五种道德标准。

大肆聚敛的老年唐德宗

唐德宗在即位后，一直试图削夺拥兵自重的地方藩镇节度使的权力，为了达到目的，他最终与藩镇节度使们兵戎相见。建中三年（782 年）底，卢龙节度使朱滔自称冀王、成德节度使王武俊称赵王、淄青节度使李纳称齐王、魏博节度使田悦称魏王，四人以朱滔为盟主，联合对抗朝廷。建中四年（783 年）十月，被调往淮西前线平叛的泾原兵马在途经长安时，因为没有得到唐德宗的赏赐，加上供应的饭菜又都是糙米和素菜，结果导致士兵哗变，叛军迅速攻占了长安，唐德宗被迫逃往奉天，成为继唐玄宗、代宗之后，第三位出京避乱的皇帝。自从出到奉天以后，唐德宗似乎意识到了钱财的重要性，从而一改以前的节俭，开始了大肆的聚敛。他不仅喜欢钱财，而且还要求全天下都向他进贡。此外，德宗还经常派宦官直接向各衙门以及地方公开索取所谓的“宣索”。贞元年间担任宰相的陆贽，因拒绝来京城办事的官员所送的礼物，还被唐德宗派来人进行了开导，唐德宗要求他不要太过清廉，拒绝他人的礼物是不通人情世故的表现，比如马鞭、鞋帽之类的小礼物，收受一点也无关紧要。从禁止地方额外进贡到大肆聚敛钱财，德宗不仅改变了他的财政政策和用人政策，还严重损害了自己的名声，使自己由受万民赞誉变成了受天下唾骂。

【原文】

古者岁书群吏之能否，三年而诛赏之。诸令史前后，但简遣疏劣，而无有劝进，非黜陟之谓也。其条勤能有称优异者，岁以为常。吾将议其功劳。

——《晋书·帝纪·武帝》

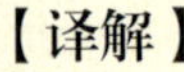

【译解】

古时朝廷每年都要记录每个官吏才能的高低，记录三年后就进行惩罚与奖赏。现在令史们前后一段时间里只是用文书罢免遣

彩绘宴乐图漆盘

此盘再现了三国时期士族宴饮作乐的情景，将宾客乘马车而来，主人迎接宾客以及对坐畅饮等场面在圆形画面中集中展现出来，极具生活气息。三国魏晋时期，士族阶级占据了历史舞台的中心，中国封建社会正式揭幕。

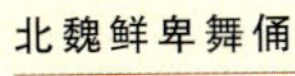

北魏鲜卑舞俑

至秦汉时期外域乐舞开始传入，到魏晋时期，由于大量少数民族定居北方，使得胡人歌舞风靡一时。当时南朝盛行清商乐，西域乐舞、高丽乐舞、鲜卑乐舞则流行于北方。胡乐的风格豪放洒脱，与南朝民乐迥异。

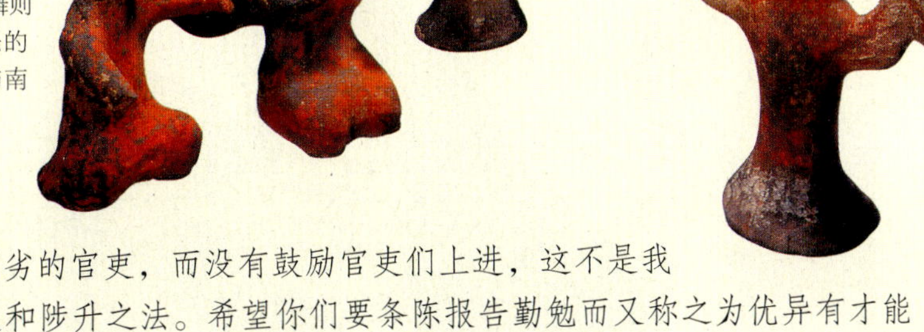

退一些粗疏庸劣的官吏，而没有鼓励官吏们上进，这不是我们所说的黜退和陟升之法。希望你们要条陈报告勤勉而又称之为优异有才能的人，这要作为常年的工作。我将来评议他们的功劳。

这段话选自晋武帝在泰始五年（269 年）二月所下的诏令。他提出了要建立经常性的对官吏考评奖惩升降的制度，以调动官吏的积极性，提高行政效率。

文中的令史，指掌管文书的官吏，职位在郎之下。简遣，用文书罢遣。条，指条陈。

【原文】

兴化之本，由政平讼理也。二千石长吏不能勤恤人隐，而轻挟私故，兴长刑狱，又多贪浊，烦扰百姓。其敕刺史二千石纠其秽浊，举其公清，有司议其黜陟。令内外群官举清能，拔寒素。

——《晋书·帝纪·武帝》

【译解】

使教化兴盛的根本，在于政治清平，判决案件公平有理。二千石的官吏不做到经常体恤人民的痛苦，轻易地挟带私怨，助长了判刑断案打官司的风气，又有很多贪财混浊的现象，因此烦扰了百姓。我命令刺史及二千石的官吏认真纠察官吏中污秽混浊的事，举察他们是否公正清廉，专门的部门要据此评议他们的黜降陟升。我命令朝廷内外的各级官吏，要荐举清廉有才能的人，提拔家境清寒品德高尚的人做官。

太康九年（288 年）正月初一发生日食，晋武帝据此检查行政情况，下了这道诏令。决心整顿官吏在诉讼中的污浊风气，选拔清正严明的人做官。

文中的兴化，指使教化兴盛。寒素，是汉晋举拔士人的科目名称，专指选拔家境清寒、品德高尚的人。

官以劳升（北魏孝文帝　元宏）

【原文】

顷者以来，官以劳升，未久而代。牧守无恤人之心，竞为聚敛，送故迎

北魏孝文帝

北魏孝文帝跋宏（后改姓元）（467—499年），是北魏的第六位国君。他崇尚中国文化，实行汉化，禁胡服、胡语，改变度量衡，推广教育，改变姓氏并禁止归葬，提高了鲜卑人民的文化水平。是西北方各民族陆续进入中原后民族融合的一次总结，对中国民族大团结起了重要的作用。

新，相属于路，非所以固人志、隆政道也。自今牧守温良仁俭克己奉公者，可久于其任，岁积有成，迁位一级；其贪残非道，侵削黎庶者，虽在官甫尔，必加黜罚。著之于令，以为彝准。

——《北史·魏本纪·孝文帝》

【译解】

最近以来，官员因为劳绩而升迁，但是不久又被新任官员所取代。州郡的牧守无体恤百姓的心意，竞相聚财，送走旧官迎接新官，在路上一个接着一个，这不是稳定人心、兴盛政治的方法。从今开始，州郡的牧守中温良、克己奉公的，可以长久留在任上。一年后卓有政绩的，升职一级；那些贪婪残暴无道，侵害百姓利益的人，虽然是刚任职，也一定要贬黜处罚。要把这些表明在法令上，作为标准。

这是延兴二年（472年）十二月孝文帝所发的诏令。他对官员上任后盘剥百姓的做法进行了指责，表明他非常注重民生，整肃吏治，竭力治理好国家。

文中的牧守指州郡的长官，州官称牧，郡官称守。黎庶，指众民、民众。彝准，固定的制度、准则。

为官择人者治（唐太宗　李世民）

【原文】

朕闻为官择人者治。为人择官者乱。

——《唐太宗集·赐窦诞还第诏》

【译解】

我听说，为官职而选择做官的人，国家就会大治；为人做官而选择官职，国家就会混乱。

《赐窦诞还第诏》中的窦诞是贞观初唐太宗下诏拜的右领军大将军，后来因为疾病解除了官职。又再拜为宗正卿时，唐太宗曾经和他谈话，见他昏乱不能对应，于是下诏，赐还府邸。诏令中的这两句话反映了唐太宗不因人任官的用人观。

以务集事（唐德宗　李适）

【原文】

朕顷缘兴师备边，资用不给，遂权议减官，以务集事。近闻授官者皆已随牒之任，扶老携幼，尽室而行。俸禄未请，归还无所，衣冠之弊，流寓何依？其先敕所减官员，并宜仍旧。

——《旧唐书·本纪·德宗》

【译解】

我近来因为调动军队备战边境，费用不够，于是权且议论减少官员，以集中力量取得成功。近来听说授官的人都已经按照文牒的规定上任，扶老携幼，全家成员前行。俸禄还没有拿到，被减省无法返回，官员被困弊，流寓他乡有什么依靠？先前按照敕令所减省的官员，应该照旧任职。

风尘三侠图　任颐　纸本设色　清代

“风尘三侠”是隋末唐初虬髯客、李靖、红拂女的合称。李靖年轻时“姿貌瑰伟”，心怀大志，深通兵法谋略；红拂女在权臣杨素府中得见李靖之后，心甚慕之，深夜越宅相访，遂成秦晋之好，并马行走江湖。二人在旅途中偶遇虬髯客，三人结为兄妹，遂共同浪迹天涯。

仪仗图　唐代

唐时疆域辽阔，及于流沙大海。气派泱泱的大唐，以中国历史上从未有过的开放性、包容性、学习性展现于世界，声威远至罗马教廷，影响历千余年而不衰。图中，由车队、马队及步兵组成的仪仗队军容壮大，反映出唐朝国力之强。

这是唐德宗在贞元三年（787 年）七月所下的诏令。他见被减省的官员有了困难，于是下诏让其恢复官职，这表现了德宗注意安抚官员、稳定官吏队伍的策略。

牒，古代书写用的木片或竹片，文中指官方的文件、证件。衣冠，这里借指官员。

有司以责实效（唐宪宗　李纯）

【原文】

朕于百执事、群有司，方澄源流，以责实效。转运重务，专委使臣，每道有院，分督其任；今陕路漕引悉归中都，而尹守职名尚仍旧贯。又诸道都团练使，足修武备以靖一方；而别置军额，因加吏禄，亦既虚设，颇为浮费。思去烦以循本，期省事以便人。其河南水陆运、陕府陆运、润州镇海军、宣州采石军、越州义胜军、洪州南昌军、福州靖海军等使额，并宜停。所收使已下俸料一事已来，委本道充代百姓阙额两税，仍具数奏闻。

——《旧唐书·本纪·宪宗》

【译解】

我对于百官、各主管部门，正在澄清源流，以责成实效。转运是各主要的职务，要委任专门的使臣，每个道都要设院，分别督察其责任。现在陕西路的漕运全部归中都，而府尹留守的职名仍然使用旧例。又各道都的团练使，足够用来修行武备绥靖一方；如果另外设置军员名额，因而会增加官吏和俸禄，这既然是虚设，就颇为浪费。想到去除烦琐以遵循根本，期望省事以便人。

其河南水陆转运使、陕西陆运使、润州镇海军使、宣州采石军使、越州义胜军使、洪州南昌军使、福州靖海军使等使的名额，都应该撤销。所收的使以下官员的俸料一件以上，委托本道充代百姓缺的两税数额，仍然要把具体的数额上奏给我。

这是唐宪宗在元和六年（811 年）冬十月所下的诏令。他主要阐述了减省官员的做法及其好处，表明了宪宗精简机构、减轻百姓负担的治国思路。

文中的转运即转运使，唐代以后各王朝主管运输事务的中央或地方官职。团练使，唐乾元元年（758 年）开始设置，掌军事，常与观察使、防御使互兼，并曾与防御使互易称号。地位低于节度使，等同于防御使，全称为团练守捉使，有都团练使、州团练使两种。

宋徽宗时期的方腊起义

宋徽宗时期，整个宋朝土地兼并十分严重。宋徽宗赵佶不但不关心民间疾苦，反而重用“六贼”蔡京、王黼、童贯、梁师成、朱勔、李彦，对人民进行敲骨吸髓的盘剥，以满足自己荒淫无耻的生活。不仅如此，他还大修延福宫、万岁山，耗尽人力物力。为了满足自己的私欲，他让朱勔等人在苏州设立一个“应奉局”，到江东各地专门搜集花石竹木和珍异物品，送到京都汴梁，每十船组成一纲，称“花石纲”。“花石之忧”和多如牛毛的苛捐杂税使运河两岸的大批农民倾家荡产，连年灾荒更使“人相食”的惨剧再次上演。终于在 1120 年 11 月的一个晚上，方腊领导的农民大起义爆发了。起义军的纪律十分严明，在政治上无视“君臣上下”，在经济上“凡物用之无间，不分你我”，所以得到了迅速发展。起义军的迅猛发展，吓坏了宋徽宗，他立刻停止了对辽作战，派遣童贯率领十五万大军前往镇压。在杭州战役中，起义军同十倍于己的敌人搏斗，无一人投降。在帮源洞战役中，起义军七万人战斗到最后一刻。1121 年 4 月，方腊不幸被俘，于 8 月在开封就义。

读书以通治道（宋太祖　赵匡胤）

【原文】

朕欲武臣尽读书以通治道，何如？

——《宋史·本纪·太祖》

玄宗试马图　韩幹　唐代

唐玄宗为了提高官僚机构的办事效率，对吏治进行了整治。把武则天以来的许多无用的官员一律裁撤，精简机构；确立严格的考核制度，加强对地方官吏的管理。玄宗还常常亲自对县官出题考核他们，如果考试优秀，可以马上提拔，如果名不副实，也会马上遭到罢黜。这一系列措施都是他能开创开元盛世的原因。这幅《玄宗试马图》出自当时的宫廷画师韩幹。

【译解】

我想让武臣全都通过读书来通晓治理国家之道，怎么样？

这是建隆三年（962 年）二月宋太祖对侍臣所言。他要让武将

都来读书，以知道治理国家的道理，反映了他想改变武将不知书的现状，推行以文治理天下的设想。

不称职者，举劾之（宋仁宗　赵祯）

【原文】

朕躬阙失，左右朋邪，中外险诈，州郡暴虐，法令有不便于民者，朕欲闻之，其悉以陈。

——《宋史·本纪·仁宗》

【译解】

我自身的过失，身边臣子的朋比为奸，朝廷内外的险恶和奸诈，各地州郡的暴虐的事情及上面下达的法令给百姓造成不方便之处，我都要闻知，你们全都要向我陈述。

这是庆历八年（1048 年）三月宋仁宗对御史中丞诏令所言。指示各种事情都要向他汇报，表明他希望全面了解朝廷内外的情况，以作出相应的决策，治理国家。

文中的缺失指过失。朋邪指朋党，朋比为奸。

【原文】

少卿、监以下，年七十不任厘务者，御史台、审官院以闻。尝任馆阁、台谏及提刑者，中书裁处。待制以上能自引年，则优加恩礼。

——《宋史·本纪·仁宗》

【译解】

少卿、监以下的官员，年满七十不能理政的，由御史台、审官院上报。这些人中曾经任馆阁官、御史台官、谏官以及提刑官的，由中书省处理。待制以上的官员如果能自己告老引退的，则加以优厚的恩赏礼遇。

科举考试

宋太祖赵匡胤大力推行始于隋唐的科举制度，选拔人才，为宋朝的强大奠定了基础。他还首创了殿试制度，因为是皇帝特别推恩，因此也叫恩科。开宝六年（973 年）三月，赵匡胤为收揽文权，使读书人入仕感激皇恩，在讲武殿亲自复试举人，至此，皇帝亲自复试的殿试制度成为了一种基本制度。

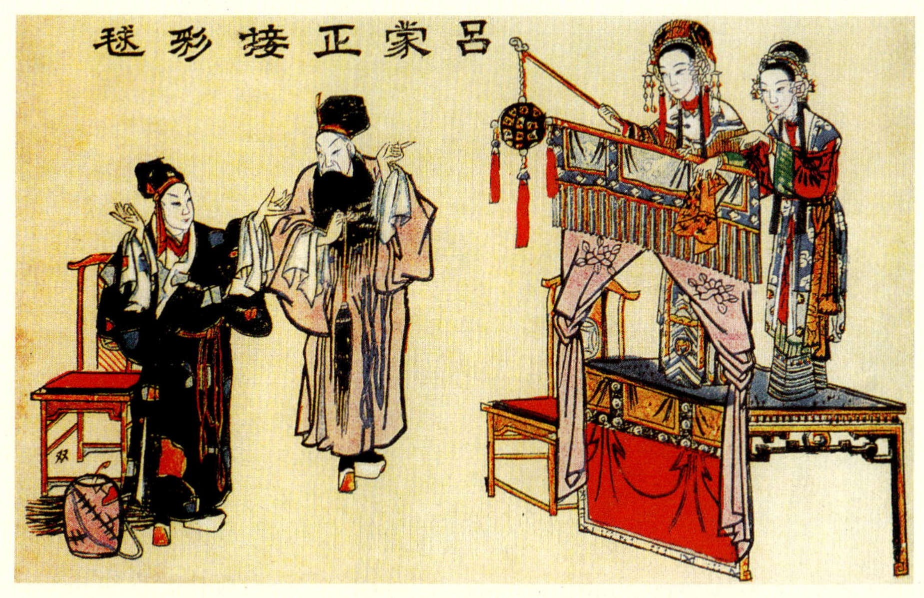

吕蒙正接彩球 清末年画

吕蒙正（994或996—1011年）为宋朝科举考试出身的第一个宰相。历太宗、真宗两朝为相。其妻子刘翠萍为相国千金，以彩楼抛球的方式选择了当时仍为寒酸书生的吕蒙正为夫。后吕蒙正得中高第，平步青云，这个故事也成为美谈，代代传诵。

这是宋仁宗在皇祐三年（1051年）七月所下的诏令。反映他注意到有的官员年老不能理政，白白占据官位的问题，并提出了以优厚的待遇，鼓励年老官员自行退出官位的办法。

文中的少卿是北魏太和时所设官名，北齐时为正卿的副职，隋唐至清亦沿置。台谏，指御史台和谏官。提刑，官名，为提点刑狱公事的简称，或称提点刑狱，宋置于各路，主管所属各州司法、刑狱、监察地方官吏并劝课农桑。

【原文】

河北荐饥。转运使察州县长吏能招辑劳来者，上其状；不称职者，举劾之。

——《宋史·本纪·仁宗》

【译解】

河北饥荒连年。转运使要对州县官吏进行考察，对那些能招来饥民并进行慰问，劝勉其从事生产劳动的官吏，要向上报告他们的情况；对不称职的官吏，要进行检举弹劾。

这段话选自宋仁宗在皇祐五年（1053年）六月发的诏令。他要求州县官员慰问灾民，鼓励其从事生产，反映了他对解决饥民问题的关心。

文中的荐饥指连年灾荒、连续灾荒。长吏，称地位较高的县级官吏。招辑，即招集、招徕。劳来，慰问、劝勉前来的人。

【原文】

吏人及伎术官职，毋得任知州军、提点刑狱，自军班出至正任者，方得

历代贤后图　焦秉贞　清代

曹皇后是宋代名将曹彬的女儿，仁宗时入聘后宫，册封为皇后，《宋史》称她性慈俭、重稼穑，常于禁苑种谷养蚕。她在宋庆历八年（1048年）爆发的内乱中指挥若定，镇定自如，令仁宗大为叹服。

知边要州军。

——《宋史·本纪·仁宗》

【译解】

小吏差役以及技术官员，都不得任知州军、提点刑狱，从军队行伍出生到任正职的官员，才能够任边境重要州军的长官。

这是宋仁宗在嘉祐三年（1058年）闰十二月所发的诏令。他规定了没有相关经历的人不得任高级职务，他对官吏的素质要求很高，对资格的要求也很严格。

【原文】

台谏为耳目之官，乃听险陂之人兴造飞语，中伤善良，非忠孝之行也。中书门下其申儆百工，务敦行实，循而弗改者绌之。

——《宋史·本纪·仁宗》

【译解】

台谏官是耳目之官，但是如果听任阴险邪恶的小人散布流言，中伤善良，这不是忠孝的行为。中书门下要重申告诫百工，一定要敦厚笃实，如果遵循错误不改的人要罢黜他。

这是宋仁宗在嘉祐六年（1061年）七月发的诏令。他对于散布流言的小人提出了警告，要求监察官员一定要履行职责，发现了这些小人要进行查处，他要严肃官员作风，清理吏治。

文中的险陂，即“险诐”，指阴险邪僻。中书门下，1129年并中书省与门下省为一省，称中书门下省。

【原文】

诸路刺举之官，未有以考其贤否，比令有司详定厥制，其各务祗新书，以称朕意。仍令考校转运、提刑，课绩院以新定条目施行。

——《宋史·本纪·仁宗》

【译解】

各路推举官员，还未对其贤能进行考核的，有关部门应该审定条令，各自都要遵守条令，以符合我的心意。并且命令考核转运使、提点刑狱课绩院要施行新定的条目。

这是宋仁宗在嘉祐六年（1061 年）八月发的诏令。他要求各地制定新的条令来考核官员，表现了他对官员素质的关心。

文中的刺举之官指负责检举奸恶的官员。

应被旨举官（宋哲宗　赵煦）

【原文】

自今应被旨举官，所举不当，具举主姓名以闻。

——《宋史·本纪·哲宗》

葵花镜与嘉祐铜则　宋代

宋时商业发达，商人的社会地位因而提升，在城市中也出现了许多维护商人利益的商业组织。另外，在城市、镇市和草市的相互配合下，中国出现了庞大的区域性市场，通过这些市场，商业活动渗透到全国各个角落。图为宋代的李道工夫葵花镜和宋仁宗嘉祐年间的铜则。李道是店家名号，工夫指精心制作。铜则即砝码，是商业用的衡器。

【译解】

从今以后应该秉承了皇帝的旨意后再荐举官员，所举官员如果不恰当，要列出荐举人的姓名报告皇上。

这段话选自宋哲宗在元符二年（1099 年）二月发的诏令。他强调了举荐官员要慎重，举荐错了举荐人要承当责任，说明他要防止滥举的现象，以保证官吏队伍的质量。

毋得越职论事（宋徽宗　赵佶）

【原文】

元祐诸臣各已削秩，自今无所复问，言者亦勿辄言。

——《宋史·本纪·徽宗》

【译解】

哲宗元祐时期的大臣都已经削减了俸禄，从今以后就不再追究了，进言的人也不要再进言了。

崇宁元年（1102 年）五月，徽宗降复太子太保司马光为正议大夫，太师文彦博为太子太保，其他人也都按照等级降官。不久，徽宗又下了这道

明孝宗时期的外戚势力

明孝宗在位期间，整个明朝的面貌焕然一新，但其中仍然存在着一些弊端，外戚势力的膨胀就是最大的弊端之一。明孝宗是历史上唯一实行一夫一妻制的皇帝，他非常喜欢自己的皇后张氏，终其一生没有临幸过其他妃子，而且对张氏的亲人也非常好，可是张氏却是那种得寸进尺、贪得无厌之人。她先是软磨硬泡要求明孝宗封自己的父亲为伯爵，之后不久又将自己的父亲进封为侯爵，同时，她的两个弟弟也被授爵。这两个弟弟比她更加贪婪，他们依仗着自己的姐姐，到处压迫百姓，兼并土地，造成大量农民流离失所，这也为明朝末期的农民起义种下了祸根。不仅如此，他们还公开倒卖官盐，并以此牟利，极大地影响了国库的收入以及百姓的生活，但明孝宗却因为皇后的原因而未加理会。直到明孝宗后期，权宦李广的事件才唤醒了他。他重用刘大夏、戴珊等人，重新整顿朝政，同时他还对张氏兄弟严加警告。但之后没多久，“弘治中兴”的局面就因为明孝宗的驾崩而结束了。

诏令，对这事作了总结，说明了他处事的态度。

文中的元祐是宋哲宗第一个年号。削秩，指官员削减俸禄。

【原文】

内外官毋得越职论事侥幸奔竞，违者御史台弹奏。

——《宋史·本纪·徽宗》

【译解】

朝廷内外官员不得越职议论政事以及四处奔走竞争以获取非分名利，违者由御史台弹劾上奏。

这段话选自徽宗崇宁三年（1104年）的诏令。他严格规定了各自议事的职分，以限制官员越级议政。

文中的御史台是官署名，监察机构，自秦汉以来，历代都设此机构，掌监察之事。

钧窑天蓝釉盘　北宋

宋朝是一个重视经济的发展的朝代。宋初，太祖赵匡胤就言“多积金，市田宅以遗子孙，歌儿舞女以享天年”以博民富；后来，神宗在位时“尤先理财”令众“政事之先，理财为急”。这样的重视经济的思想一直贯穿于宋朝，使宋朝的民间经济受到刺激，突飞猛进。瓷器也在这个时候得到了长足的进步，无论釉色、样式都堪称精美，还出现了五个有名的瓷窑。图中瓷器就是出自于著名的钧窑。

文会图　赵佶　宋代

宋代，政府对文学艺术给予了前所未有的高度重视。科举制度的完善，国家级文学馆、绘画馆的设立，保证了杰出人才都能网罗到政府的各级机构和学术团体中来，使他们为国效力，同时也保证了他们具有相当高的地位和收入。图中所绘的是朝廷为文人学士所举办的盛大宴会。

台谏风宪之地（宋高宗　赵构）

【原文】

台谏风宪之地，比用非其人，党于大臣，济其喜怒，殊非耳目之寄。联今亲除公正之士，以革前弊。继此者宜尽心乃职，毋合党缔交，败乱成法，当谨兹戒，毋自贻咎。

——《宋史·本纪·高宗》

【译解】

御史台与谏院是掌管朝廷风纪法度的官府，可是近来却任用了不符合条件的人任职，与大臣结为朋党，处事以自己的喜怒为准，完全不是国家的耳目。我现在要亲自任命公正的人来任职，以革除以前的弊端。继续任职务的要尽心于这个职责，不要结党营私、败坏成法，应当谨慎地以此为戒，不要为自己带来祸患。

这段话选自宋高宗在绍兴二十

汴京宣德楼前演象图　宋代

北宋时，皇帝每年都要在汴京的宣德楼前举行盛大的车骑演象活动，以示与民同乐、普天欢庆。统治者巧妙地运用大象来粉饰太平，将调教好的大象参加的活动，衍化成一次对民众教化的示范。

五年（1155 年）十二月发的诏令。他对于御史台滥用官员很不满，要求任用公正的人，表现了他要加强监察、严肃朝纲的想法。

文中的台谏，唐宋时以专司纠弹的御史为台官，以职掌建言的给事中、谏议大夫等为谏官。两者虽各有所司，而职责往往相混，故多以“台谏”泛称之。风宪指风纪法度。

以一岁定赏罚（宋理宗　赵昀）

【原文】

监司率半岁具劾去赃吏之数来上，视多寡为殿最，行赏罚。守臣助监司所不及，以一岁为殿最，定赏罚。本路、州无所劾，而台谏论列，则监司守臣皆以殿定罚。有治状廉声者，摭实以闻。

——《宋史·本纪·理宗》

【译解】

监司把半年以来弹劾的贪官人数报上来，看人数的多少作为评定成绩的依据，以此来行赏罚。守臣助监司所不及，一年评定一次，以确定赏罚。本州、路，没有被弹劾的，而被台谏官所弹劾，那么监司守臣都要给定为差等以此来处罚。有治理突出、又有清廉名声的官员，要上报让我知道。

这是宋理宗在景定二年（1261 年）正月下发的诏令。表明了他即使在战争时期，也很注重官员的廉洁，并规定了专门的办法来进行监察。

文中的殿最指古代考核政绩或军功，下等称为“殿”，上等称为“最”。

元世祖

元世祖忽必烈（1215—1294年），元代皇帝。1260年至1294年在位。他青年时代，便“思大有为于天下”。一生征战，一统天下，建立了幅员辽阔的统一多民族国家——元。他在位期间，建立行省制，加强中央集权，使得社会经济逐渐恢复和发展。1294年正月，忽必烈在元大都病逝，追谥圣德神功文武皇帝，庙号世祖。

言官纠默论罪（元世祖 忽必烈）

【原文】

官吏受贿及仓库官侵盗，台谏官知而不纠者，验其轻重罪之。中外官吏赃罪，轻者杖决，重者处死。言官纠默，与受赃者一体论罪。

——《元史·本纪·世祖》

【译解】

官吏受贿以及仓库官员侵占和盗窃物资的，御史台官员知道了而不检举的，验实了罪情轻重后实施惩罚。朝廷内外官吏犯贪赃罪过，罪轻的处以杖刑，罪重的处以死刑。谏察官员沉默不检举的，与接受贿赂的人一样判罪。

这段话是元世祖在至元十九年（1282年）九月下的命令。他对官员受贿贪污的行为，以及御史台不进行监督的行为提出了处罚意见，表现了他严格

雍正废除腰斩酷刑

腰斩是从腰部将犯人砍作两截的酷刑。最后一次腰斩出现于雍正十一年（1733 年）。这次腰斩是雍正帝所判，而废除腰斩也正是雍正帝。被判腰斩的人是河南学政俞鸿图，罪名是在科举考试时与考生串通作弊。雍正命令邹士恒受命接管俞鸿图的职务，并监斩俞鸿图。在刽子手执行腰斩时，犯人要想快死，必须给钱。由于俞鸿图绑赴刑场时邹士恒才告诉他是执行腰斩，这时他已来不及准备。刽子手给了他一个慢死，俞鸿图上截在地上打滚，痛苦万状。当他用手指蘸上身上的血在地上连续写了 7 个"惨"字后，他才慢慢痛苦地死去。事后，邹士恒向雍正报告了这一惨状，雍正下令封刀，腰斩自此废除。

雍正的继位总结

雍正是一个极具野心且非常聪明人，他从继位争夺战的胜利中总结了四条：第一，诚孝皇父。能否继承皇位，关键是看康熙。为了讨好康熙，他一直对康熙表达着自己的忠诚和孝顺。第二，友爱兄弟。雍正一直秉承这样的原则，他努力地讨好各个兄弟，使他们不将自己放在心上。第三，勤慎敬业。康熙交代给雍正做的事他都认真、勤恳、谨慎地去完成。第四，戒急用忍。雍正深知自己喜怒无常、脾气暴躁，而且还因此多次受过康熙的批评，因此他把康熙教导他的戒急用忍四个字作为自己的座右铭，约束自己。

查处贪官、打击贪官、处罚检举监察不力的官员的决心。

诸司不得擅奏迁调（元成宗　铁穆耳）

【原文】

枢密院、宗正府等，自今每事与中书共议，然后奏闻；诸司不得擅奏迁调，官员虽经特旨用之，而于例未允者，亦听覆奏。

——《元史·本纪·成宗》

【译解】

枢密院、宗正府等，从今以后每一事都要和中书省共同商议，然后上报给我；各个部门不得擅自奏请官员的升迁和调任，官员虽然经过特旨而任用的，如果不合乎条例的，也要再上奏。

这是元成宗在大德七年（1303 年）二月发的诏令。反映了他对于朝廷任用官员的慎重，把任免权集中到自己手里，以便掌握控制。

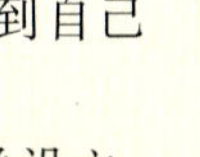

文中的宗正府是汉朝廷开始设立，属于九卿一级的机构。宗正府的首脑

忽必烈狩猎图　六贯道　元代

这张图记录了元世祖的打猎活动，场景是在广阔的草原上，元世祖和他的皇后在中间，两旁的皇家侍卫队除了蒙古族的王室之外，还有黑皮肤的南亚人、高鼻子的中亚人。可见，元世祖统治时期，国力强盛，幅员辽阔。

“宗正”一官，必须由皇族成员担任。宗正的职责是专门负责皇族事务。

蒙古骑兵

以游牧为生的蒙古人民，在部落首领成吉思汗的组织指挥下，发展成为了一支精良的骑兵部队。他们训练有素、纪律严明且战术灵活，因此称霸于欧亚大陆。图为骁勇善战的蒙古骑兵。

要在休养安息（明太祖　朱元璋）

【原文】

天下始定，民财力俱困，要在休养安息，惟廉者能约己而利人，勉之。

——《明史·本纪·太祖》

【译解】

天下才平定，百姓的财和力都很困乏，现在重要的是让他们得到休养安息，只有廉洁的人才能做到自己贫困而使别人得到好处，希望大家尽力做到这些吧。

洪武元年（1368年）正月，天下府州县官来朝见明太祖，太祖对官员们说了这段话。他提倡廉洁奉公，鼓励大家努力做到这一点。

悉议弊政以闻（明孝宗　朱祐樘）

【原文】

方今生齿渐繁，而户口、军伍日就耗损，此皆官司抚恤无方、因仍苟且所致。其悉议弊政以闻。

——《明史·本纪·孝宗》

【译解】

如今人口渐渐繁多，可是户口、

验马图

蒙古人以马上得天下，以冲击力和机动力闻名的骑兵是蒙古军队的主要组成部分。为保证战马的精良，蒙古军队中专门设立了管理战马的官吏——“兀术赤”和“阔瑞赤”。“兀术赤”主管车马和牧马，负责饲养、调教马群；“阔瑞赤”掌管从马，从马是供骑兵作战时轮换使用的马匹，“阔瑞赤”要保证战马处于良好的临战状态。图为蒙古人正在验马。

满人祖宗像

满族人注重礼仪，无论何时何地何缘故，祖先神灵之礼不能稍废。满族人不仅年节、喜庆、丧亡等礼节繁多，平时也是“三天一小拜，五天一大拜”，家里一般都供奉祖宗牌位及画像，以示纪念。

军队却一天天减少，这都是官府抚恤无方、因袭苟且所致。希望你们详尽议论弊政向我报告。

弘治十八年（1505年）二月戊辰，明孝宗御奉天门，这是他对户部、兵部、工部三部下的命令。说明他对户口、军队的重视，对官府无能的不满。

文中的生齿本来指小孩长出乳齿，借指人口、家口。军伍指军队、队伍。

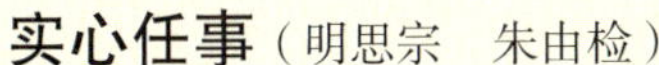

实心任事（明思宗　朱由检）

【原文】

诸臣若实心任事，朕亦何需此辈。

——《明史·本纪·庄烈帝》

【译解】

各位臣子如若都实心实意办事，我也何须用这帮人呢？

崇祯皇帝后来对朝臣越加不信任。崇祯四年（1631年）十一月丙戌，他命令太监李奇茂监视陕西茶马，吴直监视登岛兵粮、海禁，群臣合疏谏，不听。癸巳，他召对廷臣于文华殿，历询军国诸务，语及内臣时，他说了这句话。表现他对大臣们的不满意以及悲哀的心情。

国家纪纲，首重廉吏

（清世祖　爱新觉罗·福临）

【原文】

国家纪纲，首重廉吏。迩来有司

雍正对胤禩、胤禟的迫害

雍正在《大义觉迷录》一书中，曾对自己的恶行进行辩护，然而，事与愿违，欲盖弥彰，反而愈描愈黑。八弟胤禩是雍正兄弟中最为优秀、最有才能的一位。但是，“皇太子之废也，胤禩谋继立，世宗深憾之”。雍正继位后就一直在思考如何除掉胤禩。他先封胤禩为亲王，然后他抓住胤禩的福晋对来贺者所说的“何贺为？虑不免首领耳！”的把柄，借故命胤禩在太庙前跪一昼夜。然后就削夺了胤禩的王爵，对其进行高墙圈禁，改其名为“阿其那”，即“猪”的意思。最终，胤禩受尽折磨，被害而死。他的九弟胤禟因同胤禩结党，也为雍正所不容。胤禟为逃避迫害便向雍正表示：“我行将出家离世！”但为了彻底铲除他，雍正借故命革去了他的黄马褂，并削宗籍，逮捕囚禁。同时他将胤禟改名为“塞思黑”，即“狗”的意思。胤禟在监狱中备受折磨，并最终死于狱中，但也有传说说他是被毒死的。

贪污成习，百姓失所，殊违朕心。总督巡抚，任大责重，全在举劾得当，使有司知所劝惩。今所举多冒滥，所劾多微员，大贪大恶乃徇纵之，何补吏治？吏部其详察以闻。

——《清史稿·本纪·世祖》

【译解】

国家起纪纲作用的人物，放在首位的是清廉的官吏。近来负责专门事务的官吏贪污成性，百姓失去依靠，也违背了我的心意。各地的总督巡抚，肩负的重大责任，全都在于荐举人才弹劾官吏得当，使有关官吏谂知鼓励和惩罚的内容。现在所荐举的大多是假冒和品行不端的人，所弹劾的大多是低微的官员，对高官大贪和大恶却徇私放纵，这对于治理官吏有何好处呢？吏部一定要对官吏详细考察并上奏给我。

孝庄文皇后朝服像　佚名　绢本设色

孝庄文皇后，姓博玺济吉特氏，科尔沁贝勒寨桑之女，生于明万历四十一年（1613年）。后金天命十年（1625年）二月，被太祖爱新觉罗·努尔哈赤第八子皇太极聘为侧福晋。崇德元年（1636年）改元，五官并建，被册封为永福宫庄妃。顺治元年（1644年）尊为圣母皇太后，在清初顺治、康熙两朝曾参与政事多年。图中孝庄文皇后身着华丽的服装，坐在宝座上，庄重威严。

这是顺治八年（1651年）闰二月清世祖的一道教谕所言。他对当前的贪污现象进行了指责，表明他重视官员的清廉，决心加强考察。

文中的纪纲指起纪纲作用的人物。总督，是清代地方的最高级长官，总管一省或二三省，位在巡抚之上，正二品。清初总督额数及辖区不固定，乾隆以后成为定制，全国设有八个总督：直隶、两江、陕甘、闽浙、两湖（即湖广）、两广、四川、云贵。总督一般均带兵部侍郎（或尚书）、右都御史衔，其职掌综理军民事务、统辖文武、考核官吏。

【原文】

国家设官，必公忠自矢，方能裨益生民，共襄盛治。朕亲政以来，屡下诏令，嘉与更始。乃部院诸臣因仍前弊，持禄养交。朕亲行黜陟，与天下见之。自今以后，其淬砺前非，各尽厥职。若仍上下交欺，法必不贷。

——《清史稿·本纪·世祖》

【译解】

国家的官吏，必定要自己宣

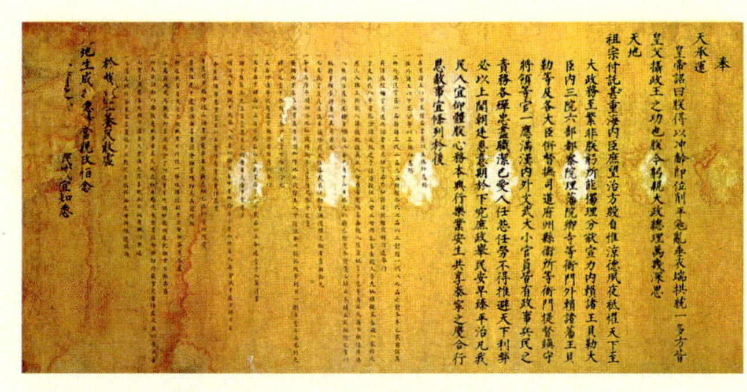

顺治帝亲政诏书

顺治帝六岁即位，由叔父多尔衮做摄政王。顺治八年（1651年）亲政时向全国发布了诏书（普告天下臣民的文书）。内容大体是：缅怀上一代皇帝的“功绩”；新皇帝略示谦辞而宣布即位；公布建元年号；命文武大小臣工忠于朝廷，以保持清朝的统治“万年无疆”等。诏书中还公布了亲政时晋封官职、蠲减赋税及各项赦免的条款。

誓秉公办事，忠于职守，这样才能对百姓有益，共同辅助大治天下的重任。我亲政以来，多次下诏令，勉励大家重新开始新政。可是部院的各位大臣因袭从前的弊端，拿俸禄去养自己交往的人。我要亲自进行对官员的提拔与降职，让天下人都看见我行动。从今以后，你们一定要清理改正从前的错误，各自尽到你们的职守。如果仍然上下欺瞒，法律一定不会宽免。

这选自顺治八年（1651年）闰二月清世祖的一道教谕。他对各部官员因袭以前的弊端很不满意，决定要亲自掌管官员的升降，表明了他重视官员的品德作风，决心转变官场风气。

文中的自矢即自誓。襄，指辅助。淬砺，制造刀剑必须淬火和磨砺，比喻刻苦磨炼，去除杂质。

纠察必以严（清圣祖　爱新觉罗·玄烨）

【原文】

纠仪御史纠察必以严，设朕躬不敬，亦当举奏。

——《清史稿·本纪·圣祖》

【译解】

纠察仪容的御史官，纠察朝廷大臣的仪容一定要严肃认真，假如我自身不庄敬，也应当检举上奏。

这是康熙二十七年（1688年）十二月清圣祖下的一道教谕。他对纠察仪容的御史官提出了要求，非常注重朝臣及自己的仪表，以此来端正朝廷的作风。

文中的纠仪御史是官名，专门负责纠察朝臣的仪容。

督抚审慎用之（清世宗　爱新觉罗·胤禛）

【原文】

地方官私征耗羡，难以裁革。惟在督抚审慎用之，不可以归公。若归公，则地方官又重复取民矣。

——《清史稿·本纪·世宗》

清世宗

雍正帝，即清世宗，爱新觉罗·胤禛（1678—1735年）。他盛年登基，年富力强，学识广博，阅历丰富，刚毅果决，颇有作为。康熙政尚宽仁，雍正继以严猛，在位短短十三年中，有步骤地进行了多项重大改革，取得了卓有成效的业绩，为后代的乾隆打下了扎实雄厚的基础，使“康乾盛世”在乾隆时期达到了顶峰。

雍正帝《行乐图》 佚名 绢本设色 清代

作为中国历史上有作为的皇帝，雍正继位后，采取了整顿吏治、清查亏空、耗银归公、取缔陋规等多项措施，与康熙、乾隆一道创建了清王朝“康乾盛世”。“雍正一朝，无官不清”是对雍正治理国家的公正评价。

【译解】

地方官私自在正额外加征税赋，难以裁汰革除。只有总督和巡抚谨慎地处理，不可以将其全部归公，如果全部归公，地方官又要从百姓那里获取了。

这是雍正六年（1328 年）四月清世宗所下的诏令。反映出当时地方官的贪婪、他的无奈及消极的应对措施，可以看出他是为百姓着想，并尽力改变这种状况。

文中的耗羡指官府征收钱粮时以弥补损耗为名，在正额之外加征的部分。裁革指裁汰革除。

苏州的船运 徐扬 绢本设色 清代

苏州多河流，故船只成了主要的交通和运输工具。货物运载的船种多为乌篷船及白篷船等。苏州是鱼米之乡，粮产丰富，船只担当了南粮北运的重任。河岸店铺密集，人船熙攘。

礼仪

这部分内容主要包括礼仪制度和教育。礼仪制度一直受到帝王的高度重视，西周建立后，周公制礼乐，以“亲亲”“尊尊”为基本原则，确定了尊卑关系。历代帝王在登上皇位后，都把制定礼仪作为巩固皇权的重要手段。汉高祖刘邦在接受群臣以叔孙通制定的朝仪朝拜后，感慨地说：“我今日才知道了做皇帝的尊贵!”

教育是推行儒家思想的重要形式，帝王们对教育的关切也不亚于礼仪。

铜戈 秦代

礼是中国特有的文化现象，是中国古代社会政治、经济、文化世代相承的主要形态。历代圣君贤臣都将礼作为安邦定国、励精图治的主要手段。秦在商鞅变法之后，重视耕战，并且对兵器的制作极为重视，常在兵器上刻上工匠的名字，对于铸造的监督也十分严格。

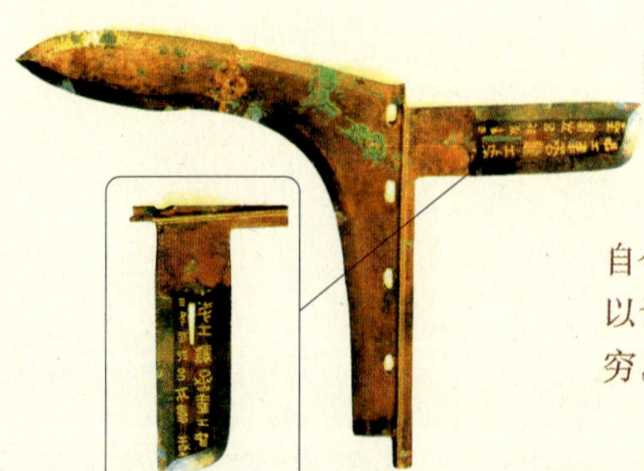

其议帝号（秦始皇　嬴政）

【原文】

寡人以眇眇之身，兴兵诛暴乱，赖宗庙之灵，六王咸服其辜，天下大定，今名号不更，无以称成功，传后世。其议帝号。

——《史记·秦始皇本纪》

【译解】

我凭借微小的身躯，兴兵诛讨暴乱之人，赖仗祖宗的神灵，六国国君都低头服罪，天下得以安定，如今不更换名号，就没有用来显示成功的方法，就不能流传后世，希望你们议定帝号。

秦始皇统一天下后，就下令丞相御史议帝号，以表现他的千古一帝的雄风。这就是他下命令的话。

文中的宗庙原指君王、诸侯或大夫祭祀祖宗的场所，这里是指祖宗。辜，即罪。

【原文】

去“泰”著“皇”，采上古“帝”位号，号曰“皇帝”。他如议。

朕闻太古有号无谥，中古有号，死而以行为谥。如此，则子议父，臣议君也，甚无谓，朕弗取焉。自今以来，除谥法。朕为始皇帝，后世以计数，二世三世至于万世，传之无穷。

——《史记·秦始皇本纪》

秦始皇

秦始皇嬴政（前259—前210年），首位完成中国统一的秦王朝的开国皇帝。后人称之为“千古一帝”。自前230年至前221年，先后灭韩、赵、魏、楚、燕、齐六国，完成了统一全国的大业，建立了中国历史上第一个统一的、多民族的、专制主义中央集权制国家——秦朝，定都咸阳。秦王在位时，依法治国，十分尊崇法家思想，对于将领以及违反法制之人均给予严厉的制裁。

【译解】

去掉“泰”字，留下“皇”字，采用上古“帝”字的位号，就称“皇帝”。其他方面就按照你们所议论的定。

我听说上古有号没有谥，中古有号，死后根据他生前的事迹来定谥号，这样的话，就成了儿子评议父亲，臣子评议君主，很没有道理，我不赞成这种做法。从今以后，废除谥法，我是始皇帝，后代按辈数计算，称为二世、三世，直到万世，没有穷尽。

这是丞相御史议定帝号后秦始皇所言。他创造了皇帝的称号，废除了谥法，表达了要居于至尊，统治万代的雄心。

文中的泰皇是古代的称谓，有天皇、地皇、泰皇，泰皇最为高贵，丞相李斯等建议对秦始皇称泰皇。谥号是古代皇帝以及大臣死后，后人根据他生前的行为为他取一个称号，是对他生前的评价。

汉明帝对外戚的打击

汉明帝在继位后，一改汉光武帝时期对外戚的怀柔之道，继而以刚猛代之。他根据光武帝生前的遗愿，将二十八位名将的画放于云台，但他自己的岳父、著名的伏波将军马援却不在其列，他这样做就是要向大臣们表明自己限制和约束外戚的决心。不仅如此，他还杀了功臣梁统的儿子梁松，同时梁松也是他的姐夫，据《后汉书》记载："松坐怨望，县飞书诽谤。"太后阴丽华的侄儿驸马阴丰，杀了公主，虽然阴太后还在，但明帝也不徇私情，将阴丰杀死。开国功臣窦融的侄子窦林因犯"欺罔及臧罪"而下狱，最终死在狱中。窦融的长子同时也是光武帝的驸马窦穆，因想占据六安国，便假传阴太后的旨意，命六安侯刘盱休妻，并娶自己的女儿。后来汉明帝得知此事，将窦穆罢官，窦氏家族的人，除了窦融留京外，其余的全迁回老家。窦融在受到明帝的斥责后，吓得马上辞官养老。虽然窦穆最终得到了赦免，允许回京城居住，但却受到汉明帝的严格监视。窦穆心怀不满，口出怨言，又贿赂官吏，结果他和他的两个儿子窦宣、窦勋又再次下监，并最终死在狱中。

【原文】

吾慕真人，自谓"真人"，不称"朕"。

——秦始皇《史记·秦始皇本纪》

【译解】

我羡慕真人，我自称"真人"，就不称"朕"了。

卢生等人骗秦始皇说之所以找不到长生之药，是有东西妨碍，他们劝秦始皇躲起来，真人就来到身边了，于是秦始皇就以这句话作答。反映了秦始皇希图求仙长生不老的愿望。

文中的真人是道家称修真得道或成仙之人。

彩绘铜车马　秦代

对于所驾的车马，古代的礼制亦有明确的规定，逸礼《王度记》曰："天子驾六，诸侯驾五，卿驾四，大夫三，士二，庶人一。"所谓的天子驾六是指皇帝级别的驾车礼制，由六匹马拉的两辆马车组成的。

兢兢焉惧弗任（汉武帝　刘彻）

【原文】

朕以眇眇之身承至尊，兢兢焉惧弗任。维德菲薄，不明于礼乐。修祀泰一，若有象景光，屑如有望，依依震于怪物，欲止不敢，遂登封泰山，至于梁父，而后禅肃然。自新，嘉与士大夫更始，赐民百户牛一酒十石，加年八十孤寡布帛二匹。复博、奉高、蛇丘、历城，毋出今年租税。其赦天下，如乙卯赦令。行所过毋有复作。事在二年前，皆勿听治。

——《史记·孝武本纪》

【译解】

我凭借低微的身份继承了至高无上的皇位，小心谨慎，害怕不能胜任。我的德行不厚，又不明礼乐。修祀泰一神时，仿佛有吉祥的光芒，连续在眼前出现，我被这奇异的光芒所震撼，想停止而又不敢，于是就登泰山而封禅，到了梁父山，再到肃然山祭了地神。我要修好德行，希望和士大夫一起除旧革新，赐予民众每百户一头牛十石酒，每年再给八十岁以上老人和孤寡者二匹布帛。复博、奉高、蛇丘、历城等地今年的租赋免除。又大赦天下，如同我在乙卯年的大赦令一样。我所行走过的地方就不再执行复作这种刑律，在两年之前所犯事的就不再追究处理。

这是汉武帝元封元年（前 110 年）到泰山封禅回来后坐在明堂上对臣子们所言。古代泰山封禅是一件大事，要有德有为的君主才能去封禅。这段话反映了武帝要向古代圣贤学习，修行德政的想法。

文中的修祀指祭祀。复作，汉刑律名，犯者不服刑具，刑期一年，也指按其刑服劳役的妇女。

知薄葬送终之义（汉光武帝　刘秀）

【原文】

世以厚葬为德，薄终为鄙，至于富者奢僭，贫者单财，法令不能禁，礼义不能止，仓卒乃知其咎。其布告天下，令知忠臣、孝子、慈兄、悌弟薄葬送终之义。

——《后汉书·光武帝纪》

视死如生的汉人

这幅出土于长沙马王堆汉墓的帛画，其实是一种汉人认为的引魂道具，整个画面分为三个部分：天国、人间和地狱，体现的是灵魂不灭的生死观。画面中的天国和地狱实际上是一种鬼神世界，此帛画是引导墓主灵魂升天的途径，意即当时的人们相信人死后是能升天的。

【译解】

世俗认为厚葬是高尚的道德，薄葬是鄙陋的，以至于富豪家庭办理丧事奢侈僭越，贫困人家也把全部家财用光。对此，法令不能禁绝，礼义也不能制止，到了社会动乱时坟墓被人盗掘，这才知道其错误。现在我命令布告天下，让人们知晓忠臣、孝子、慈兄、悌弟用薄葬送终的意义。

【析解】

这段话选自建武七年（31 年）汉光武帝的诏令。光武帝提倡薄葬，以培养良好的社会风气。

文中的薄终指薄葬。僭即僭越，超越了身份。单，通“殚”，尽。仓卒指变故、乱离。

存耆耋，恤幼孤（汉明帝　刘庄）

【原文】

光武皇帝建三朝之礼，而未及临飨。眇眇小子，属当圣业。间暮春吉辰，初行大射；令月元日，复践辟雍。尊事三老，兄事五更，安车软轮，供绥执授。侯王设酱，公卿馔珍，朕亲袒割，执爵而酳。祝哽在前，祝噎在后。升歌《鹿鸣》，下管《新宫》，八佾具修，万舞于庭。朕固薄德，何以克当？《易》陈负乘，《诗》刺彼己，永念惭疚，无忘厥心。三老李躬，年耆学明。五更桓荣，授朕《尚书》。《诗》曰：“无德不报，无言不酬。”其赐荣爵关内侯，食邑五千户。三老、五更皆以二千石禄养终厥身。其赐天下三老酒人一石，肉四十斤。有司其存耆耋，恤幼孤，惠鳏寡，称朕意焉。

——《后汉书·显宗孝明帝纪》

【译解】

光武帝建立了明堂、设辟雍、升灵台三地朝拜的礼仪，而未涉及供奉享用的事。我一个渺小的人，应当继承国家大业。在暮春美好的时辰，开始施行大射礼；在吉祥的十月，亲自来到辟雍。以对待父亲的心尊奉三

汉明帝研读古典图

汉明帝即位后，一切都遵循光武制度。明帝及其子章帝（75—88年）在位的三十年间，政治清明，社会经济繁荣，国家相对稳定，史称“明章之治”。这幅丝绢画描绘的就是汉明帝以学者的风范在臣子的陪同下研读古籍的情景。

汉明帝

汉明帝刘庄，汉光武帝刘秀的第四子，建武十九年（43年）立为皇太子，中元二年（57年）即皇帝位。明帝即位后，一切遵奉光武制度。他热心提倡儒学，注重刑名文法，为政苛察，总揽权柄，权不借下，还严令后妃之家不得封侯与政。同时，基本上消除了因王莽虐政而引起的周边少数民族侵扰的威胁，使汉族和少数民族的友好关系得到了恢复和发展。永平十八年（77年），明帝病死，葬于显节陵。

老，像兄长一样尊重五更，让他们乘坐用五叶裹就的车子，我亲自执车绥把车送给他们。用酱来奖励诸侯番王，把山珍佳肴赐给公卿，我将亲自馈赠肉酱食物，并裸臂执酒爵来欢饮。前面设专人来祝祷，防止老人们饮食哽咽。升堂歌咏《鹿鸣》，堂下吹奏《新宫》，备有八个行列，庭中舞女起舞。我固然德行不厚，用什么办法才能改变呢？《周易》陈说居非其位招致祸患的负乘之理，

《诗经》讥讽德薄而服尊之人，使人长久怀有负疚之感，不忘惭愧的心。三老李躬，年纪虽老但学识渊博。五更桓荣，传授《尚书》给我。《诗经》道：“无德不报，无言不酬。”今赐桓荣关内侯爵位，封给五千户食邑。三老、五更都以两千石官员的俸禄供养终身。赏赐天下的三老每人一石酒、四十斤肉。有关主管部门要关心年老体弱的老人，抚恤年幼的孤儿，对鳏夫和寡妇施以恩惠，这样才能称我的心意。

永平二年（59年）十月，汉明帝来到辟雍，开始施行养老礼，并颁发了这份诏书。明帝要亲自为三老送车，为老人住手，身体力行，在全国推行提倡尊老养老的风尚。

文中的三朝之礼指中元元年（56年）初起明堂、辟雍、灵台。大射指射礼，射礼有四种：一是大射，是天子、诸侯祭祀前选择参加祭祀人而举行的射祀；二是宾射，是诸侯朝见天子或诸侯相会时举行的射礼。三是燕射，是平时燕息之日举行的射礼；四是乡射，是地方官为荐贤举士而举行的射礼。射礼前后，常有燕饮，乡射礼也常与乡饮酒礼同时举行。三老，古代掌教化的乡官。战国魏有三老，秦置乡三老，汉增置县三老，东汉以后又有郡三老，并间置国三老。五更，指知五行更代之事的老人。《鹿鸣》，《诗经·小雅》的篇名。

玉蝉　西汉

由于汉人认为灵魂不死，故汉人的厚葬之风甚浓，而玉器因其盈泽润厚被汉人认为有通天之效，因此玉器在当时无论是在祭器，还是在礼器之中，均备受推崇，达到了生者佩玉、食玉，亡者裹玉、填玉的局面。此玉蝉出土于徐州狮子山楚王陵，是制作相当精良的玉器。

母仪天下、崇尚礼法的马皇后

东汉时期的皇帝大都是幼年即位，在皇太后的支持下，外戚专权，也直接导致了东汉朝政及其腐败。历史上有一位皇后没有纵容外戚，反而抵制外戚参政议事，她就是汉明帝刘庄皇后马氏。马皇后生性宽仁，虽贵为皇后，却崇尚礼法，严于克己，还以史为鉴，禁止外戚参政。

导人教学为本

（汉章帝　刘炟）

【原文】

盖三代导人，教学为本。汉承暴秦，褒显儒术，建立五经，为置博士。其后学者精进，虽曰承师，亦别名家。孝宣皇帝以为去圣久远，学不厌博，故遂立大、小夏侯《尚书》，后又立京《氏易》。至建武中，复置颜氏、严氏《春秋》，大、小戴《礼》博士。此皆所以扶进微学，尊广道蓺也。中元元年诏书，《五经》章句烦多，议欲减省。至永平元年，长水校尉鯈奏言，先帝大业，当以时施行。欲使诸儒共正

反映汉代的漆屏风

汉武帝之后，儒家学说被确立为治国思想，儒家学说中对于尊卑、贵贱、长幼的行为规范也成为整个汉代的行为规制。此屏风绘制了“帝舜二妃娥皇女英”“灵公夫人”“汉成帝班婕妤”等《烈女传》中的故事，借此以提醒女子要注重礼法。

经义，颇令学者得以自助。孔子曰：“学之不讲，是吾忧也。”又曰：“博学而笃志，切问而近思，仁在其中矣。”于戏，其勉之哉！

——《后汉书·肃宗孝章帝纪》

【译解】

三代教育人民，以教学为根本。汉代承接暴虐的秦朝，显扬儒术，立《五经》，设立了《五经》博士。那些后学之人专精于学，虽然师承一家，但也学习别家学说。孝宣皇帝认为距离圣人已经久远，学识不怕广博，于是设立了《大夏侯尚书》和《小夏侯尚书》，后来又立了京氏《易》。到建武年中，又设置了《颜氏春秋》《严氏春秋》《大戴礼记》《小戴礼记》博士。这些都是促进微言大义之学的发展，遵从推广王道六艺的措施。中元元年的诏书说，《五经》章句繁多，商议想减省不必要的解说。到永平元年，长水校尉樊儵上奏道，先帝的大业，应该根据时代的特点来施行。我想让各位儒者共同来匡正经义，使学习者能够得到自助。孔子道：“学习不阐述，是我忧虑的啊。”又道：“学识广博又专心致志，深入探讨又勤于思索，仁就在其中了。”唉，大家都如此努力吧！

这是汉章帝在建初四年（79 年）春十一月所发的诏书。诏书大力宣扬了儒家学说的重要性，号召大家要深入学习和钻研儒学，章帝要以儒家学说来治理国家。

文中的三代指夏商周，这三代乡里有教——夏代名叫校，商代名叫庠，周代名叫序。大、小夏侯指夏侯胜及夏侯胜的从兄子建。京氏指京房。严氏指严彭祖。颜氏指颜安乐。大、小戴指戴德、戴圣。

有功者宜陪寿陵（魏武帝　曹操）

【原文】

古之葬者，必居瘠薄之地。其规西门豹祠西原上为寿陵，因高为基，不封不树。《周礼》冢人掌公墓之地，凡诸侯居左右以前，卿大夫居后，汉制亦谓之陪陵。其公卿大臣列将有功者，宜陪寿陵，其广为兆域，使足相容。

——《三国志·魏书·武帝纪》

【译解】

古代埋葬死人的地方，一定要选择贫瘠之地。现在划出西门豹祠西面的高地作为我的寿陵，利用高地作为墓基，不堆土，不植树。《周礼》规定由家

魏武帝

曹操（155—220年），沛国谯县（今安徽亳州）人。汉朝丞相。曹操在政治军事上，消灭了北方的众多割据势力，统一了中国北方大部分区域，并实行了一系列政策恢复经济生产和社会秩序，奠定了曹魏立国的基础。另外在文学方面，在曹操父子的推动下形成了以三曹（曹操、曹丕、曹植）为代表的建安文学，史称建安风骨，在文学史上留下了光辉的一笔。曹丕代汉后，曹操被尊称为"大魏武皇帝"，庙号"魏太祖"。

人掌管安葬天子、诸侯及其子弟的墓地，凡是诸侯居于陵墓靠前的地方，卿大夫居在后面，汉朝的葬制把这个称之为陪陵。我国凡是公卿大臣各位将领有功的人，死后可以陪葬在寿陵，要扩大其范围，使它足够容纳得下。

这是建安二十三年（218年）六月曹操下的命令。命令交代了他对死后的安排，反映了曹操对后事的安排和对于修建陵墓的态度，既强调节俭，又要遵照《周礼》和汉制。

邑百户，奉孔子祀（魏文帝　曹丕）

【原文】

昔仲尼资大圣之才，怀帝王之器，当衰周之末，无受命之运，在鲁、卫之朝，教化乎洙、泗之上，悽悽焉，遑遑焉，欲屈己以存道，贬身以救世。于时王公终莫能用之，乃退考五代之礼，修素王之事，因鲁史而制《春秋》，就太师而正《雅》《颂》，俾千载之后，莫不宗其文以述作，仰其圣以成谋，咨！可谓命世之大圣，亿载之师表者也。遭天下大乱，百祀堕坏，旧居之庙，毁而不修，褒成之后，绝而莫继，阙里不闻讲颂之声，四时不睹蒸尝之位，斯岂所谓崇礼报功，盛德百祀必祀者哉！其以议郎孔羡为宗圣侯，邑百户，奉孔子祀。

——《三国志·魏书·文帝纪》

【译解】

昔日孔子怀有大圣的才能，胸怀帝王的气度，正处在周代衰微的晚期，没有受命上天称帝的运数，在鲁国和卫国的朝廷里做官，在洙水、泗水之滨推行教化，四处奔走，惶惶不安，他想要委屈自己而保存大道，贬低自己来挽救世间。当时各国最终没有人能任用他，于是返回来考究唐、虞、夏、商、周五代的礼制，从事“素王”的行事，依据鲁国史官撰写的历史制作了《春秋》，跟随乐官太师修正了《雅》《颂》的曲谱，使千载以后的人们，没有谁不以他的文字为依据来写作，仰仗他的圣哲来完成谋划。啊！他可以说是闻名天下的大圣人，千年万载都是人们效法的榜样。如今遭遇天下大乱，各种祭祀都被毁弃，孔子旧居的庙堂也遭到毁坏，孔子受到褒奖封成侯后，其学说却无人继承，孔子故里阙里再也听不到讲颂学业的声音，一年四季都看不到祭祀的神位，这难道能说是尊崇礼法、酬报功德、道德盛大的人，世世代代都一定

宋真宗借道教来掩饰澶渊之耻

道教在宋代的兴盛起源于宋真宗时期。当时的宋真宗由于在对辽战争中订立屈辱的澶渊之盟，为了掩盖失败，便编造出神仙及天书《大中祥符》降临的谎言，甚至连年号都被改成了大中祥符。不仅如此，他假托梦境，在道教教主老子之外，又捧出了一位赵姓的神仙——赵玄朗，此人是道教的圣祖。他之所以这样做只是为了掩盖自己在与辽国战争中的无能罢了。他将本应胜利的战争变成了城下之盟，而最大的功臣寇准也在澶渊之盟的第二年就被罢相，他的种种举动都招来了国人以及大臣们的极大不满，为了转移天下人的视线他只好捏造出一些事情来转移人们的目光，而道教就成了他的首选。宋真宗所做的这一切无非是为了自己的面子，但他这样做的结果却使北宋政府的财政越发吃紧。为了解决财政问题，北宋政府不得不加重赋税，老百姓最终成了这一荒唐事件的牺牲者。特别是在修建安放《大中祥符》的玉清昭应宫时，更是出现了“役遍天下”的现象。由于建造工期紧，服役的民工被迫日夜加班，有的甚至劳累而死，但是官吏们却给他们安上了拖延误工或集体逃亡的罪名，并将他们的老婆孩子收押入狱。

佛三尊像碑

古人席地而坐，臀部靠脚后跟；伸腰并使臀部离开脚后跟，用膝着地则为跪。跪着行礼则为跪拜，根据《周礼》的记载，古人的跪拜礼大致可分九种：稽首、顿首、空首、振动、吉拜、凶拜、奇拜、褒拜、肃拜。佛家的跪拜之礼与之很相似。

高荣名刺　木制三国

名刺类似于如今的名片，古时，世家大族之间的交往非常讲究出身的门第和官位。中原地区和长江流域的贵族和士大夫在相互访问时，需要用名刺来表明身份。这是三国时吴国高荣的木制名刺，主人死后名刺也随之埋葬于坟墓之中，说明了当时官场对于名刺的重视。

会受到祭祀吗？现在我命令封孔子后代议郎孔羡为宗圣侯，赐给邑百户，供奉孔子的祭祀。

这段话是魏文帝在黄初二年（221 年）春正月，祭祀了天地明堂后下诏所言。表明了魏文帝执政后强化儒学，以此作为国家统治思想的想法。

文中的洙、泗指山东的两条河流，孔子曾居住在这两条河之间传教授徒。五代指唐、虞、夏、商、周五个朝代。素王称那些有帝王的德行而没有居帝王之位者。褒成，是汉平帝对孔子及他的后代所封的爵号，孔子称褒成宣尼公。阙里，地名，在洙、泗二水之间，传说当年孔子曾在这里向弟子传授学业。

嫡庶之别辨上下（晋武帝　司马炎）

【原文】

嫡庶之别，所以辨上下，明贵贱。而近世以来，多皆内宠，登妃后之职，乱尊卑之序。自今以后，皆不得登用妾媵以为嫡正。

——《晋书·帝纪·武帝》

【译解】

区别嫡庶，是为了辨别上下的位置，明白高贵和低贱的身份。可是近年以来，很多官员接纳自己宠爱的人，使其登上妃子、王后的位置，搅乱了尊卑的秩序。从今以后，不能进用妾媵作为嫡正夫人。

这是泰始十年（274 年）春二月晋武帝下的诏书。他再次重申了后妃尊卑的身份，反映了他进一步确立等级制度，以此来规范统治秩序的想法。

文中的嫡庶指嫡庶制度，这是中国古代婚姻制度的核心内容。一夫多妻的家庭里面，男子只能有一位正妻，称为嫡妻，除正妻以外的其他配偶就是庶妻，通常称作姬妾，按地位从高到低有媵（正妻的同族陪嫁女子）、妾的区别。

建国教学为先（宋武帝　刘裕）

【原文】

古之建国，教学为先，弘风训世，莫尚于此，发蒙启滞，咸必由之。故爰自盛王，迄于近代，莫不敦崇学艺，修建庠序。自昔多故，戎马在郊，旍旗卷舒，日不暇给。遂令学校荒废，讲诵蔑闻，军旅日陈，俎豆藏器，训诱之风，将坠于地。后生大惧于墙面，故老窃叹於《子衿》。此《国风》所以永思，《小雅》所以怀古，今王略远届，华域载清，仰风之士，日月以冀。便宜博延胄子，陶奖童蒙选备儒官，弘振国学。主者考详旧典，以时施行。

——《宋书·本纪·武帝》

无视礼制的贾后

尽管魏晋之时是一个十分讲究礼法的朝代，但是也有无视礼制之人，晋惠帝的皇后贾南风专政之后，生活上越来越荒淫放荡，她与一些官员淫乱，弄得朝野皆知，把握大权之后，她更是肆无忌惮，找人专门为他物色健美的男子把玩。她的淫乱也最终致使之后的“八王之乱”。

【译解】

古代建设国家，教育是首要的，弘扬风气教化世人，没有比这个更重要的了，开导启发蒙昧之人；都必须通由这条途径。所以从古代盛世帝王到近代，无不崇尚学术，修建学校。以前由于一些缘故，兵马遍布在郊野，旌旗飞扬，事务繁多没有闲暇时间，致使学校荒废，再也听不到读书的声音。军队天天操练阵势，俎豆等祭器都收起，教训诱导的风习，将要坠落在地。年轻人把学习看做是苦事，老年人私下里对学子感到悲叹，这就是《国风》为何咏叹，《小雅》为何发出怀古的幽情的原因。现在国家政策已经传到遥远之地，天下太平无事，仰慕风化的士人，每日每月都在期盼。应因利乘便广聘王公贵人子弟入学，教育少年，选择备置儒学官员，弘扬振兴国学。主管部门要详细考知以前的规章制度，依时施行。

这段话是宋武帝在永初三年（422 年）正月发的诏令所言。他注重教化，弘扬儒学，以儒学来安定社会。

文中的发蒙启滞指开导启发蒙昧的人。学艺的艺即六艺，指《诗》《书》《易》《礼》《乐》《春秋》。俎豆，俎和豆都是祭祀用器皿。后生大惧于墙面，出自《论语·阳货》，子谓伯鱼（孔子之子孔鲤）道：“女为《周南》《召南》矣乎？人而不为《周南》《召南》，其犹正墙面而立也与？”《子衿》，是《诗

《斫琴图》中的文人用具

玄学指的是对《老子》《庄子》《周易》这“三玄”的研究和解说，两汉经学盛极而衰，玄学家便援引老庄思想来阐释儒家经义，魏晋南北朝之时，频繁的战乱让一些人为了逃避战争而全身心进入玄学的研究之中。图中描绘的是南朝齐梁时期文人的典型着装方式，高齿屐可使人有飘逸感，斑丝阴囊即靠枕，棋子方褥为随身坐具，用时摊在地上“独坐”。

经·郑风》篇名。胄子：指君王和贵族长子。

胄子始集，学业方兴（宋文帝　刘义隆）

【原文】

胄子始集，学业方兴。自微言泯绝，逝将千祀，感事思人，意有慨然。奉圣之胤，可速议继袭。于先庙地，特为营造，依旧给祠置令，四时飨祀。阙里往经寇乱，黉校残毁，并下鲁郡修复学舍，采召生徒。昔之贤哲及一介之善，犹或卫其丘垄，禁其刍牧，况尼父德表生民，功被百代，而坟茔荒芜，荆棘弗翦。可蠲墓侧数户，以掌洒扫。

——《宋书·本纪·文帝》

【译解】

国子监学子开始聚集，学业有了起色。圣人的教诲失传，现在已经千年，有感于事而思人，心意感慨。尊奉圣人的后裔，应当快速议定。对孔子的庙宇要专门营造，依照祭祠而设立官员，四季祭祀。阙里以前经历了战乱，学校被毁残破，一起下令让鲁郡修复学校，招录学生。以前的贤哲和一介之善，要保护好他们的墓地，禁止在那里放牧打柴，何况孔子的德操是人们的表率，功业恩泽百代，可是他的坟墓已经荒芜，荆棘还没有清除，可以把墓地附近几户人家的租赋免去，让他们从事墓地的清扫工作。

这是宋文帝在元嘉十九年（442 年）十二月丙申日所发的诏令。这年文帝

东汉时乡品和官品的对应关系

东汉晚期，高门强族或是世代为官，或是世代儒门，势力大为膨胀，门阀世族、外族入侵是当时政治和社会上的两大现象。九品中正制是当时主要的选官制度，九品中正制规定，由州郡中正官将当地的人才分为九品，成为“乡品”。评为高品的，能担任“清官”，受人尊重，升迁快；而低品者任“浊官”，不为人重视，升迁慢。中正品第凸显了“上品无寒门”、“高门华阀，有世及之荣”的现象。

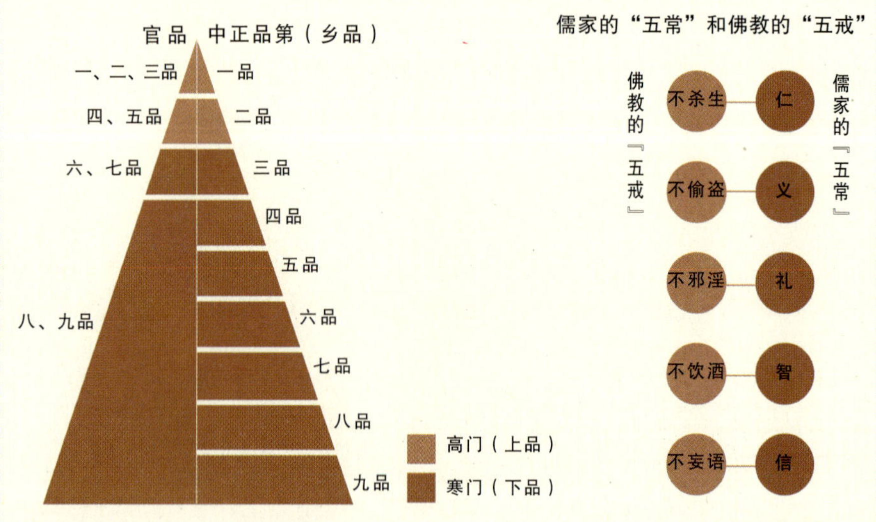

陈武帝

陈武帝（503—559年）陈霸先，字兴国，南朝陈的建立者。太清三年（549年），在始兴（今广东韶关西南）起兵，受湘东王绎节制，与王僧辩会合，讨灭侯景，任征虏将军。西魏破江陵，梁元帝被杀，他与王僧辩在建康（今江苏南京）奉萧方智为梁至、太宰，555年至僧辩纳北齐扶植的萧渊明为帝，他又袭杀王僧辩，立方智为帝，改元绍泰。同年击败北齐的进攻，受封陈王，不久代梁自立。

集中尊孔，宣扬儒学，决心把儒家学说作为国家的统治思想。

设官分职，因事重轻（陈武帝　陈霸先）

【原文】

夫设官分职，因事重轻，羽仪车马，随时隆替，晋之五校，鸣笳启途，汉之九卿，传呼并迾，虞官夏礼，岂曰同科，殷朴周文，固无恒格。朕膺兹宝历，代是天工，留念官方，庶允时衷。梁天监中，左右骁骑领朱衣直阁，并给仪从，北徐州刺史昌义之首为此职。乱离岁久，朝典不存，后生年少，希闻旧则。今去左右骁骑，宜通文武，文官则用腹心，武官则用功臣，所给仪从，同太子二卫率。此外众官，尚书详为条制。

——《陈书·本纪·高祖》

鲜卑贵族元显儁的墓志

439年，北魏统一了整个北方。为了巩固统治，孝文帝推行了北朝规模最为庞大也是最全面的汉化改革，并将都城迁到洛阳，推行汉制，提倡学习汉人的文化，采用汉人的礼制，这一举措的实施大大地推进了鲜卑民族的前进步伐，也间接地促进了汉族和少数民族的融合。此外，为了加强汉化，他规定鲜卑贵族改姓汉姓，其中姓拓跋的一律改姓元。

【译解】

设立官职，按照事物的轻重而有所区别，旌旗车马，随着时代的变化应该有所改变。晋代的五校是吹奏笳笛开道，汉代的九卿，传呼不分主次，舜王时的官职，夏朝时的礼仪，怎能说是统一类型，殷代质朴周代文雅，原本就没有固定的规矩。我登上这皇位，代替天来行使职责，留心礼法，希望与时相合。梁天监年里，左右骁骑领朱衣直阁，并有仪仗随从，最先做这个官职的是北徐州刺史昌义之。动乱的年代很久了，朝廷的典仪也没有了，后来的人年轻，希望听到旧时的规章。现在除去左右骁骑，应该在文武中通用，文官要用贤明智慧的臣子，武官要用建立功勋的臣子，所给予的仪仗和随从，类似于太子的前后二卫。除此之外的众多官职，尚书详细地制作条例。

《永乐大典》

《永乐大典》最早名为《文献大成》。明成祖朱棣为了炫耀自己的文治武功，命翰林院学士解缙、太子少保姚广孝为监修，广收天下古今书籍，编纂成丛书，以便于查考。解缙等人组织一百四十七人，按照《洪武正韵》的韵目，将各种资料抄入书中。次年十一月，丛书编纂完成，明成祖赐名《文献大成》。史书中说，朱棣"览所进书，尚多未备"，于是又命人重修。解缙等人领命后，重组编撰力量，并开设了著名的文渊阁。参加者包括总裁三人，副总裁二十五人，纂修三百四十七人，催纂五人，编写三百三十二人，看样五十七人，誊写一千三百八十一人，续送教授十人，办事官吏二十人，共计二千一百八十人，另外还有"供事编辑者三千余人"。永乐五年（1407年），全书大体定稿，明成祖在阅览后表示非常满意，亲自为丛书撰写了《序言》，并正式定名为《永乐大典》，同时聘请抄书者誊抄全书。《永乐大典》全书正文二万二千八百七十七卷，凡例和目录六十卷，总计一万一千零九十五册，字数约三亿七千万字。书中保存了我国自先秦以来的大量典籍和佚文秘典，数量达到了八千多种。

这是陈武帝在永定二年（558年）春正月所下的诏令。他登上皇位后，对官员的随从仪仗作了规定，反映出他重视典章制度、拨乱反正的思考。

文中的羽仪指仪仗中以羽毛装饰的旌旗之类。笳，出于西北民族地区，汉时传入中原，"鸣笳以和箫声"，最初是"卷芦叶为笳，吹之以乐"，后在形制上有所变化，将芦叶制成的哨插入管中，遂成为管制的双簧乐器，形似筚篥，是汉代鼓乐中的主要乐器。宝历，指国祚、皇位。

祭孔庙制用酒脯（北魏孝文帝 元宏）

【原文】

顷者，淮徐未宾，尼父庙隔非所，致令祠典寝顿，礼章殄灭，遂使女巫妖觋淫进非礼。自今有祭孔庙，制用酒脯而已，不听妇女杂合，以祈非望

彩绘鼓乐女俑

隋唐时期的舞蹈形式多样，内容丰富，不同的舞蹈用于不同的场合，有在皇宫殿庭、贵族庭院、郊野酒肆、街头表演的舞蹈，也有专门为婚丧嫁娶、寺庙祭祀的舞蹈，少数民族和域外音乐的传入也为当时的舞蹈增加了新的因素，使隋唐的音乐和舞蹈呈现出多姿多彩的面貌。

之福。犯者以违制论。其公家有事，自如常礼。

——《北史·魏本纪·孝文帝》

【译解】

近来，淮徐两州还没有归顺，孔子的庙隔离在不是我们管辖的地方，致使庙宇祭祀大典停顿，礼仪法规绝灭，导致男女妖巫滥行不合礼仪的祭祀。从今以后，凡是祭祀孔庙，只用酒食和干肉，不要让妇人杂在里面，以祈求不合理的福祉。违反的人以违抗命令论处。至于公家有活动，还是按照常礼进行。

这是延兴二年（472 年）春二月孝文帝所发的诏令。他要求规范对孔子的祭祀，表明了他接受汉文化，把北魏融入中原的想法。

文中的宾，指服从、归顺。寝顿，衰颓、废止。酒脯，酒和干肉，后亦泛指酒肴。

情存古乐，深思雅道（隋文帝　杨坚）

【原文】

朕祗承天命，清荡万方。百王衰敝之后，兆庶浇浮之日，圣人遗训，扫地俱尽，制礼作乐，今也其时。朕情存古乐，深思雅道。郑、卫淫声，鱼龙杂戏，乐府之内，尽以除之。今欲更调律吕，改张琴瑟。且妙求精微，非因教习，工人代掌，止傅糟粕，不足达神明之德，论天地之和。区域之间，奇才异艺，天知神授，何代无哉！善晦迹于非时，俟昌言于所好，宜可搜访，速以奏闻，庶睹一艺之能，共就九成之业。

——《隋书·帝纪·高祖》

【译解】

我敬承天命，清净了天下。百王衰败以后，黎民百姓风气浅薄之日，圣人的遗训，都丧失殆尽，重新制礼作乐，如今正当其时。我情系古乐，深切钦慕雅道。郑风、卫风的淫声，鱼龙混杂的百戏，存在于乐府之内的，全部都要清除。现在要重调音律，改换乐器。而且高妙的音乐精微，并不是来自传授练习。乐工代代掌管乐府，只是传授了糟粕，不足以与精神之道相通，领会天地之间的和气。在一个区域内，奇妙的人才、奇异的技艺，上天知晓神明传授，哪一朝代没有呢？只不过在不适宜的时代就隐居匿迹，期待着向志趣相投的人倾诉心曲。应该好好地搜寻查访，尽快奏报，也许能使我们看到一种杰出的技艺，共同成就至高的事业。

这是隋文帝在开皇九年（589 年）发表的诏令。他要整顿乐府，兴盛礼乐，学习古代帝王，重视音乐的教育作用。

文中的工人指乐工。九成，多次演奏，奏完一曲为一成，语出《尚书·益稷》："箫韶九成。"

仆役行装图　壁画

古代的宫廷礼仪是十分繁复的，大体上包括登基礼、祭祀礼、婚礼、用膳礼等，除此之外的还有相当复杂的宫廷规则，这幅图中所描绘的四个并肩而立的人，其中两个人手执高柄行灯，一个撑高柄伞，一个举柄扇，这是隋代宫中礼仪的一种。

【原文】

在昔圣人，作乐崇德，移风易俗，于斯为大。自晋氏播迁，兵戈不息，雅乐流散，年代已多，四方未一，无由辨正。赖上天鉴临，明神降福，拯兹涂炭，安息苍生，天下大同，归于治理，遗文旧物，皆为国有。比命所司，总全研究，正乐雅声，详考已讫，宜即施用，见行者停。人间音乐，流僻日久，弃其旧体，竞造繁声，浮宕不归，遂以成俗。宜加禁约，务存其本。

——《隋书·帝纪·高祖》

【译解】

从前的圣人，制作礼乐，推崇道德，移风易俗，这事最为重大。自从晋代战乱，战争不停，雅乐流离散失，年代已久，四方没有统一，无法辨别正统。依靠上天的明视，明神降给幸福，拯救遭涂炭的百姓，安定痛苦的万民，而今天下统一，走向治理，遗留的文物，都为国家所有。最近命令主管官员，总括研究，正乐雅声，详细审核考证已经完毕，应该立即恢复使用，现行音乐应停用。民间的音乐，流传时间已经很久，它们抛弃了旧体，争相制作华靡的音乐，飘浮浪荡，不能归于正体，于是成为一种习俗。应该对此禁止约束，务必保存雅声根本。

这是隋文帝在开皇十四年（594 年）四月所发的诏令。他要禁止民间的俗乐，推广雅声正乐，以此来教育百姓，净化社会风气。

文中的播迁指流离迁徙。雅乐，即"优雅的音乐"，是中国古代的宫廷音乐。雅乐的体系在西周初年制定，与法律和礼仪共同构成了贵族统治的内外支柱。是用于郊庙朝会的正乐。繁声，指华靡的音乐。

【原文】

五帝异乐，三王殊礼，皆随事而有损益，因情而立节文。仰惟祭享宗庙，瞻敬如在，罔极之感，情深兹日。而礼毕升路，鼓吹发音，还入宫门，金石振响。斯则哀乐同日，心事相违，情所不安，理实未允。宜改兹往式，用弘礼教。自今以后，享庙日不须备鼓吹，殿庭勿设乐悬。

——《隋书·帝纪·高祖》

【译解】

五帝的乐制不同，三王的乐制也悬殊很大，都是根据事物的变化有所增减，依照人情节制文饰。祭祀宗庙祖先时，瞻仰祖先就如同在我们面前，深情厚意都在这日。而祭礼完毕登上辂车，鼓吹发声，还入宫门时，金石乐器一齐振响。在同一日里有哀有乐，违背了心事，在感情上就有所不安，在道理上确实也不合适。应该改掉以往的仪式，以弘扬礼教。从今以后，祭庙这日不要准备鼓吹乐队，宫廷中也不悬挂乐器。

开皇十七年（597年）冬十月，道王杨静去世，隋文帝下了这道诏令。他强调了礼仪的道理，对相关的礼仪进行了改进，表现了他注重礼仪以规范秩序的想法。

文中的如在即犹如祖先在场。路，指路车，即辂车，是古代天子及诸侯贵族所乘的车。乐悬，指悬挂的钟磬类乐器。

【原文】

佛法深妙，道教虚融，咸降大慈，济度群品，凡在含识，皆蒙覆护。所以雕铸灵相，图写真形，率土瞻仰，用申诚敬。其五岳四镇，节宣云雨，江、河、淮、海，浸润区域，并生养万物，利益兆人，故建庙立祀，以时

隋文帝祭天图

中国古代"五礼"之中的祭祀之礼，位于五礼之首，它主要体现了古人对天神、地祇、人鬼的敬畏之心，其主要内容可包括三个方面：第一是祭天神，即祀天帝，祀日月星辰，祀司中、司命、风师、雨师等；第二是祭地祇，即祭社稷、五帝、五岳，祭山林川泽，祭四方百物等；第三是祭人鬼，主要为春夏秋冬享祭先王、先祖。

恭敬。敢有毁坏佛及天尊像、岳镇海渎神形者，以不道论。沙门坏佛像，道士坏天尊者，以恶逆论。

——《隋书·帝纪·高祖》

【译解】

佛法深邃精妙，道教冲虚融和，但都降下莫大的慈悲，救济万物，所有百姓，都蒙受了保护。所以雕刻铸造佛道的神像，绘画出真形，天下瞻仰，用来表达诚敬的心意。五岳四镇，能节制宣泄云雨，长江、黄河、淮河、大海，浸湿润泽了所在区域，催生养育了万物，为万民带来利益，因故立庙祭祀，按时表示恭敬。有敢于毁坏佛像与天尊像，以及五岳四镇江海中神像的人，以无道罪论处。和尚毁坏佛像，道士毁坏天尊像的，以十恶大罪论处。

隋文帝就出生在冯翊（今陕西大荔）的般若尼寺，由智仙神尼抚养长大，对佛教有着深厚的感情。这是他在开皇二十年（600 年）十二月所下的诏令，表达了对佛教、道教的尊敬，提出了维护神像的措施。

文中的虚融指冲虚融和。含识，是佛教语，指有意识、有感情的生物，即众生。五岳，指东岳泰山、西岳华山、南岳衡山、北岳恒山、中岳嵩山。四镇指扬州的会稽山、青州的沂山、幽州的医无闾、冀州的霍山。天尊，是道家对所奉神仙的尊称。恶逆，古代刑律十恶大罪之一，指殴打及谋杀祖父母、父母，杀死伯叔父母、姑、兄、姊、外祖父母、夫、夫之祖父母、父母的人。

【原文】

礼之为用，时义大矣。黄琮苍璧，降天地之神，粢盛牲食，展宗庙之敬，正父子君臣之序，明婚姻丧纪之节。故道德仁义，非礼不成，安上治人，莫善于礼。

——《隋书·帝纪·高祖》

【译解】

礼制的作用，意义重大。黄色琮和青色璧，都能降下天地的神灵，祭祀的黍稷和牺牲，能在宗庙表达敬意。礼能匡正父子君臣的秩序，能明确婚姻丧事的仪节。所以道德仁义，没有礼就不能形成，要安享上天治理民

鸿胪寺礼宾图（局部）
壁画　唐代

唐朝是一个国际性的时代，对外交往十分频繁。数以万计的外国商旅、僧侣、使节和留学生来此定居。鸿胪寺则是专门管理接待外宾的机构。此图表现由五人组成的礼宾行列，左边三人为唐代鸿胪寺官员，右方两人身着不同服饰的人，分别为东罗马帝国、高丽的使节。

唐高宗

唐高宗李治（628—683年），字为善，唐太宗李世民第九子，贞观二十三年（650年）即位。高宗有知人之明，提拔不少贤臣辅助自己。他在位期间，唐朝的领土最大，史称“永徽之治”。

众，没有比礼更好的了。

仁寿二年（602年）闰十月，隋文帝让左仆射越国公杨素等修定五礼，这是他发的诏令。表明他重视礼治，要以礼来规范封建秩序。

文中的琮指玉琮，是一种内圆外方的筒形玉器，为我国古代重要礼器之一。璧，古代的一种器物名，一般为玉制，形状通常呈扁圆形，中心有一圆孔，但也有出廓璧，即在圆形轮廓外雕有龙形或其他形状的钮。粢盛，祭品，盛在祭器内的黍稷。

九寺

朝代 九寺	三代	秦	汉	后汉	三国	晋	南朝	北魏	北齐
宗正寺	小宗伯	宗正	宗伯	宗正卿	魏宗正卿	宗正卿	宗正卿	宗正卿	宗正卿
大司农 太府寺		治粟内史	大司农	大司农卿					大司农卿
少府寺		少府	少府	少府卿	少府卿	少府卿	少府卿	少府卿	太府寺
鸿胪寺	周大行人中大夫	典客	大鸿胪、谒者仆射	大鸿胪、谒者仆射	大鸿胪	大鸿胪、谒者仆射	大鸿胪、谒者仆射	大鸿胪、谒者仆射、典仪监	鸿胪寺卿、谒者仆射
大理寺	夏大理	廷尉	廷尉大理	廷尉卿	吴、魏大理廷尉	廷尉卿	廷尉卿	廷尉卿	大理寺卿
太仆寺	夏牧正 殷牧师 周太仆下大夫		太仆	太仆	蜀、魏太仆	太仆	太仆卿	太仆卿	太仆寺卿
卫尉寺		卫尉		卫尉	蜀驸马都尉	奉车都尉	奉车都尉	奉车都尉	奉车都尉
光禄寺	周膳夫上士		奉车都尉						光禄寺卿
太常寺	殷太宗	奉常	太常	太常	太常	太常	太常	太常卿	太常寺卿

九寺

寺即官署。九寺即九卿之官署。汉以太常、光禄勋、卫尉、太仆、廷尉、大鸿胪、宗正、大司农、少府谓之九寺大卿。历代略有变动，迄于清皆因之。

光禄寺：掌宫廷宿卫及侍从，北齐以后兼掌膳食帐幕，唐以后始专司膳，历代因之。

太仆寺：掌舆马畜牧之事，北齐始曰太仆寺，清光绪改革官制时并入陆军部。

太常寺：秦署奉常，汉改太常，掌宗庙礼仪，至北齐始有太常寺，清末废。

后周	隋	唐	五代	宋	辽	金	元	明	清
宗师中大夫	宗正卿	宗正寺卿	宗正卿	宗正寺卿	大特哩衮司	大宗正府	大宗正府、扎尔乎齐	宗人令	宗人府宗令
		太府寺卿、太府出纳使	建昌宫使	三司使太府寺卿	北院宣徽使、南院宣徽使		太府寺大卿、太府大监		
左宫伯中大夫	少府监	少府监	少府监	少府监		少府监	大都留守司所辖	废	
	鸿胪寺卿、谒者台大夫	鸿胪寺卿	鸿胪寺卿	鸿胪寺卿	鸿胪寺卿		侍仪司侍仪使	鸿胪寺卿	鸿胪寺卿
	大理寺卿	大理寺卿	大理寺卿	大理寺卿	大理寺卿	大理寺卿		大理寺卿	大理寺卿
	太仆寺卿	太仆寺卿、司驭寺卿	太仆寺卿	太仆寺卿、群牧使	太仆寺卿	乌拶济库使	太仆寺卿	太仆寺卿	太仆寺卿
奉车都尉	奉车都尉	奉车都尉、卫尉卿	仪鸾司	六军仪仗司		拱卫直使司都指挥使	拱卫直都指挥使	锦衣卫使	銮仪使
主膳中大夫	光禄寺卿	光禄寺卿	光禄寺卿	光禄寺卿	光禄寺卿	宣徽使	光禄寺卿	光禄寺卿	光禄寺卿
大宗伯	太常寺卿	太常寺卿	太常寺卿	太常寺卿	太常寺卿	太常寺卿	太常寺卿	太常寺卿	太常寺卿

宗正寺：明清为宗人府，掌天子宗族事。

大理寺：掌刑狱案件审理，秦汉为廷尉，北齐为大理寺，历代因之，清改为大理院。

卫尉寺：掌门卫屯兵，北齐改为卫尉寺，隋改为军器仪仗、帐幕之类，明废，清有銮仪卫。

鸿胪寺：秦曰典客，汉改大鸿胪，掌赞导相礼。鸿，声也，胪，传也，传声赞导，故曰鸿胪，至北齐曰鸿胪寺，清末废。

少府寺：掌山泽之事，后又掌宫中服饰衣物、宝货珍贵之物，隋改为监，历代因之，明始废。

太府寺：即大司农，掌钱谷金帛诸货币。

列戟图　壁画

宫庙、官府及显贵之府第陈戟于门前，称为仪仗。《旧唐书·德宗纪下》中有这样的记载：“壬戌，诏以太尉、中书令、西平郡王李晟长子愿为银青光禄大夫、太子宾客，赐勋上柱国，与门并列戟。”

所司速事营造学馆

（唐高宗　李治）

【原文】

诸州县孔子庙堂及学馆有破坏并先来未造者，遂使生徒无肄业之所，先师阙奠祭之仪，久致飘露，深非敬本。宜令所司速事营造。

——《旧唐书·本纪·高宗》

【译解】

各州县的孔子庙堂和学馆有遭到破坏和原本就没建造的，致使生员没有修习学业的场所，也不能举行祭奠孔子的仪式，长久浴风披露，对教育事业深为不敬。应该命令主管部门从速营造。

这是唐高宗在总章三年（670年）五月所发的诏令。他敕令各州县修建孔子庙堂，表现了对文化教育的重视。

唐代学堂　壁画

唐代的教育体系十分发达，从中央到地方的县、乡均设有学校，主要分为官学和私学两种方式。官学，主要的目的是培养官员，以学习儒家经典为主。唐朝注重纪律和品德的教育，中央官学要求学生长幼为序，尊长爱幼，尊师重道。同中央的国子监一样，地方官学也是行礼和习礼之地，入学行拜师礼，贡举时行乡饮酒礼，春秋两季州县官需在孔庙行释奠之礼。

文中的肄业指修习学业，古人书所学之文字于方版谓之业，师授生曰授业，生受之于师曰受业，习之曰肄业。先师，指孔子。

上察天道，下顺民则（唐玄宗　李隆基）

【原文】

古者操皇纲执大象者，何尝不上稽天道，下顺人极，或变通以随时，爰损益以成务。且衢室创制，度堂以筵。因之以礼神，是光孝德；用之以布政，盖称视朔，先王所以厚人伦感天地者也。少阳有位，上帝斯歆，此则神贵于不黩，礼殷于至敬。今之明堂，俯邻宫掖，比之严祝，有异肃恭，苟非宪章，将何轨物？由是礼官博士公卿大臣广参群议，钦若前古，宜存露寝之式，用罢辟雍之号。可改为乾元殿，每临御依正殿礼。

——《旧唐书·本纪·玄宗》

【译解】

古代操持皇纲执掌天下的，哪一个不是上察天道，下顺民则？有时需要变通来适应时事，有时又要做出增减来促成政务。听政朝堂的创建，堂室的大小要以能够容纳多少朝臣来计算。这样用它来礼祭神灵，就可以发扬光大孝德；用它来发布政令，即所说的上朝听政，是先王用来厚人伦感天地的地方。少阳享有正位，上帝享受祭品，这就是神因为不被亵渎而显得尊贵，礼因为极为尊敬而显得隆重。现在的明堂，临近后宫，衡量承奉神明，不能做到严肃恭敬，如果不符合宪章，将如何规范事物？因此，礼官博士公卿大臣应该广泛参加群议，敬遵古代，应该保存露寝的式样，停用辟雍的名字，可以改名为乾元殿，每当我亲临此殿时，应当依照正殿的礼仪。

开元五年（717 年）四月甲午，唐玄宗认为武则天的拜洛受阙坛，即碑文、显圣侯庙，是由于唐同泰伪造瑞石文才建造的，因此下令废毁。七月甲子，又下了这道诏令，他注重听政之处和祭祀祖宗神殿的庄重严肃，认为这样便于承国家大运。

文中的大象为老子用语，指无形无象的“道”，《老子》：“执大象，天下往。”这里指天下。人极，指所造化的人的身体、人体的自然属性与灵慧。衢室，泛指古代帝王听政之所。

辟雍，本为西周天子为教育贵族子弟设立的大学。取四周有水，形如璧环为名。其学有五，南为成均，北为上庠，东为东序，西为瞽宗，中为辟雍。其中以辟雍为最尊，故统称之。

【原文】

周公制礼，历代不刊；子夏为传，孔门所受。逮及诸家，或变例。与其改作，不如好古。诸服纪宜一依旧文。

——《旧唐书·本纪·玄宗》

【译解】

周公制定礼制，历代都不改变；子夏作传注，孔门弟子相传授。到了诸子百家，还有变例。与其改造另作，不如遵照古训。所有丧服制度应该一律按照旧例。

唐玄宗开元投龙简

唐代是一个民族大融合的时期，但是由于唐代的帝王为使统治神圣化便把老子尊为圣人，因此道教在当时最为盛行。此图描绘的是唐开元二十六年（738 年），唐玄宗举行投龙典礼时所用的青铜简。玄宗尊奉道教，为了祈福或者祈求风调雨顺，用铜板刊刻告文，投入山涧或者江湖中，称为“投龙”，整个仪式由道士来主持。

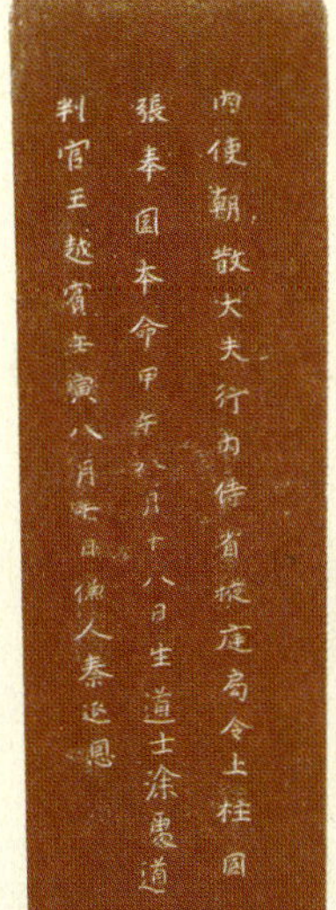

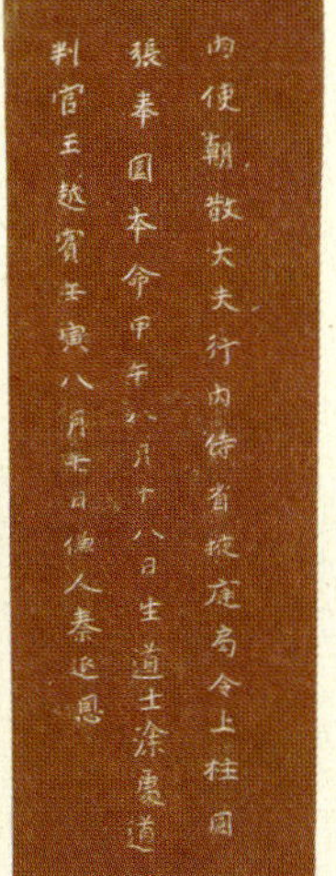

这是唐玄宗开元七年（719 年）八月所下的诏令。他谈到制礼和服饰要依照古代的旧例，间接反映了他决心按照儒家学说来治理天下的想法。

文中的周公制礼指周王朝建立之后，统治者在夏礼和商礼的基础上，以“亲亲”和“尊尊”为基本指导思想，综合本族的风俗习惯，制定了一整套礼制，史称“周公制礼”。刊，改变。

治道同归，师氏为上（唐代宗　李豫）

【原文】

治道同归，师氏为上，化人成俗，必务于学。俊造之士，皆从此途，国之贵游，罔不受业。修文行忠孝之教，崇祗庸孝友之德，尽其师道，乃谓成人。然后扬于王庭，敷以政事，征之以理，任之以官，置于周行，莫匪邦彦，乐得贤也，其在兹乎！

——《旧唐书·本纪·代宗》

【译解】

治理国家之道有一个共同的归宿，就是依靠教师进行教育为上策。教育人培养良好的风俗，务必要努力学习。突出的有造诣的士人，都是从这条道路走出来的。国家的贵族子弟，都要受业。修习文德要行忠孝之教，崇敬要用孝友之德，完全得到老师的学问，就可以算是道德上成熟的人。然后在朝廷展现自己的才能，陈述为政之事，向他询问治国的道理，委任他做官，置于朝堂，都是国家的栋梁，很高兴得到了人才，就在这里吧！

这段话选自永泰二年（766 年）正月唐代宗的命令。他强调依靠老师，加强教化，以培养国家有用的人才。

文中的师氏指专门负责教育贵族子弟的官。成人指道德上成熟的人。周行指大道、大路。

读非圣之书皆严谴之（宋真宗　赵恒）

【原文】

读非圣之书及属辞浮靡者，皆严谴之。已镂板文集，令转运司择官看详，可者录奏。

——《宋史·本纪·真宗》

杂技俑

对于顶竿杂技的说法有两种：一种是西汉张衡的《两京赋》中所记载的源于今南亚次大陆，另一种是说为中国自有的。此俑作为冥器出土于唐长安城外金乡县主墓中，再现了唐朝杂技的盛况。

宋真宗

宋真宗赵恒（998—1022年），是宋太宗的儿子，登基前曾被封为韩王、襄王和寿王，997年以太子身份继位。真宗在位二十五年，统治期间治理有方，北宋的统治日益坚固，国家管理日益完善，社会经济繁荣，史称“咸平之治”。

【译解】

凡是阅读非难圣贤的书或是写作浮华丽辞的人，都要严厉地谴责。已经刻板的文集，命令转运司选择官员加以详查，认为可以的文集要登记上奏。

这也是宋真宗大中祥符二年（1009 年）二月发的诏令。他指示要谴责非难圣贤和写作浮华丽辞的人，表明了他对于净化思想的重视。

文中的镂板也作“镂版”，指雕版印刷。

增太学生舍（宋神宗　赵顼）

【原文】

增太学生舍为八十斋，斋三十人。外舍生二千人，内舍生三百人。月一私试，岁一公试，补内舍生。间岁一舍试，补上舍生。

——《宋史·本纪·神宗》

【译解】

太学生的斋舍增加为八十，每斋三十人。外舍生二千人，内舍生三百人。每月进行一次由本学学官出题的考试，每年进行一次由朝廷差官主持的考试，成绩合格的补为内舍生。内舍生间隔一年进行一次舍试，成绩优秀的补为上舍生。

这是宋神宗在元丰二年（1079 年）八月所下的诏令，他对太学生的规模和考试升学作了规定，反映了他对教育培养人才的重视。

文中的太学生指封建时代在最高学府学习的学生。太学是封建时代的教育行政机构和最高学府。魏晋至明清或设太学，或设国子学（监），或两者同

魏孝文帝的汉化改革

为了缓和北魏统治集团与汉族的矛盾，巩固北魏在中国北方的统治，魏孝文帝排除一切干扰，坚持实行汉化改革。首先，他力排众议将国都从平城迁到了洛阳，然后他立即着手改革鲜卑旧俗，全面推行汉化。太和十九年（495 年）十二月，他下诏禁止士民穿胡服，规定鲜卑人和北方其他少数族人一律改穿汉人服装。孝文帝自己带头穿戴汉族服装，并在会见群臣时，“班赐冠服”。同时，他宣布汉语为“正音”，称鲜卑语为“北语”，要求朝臣“断诸北语，一从正音”。六月，正式发布诏令：“不得以北俗之语，言于朝廷，若有违者，免所居官。”下令官员上朝时要讲汉话，三十岁以上的官员一时难改，可仍讲鲜卑话，暂不处罚，但三十岁以下官员必须严格执行法令，否则要降职。太和二十年（496 年）正月，他又令改鲜卑复姓为单音汉姓。他在诏令中说：“自代郡迁到洛阳的诸功臣旧族，姓或重复，都要更改。”为了将改革贯彻到底，他率先将拓跋氏改为元氏。因为北人称土为拓、后为跋，魏孝文帝认为他们祖先出于黄帝，以土德王，就姓了拓跋。而土是黄色的，它是万物之元，所以改姓为元。其余鲜卑姓氏也改为汉姓。改姓以后，鲜卑族姓氏与汉姓完全相同。他还参照汉族门阀制度的做法，来确定鲜卑族的门第高低，并按照门第高低来选拔人才，任命官吏。

高太后

高太后（1032—1093 年）即北宋宣仁太后，为宋英宗皇后，宋神宗之母。神宗死后，高太后立幼孙哲宗为帝，并垂帘听政，起用司马光等为相，废除王安石新政，放逐变法派，史称“元祐更化”。且割地西夏，与之妥协。元祐八年（1093 年），高太后去逝后，哲宗才得以亲政。

时设立。外舍生、内舍生，是宋代实行的三舍法，太学置外舍生、内舍生、上舍生，合称“三舍生”。

宋真宗封禅玉册

古代帝王登泰山祭天，称为“封”；在泰山旁的小丘祭地，称为“禅”，主要的目的是向天地宣告人间太平。这是古代君主为加强自己的统治，表明“君权神授”的方式。这种祭祀活动场面十分恢宏，宋真宗曾封禅泰山，规模空前壮观，这个玉册所刻的就是当时封禅的盛况。

非先圣贤之书勿施用

（宋徽宗　赵佶）

【原文】

诸邪说诐行非先圣贤之书，及元祐学术政事，并勿施用。

——《宋史·本纪·徽宗》

【译解】

各种宣扬邪说、不正行为，非难古代圣贤的书籍，以及元祐年间的学术政事，全部都不许施用。

宋通天冠复原图

“冠”是古代头上装饰的总称，用以表示官职、身份与礼仪之用。冠类在历代的演变中从形式可分为冠冕、巾帻、幞头、帽、盔、笠等，从身份也可分为帝王官吏、文人学士、武职将帅、后妃仕女、布衣、道释等几大类。

这是宋徽宗在崇宁元年（1102年）十二月所发的诏令。他对于非难古代圣贤的书籍和元祐年间的思想进行了封杀，决心统一思想，规范意识。

文中的诐行指偏邪不正的行为。元祐学术政事指宋哲宗元祐年间，反对变法的旧党得势，把他们的政治学术思想称为元祐学术，宋徽宗打击旧党，严禁元祐学术传播。

【原文】

佛改号大觉金仙，余为仙人、大士。僧为德士，易服饰，称姓氏。寺为宫，院为观。

——《宋史·本纪·徽宗》

【译解】

佛改号称为大觉金仙，其余的称为仙人、大士。僧改为德士，改换服饰，称呼姓氏。寺改称宫，院改称观。

这是宋徽宗在宣和元年（1119年）春正月所发的诏令。他对佛教名称进行了更改，废除原有的称呼，一律改为道教的称号，反映了他对道教的尊崇。

当然，他的这种改称没有得到社会的承认。

朕励志讲学（宋理宗　赵昀）

【原文】

朕观朱熹集注《大学》《论语》《孟子》《中庸》，发挥圣贤蕴奥，有补治道，朕励志讲学，缅怀典刑，可特赠熹太师，追封信国公。

——《宋史·本纪·理宗》

【译解】

我阅读朱熹集注的《大学》《论语》《孟子》《中庸》，发挥圣贤的深义，对于治理有所裨益。我鼓励讲学，缅怀典刑，可特赠朱熹为太师，追封为信国公。

这是宋理宗在宝庆三年（1227年）春正月发的诏令。他亲自看了作为儒家经典的四书，并给予了高度评价，反映了他对程朱理学的推崇，和以理学来治理天下的设想。

文中的《大学》《论语》《孟子》《中庸》和《诗经》《尚书》《礼记》《周易》《春秋》被称为“四书”“五经”，被儒家列为经典书籍，是南宋以后儒学的基本书目和儒生学子的必读书。

内阁的创立

早在明太祖洪武十三年（1382年），朱元璋就杀掉了丞相胡惟庸，从而直接管六部。他还下诏：“以后嗣君，其毋得议置丞相。臣下有奏请设立者，论以极刑！”永乐初期，明成祖也是一人统管六部，但由于六部的工作又多又复杂，因此，他根本不可能一个人处理完。为了解决这一问题，他设立了殿阁大学士，当时叫做“备顾问”，这些人的工作就是帮他起草文书，处理他交办的一些事情。殿阁大学士们没有专门的办公衙门，也没有下属官员，他们直属于明成祖，而这样的机构体系正是后来内阁的雏形，据史书记载：“阁臣之预务自此始，然其时，入内阁者皆编、检、讲读之官，不置官属，不得专制诸司。诸司奏事，亦不得相关白。”到了永乐中期以后，内阁逐渐掌握了重权，并兼管六部尚书，成为明成祖的最高幕僚和决策机构。内阁制度的出现，是中国历史上文官制度的一大完善。这个制度被明朝沿用了两百多年，而清朝也将之继承下来。内阁制度的出现，是明成祖将中国政治制度向前推进的一个大的建树。

道教思想和佛家思想的和谐　宋代

在宋代，除了宋徽宗一直崇道抑佛之外，其他的皇帝比较扶持佛教的发展，而总的来说是佛道并存、佛强道弱的局面。这幅画由宋代著名画家李公麟所绘制，描述的是一位道士手持羽扇正在讲解道家理论的情景，然后在众多听教的道教弟子中混着几名佛家弟子，这也体现了当时佛道并存的局面。

【原文】

朕惟孔子之道，自孟轲后不得其传，至我朝周惇颐、张载、程颢、程颐，真见实践，深探圣域，千载绝学，始有指归。中兴以来，又得朱熹精思明辨，表里浑融，使《大学》《论》《孟》《中庸》之书，本末洞彻，孔子之道，益以大明于世。朕每观五臣论著，启沃良多，今视学有日，其令学官列诸从祀，以示崇奖之意。

——《宋史·本纪·理宗》

【译解】

我认为孔子之道，自从孟轲以后就不得其传，到我朝周敦颐、张载、程颢、程颐，有真切的见解和实践，深入地探讨圣人的领域、千年的学问，才有了解释。中兴以来，又得到朱熹的精思明辨，表里融和，使《大学》《论语》《孟子》《中庸》之书，本末清楚；使孔子之道，更加明白于世。我每每阅读五臣的论著，得到的启发和收益很多，现在我即将视学，命令学官把他们列为从祀，以表示崇敬褒奖之意。

这是宋理宗在淳祐元年（1241 年）春正月下的诏令。他对宋代大儒钻研儒学给予了高度的评价，说明他崇尚理学，治理国家时也要依靠儒家学问。

文中的周敦颐、张载、程颢、程颐都是北宋的儒学大师。朱熹是南宋的儒学大师，绍兴十八年（1148 年）中进士，历仕高宗、孝宗、光宗、宁宗四

（左）宴欢图

礼源于原始社会的祭祀，到后来经过儒家思想渲染，礼不再是单纯的拜神、祭祖的活动，而延伸出以“尊尊”、“亲亲”为原则的众多社会伦理规范。之后历代统治者皆以礼法孝道为治国之道，正所谓“为政先礼，礼其政之本与”。这幅画是从成吉思汗灵柩中取出的，元代礼仪承袭宋、金，每年都举行重大的祭祀仪式，成吉思汗陵就是蒙古民族举行祭祀的圣地。

（右） 窝阔台汗宣布《札撒》

自古以来礼法制度密切相关，统治者治国皆以“明德慎罚”为出发点，寓法于礼，维护统治和社会秩序。蒙古国建立后，成吉思汗在推行礼制的同时，在法律方面颁布《札撒》，成为蒙古国的一切生活准则、制度可依的法令。图中是窝阔台宣布《札撒》时的情景。

元太宗

元太宗窝阔台（1186—1241年）是成吉思汗的第三子。1225年封于也儿的石河（今额尔齐斯河）上游和巴尔喀什湖以东一带，建斡尔朵于也迷里城（今新疆额敏县）。在1229年的库里尔台大会中被推举为继任人，管理整个蒙古帝国。他在任内继续父亲的遗志扩张领土，主要是继续西征和南下中原。他在位期间成功征服中亚和华北。在位十二年（1229—1241年），庙号太宗，谥英文皇帝。

朝，庆元六年（1200年）卒。从祀，指配享附祭。

私宴者，斩（元太宗　窝阔台）

【原文】

凡当会不赴而私宴者，斩。诸出入宫禁，各有从者，男女止以十人为朋，出入毋得相杂。军中凡十人置甲长，听其指挥，专擅者论罪。其甲长以事来宫中，即置权摄一人、甲外一人，二人不得擅自往来，违者罪之。诸公事非当言而言者，拳其耳；再犯，笞；三犯，杖；四犯，论死。诸千户越万户前行者，随以木镞射之。百户、甲长、诸军有犯，其罪同。不遵此法者，斥罢。今后来会诸军，甲内数不足，于近翼抽补足之。诸人或居室，或在军，毋敢喧呼。凡来会，用善马五十匹为一羁，守者五人，饲羸马三人，守乞烈思三人。但盗马一二者，即论死。诸人马不应绊于乞烈思内者，辄没与畜虎豹人。诸妇人制质孙燕服不如法者，及妒者，乘以骣牛徇部中，论罪，即聚财为更娶。

——《元史·本纪·太宗》

【译解】

凡是应当来而不来却私设宴会的人，当斩。凡是出入皇宫各自有随从的人，男女只能以十人为群，出入不得相互杂乱。军队中十人设立一个甲长，都要听从他的指挥，擅自作主的人要定罪。甲长因事来宫中，就设立权摄一人、甲外一人，二人不得擅自往来，违者要定罪。各种公事不当说而说者，拧他的耳朵；第二次犯，受笞刑；第三次犯，受杖刑；第四次犯，判处死刑。各位千户越位走在万户前面的，随即用木箭射他。百户、甲长、诸军有犯越位罪的，处罪方法相同。不遵守这个法令的，驱除并罢免。今后各军来聚会，一甲内数额不足的，在近翼中抽来补足。各人或在居室，或在军，不能喧闹呼喊。凡来聚会，用好马五十匹栓在一起，用五人看守，用三人饲养瘦马，用三人看守乞烈思（马厩）。只要盗马一二匹的人，就要判死刑。凡是马不按规矩拴在乞烈思内的，就没收给畜养虎豹的人。各位妇人制作盛大宴会的色衣不按规定标准的人，以及嫉妒的人，让她们骑着没有鞍子和缰绳的牛在部落中示众，论罪要聚集钱财为各自的丈夫另外娶妻。

元太宗六年（1234年）夏五月，元太宗在达兰达葩之地，大会诸王百僚，于是公布了这些条令。这反映了他规范律条，朝着建立正规国家迈步的做法。

奉册以来，朕躬祝之

（元成宗　铁穆耳）

【原文】

亲享之礼，祖宗未尝行之，其奉册以来，朕躬祝之。

——《元史·本纪·成宗》

岁朝图

岁朝时节的远山村居，男女彩服相贺，屋内围炉小酌，各得其趣。前庭戏婴成对，燃爆竹，敲锣打鼓，新年气氛一派喜庆。春节除夕，祭祀也达到高潮，路神、祖宗、财神都是除夕祭拜的对象。图为元人所绘的岁朝喜庆场面。

【译解】

亲自祭献的礼仪，祖宗未曾举行过。把玉册拿来，我要亲自去祭祀。

元贞元年（1295 年）冬十月癸卯，有事于太庙。中书省臣言：“去岁世祖、皇后、裕宗祔庙，以绫代玉册。今玉册、玉宝成，请纳诸各室。”元成宗听后，说了这段话，表现了他对于祭祀大典的重视。

朕当取以为法（元顺帝　妥懽帖睦尔）

【原文】

史既成书，前人善者，朕当取以为法，恶者取以为戒，然岂止激劝为君者，为臣者亦当知之。卿等其体朕心，以前代善恶为勉。

——《元史·本纪·顺帝》

【译解】

三部史书已经成书，前人好的方面，我应当取来把它作为榜样，不好的方面把它作为鉴戒，然而难道它们只是激励规劝君主吗？做臣子的也应该知道这些。希望你们体会我的用心，用前代好的与不好的事情来互相共勉。

至正三年（1343 年）三月，元顺帝下令编修辽、金、宋三史。至正五年（1345 年）十月，这三史完成，这是顺帝当时对大臣们所言。顺帝是在元朝统治出现危机后，想以前代的历史来作为挽救危亡的法宝，所以表达出对历史经验教训的高度重视。

礼仪风俗不可不正

（明太祖　朱元璋）

【原文】

天下大定，礼仪风俗不可不正。诸遭乱为人奴隶者复为民；冻馁者里中富室假贷之，孤寡残疾者官养之，毋失所。乡党论齿，相见揖拜，毋违礼。婚姻毋论财。丧事称家有无，毋惑阴阳拘

魏孝文帝的籍贯政策

为了能使鲜卑人摒弃自己的落后传统，巩固汉化改革的成果，孝文帝还发布了改籍贯的诏令，诏令规定凡已迁到洛阳的鲜卑人，一律以洛阳为原籍，而且洛阳的鲜卑人在死后不许归葬塞北。这种做法使得鲜卑人可以更进一步地学习和采纳汉族的典章制度和生活方式，促进鲜卑族贵族积极接受汉族文化，并同时争取到汉族地主的支持，减少了民族差异、民族隔阂，有力地推动了政权向汉族王朝统治模式转化。许多贵族虽然心怀不满，却也只能执行。于是，从代郡迁到洛阳的鲜卑人开始了对洛阳的经营。从此，鲜卑族逐渐由西北的游牧民族变成了中原地区的农耕民族。在魏孝文帝死后，他的遗体也被葬在了洛阳北郊邙山一带，这就是后来的长陵。

魏孝文帝的通婚改籍政策

为使鲜、汉两族进一步融合，魏孝文帝还大力提倡鲜卑人与汉人门阀士族之间通婚。他带头纳范阳卢敏、清河崔宗伯、荥阳郑羲、太原王琼、陕西李冲等汉族大士族的女儿以充后宫，并亲自为六个弟弟聘室，六个王妃中，除次弟之妻出于鲜卑贵族外，其余都是中原的著名汉族大士族。这种联姻把鲜、汉两族上层统治者的利益和命运紧密联系在一起，从而也巩固了北魏在中国北方的巩固统治。这一改革措施对加强民族联系、缓和民族矛盾、促进民族融合所产生的深远影响使得后人意识到“政治联姻”是处理民族关系和政治矛盾的一种重要策略。

忌，停柩暴露。流民复业者各就丁力耕种，毋以旧田为限。僧道斋醮杂男女，恣饮食，有司严治之。闽、粤豪家毋阉人子为火者，犯者抵罪。

——《明史·本纪·太祖》

【译解】

天下安定了，礼仪风俗不可不纠正。那些因遭受战乱而成为奴隶的人都恢复为普通百姓。对于挨饿受冻的人，一个里住的富户要借贷给他们。孤寡残疾的人官府要抚养他们，不要让他们流离失所。乡里的人要以年龄论尊卑，相见时要拱手或下拜，不要违背礼节。婚姻不要讲究钱财。丧事要看自己家里的贫富，不要被阴阳禁忌所迷惑，放着灵柩而不及时下葬，让其暴露在外。流民恢复了耕作的，要按照他的人力耕种，不要以旧有的田为限。僧人道士设斋打醮时男女杂处、任意吃喝，有关部门要严格管制。闽、粤富豪人家不要阉割别人的孩子作为供驱使的“火者”，违反了的要抵罪。

这是明太祖洪武五年（1372 年）四月下的诏令。他平定天下后，就开始着手整治礼仪风俗，以形成良好的社会风气，加强统治秩序的建立。

文中的斋醮是指道教的斋醮科仪，俗称“道场”，谓之“依科演教”，简称“科教”，也就是法事。

事不师古，甚无谓也（明成祖　朱棣）

【原文】

今天下虽无事，四方多水旱疾疫，安敢自谓太平。且《六经》无封禅之文，事不师古，甚无谓也。

——《明史·本纪·成祖》

【译解】

现在天下虽然无事，但各地出现了许多水灾、旱灾、疾疫，怎么敢自己说是太平盛世。而且《六经》里面没有封禅的文字，做事不效仿古代，非常无意义啊！

永乐十四年（1416 年）四月，礼部尚书吕震请封禅，明成祖以这段话作答。说明了他有自知之明，不喜好虚名，恭谦尚古。

文中的《六经》指《诗经》《书经》《易经》《礼经》《乐经》《春秋》。无谓指没有意义。

朱明朝皇冠和凤冠

朱元璋在身边众多儒者的建议下，认识到礼制对于国家治理的重要性，于是开始对明朝的礼制作了一系列的规定，从皇帝后妃亲王到百官庶民，住什么穿什么，等级分明。图中明朝皇帝所戴的皇冠通体用极细的金丝编结而成，上嵌二龙戏珠，工艺精美。而凤冠就产生于明朝，同样富贵美丽。

清代科举考试的场面

清朝科举制度仿照明朝制度，分童子试和正式考试。童子试分为县试、府试和院试，通过童子试取得生员资格才能参加正式考试。正式考试分为乡试、会试和殿试。清代所考的八股文，形式固定，禁锢思想，这样有利于朝廷的管制。

234 学问宜无间断（清圣祖　爱新觉罗·玄烨）

【原文】

学问之道，宜无间断。其勿辍。

——《清史稿·本纪·圣祖》

【译解】

做学问的方法，应当是连续不要间断。一定不要中止讲学。

康熙十二年（1673年）五月，学士傅达礼等请求在夏至到来时中止讲学，于是清圣祖回答了这句话。表明他对讲学的重视。

【原文】

近人每一文出，不乐人点窜，此文之所以不工也。

——《清史稿·本纪·圣祖》

【译解】

近来人们每当文章写出后，不喜欢让别人修改，这是文章之所以不好的原因。

康熙二十三年（1684年）三月，清圣祖制作了《五台山碑文》，这是他晓

谕群臣时所言。表明他提倡修改文章，以进一步写出好文章。

文中的点窜指删改、修改。

自应查明毁弃（清高宗　爱新觉罗·弘历）

【原文】

明季诸人书集词意低触本朝者，如钱谦益等，均不能死节，妄肆狂狺，自应查明毁弃。刘宗周、黄道周立朝守正，熊廷弼、材优干济，诸人所言，若当时采用，败亡未必若彼其速，惟当改易字句，无庸销毁。义直臣如杨涟等，即有一二语伤触，亦止须酌改，实不忍并从焚弃。

——《清史稿·本纪·高宗》

【译解】

明末有很多人诗文集的词意抵触冒犯了本朝，如钱谦益等，他们都不能死于节操，却狂妄放肆乱叫，自然要查明后烧毁遗弃。刘宗周、黄道周是能在朝廷中坚守正义的人，熊廷弼是才干突出办事精干的人，这些人所说的话，如若当时能够采用，明朝败亡不一定会这样迅速，他们的诗文只要更换字句，不用销毁。还有正直的臣子如杨涟等，即使有一两句话语抵触毁伤了本朝，也只须酌情修改，实在不忍心让他的诗文也随着一起烧毁。

乾隆四十一年（1776年）十一月，清高宗命令四库全书馆详列各种违禁书籍，分别加以改毁，这段话就是他的告诫令所言。可以看出他对诋毁清朝诗文的痛恨，也看出他对明代臣子的了解。

文中的书集指诗文集。钱谦益（1582—1664年），字受之，号牧斋，又号蒙叟，江苏常熟人。明万历三十八年（1610年）进士，官至礼部侍郎，福王时，为礼部尚书。他是东林党的领袖之一，崇祯十一年（1638年）因排挤周延儒、温体仁等遭弹劾，被迫辞官。入清后，以礼部侍郎管秘书院事，充《明史》馆副总裁。顺治三年（1646年）称病归里。次年，因江阴黄毓祺反清案牵连入狱。出狱后居家，筑绛云楼以藏书检校著述。是“虞山诗派”的代表人物。编著甚丰，有《初学集》《有学集》《投笔集》《列朝诗集》《开

乾隆帝《雪景行乐图》
郎世宁、陈枚、丁观鹏等　清代

清王朝发展到乾隆时期，其礼制从最初带有浓重的满族色彩，到后来加入儒家思想，进而形成了独特之礼。乾隆元年，他全面阐述了对礼制与统治关系的认识：“联闻三代圣王，缘人情而制礼，依人性而作仪，所以总一海内，整齐万民，而防其淫侈，救其凋敝也。”

国群雄事略》等。乾隆三十四年（1769 年），以其诗文语涉诽谤，诏令毁板。

狺，指犬吠声，狂狺喻狂言。刘宗周，明末官员、文人。

黄道周（1585—1646 年），漳浦（今福建省漳浦县）人。天启二年（1622 年）进士，崇祯三年（1630 年）四月任右中允，以上疏指斥大臣杨嗣昌等被谪戍广西。福王弘光时官至礼部尚书。弘光政权失败，又与郑芝龙等拥立唐王朱隆武，官武英殿大学士，率兵抗清，至婺源为清兵所俘，顺治三年（1646 年）被杀于南京大中桥。黄道周学问渊博，著有《易象正》《三易洞玑》《太函经》等书。

熊廷弼（1569—1625 年），明末将领，字飞百，号芝冈，湖广江夏（今湖北武昌）人，万历进士。由推官擢御史，巡按辽东。万历四十七年（1619 年），以兵部右侍郎代杨镐经略辽东，招集流亡，整肃军令，造战车，治火器，浚壕缮城，守备大固。熹宗即位，魏忠贤专权，遭诬劾去职。天启元年（1621 年），清兵攻破辽阳，再任辽东经略。与广宁（今辽宁北镇）巡抚王化贞不和，终致兵败溃退，广宁失守。魏忠贤袒护化贞，委罪于他，被冤杀，并传首九边。有《辽中书牍》、《熊襄愍公集》。

杨涟（1572—1625 年），应山（今湖北广水）人。字文孺，号大洪。明代万历进士，累官至左副都御史。泰昌元年（1620 年），与左光斗等反对李选侍。天启四年（1624 年），上疏弹劾魏忠贤二十四大罪。次年为魏忠贤诬陷，被捕入狱，受酷刑死。崇祯初，赠太子太保、兵部尚书，谥忠烈公，著有《杨大洪集》。

《盛世滋生图》（局部）　徐扬　绢本设色　清代

《盛世滋生图》，也称《姑苏繁华图》。该图全长三十二米，高两米，再现了清代“乾隆盛世”苏州的繁华。图所绘为清朝苏州万年桥附近的商业区。

地方机构

总督：总督系地方最高军政长官，辖一省或二、三省，综理军民要政。

朝代	官职
汉	州牧
后汉	州牧
三国	牧州、都督诸州军事
晋	司隶校尉、都督诸州军事刺史
唐	大总管、大都督、节度使、经略使
宋	节度使、经略使
元	行中书省丞相、平章
明	总督、总理
清	总督

巡抚：为省级地方政府的长官，总揽一省的军事、吏治、刑狱等，地位略低于总督。

朝代	官职
晋	持节刺史
南朝	持节刺史
隋	总管刺史
唐	总管、都督、节度副使、经略副使
宋	节度使、安抚使
元	行中书省左丞、行中书省右丞
明	巡抚、抚治兼提督军务、赞理军务
清	巡抚

知府：掌一府之政，统辖属县。

朝代	官职
秦	郡守
汉	太守、内史、国相
晋	太守、内史、相
南朝	太守、内史、相
北齐	太守
唐	太守、刺史
宋	权知府、州、军、监
元	知府、府尹
明	知府
清	知府

知州：掌一州之政。

朝代	官职
三代	州长
宋	知州
金	州刺史
元	州尹
明	知州
清	知州

知县

朝代	官职
三代	县正、邑宰
秦	令长
汉	令长相
南北朝	令长
唐	县令
五代	县令
宋	知县
元	县尹
明	知县
清	知县

xiu de

修德

孔子曰：“为政以德，譬如北辰，居其所而众星共之。”儒家大师指出，帝王以道德教化来治理政事，就会像北极星那样，自己居于一定的方位，而群星都会环绕在它的周围。后来，为政以德成了帝王治理的圭臬。

帝王们强调修德，是为了以修德来培养良好的社会风气，净化人们的思想，维护其统治秩序，巩固其政权。所以历代帝王对修德都有很多精彩的论述。

日日新，又日新（汤）

【原文】

苟日新，日日新，又日新。

——《礼记·大学》引汤《盘铭》

【译解】

像每天盥洗一样清洗自己的思想，真诚地使自己的思想一天有一个新面貌，再一天还要有个新面貌。

这是成汤盥洗用具上的铭文。他在反复强调的语气中，表达了每天必须反躬自省，天天应该有所长进以出现新面貌的想法。

【原文】

敢有恒舞于宫，酣歌于室，时谓巫风。敢有殉于货色，恒于游畋，时谓淫风。敢有侮圣言，逆忠直，远耆德，比顽童，时谓乱风。惟兹三风十愆，卿士有一于身，家必丧，邦君有一于身，国必亡。臣下不匡，其刑墨，具训于蒙士。

——《尚书·伊训》

爵　王沂　王思训《三才图会》明代

周代的饮酒风气不如商代，因为周人认为商亡全因源自酒，所以周代的统治者推行了严厉的禁酒令，禁酒的理由是“以防乱政”。尽管如此，周人对于酒器的制作仍然相当讲究，在酒器的制作上有专门的“梓人”，在造型上沿袭了商代的风格。

【译解】

（成汤说）有人胆敢经常恣情地在宫里组织唱歌，在室里组织跳舞，这是巫觋的风俗。有人胆敢贪求财货女色，经常沉迷于游乐打猎，这就是邪风恶俗。有人胆敢侮辱圣人的语言，违背忠信正直的规劝，疏

德将无醉

《左传》云："君子曰：'酒以成礼，不继以淫，义也。'"鉴于商纣饮酒作乐终至亡国，周人对于饮酒有严格的规定，只有在祭祀之类的重大典礼之时，平民才可依一定规矩分饮。周公就曾严厉告诫臣属"饮惟祀，德将无醉"。意思是只有祭祀时才可以喝酒，而且绝不允许喝醉。

远年高德盛的人，亲近顽愚幼稚的童子，这就是乱礼的风俗。这三种风俗，十种过错，卿士如果有了一种，他就一定会丧家；国君如果有了其中的一种，他就会亡国。国君的这些过错，臣下如果不匡正，他不仅要受墨刑，还要把这些训告于下士。

这是伊尹引用成汤的话。成汤列出了十种过错以及具体表现，让大家感受到这些行为的邪僻，告诫大家不要受到"三风十愆"的危害。

文中的畋，即打猎。耆德，指年龄大又有德行的人。比，意为亲昵。三风，指巫风、淫风、乱风。十愆，即舞、歌、货、色、游、畋、侮、逆、远、比十种错误。

惟民自速辜（周成王　姬诵）

【原文】

天非虐，惟民自速辜。

——《尚书·酒诰》

【译解】

上天不是暴虐的，是人们自己招来罪罚。

这段话选自周成王令康叔在卫国实行戒酒的诰词。他告诫要灭亡一个国家，不是天的暴虐，而是自己的过错，殷国就是因酗酒而亡。

文中的速，意为招致。

【原文】

天下匈匈苦战数岁，成败未可知，是何治宫室过度也？

——《史记·高祖本纪》

成祖训王

此图描绘了太甲元年十二月，伊尹把新王即位的事祠告先王，奉嗣王敬见了他的祖先，并且宣讲成汤的盛德来教导嗣王。伊尹提出若要统领万邦，一方面要遵循祖宗的法度，另外一方面要推行宽厚仁慈的政策，如此一来便能垂拱而治了。

三省六部制的创立者——隋文帝

隋文帝在登基之初，就开始施展他的雄才大略。对政治制度进行了一系列重大改革。其中最为重要的当属确立三省六部制。他在中央设尚书、门下、内史三省，以尚书令、纳言、内史令为长官。隋文帝将丞相职能分化给了三省，这使得丞相一位徒有虚名，而他却可以更好地利用三省来处理全国事务。内史省和门下省负责机要，内史省负责起草并宣行皇帝的诏令；门下省负责审查内史省起草的诏令和尚书省所拟定的奏章；尚书省是国家最高行政机关。六部是指吏部、礼部、兵部、都官、度支、工部，每部设尚书为长官。尚书令之下有尚书左、右仆射各一人，尚书左仆射判吏、礼、兵三部事，尚书右仆射判度支、都官、工部三部事。尚书令与尚书左、尚书右仆射及六部尚书合称“八座”。开皇三年，隋文帝将度支改为民部，都官改为刑部。除了三省外，他还设置了秘书省和内侍省，以负责图书修撰及宫内供奉等事。另还设有负责监察的御台、负责水利的都水台。

【译解】

天下纷扰动乱，苦于战争多年，成败还不可知道，为什么修建这么奢华过度的宫室呢？

文中的匈匈同于汹汹，是纷扰、动乱之意。

汉高祖八年（前199年），萧何建造未央宫。这是汉高祖刘邦看到宫阙非常壮丽，生气地对箫何所言。说明刘邦不图奢华，主张勤俭节约。

以沛为朕汤沐邑（汉高祖　刘邦）

【原文】

游子悲故乡。吾虽都关中，万岁后吾魂魄犹乐思沛。且朕自沛公以诛暴逆，遂有天下，其以沛为朕汤沐邑，复其民，世世无有所与。

——《史记·高祖本纪》

【译解】

游子怀念家乡。我虽然建都在关中，但是死后我的魂魄仍然思念沛县。况且我是做沛公时起来诛讨暴逆，终于才有了天下，我要把沛县作为我的汤沐邑，免去沛县百姓的徭役，让他们世世代代都不交赋服役。

这也是汉高祖刘邦回到家乡对故乡父老所言。他深情回忆了自己从沛县起兵的经历，表现出对家乡的眷念感激之情。

文中的悲是怀念之意。汤沐邑指天子赐以王畿之内供沐浴的封邑。

汉代具有说教意义的左右门柱

汉代从刘邦起就“重孝”，后来“孝”成为汉初的辅助治国思想。在这个大的风气影响之下，汉代出现了许多具有说教意义的绘画。此门柱上的内容描绘的就是女子守贞孝顺父母的故事。

务修孝、弟以孝乡里

（汉昭帝　刘弗陵）

【原文】

朕闵劳以官职之事，其务修孝弟以教乡里。令郡县常以正月赐羊酒。有不幸者赐衣被一袭，祠以中牢。

——《汉书·昭帝纪》

【译解】

我不忍心韩福等人被托以官职而操劳国事，希望他们专门研习孝悌之道来教化乡里。命令郡、县在正月时赐给他们羊和酒，有去世的人要赐予一套衣被，祭祀时要以猪羊上供。

这段话选自汉昭帝在元凤元年（前80年）三月发的诏书。这月，昭帝赐给郡国所选报的行义者涿郡韩福等五人丝帛，每人五十匹，同时颁发了这个诏书，昭帝表明了要以孝治理天下。

文中的孝弟即孝悌，孝是指孝敬长辈，悌指尊敬兄长。文中的中牢即少牢，指羊和豕。

鸿门宴

秦末，刘邦与项羽各自攻打秦朝的部队，刘邦兵力虽不及项羽，但他先破咸阳，加之项羽听说他要在关中称王，项羽勃然大怒，准备派军大战刘邦军队。鸿门宴之上，刘邦特来赔礼，项羽的亚父范增几次暗示项羽就此除掉刘邦，但都因项羽犹豫不决而错失良机，最终让刘邦溜走。此图讲述的就是这个故事。项羽的妇人之仁也让他付出了巨大的代价，最终成就了刘邦的大业。

异味不得有所献御

（汉光武帝　刘秀）

【原文】

往年已敕郡国，异味不得有所献御，今犹未止，非徒有豫养导择之劳，至乃烦扰道上，疲费过所。其令太官勿复受。明敕下以远方口实所以荐宗庙，自如旧制。

——《后汉书·光武帝纪》

【译解】

往年我已经敕令郡国，不得进献奇异的美味，至今还没有得到禁止，这不仅有饲养和挑选的劳累，还会使沿途受到搅扰，使经过的地方增加费用和辛苦。现在命令掌管膳食的官不得接受郡国的进献。我明确地敕令远方的美

星象图　绢画　西晋

三国两晋南北朝时期的天文观测精细，很多帝王将相都十分关注，即有“日议朝政，夜观星象”的说法。这件绢画，中央绘伏羲女娲交尾像，四周画满连线星座，表示天象，体现了当时人们对天象的认识。

味食物只能用来祭祀宗庙，像以往的制度一样。

这段话选自建武十三年（37 年）春汉光武帝的诏书。汉光武帝敕令各地不得向宫中进献奇异美味，指明这些美味只能用来祭祀宗庙，光武帝要警戒奢侈，提倡勤俭。

圣王积行累善（吴大帝　孙权）

【原文】

古者圣王积行累善，修身行道，以有天下。故符瑞应之，所以表德也。朕以不明，何以臻兹？《书》云“虽休勿休”，公卿百司，其勉修所职，以匡不逮。

——《三国志·吴书·吴主传》

【译解】

古代圣明的君王积累善行，修养身心，实施仁道，这样才获得了天下。所以天降祥瑞反应善行，以此彰明圣君的德行。我并不贤明，为何会达到这个地步呢？《尚书》言“即使是很好的也不要满足”，公卿百官，要努力做好自己的工作，来匡正我的不足。

赤乌十一年（248 年）夏季四月，天降冰雹，云阳报告有黄龙出现。五月，鄱阳报告说那里的老虎不再伤害人。这些在封建社会属于吉祥的兆头。但是孙权有自己的看法，因而发了这道诏令，说明了他有自知之明。

文中的符瑞是指吉祥的征兆，多指帝王受命的征兆。《管子·水地》道：“是以人主贵之，藏以为宝，剖以为符瑞。”不逮指不足之处、过错。

奉率德义，为天下式（晋武帝　司马炎）

【原文】

宗室戚属，国之枝叶，欲令奉率德义，为天下式。然处富贵而能慎行者寡，召穆公纠合兄弟而赋《棠棣》之诗，此姬氏所以本枝百世也。今以卫将军、扶风王亮为宗师，所当施行，皆咨之于宗师也。

——《晋书·帝纪·武帝》

【译解】

皇室的宗族亲戚，是国家的枝叶，我命令他们遵从道德大义，做天下人的榜样。然而处在富贵地位而能够慎重对待自己言行的人很少，周代的召穆公召集兄弟而赋《唐棣》诗，这是姬氏能够枝叶繁茂传世百年的原因。现在我命令以卫将军和扶风王司马亮为训导宗室弟子的宗师，弟子们的所有行动，都要向宗师请示。

咸宁三年（277 年）晋武帝立皇子司马裕为始平王，立安平穆王司马隆的弟弟司马敦为安平王，然后下了这道诏令，告诫宗室子弟要严于律己，这样才能保证晋朝的江山永久传下去。

文中的枝叶比喻皇族的体系。

圣哲之远教（宋文帝　刘义隆）

【原文】

夫所因者本，圣哲之远教；本立化成，教学之为贵。故诏以三德，崇以四术，用能纳诸义方，致之轨度。盛王圣世，咸必由之。永初受命，宪章弘远，将陶钧庶品，混一殊风。有诏典司，大启庠序，而频沟屯夷，未及修建。永瞻前猷，思敷鸿烈，今方隅乂宁，戎夏慕响，广训胄子，实维时务。便可式遵成规，阐扬景业。

——《宋书·本纪·文帝》

【译解】

事物所依靠的是为根本，这是圣哲深远的教诲；根本立起来了那么教化就成功了，这就是教学所重视的。所以我下诏提倡美好的德行，推崇诗书礼乐，把事物归到正道，逐步规范。盛德的君王和圣明之世，都必然如此。先帝在永初年间接受天命，典章恢宏深远，用来调节众类，统一异俗。颁诏给主管官署，大量开办学校，可是多次遭到变故，未及时修建。我长久地看着先帝的谋划，思考实施这宏大的功业，现在四方安宁，异族也心向朝廷，广泛地教育国子监的学子，确实是当前的要务。要遵守成规，发扬光大美好的事业。

这是宋文帝在元嘉十九年（442 年）正月乙巳日所发的诏令。他认为治理国家要抓住根本，提倡美好德行，教化学子，才能开创美

陶院落

魏晋南北朝时代，战乱不断，即使是世家大族也深感朝不保夕，更何况一般平民。因此，一些人便纵情于山水来逃避政治，大大小小的庄园开始兴盛起来。这件陶院落就是模仿当时的庄园建筑形式制造的。

好事业。

如复违犯，依事纠奏（齐武帝　萧赜）

【原文】

三季浇浮，旧章陵替，吉凶奢靡，动违矩则。或裂锦绣以竞车服之饰，涂金镂石以穷茔域之丽。至班白不婚，露棺累叶，苟相夸炫，罔顾大典。可明为条制，严勒所在，悉使画一。如复违犯，依事纠奏。

——《南齐书·本纪·武帝》

【译解】

像夏商周三代末年一样社会浮华，旧有的规章制度废弛，无论吉凶之事都竞相奢靡，动辄违反礼仪制度。有的撕裂锦绣来攀比车服的装饰，涂抹黄金镂刻石头来竭尽坟墓的华丽。到头发斑白了还不结婚，棺材曝露在外多年也不埋葬，只是为了相互夸耀，全然不顾礼仪大典。应该明白制定条例，严厉勒令所在地区，让他们统一遵守制度。如果再有违反者，一定要依照所犯事情纠察禀奏。

这是齐武帝在永明七年（489年）冬十月颁发的诏令，对当时社会竞相厚葬、活人修墓的风气进行了批评，并下令订立制度来制止。齐武帝崇尚简约，反对厚葬。

文中的浇浮，指社会风气浮薄。班白，即斑白。累叶，犹累世、好几代、数代，文中指多年。夸炫，夸耀、炫耀。

宋太祖对兵权的分化

兵权由几个机构分管，各部门权力分散，权力集中于皇帝，这是宋朝所特有的军事制度。在宋朝，负责管理军事的部门有四个：枢密院负责军令、调动和高级军官的任免；“三衙”统率禁军；兵部负责后勤事务和管理地方的厢军；吏部负责武官选拔淘汰。宋朝军事制度的另一特点是：每逢饥荒，政府就从饥民中招募士兵，用来补充兵源。宋朝政府对从饥民中招募士兵的办法很得意，说是“天下犷悍失职之徒，皆为良民之卫”，即可把社会上的造反者变成镇压者，一举两得。宋朝还有个从后周时代遗留下来的传统，就是从地方厢军中选拔出强壮者充实到中央禁军，这种做法被称作“强干弱枝”。最后，宋太祖赵匡胤“惩藩镇之弊，分遣禁旅戍守边城，立更戍法，使士兵往来道路，以习勤苦，均劳逸。故将不得专其兵，兵不至于骄堕”。这种办法可收到“兵不知将，将不知兵”的效果，免去将官专权的威胁，但同时这也对作战十分不利。神宗继位知其弊，才废除了这种办法。

澡身浴德，开通耳目（隋文帝　杨坚）

【原文】

今率土大同，含生遂性，太平之法，方可流行。凡我僚，澡身浴德，开通耳目，宜从兹始。丧乱已来，缅将十载，君无君德，臣失臣道，父有不慈，子有不孝，兄弟之情或薄，夫妇之义或违，长幼失序，尊卑错乱。朕为帝王，志存爱养，时有臻道，不敢宁息。内外职位，遐黎人，家家自修，人人克念，使不轨不法，荡然俱尽。兵可立威，不可不戢，刑可助化，不可专行。禁卫九重之余，镇守四方之外，

齐武帝

齐武帝萧赜（440—493年），字宣远，齐高帝萧道成长子。南朝齐第二任皇帝。年号永明。在位期间，继续推行萧道成的治国之策，恢复禄田俸秩，劝课农商，减免赋役，赈济穷困。从宽执法。注重学校教育，修建孔庙，使社会出现了相对安定的局面。

戎旅军器，皆宜停罢。代路既夷，群方无事，武力之子，俱可学文，人间甲仗，悉皆毁除。有功之臣，降情文艺，家门子侄，各守一经，令海内翕然，高山仰止。

——《隋书·帝纪·高祖》

【译解】

现在天下大同，生灵都能顺应本性发展，太平的方法，现在才能施行。我的所有臣属，从现在开始，都要洁身修德，耳聪目明。战乱以来，将近十年，君主没有君德，臣子没有臣子之道，父亲不慈爱，儿子不孝顺，兄弟的感情淡薄，夫妻的情义背离，长幼没有次序，尊卑关系错乱。我身为帝王，心里存有养育爱护的心愿，时常有至高之道，不敢安宁停息。朝廷内外任职的官员，远近的黎民百姓，家家都要有自我修养，人人都要思考，使不轨不法的事情完全消除干净。武力可以树立权威，不可不有。刑罚可以帮助教化，但不专擅独行。除警卫皇宫及镇守四方的部队外，其余的军队和兵器，都应撤除。沟壑已经平坦，四方没有战事，军人的子弟都可以学文，民间的武器要全部销毁。凡有功之臣，都要虚心学习文学艺术；家族的子侄，各自都要掌握一部经书，使天下心向一处，敬仰道德高尚的人。

开皇九年（589 年）隋朝灭亡了陈朝，这段话选自隋文帝在四月发的诏令。他针对当前因为战乱导致的道德伦理丧失现状，倡导偃武习文，以德治国。

文中的含生指含有生命的事物。九重，宫禁，天子的宫殿。高山仰止，大

南来北往的隋代大运河（局部）

对于隋代凿通的大运河，唐代的诗人皮日休有这样的描述："尽道隋亡为此河，至今千里赖通波。若无水殿龙舟事，共禹论功不较多。"言外之意是隋亡与运河的开凿有着莫大的关系。但是这条横穿南北、沟通东西五大水系的大运河为后世，尤其是唐代经济的发展、南北的交流起到了巨大的作用。此图描绘的就是隋代大运河繁荣的景象。

唐代百姓穿的麻鞋

唐代的礼制上承周、汉，下启宋、明，其根本均为了维护统治阶层的利益和当时的宗法礼仪。穿鞋的制度就是其中之一，在唐代只有贵族才能穿华丽的绸缎鞋、绣花鞋和皮革鞋，普通的平民和奴隶只能穿草鞋、麻鞋或者粗布鞋，甚至赤足。

家敬仰有崇高道德的人。语出《诗经·小雅》："高山仰止。"郑玄笺："古人有高德者则慕仰之。"

不以身尊而骄人（唐太宗　李世民）

【原文】

夫圣代之君，存乎节俭。富贵广大，守之以约；睿智聪明，守之以愚。不以身尊而骄人，不以德厚而矜物。茅茨不剪，采椽不斲，丹车不饰，衣服无文，土阶不崇，大羹不和，非憎荣而恶味，乃处薄而行俭。故风淳俗朴，比屋可封，此节俭之德也。

——《唐太宗集·崇俭篇》

【译解】

圣明时代的君主，应该有节俭之风。虽然富有高贵，土地广大，也要厉行简约来守护它；虽然睿智聪明，也要用愚拙的态度来守护它。不凭借尊贵的身份在人前显得骄傲，也不凭借道德丰厚在人前恃才傲物。不修剪茅草屋，不雕饰柞木或栎木做成的椽子，不装饰船和车，衣服上无花纹，土筑的阶梯不高，肉汁不加调料，并非他们憎恶荣华，厌恶美味，　而是要做到处世淡薄，行为俭朴。因此社会风俗淳朴，户户皆贤，都有可以封爵位的德行，这就是节俭的美德。

唐太宗的《崇俭篇》论述了节俭对于

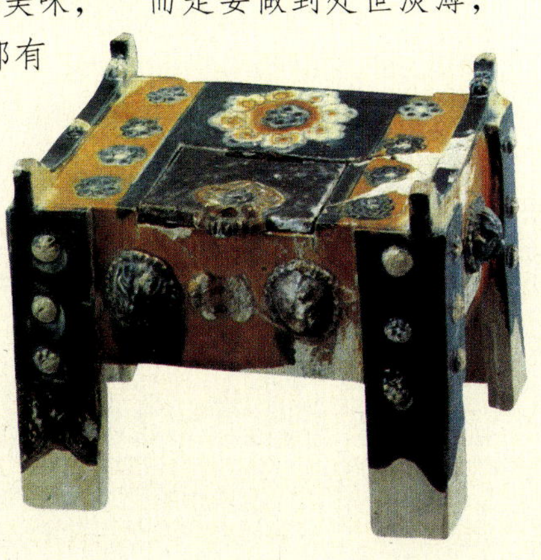

三彩钱柜　唐代

唐代是中国封建社会的鼎盛时期，经济上繁荣兴盛，文化艺术上群芳争艳，唐三彩就是这一时期产生的一种彩陶工艺品，它以造型生动逼真、色泽艳丽和富有生活气息而著称。而唐代商业的活跃又促使人们开始重视钱财的收藏，此造型生动、风格独特的钱柜就是最好的证明。

治理国家的重要性。这段话从君主节俭和社会风气的关系，论述了君王节俭对于社会风气的形成起到的重要作用。

文中的矜物，意为恃才傲物。茅茨，茅草盖的屋顶，这里指茅屋。采椽，栎木或柞木椽子，意为俭朴。大羹，祭祀用的肉汁。和，用调料来和味。比屋可封指尽人皆贤，每家都具有封爵位的德行。

【原文】

比年丰稔，闾里元事，乃有隳业之人，不顾家产，朋游无度，酣宴是耽，危身败德，咸由于此。每览法司所奏，因此致罪，实繁有徒。静言思之，良增轸叹。自非澄源正本，何以革兹弊俗？可先录乡饮酒礼一卷，颁示天下。每年令州县长官，亲率长幼，依礼行之，庶守时识廉耻，人知礼节。

——《唐太宗集·令州县行乡饮酒礼诏》

【译解】

近年来都是丰收，乡村里巷太平无事，但却有毁败家业的人，他们不顾及家产，结伴出游没有节制，沉溺在宴饮酣乐中，那些伤害身体败坏道德的事，都由此产生。每次阅览司法部门的奏章，看到由此获罪的，确实有很多人。静下来思考这个问题，我增加了许多痛惜感叹。假如不澄清源头以正根本，凭什么革除这种不好的习俗呢？可以首先制定《乡饮酒礼》一卷，颁行天下。每年令州县长官，亲率年长的和年幼的，按照《乡饮酒礼》的规矩来

昭陵六骏　赵霖　金代　绢本设色

唐太宗李世民在开创唐帝国的重大战役中，曾先后驾驭六匹战马驰骋疆场，陷阵摧敌，立下不少功劳。李世民登基后，于贞观十年（636年）下诏，篆刻这六匹战马真形，以示对六马的表彰和怀念。由著名画家阎立本亲绘稿本，唐太宗亲题赞语，篆成六幅高浮雕，列置在昭陵祭坛。此图从摹画刻石而来。六马形象有的巍然屹立，有的延腭缓步，有的奋蹄疾驰，都画得凝重有力，颇具石刻风味。其余如丘行恭像、鞍辔杂佩和箭疮位置，画卷也都一一誊写，标记清楚。

实行，希望使人们不误农时，知道廉耻，遵守礼节。

贞观六年（632 年），唐太宗写了这篇《令州县行乡饮酒礼诏》。他针对当时存在的过分贪图享乐、挥霍浪费的社会风气，提出要以乡规民约的形式来规范大家的行为，树立按时生产、遵守礼节的良好风气。

文中的稔指谷物成熟。隳，指毁坏。朋游，指朋友交往。

唐夫人乳姑不怠

唐代重孝，主要表现在百姓对于孝道的践行和统治者对于孝的倡导上，一些孝顺的事迹也为后人广为传颂。此图描绘的是唐代节度使崔山南的祖母因其曾祖母年事已高，吃饭不便，便在盥洗之后一口一口喂婆婆喝奶，曾祖母也因此保持健康身体的事迹。

【原文】

勋戚之家多流遁为习俗，闾阎之内或侈靡而伤风，以厚葬为奉终，以高坟为行孝，遂使衣衾棺椁，极雕刻之华；灵輀明器，穷金玉之饰。富者越法度以相尚，贫者破资产而不逮，徒伤教义，无益泉壤，为害既深，宜为惩革。

——《唐太宗集·薄葬诏》

【译解】

功臣和贵戚之家大多流入了社会习俗，民间有的也奢侈靡丽，伤风败俗，把厚葬作为奉行丧事的好办法，认为修筑高大的坟才是在行孝道。于是，丧葬的衣被极尽华丽，棺廓精雕细刻；灵车和随葬器物，穷尽金玉的装饰。富贵人家超越法度以相互攀比，贫穷人家即使破产也赶不上潮流，白白伤害了风教，对死去的人也没有好处，为害已经很深，应该进行惩戒改革。

唐太宗于贞观十七年（643 年）写了这道《薄葬诏》。他针对社会上崇尚厚葬的做法，提出了尖锐的批评，指出这种做法对死者和社会风气都是严重的损害，主张要进行改革。

闾泛指门户、人家，中国古代以二十五家为闾；阎指里巷的门。闾阎泛指平民百姓、民间。泉壤，指埋入地里的死者。

【原文】

朕闻以德下人者昌，以贵高人者亡，是以五岳凌霄，四海亘地，纳污藏疾，无损高深。

——《唐太宗集·答长孙无忌请诛段志冲手诏》

【译解】

我听说用道德谦卑地待人的人一定昌盛，凭借自己地位高傲待人的人一定衰亡。因此，五岳耸入云霄，四海横贯大地，它们虽然纳污藏毒，却无损

关公被宋太祖逐出武圣庙

在唐朝的时候，当时的帝国修建了武圣庙，以祭祀姜太公。同时，关公由于忠义勇猛也在武圣庙中得到了祭祀。而到了北宋，关公却被宋太祖以“非正统”的名义从武圣庙中给赶了出来。这其中的原因，并不是因为宋太祖认为关公最后兵败而亡，未能善终，而是因为关公的义兄刘备的血统身份问题。刘备自称有汉朝皇室血统，这是他号令天下的有力旗帜，但赵匡胤对这套血统论非常反感，因为他与过去的任何一位皇帝都没有血缘关系。相反，刘备的死敌曹操却是宋太祖的好榜样。汉末的三国时期颇似大唐之后的五代十国之乱，赵匡胤因此对曹操推崇备至。刘备受到当朝皇帝的歧视，也导致关公被逐出了武圣庙。值得一提的是，到了北宋末期，关公又再次回到了武圣庙。宋徽宗时期，占宋朝税收额17%的解州盐池突然枯竭，这时，道教龙虎山的第三十代天师张继先告诉宋徽宗：“这是蚩尤的阴魂在作怪，只有将关公再次请回武圣庙，才能赶走蚩尤的阴魂。”于是，笃信道教的宋徽宗不顾大臣们的反对马上将关公“请”了回来，之后，奇迹出现了，解州盐池又开始产盐了。从此，关公就稳坐武圣庙中，没人能把他赶走了。

意志坚定、不畏艰险的玄奘

玄奘是唐代著名的僧人。俗姓陈，法相宗创宗人，通称三藏法师。他学识渊博，备考异说。为求佛教的教理研究，不远万里，只身西行，历经数十年，终得正果，取得真经，沿途宣讲大乘教义，声名传遍了全印度，还将《老子》《大乘起信论》等译成梵文，传入印度，在对于中国和印度文化的交流上作出了巨大贡献。

它们的高深。

贞观二十一年（647年）八月，齐州人段志冲陈上密封的奏章，请唐太宗致政于皇太子，长孙无忌认为段志冲罪该杀头。唐太宗写作此诏予以回答，表明了自己宽宏大量的态度。

朕思还淳返朴（唐高宗　李治）

【原文】

去冬无雪，今春少雨，自避暑此宫，甘雨频降，夏麦丰熟，秋稼滋荣。又得敬玄表奏，吐蕃入龙支，张虔勖与之战，一日两阵，斩馘极多。又太史奏，七月朔，太阳合亏而不亏。此盖上天垂佑，宗社降灵，岂虚薄所能致此！又男轮最小，特所留爱，比来与选新妇，多不称情；近纳刘延景女，观其极有孝行，复是私衷一喜。思与叔等同为此欢，各宜尽醉。

——《旧唐书·本纪·高宗》

【译解】

去年冬天无雪，今年春天又少雨水，自从来到此宫避暑，甘雨频频降临，夏麦丰收，秋天的庄稼长得欣欣向荣。又得到李敬玄的表奏，吐蕃入侵八龙支，张虔勖与吐蕃激战，一天打了两仗，斩敌首很多。又太史上奏，七月初一，太阳应亏而没有亏。这些大概都是上天在福佑，宗庙社稷降下的灵气，哪里是我这道德虚薄的人能够做到的呢？我最小的儿子轮，我特别爱护留在身边，近来给他选新妇，大多不称心意。最近娶了刘延景的女儿，看到新妇很有孝行，我心里私自高兴。希望与叔叔等

唐代十八位皇帝陵墓分布图

唐代从618年建国，至907年灭亡，历时二百八十九年。共二十一位皇帝，除昭宗李晔和哀帝李祝分别葬于河南渑池及山东荷泽外，其余均分布在陕西省境内的关中平原上，因武则天与高宗李治合葬在一起，故只有十八座陵墓，史称“关中唐十八陵”。

共同为这些事高兴，都该尽情喝醉。

仪凤二年（677 年）无雪，三年又是春旱，唐高宗到九成宫避暑，在咸亨殿设宴请亲近的大臣和亲戚。这段话是在宴会上高宗对霍王李元轨所言，虽然有些迷信，但是也表达了他对国家和家人的美好愿望。

文中的此宫指九成宫。敬玄指吏部尚书兼中书令李敬玄。馘，两军作战时割取所杀敌人的耳朵。轮，指高宗最小的儿子相王李伦。

【原文】

朕思还淳返朴，示天下以质素。如闻游手堕业，此类极多，时稍不丰，便致饥馑。其异色绫锦，并花间裙衣等，靡贵既广，俱害女工。天后，我之匹敌，常著七破间裙，岂不知更有靡丽服饰，务遵节俭也。其紫服赤衣，闾阎公然服用；兼商贾富人，厚葬越礼。卿可严加捉搦，勿使更然。

——《旧唐书·本纪·高宗》

【译解】

我希望返归淳朴，用朴素来示范天下。而听说闲荡不从事生产的这类人非常多，只要农事稍微欠收，便会发生饥荒。那些奇异色彩的绫罗锦绣，以及花纹间色的裙衣，浪费很广，都是在伤害女工。天后，是我的配偶，常穿七个褶裥的间色裙子，难道不知有更加华丽的服饰，只是务求遵循节俭。那些类似官服的紫色服装赤色衣服，乡间百姓也公然穿用，更有巨商与富人，厚葬大大超过礼制。你要严加拘捕，不要再这样。

开耀二年（682 年），河南、河北不久前遭受水灾，这是唐高宗于正月下诏给雍州长史李义玄所言。他希望自己作出示范，促使社会出现淳朴的风俗。

文中的堕业指懒惰不愿从事生产。天后指武则天，当时她的封号为天后。七破，指七个褶裥。捉搦，捉拿、捕捉。

沉湎非令仪（宋太祖　赵匡胤）

【原文】

沉湎非令仪，朕宴偶醉，恒悔之。

——《宋史·本纪·太祖》

【译解】

沉溺在酒里，就没有美好的举止和仪表，我偶然会在宴席中喝醉，但常常很后悔。

建隆二年（961 年）三月，宋宫廷内酒坊发生火灾，宋太祖于是对侍臣说了这段话。他从酒后失去美好的举止、仪表等说明醉酒的危害，表明他不主张酗酒的态度。

文中的令仪指美好的仪表。

【原文】

荆蜀民祖父母，父母在者，子孙不得别财异居。

——《宋史·本纪·太祖》

【译解】

荆蜀地方的百姓，如果祖父母、父母均在的，子孙不得瓜分财产另外居住。

这是宋太祖在乾德五年（967 年）六月所下的诏令。他规定如果父母都活着的，不能分财产别居，这是为了培养孝悌之道的良好社会风气。

宅子酒肆

宋太祖开明宽容的统治方式，为宋代商业的发展、城市的繁荣提供了最基本的保障。随着宋朝商业的繁盛，人口的不断增加，大批量的人口开始向城市周边的镇市迁移，发展出了前所未有的"草市"，这类草市主要是商人和农民贸易的场地，随着人口的增多，部分草市就出现了一些茶馆、酒肆之类的小店铺。

【原文】

吾为天下主，轻事畋猎，又何罪马哉！

——《宋史·本纪·太祖》

【译解】

我作为天下人的君主，轻率地来从事打猎玩乐，又为何要怪罪马呢？

开宝八年（975 年）九月，宋太祖到近郊打猎，在追赶野兔时，马蹶蹄将他甩在地上，他起来抽出刀刺死了马，接着就说了这段话，从此以后再不打猎。这反映了他在盛怒后的清醒，善于克制自己的性格。

文中的畋猎即打猎。

【原文】

汝生长富贵，当念惜福。

——《宋史·本纪·太祖》

【译解】

你生长在富贵之中，应当想着珍惜福祉。

宋太祖是非常节俭的，他宫中的帷帘用青布镶边，衣服也是穿得很久都不换新的。他见魏国长公主短袄用翠羽装饰，就对她说了这句话，让她不要再用这种装饰了。表明他处在富贵中能想到节俭，并以此教育后人。

碎七宝器

宋太祖乃创业之君，他简朴节约，认为治国的根本在于君主的治理态度，当他得到后蜀皇帝孟昶的七宝溺器，遂掷之于地，令杵碎之，认为后蜀之所以亡，是因为皇帝奢侈浪费造成的。

【原文】

汝以七宝饰此，当何器贮食？所为如是，不亡何待！

——《宋史·本纪·太祖》

【译解】

你用七种珍宝来装饰这便溺器具，应当用什么器具来贮盛食物呢？做出这样的行为，不灭亡还等什么呢！

一次，宋太祖看见孟昶便溺的器具居然是用珍宝装饰的，就将其砸烂了，然后对孟昶说了这句话。表明他对奢侈亡国的清醒认识。

文中的孟昶（919—965年），是五代后蜀高祖孟知祥第三子，后蜀末代皇帝。宋军攻破蜀国后被俘，后被封为检校太师兼中书令、秦国公，居住在汴京。次年郁郁而终。

勿以销金文绣为饰（宋真宗　赵恒）

【原文】

除乘舆供帐，存于礼文者如旧，自今宫禁中外进奉物，勿以销金文绣为饰。

——《宋史·本纪·真宗》

【译解】

除了皇帝的车马帷帐等用具，及有礼仪规定的用具照旧例外，从今天开始宫中内外进贡的器物上，不要再用嵌金线刺绣作为装饰。

铁木真即位大汗图

1206年，铁木真被推举为全蒙古大汗，是为元太祖。上尊号为成吉思汗（“成吉思”为“海洋”或“强大”之意，“汗”意为王者）。在位期间，多次发动征服战争，征服地域西达黑海海滨，东至几乎整个东亚，建立了世界历史上著名的横跨欧亚两洲的大帝国。

这是宋真宗在大中祥符元年（1008年）五月所发的诏令。他规定进贡的器物上不得有奢华的装饰，表明了他注意节俭，不倡导虚华的装饰。

文字的乘舆，古代特指天子和诸侯所乘坐的车子，泛指皇帝用的器物。销金，指嵌金色线及嵌金色的物品。文绣，古代在丝帛上刺绣，称为“文绣”，以区别于文锦，至汉代在布帛上绣花，才通称为“刺绣”。

尝许不杀掠（元太祖　铁木真）

【原文】

朕自去冬五星聚会时，已尝许不杀掠，遽忘下诏耶。今可布告中外，令彼行人亦知朕意。

——《元史·本纪·太祖》

【译解】

我自从去年冬天发现五星聚会时，就曾许下愿不再进行杀掠，可竟然忘记下诏了。现在可以通告中外，让他们的使者也知道我的意思。

早在1222年，长春真人丘处机受成吉思汗的邀请，从中原来到中亚成吉思汗的行营，劝他不嗜杀人以一统天下，于是他对于杀掠有所转变。1226年，成吉思汗见到五星聚会的天象，才改变了以前杀掠的想法。1227年，在他临死前，他下了这道诏令，表明了他转变杀掠习俗的态度。

文中的五星指水星、金星、火星、土星以及木星，司马迁在《史记·天官书》中认为五星聚会对于有德者是一个祥瑞，对于无德者应该是凶兆。

元太祖

元太祖成吉思汗（1162—1227年），孛儿只斤氏，名铁木真。于1206年建立蒙古国。他颁布维护贵族利益的法典，组织骁勇善战的蒙古军队，征战各地，先后灭金、辽，西征中亚大国花剌子模，1227年灭西夏，同年病逝。元建立后，被追尊为元太祖。

li zhi

立志

当年，刘邦在咸阳见到秦始皇时，情不自禁地发出了感慨："嗟乎，大丈夫当如此也。"这是多么宏大的志向！各朝开国君王一般都是经过艰苦拼搏才当上皇帝的，而生活在和平时期的太子，也有很多是经过宫廷斗争才继承了皇位。而治理国家有所作为的帝王，几乎从小就有干一番大事业的抱负。可以说，志向，是他们成功的基石。看到帝王一段段谈论立志的话语，我们从中也会受到很多教益。

树德务兹，除恶务本（周武王　姬发）

【原文】

古人有言曰："抚我则后，虐我则仇。"独夫受洪惟作威，乃汝世仇。树德务兹，除恶务本，肆予小子诞以尔众士殄歼乃仇。

——《尚书·泰誓下》

【译解】

古人说道："谁抚爱我们，谁即是君主；谁虐待我们，谁即是仇敌。"独夫保护那些作恶的人，是你们世世代代的仇人。树立起美好的品德，并使其迅速滋生；清除邪恶的事物，一定要除掉它的根本，所以，我要率领各位将士去歼灭你们的仇敌。

这段话选自周武王带领军队从黄河北岸向牧野开拔时发表的誓词。他指出商纣王已不是天子，而是残暴的独夫，以打消人们对他的恐惧，鼓励大家一定要歼灭他。

天休予文王（周成王　姬诵）

【原文】

巳，予惟小子，不敢替上帝命，天

丹书受戒　插图

武王即位初期，为了能够继承父亲文王灭商的遗志，于是向姜尚请求治国之道。姜尚就以《丹书》所记载"必须有恭敬和公正之心"的训条来教诲武王，武王听后深受震动，于是把这些话作为自己的座右铭，时刻提醒自己。

周成王

周成王姬诵，周武王之子。周武王建立了周王朝以后，过了两年就害病死了，年仅十二岁的姬诵继承王位，由周公旦摄政。管叔、蔡叔不信任周公，挟殷商后代武庚一起作乱反叛，周公奉成王之命东征讨伐，平定叛乱。成王长大，亲自执掌政权后，大封诸侯，加强宗法统治权力，命召公营建洛邑（今河南洛阳市西），后来成为东周的都城。成王还命令周公制礼作乐，规划各项规章制度，奠定了西周王朝的基础。

休予文王，兴我小邦周，宁王惟卜用，克绥受兹命。今天其相民，矧亦惟卜用。呜呼！天明畏，弼我丕丕基。

——《尚书·大诰》

【译解】

唉，我这个年轻人，不敢废弃天命。上天对我们文王嘉惠，使我们小小周国振兴了。当年文王只用龟卜，就安然接受此天命。如今天要帮助百姓，何况我们也是用龟卜呢。啊，天命可畏，辅助我们伟大的基业吧！

这段话选自成王将命周公征讨武庚、管叔、蔡叔时的告谕。周成王强调了自己虽然年轻就继承了王位，但这是继承了天命，表示将按照占卜的结果

去东征讨伐，以取得伟大的成绩。

文中的休，指嘉惠。天明畏，即畏天命。丕丕，大大。

大丈夫当如此也（汉高祖　刘邦）

【原文】

嗟乎，大丈夫当如此也。

——《史记·高祖本纪》

【译解】

唉！大丈夫就应当这样啊！

刘邦做亭长时，带领服役人员到咸阳。他看到秦始皇威严的车驾仪时，感叹地说了这句话。表现了他远大的志向和雄心。

【原文】

始大人常以臣无赖，不能治产业，不如仲力。今某之业所就孰与仲多？

——《史记·高祖本纪》

【译解】

当初大人常认为我没有谋生的本领，不能治理产业，比不上二哥仲力。现在我的产业与二哥相比谁更多呢？

高祖九年（前198年），汉建成未央宫，刘邦在新宫殿设酒宴请诸侯群臣，这是他向父亲太上皇祝酒时所言。道出了刘邦的自负和狂妄。

文中的无赖指没有赖以谋生的本领。仲，指刘邦的二哥刘仲。

汉高祖入关图　赵伯驹　宋代

刘邦率军攻入咸阳到阿房宫后，看见富丽的宫殿和漂亮的宫女就沾沾自喜起来。这时，其部将樊哙劝说到："这些穷奢极欲的东西使秦亡了，您要这些干吗？"刘邦采纳了樊哙的劝戒，于是回到军营里，并召集各县的父老与其约法三章：杀人的偿命，打伤人的办罪，偷盗的办罪。这约法三章收到了取信于民和收揽人心的效果，堪称中国历史中的佳话。

【原文】

吾以布衣提三尺剑取天下，此非天命乎？命乃在天，虽扁鹊何益！

——《史记·高祖本纪》

【译解】

我凭借平民身份提着三尺宝剑夺取了天下，难道这不是天命吗？决定命运的是上天，我的伤病即使

三顾茅庐　年画

刘备为了请诸葛亮辅佐自己，就同关羽、张飞一起去请他出山，可是诸葛亮不在家，刘备只好留下姓名，返回驻地。不久，刘备又和关羽、张飞冒着大风雪第二次去请，不料诸葛亮又出外闲游去了，刘备只得留下一封信，表达自己对诸葛亮的敬佩和请他出来帮助自己挽救国家危险局面的意思。又过了一些时候，刘备第三次拜访诸葛亮，到达的时候诸葛亮正在睡觉，刘备不敢惊动他，一直站到诸葛亮自己醒来，才彼此坐下谈话。刘备“三顾茅庐”，使诸葛亮非常感动，答应出山相助。诸葛亮初出茅庐，就帮刘备打了不少胜仗，为刘备奠定了蜀汉的国基。

是扁鹊来医治又有什么益处呢?

高祖讨黥布中流矢，在道中病发后，说了这段话。这段话表达出了他的天命观：信命而不信医。

文中的布衣指平民。扁鹊是战国时有名的医生，本姓秦名越人，因为他医术高明，于是人们便称他为传说中黄帝时的神医扁鹊。

成臣忧责碎首之（昭烈帝　刘备）

【原文】

今臣群寮以为在昔《虞书》敦叙九族，庶明励翼，五帝损益，此道不废。周监二代，并建诸姬，实赖晋、郑夹辅之福。高祖龙兴，尊王子弟，大启九国，卒斩诸吕，以安大宗。今操恶直丑正，实繁有徒，包藏祸心，篡盗已显。既宗室微弱，帝族无位，斟酌古式，依假权宜，上臣大司马汉中王。臣伏自三省，受国厚恩，荷任一方，陈力未效，所获已过，不宜复忝高位以重罪谤。群寮见逼，迫臣以义。臣退惟寇贼不枭，国难未已，宗庙倾危，社稷将坠，成臣忧责碎首之负。

——《三国志·蜀书·先祖传》

【译解】

现在我的属下以为，从前的《虞书》上记载了以宽厚的态度分次序对待九族宗亲，使他们变得贤明以辅佐国家，五帝对此有所增删，但是这种方法一直未被废除。周朝依照夏、商两代的礼制，一起分封建立了各姬姓诸侯国，这确实仰仗了晋、郑两国辅佐之福。高祖建立汉朝，尊崇王室子弟，分封了

蜀主刘备

刘备（161—223年），字玄德，汉景帝之子中山靖王刘胜的后代，为三国蜀汉开国君王。东汉灵帝末年，与关羽、张飞一道讨黄巾贼有功，遂为安喜寨县尉。密诛曹操不成，潜逃。三顾茅庐始得诸葛亮辅佐。后与孙权联合大胜曹操于赤壁，取得益州与汉中，自立为汉中王。221年，于成都即位称帝，国号汉，年号章武。伐东吴兵败，损失惨重，退回白帝城，因病崩逝，享年六十三岁，谥号昭烈帝，史称为刘先主。

九个诸侯国，最终这些诸侯国斩杀了各吕姓人，安定了汉朝宗室。现在曹操憎恶正直忠诚的人，确实有很多追随者，又包藏着野心，篡权祸国的心也很明显。如今皇室衰落，皇族中没有在重位的大臣，我斟酌了古代的方式，按照权宜之计，部下推举我为大司马汉中王。我再三反省，受到国家的厚恩，担当一方的重任，竭尽力量没有见到成效，所获得的地位已经够高了，不应该再居高位以加重自己的罪责和非议。但是群臣以大义来逼迫我。我退后考虑到贼寇还没有诛灭，国难还未过去，宗庙正危急，社稷将倾覆，这都是我忧虑职责未尽而求以死报国的责任。

建安二十四年（219 年），刘备由阳平关渡过沔水，依定军山扎营。群臣向汉献帝上表，请求立刘备为汉中王。于是刘备写了奏章，表明自己的心迹。这段话就选自这一奏章，可以看出刘备决心有所作为、恢复汉室的决心。

文中的姬姓，指黄帝的嫡系后裔，根据《说文》的记载，起初黄帝居住在姬水，因而姓“姬”。中国的宗法制度很注重长子嫡孙，也就是嫡系子孙，黄帝的嫡系后裔长期以来保持着“姬”姓，其他的非嫡系子孙就不姓“姬”了。

死生有命（齐高帝　萧道成）

【原文】

吾本布衣素族，念不到此，因藉时来，遂隆大业。风道沾被，升平可期，遗疾弥留，至于大渐。公等奉太子如事吾，柔远能迩，缉和内外，当令太子敦穆亲戚，委任贤才，崇尚节俭，弘宣简惠，则天下之理尽矣。死生有命，夫，夫复何言！

——《南齐书·本纪·高帝》

【译解】

我本出身于平民庶族，没有想到能有今天。只是凭借时来运转，才成就了这伟大的事业。风化教育已普遍施于百姓，太平盛世可以期待。我得了大病久不见好，以致病危。你们事奉太子要如同事奉我一样，怀柔远近的民众，团结朝廷内外的人士，让太子亲善和睦亲戚，委任贤才，崇尚节俭，弘扬宽大仁厚的政治，这就完全

齐高帝的遗嘱

齐高帝萧道成临终前，他嘱咐太子萧赜：“一定要牢记三国、晋朝以及刘宋皇室手足相残和治国的教训，要爱护同室兄弟，要勤俭节约，这样才能保持国家政治的稳定。”齐武帝萧赜牢记父亲的遗嘱，十分关心百姓疾苦，他一即位就下诏：“比岁未稔，贫穷不少，京师二岸，多有其弊。遣中书舍人优量赈恤。”不久，再次下诏说，“水雨频降，潮流荐满，二岸居民，多所淹渍。遣中书舍人与两县官长优量赈恤。”第二年，他又下诏酌情遣返军中的囚徒，大赦囚犯，对于百姓中的鳏寡和贫穷之人，要加以赈济。他提倡并奖励农桑，灾年时，还减免租税。在位第四年，他下诏说：“扬、南徐二州，今年户租三分二取见布，一分取钱。来岁以后，远近诸州输钱处，并减布直，匹准四百，依旧折半，以为永制。”除此之外，萧赜还下令多办学校，挑选有学问之人任教，以培育人们的德行。武帝以富国为先，不喜欢游宴、奢靡之事，提倡节俭。他曾下令举办婚礼时不得奢侈。但事与愿违，萧赜死后，其堂弟萧鸾夺取了帝位，即齐名帝。齐名帝一登上皇位，就开始杀戮同族，他的儿子萧宝卷在继位后更是变本加厉，把整个宗室之人搞得人人自危，不少人为了不被杀害更是起了夺取皇位的念头，南齐政权也因此步了刘宋皇室的后尘。

齐高帝

齐高帝萧道成（427—482年），字绍伯，小名斗将。南朝宋国宰相，后废顺帝自立，建立南朝齐国。在位四年，时年五十六岁。

体现了治理天下的道理。死生有命，我还有什么话说呢？

建元四年（482年）三月庚申，齐高帝病重，召集司徒褚渊、左仆射王俭进宫，下了这道诏令。这段话总结了他的成功，对大臣们寄予了期望，对齐的未来充满了信心。

文中的布衣素族，指平民和普通士族。风道指风化、教化。缉和，团结。简惠，博大的仁爱。

见天子庸知非福（武则天　武曌）

【原文】

见天子庸知非福，何儿女悲乎？

——《新唐书·列传·后妃上》

【译解】

去见天子你怎么知道不是福气，为何像小儿女一样悲痛呢？

这是武则天十四岁被太宗召为才人时所言。当时她母亲杨氏见女儿离开，非常悲痛，哭着和她道别，武则天就对母亲说了这句话。表明她不同于常人的看法，从小就有敢于闯荡的精神。

听政之暇，常览史籍

（唐玄宗　李隆基）

【原文】

朕听政之暇，常览史籍，事关理道，实所留心，中有阙疑，时须质问。宜选耆儒博学一人，每日入内侍读。

——《旧唐书·本纪·玄宗》

【译解】

我处理完政务的闲暇时间，经常阅览历史典籍，凡事情关系到治理国家之道，都是最为留心的，史籍中有不少我不知和有疑问的地方，时时需要询问。应该挑选博学的老儒一人，每日入宫来陪我读书。

这段话选自唐玄宗在开元三年（715年）十月下的命令。他闲暇时阅读史籍，寻找治国之道，说明了他早年的进取精神。

文中的耆儒指年高博学的儒者。

召试县令　插图

唐玄宗知人善用，赏罚分明，这是其能开创“开元盛世”局面的主要原因。在其统治时期，他颁布了一些举措用以整理吏治，尤其是对于地方县令的管理，有一套严格的考试制度。因为唐玄宗认为郡县的官员是亲民之官，代表着朝廷的形象，所以如果考试不通过是不能任职做官的。

武则天所实行的内政措施

作为中国历史上的唯一一个女皇帝，武则天不仅继承了唐太宗以来的“贞观盛世”，而且更是将中国推向了一个新的高度。在政治上，武则天真正做到了圣裁独断，她几乎每天都要临朝，处理国事，而且总能将私事与国事分开。在用人方面，那些不服从她的人，往往受到残酷的迫害；对于那些效忠于她的人才，只要有一技之长，她都不吝惜官职；而对于那些不称职的官员，她都一一贬黜。她绝不会把真正的权力交给自己的亲信和酷吏，同时她非常注意保护宰相班子的正常工作，使国家机器正常运转，边疆地区都使用则天所造文字，可见武则天政权的控制力有多强。在科举上她还创造性地设立了殿试的制度，由皇帝亲自监考，从此成为历代王朝的定制；她又开南选，使岭南广西的士子亦有机会成为官吏；允许自荐，筛选出了一批治国能臣。值得一提的是，她是武举的创始人。

【原文】

朕以薄德，嗣守神器，每乾乾惕厉，勤念生灵，一物失所，无忘罪己。聿来四纪，人亦小康，推心于人，不疑于物。而奸臣凶竖，弃义背恩，割剥黎元，扰乱区夏，皆朕不明之过也。今巡抚巴蜀，训厉师徒，仍令太子诸王蒐兵重镇，诛夷凶丑，以谢昊穹；思与群臣重弘理道，可大赦天下。

——《旧唐书·本纪·玄宗》

【译解】

我凭借浅薄的德行，即位守护国家，时常心存戒慎，经常念着百姓，一事处置不对，都没有忘记怪罪自己。

唐肃宗

唐肃宗李亨（711—761年），原名李与，曾被封为忠王。公元738年被立为太子，改名李亨。马嵬驿兵变后，被玄宗任为天下兵马大元帅，领朔方、河东、平卢节度都使，负责平叛。玄宗继续西逃，他为百姓所留，与玄宗分道，北上至灵武。756年七月十二日，李亨在灵武即位，史称肃宗。遥尊玄宗为太上皇，改年号为“至德”。

前后四十几年，百姓也是小康生活，对人以诚心，对事也不怀疑。可是奸臣凶险之人背信弃义，盘剥百姓，扰乱华夏，这都是我用人不明的过错。现在巡抚巴蜀，整训将士，并令太子和诸王阅兵重镇，诛杀凶恶，以酬谢上天；我想和群臣重新弘扬治国之道，可以大赦天下。

这是天宝十五年（756年）八月，唐玄宗到达巴蜀亲临蜀都府衙宣的诏。他仍然不忘自己四十年的治理之功，把安史之乱归结于奸臣和邪恶之人，还想重新整治天下，他没有想到马上就会被太子取代了。

文中的神器本来指代表国家政权的实物，如玉玺、宝鼎之类，这里借指帝位、政权。凶竖，凶险的小人，犹言恶贼。昊穹，苍天。

圣人畏天命（唐肃宗　李亨）

【原文】

朕闻圣人畏天命，帝者奉天时。知皇灵眷命，不敢违而去之；知历数所归，不获已而当之。在昔帝王，靡不由斯而有天下者也。乃者羯胡乱常，京阙失守，天未悔祸，群凶尚扇。圣皇久厌大位，思传眇身，军兴之初，已有成命，予恐不德，罔敢祗承。今群工卿士佥曰："孝莫大于继德，功莫盛于中兴。"朕所以治兵朔方，将殄寇逆，务以大者，本其孝乎。须安兆庶之心，敬顺群臣之请，乃以七月甲子，即皇帝位于灵武。

——《旧唐书·本纪·肃宗》

【译解】

我听说圣人敬畏天命，帝王奉行天时。知道皇天厚爱，不敢违背天意而推托；知道天道是有所归的，不得已而担当大命。以前的帝王，没有不是由这而有天下的。如今羯胡乱了君臣的伦常，京都失守，上天还未惩处凶恶，群凶还在煽动叛乱。我父圣皇早已厌倦了皇位，想着传给我，战乱刚起时，就已经有了命令，我担心德行不厚，不敢承当。现在各位大臣都言："尽孝没有比继承大德更重要的，立功没有比复兴国家更盛的。"我所以要在朔方整治兵马，是准备消灭贼寇，建立大功，尽到大孝道。我必须安定万民的心，顺从群臣的请求，在七月的甲子，于灵武即皇帝位。

这是天宝十五年（756年）唐肃宗在灵武即位时的命令。他说明了自己即位的原因，决心不辜负群臣的心意和天意，担当大任，为国家建立功劳，以尽更大的孝道。

文中的眷命指垂爱并赋予重任。羯胡，旧时用以泛称来自北方的外族。朔方，指北方。

唐肃宗灵武即位　插图

唐肃宗李亨，是唐玄宗的第三子，756—762年在位。他在位期间，为了收复长安、洛阳，平定藩镇叛乱，他重用李泌，以郭子仪为天下兵马副元帅，以屈辱条件借得回纥兵数千共同平叛，相继收复长安、洛阳。但是由于他的主要精力在平叛，所以无法对后宫、宦官势力的膨胀进行限制，这就加剧了唐王朝的动荡之势。

远慕夷、齐之高义（南唐后主　李煜）

【原文】

臣本于诸子，实愧非才，自出胶庠，心疏利禄。被父兄之荫育，乐日月以优游，思追巢、许之余尘，远慕夷、齐之高义。继倾恳悃，上告先君，固非虚词，人多知者。

——《宋史·南唐世家》

帝王玺印

作为中国历代封建王朝最高统治者的帝王，其专用的“玺印”是代表其神圣权力的凭信物。只有皇帝的印才称玺，或宝玺，其余的则称之为印章。皇帝的印章也有公章、私章之分，宝玺属于公章，伴随历代皇帝的更替相传。

历史上各王朝，为维系其封建独裁统治的象征物“宝玺”，自秦始皇开始刻制后，历朝或是传承或是重刻，直到清朝灭亡也是如此。秦始皇创立的宝玺制度被汉高祖刘邦全部继承下来，形成了后来所谓的“秦汉八玺制”，这一制度也贯穿了整个魏、晋、南北朝和隋。直到唐朝武则天称帝时，则增加了一方“皇天景命有德者昌”神玺，将“八玺制”改为“九玺制”，同时又将“玺”改为“宝”，从此以后各朝都称宝了。北宋增至十二宝，南宋则是十七宝。明朝陡增至二十四宝，清朝除交泰殿二十五宝日常使用外，还供奉着“盛京十宝”。

元文宗天历之宝

大明天子之宝

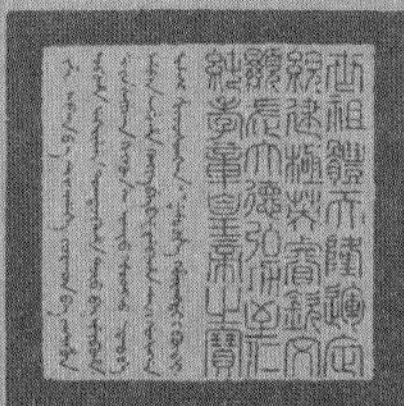

清世祖皇帝谥宝

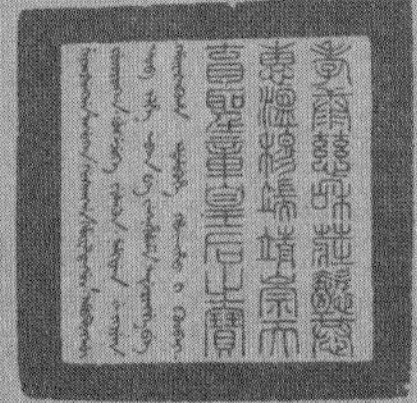

孝康章皇后谥宝

康熙文华殿宝

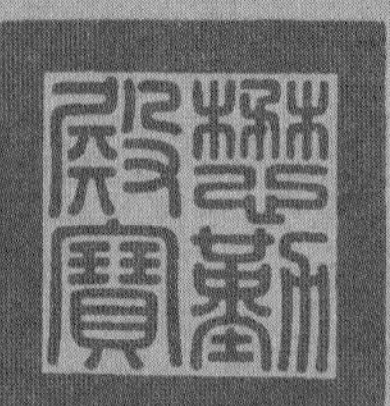

康熙懋勤殿宝

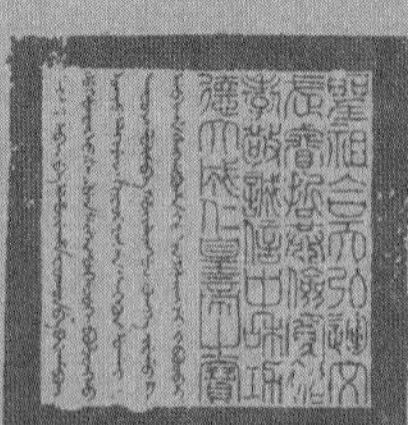

圣祖仁皇帝谥宝

胤禛之章

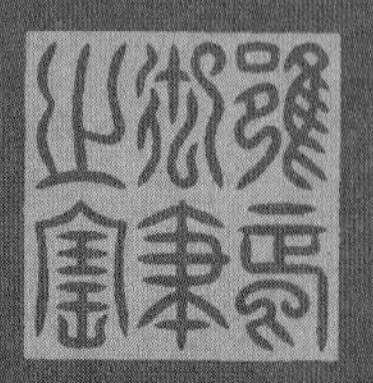

雍帝御笔之宝

雍正亲贤爱民玺

雍正尊亲之宝

慈安端裕皇太后之宝

慈禧太后之宝

广运之宝

敕命之宝

皇帝亲亲之宝

皇帝行宝

垂训之宝

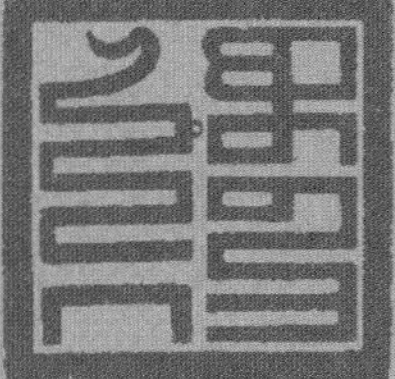
皇帝之宝（满文）

皇帝尊亲之宝

皇帝之宝

敕正万民之宝

巡狩天下之宝

敕正万邦之宝

天子行宝

大清嗣天子宝

天子之宝

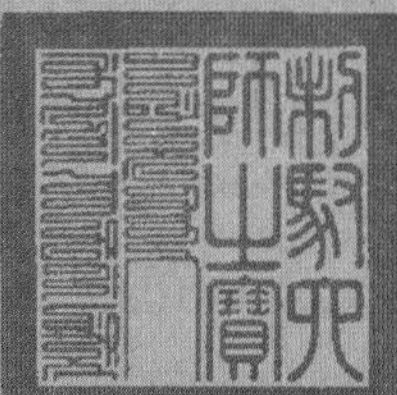
制驭六师之宝

皇帝信宝

敬天勤民之宝

大清受命之宝

天子信宝

南唐后主

李煜（937—978年），五代十国时南唐国君，961年—975年在位，字重光，初名从嘉，号钟隐。南唐元宗李璟第六子，宋建隆二年（961年）继位，史称后主。开宝八年（975年），国破降宋，俘至汴京，被封为右千牛卫上将军、违命侯。后为宋太宗毒死。李煜虽在政治上无能，却有非凡的艺术才华，其词作品流传至今，被称为“千古词帝”。

【译解】

我的思想本源是先秦诸子，确实惭愧没有什么才能。自从学校出来后，心被利禄所疏远。承蒙父兄庇荫养育，每日每月都乐于悠闲地生活，只想着追随巢父、许由的足迹，远远地羡慕伯夷、叔齐的高尚大义。我相继倾诉我的诚恳之心，上告先父，这本来就不是虚假的言词，很多人都知道。

这段话选自李煜961年即位后给宋太祖的上表。他阐述了自己为南唐国君的思想，表明不想与宋为敌。从中可以看出李煜本来就安于做太平之君，缺乏进取的精神。

文中的胶庠指周代的学校。巢、许指巢父和许由，传说是尧时的隐士，尧想传位给他们，他们拒绝接受。夷、齐指伯夷和叔齐，是孤竹国国君的儿子，他们的父亲临死时说由叔齐来继承国君的位置，可是叔齐认为自己是弟弟，国君应让大哥伯夷来做才对。但伯夷拒绝，说应遵照父亲的遗命，由叔齐来做国君，兄弟两人互相推让，没有结果。伯夷就离开家逃走。弟弟叔齐也随后走出。武王灭商后，他们耻食周粟，逃到首阳山，采薇而食，饿死在山里。悬悃是诚恳、忠诚之意。

【原文】

及陛下显膺帝箓，弥笃睿情，方誓子孙，仰酬临照。则臣向于脱屣，亦匪邀名，即嗣宗枋，敢忘负荷。唯坚臣节，上奉天朝。若曰稍易初心，辄萌异志，岂独不遵于祖祢，实当受谴于神明。方主一国之生灵，遐赖九天之覆焘。况陛下怀柔义广煦妪仁深，必假清光，更逾曩日。远凭帝力，下抚旧邦，克获宴安，得从康泰。

——《宋史·列传·世家》

【译解】

等到陛下荣耀地继承帝位，我的感情更加深厚，要和子孙们起誓，报答您的关照。我过去把抛弃君位视如脱鞋，也不是为博取名声，既然已继承君位，怎么敢忘记和辜负您。只有坚守臣子的节气，向上事奉天朝。如果稍有改变初心，萌生不服从的想法，岂不是不遵先祖先父的遗志，还要受到神明的谴责。现在统治一国民众，要依靠宋朝九天高义的覆被。何况陛下招抚之义宽广，抚养的仁爱深厚，一定要借您的清光，更加超过从前。我们要远借宋天子之力，安抚旧邦，能够获得安乐，能够过上康泰幸福的生活。

这段话也是选自李煜给宋朝的上表。他极力吹捧宋朝皇帝，以讨得欢心，维护南唐小朝廷的地位，表现了李煜治国无意，只是乞求保全的可怜之心。

文中的宗祊本指宗庙，这里指君位。天朝，指的是宋朝。祖祢：先祖和先父。覆焘，指覆被。煦妪，指抚育、爱抚、长养。《礼记·乐记》："天地䜣合，阴阳相得，煦妪覆育万物。" 郑玄注："气曰煦，体曰妪。" 孔颖达疏："天以气煦之，地以形妪之，是天煦覆而地妪育，故言煦妪覆育万物也。"旧邦，指南唐。康泰，太平。

武则天时期中国的经济文化

在武则天时期，中国的经济文化比之前的任何一个朝代都要发达。在经济上，武则天兴修水利，重视农业，在她临朝听政以及称帝的二十一年时间里，一共兴修了十九项水利工程，这一记录仅次于她的孙子唐玄宗。其中最为出名的水利工程是在垂拱元年（685 年），她命令将升源渠延长，引岐水、陇水入长安，解决了长安地区用水及灌溉问题。在文化方面，武则天本身就通晓史书，能做诗，善书法，一手"飞白书"，朝野称赞。她还组织文人学士编写了《孝子传》《列女传》《古今内范》《垂拱集》《臣轨》《兆人本业》《三教珠英》《高宗实录》等文史著作，可惜大都失传了。在唐玄宗统治时期，社会上所盛行的"父教其子，兄教其弟"，"五尺童子耻不言文墨焉"等良好风气都是由武则天所开创的。正是武则天鼓励将文化普及到百姓，才使得唐朝文化有了全面的发展。著名的诗人和文学家崔融、李乔都是这个时期涌现出来的。在武则天统治的时期，雕塑、绘画、文学、诗歌、音乐、美术、建筑、舞蹈等也达到了前所未有的水平。

大周后　插图

作为南唐的君主，李煜能被世人所记住，更大的原因是其在文学上的造诣，以及他的"爱美人，不爱江山"的性格。世人曾说过，南唐的江山是葬送在两位女子的手上，这两位女子其中之一，就是图中的大周后。大周后，字娥皇，是个多才多艺的美人，深受李煜的宠爱，致使李煜更加忽视朝政，南唐政权岌岌可危。

赗何为哉（元太宗　窝阔台）

【原文】

汝主久不降，使先帝老于兵间，吾岂能忘也，赗何为哉！

——《元史·本纪·太宗》

【译解】

你的君主久不投降，使先帝长期在战争中奔波，我怎么能够忘记呢，还赠送什么丧葬礼品！

元年（1229 年）八月，金国派遣阿虎带来赠送给太祖的丧葬礼品，于是太宗说了这段话，然后拒绝了金国的礼品，又商议攻打金国。这反映了太宗对金国的愤恨和拒绝金的求和，以及要统一中原的决心。

文中的赗指用财物帮助人办丧事。

宜新弘远之规（元世祖　忽必烈）

【原文】

爰当临御之始，宜新弘远之规。祖述变通，正在今日。务施实德，不尚虚文。虽承平未易遽臻，而饥渴所当先务。

——《元史·本纪·世祖》

【译解】

正当我为君之始，应当有一个新的宏大长远的规划。继承传统并加以变通，正是要在今天实施。一定要对百姓施与实际的恩德，不要崇尚空虚的文饰。虽然持久太平不易很快达到，然而解决饥饿问题却是当务之急。

这段话选自中统元年（1260 年）四月元世祖所下的即位诏令。表明他即位后要以务实的态度来治理天下，首先解决百姓的饥饿问题。

文中的临御指君临天下，做君

努尔哈赤的“七大恨”

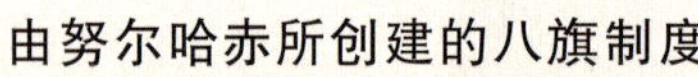

努尔哈赤为了名正言顺地反抗明朝，在天命三年（1618 年）向天下宣布了反明檄文，其中公布了“七大恨”：一是明朝无故杀害努尔哈赤父、祖；二是明朝偏袒叶赫、哈达，欺压建州；三是明朝违反双方划定的范围，强令努尔哈赤抵偿那些因越境而被杀死的人的性命；四是明朝派兵保卫叶赫，抗拒建州；五是叶赫由于得到明朝的支持，背弃盟誓，将已经许嫁给努尔哈赤的女子转嫁给蒙古；六是明当局逼迫努尔哈赤退出已经被努尔哈赤所耕垦过的柴河、三岔、抚安之地，并不允许他收获庄稼；七是明朝辽东当局派遣守备尚伯芝赴建州，作威作福。

由努尔哈赤所创建的八旗制度

努尔哈赤并没有采用明朝的军事体制，他所采用的是女真人狩猎时的牛录单位，并对之加以改造、整编，经过了进一步的发展，最后演变成了四个旗，最终在1615 年形成了八个旗。八旗分别是正红、正黄、正蓝、正白、镶红、镶黄、镶白、镶蓝。最初的八旗只有满洲八旗，后来随着后金的强盛，又逐渐形成了蒙古八旗和汉军八旗，虽然一共有二十四个旗，但是仍统称八旗。努尔哈赤通过八旗将原来分散的女真人以及归附的蒙古人，都统一地编制在了起来，形成一个整体。政治、经济、军事、行政、司法以至于家族，也都被统一到了一起，这样，分散的力量形成了一个拳头，在对抗明朝时就显得分外有力了。八旗军队有着严格的纪律，分三级：固山、甲喇、牛录。他们“出则为战，入则为民”，当时曾有这样一种说法“女真人不满万，满万则天下无敌”。

王。祖述，效法遵循前人的学说或行为。变通指事物因变化而通达。承平指持久太平。

平定准噶尔

明末清初，我国北方的蒙古族分为三大部分，其中以准噶尔部势力最强，其先后兼并了土尔扈特部及和硕部的牧地，迫使土尔扈特人转牧于额济勒河（今伏尔加河）流域，和硕特人迁居青海。清朝要稳定天山南北，首要的阻力来自准噶尔部。在沙皇的支持下，准噶尔部攻掠领部，肆无忌惮，清政府决定讨伐准噶尔，直至乾隆时期，才最终平定准部，统一回疆。

宁能受制于人（明太祖　朱元璋）

【原文】

大丈夫宁能受制于人耶。

——《明史·本纪·太祖》

【译解】

大丈夫难道能够被别人所控制吗？

至正十五年（1355 年）三月，郭子兴病逝。刘福通迎立韩林儿，国号宋，建元龙凤。命郭子兴的儿子为都元帅，张天佑、朱元璋为左右副元帅，这时

窝阔台即位受命图

在位期间，任用耶律楚材，采用“汉法”，制定赋税制度。又遍设驿站，加强本土与诸汗国间的联系。对于自己的功过他曾有过一番评价，他说自己在继承大业之后，曾做过四件益民大事：一是征金国，伐中原；第二是设驿站，通南北；第三是掘井开泉，解决干旱；第四是派军镇守各城池。此外，他亦有一番对自己过的说法。身处高位却能如此看清自己的帝王，实属少见。

朱元璋气愤地说了这句话。表明他不甘居人下，要独当一面的性格。

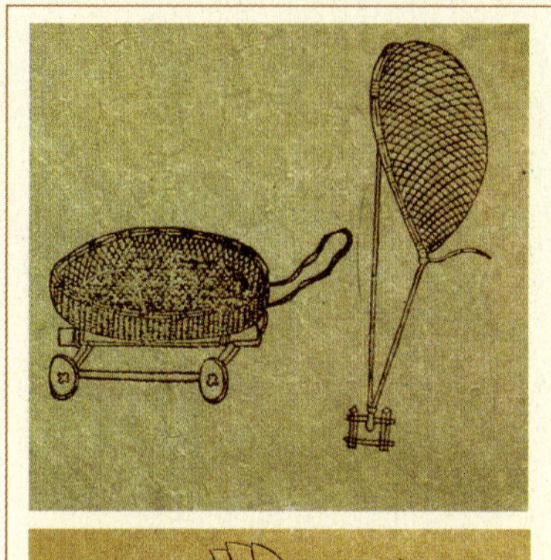

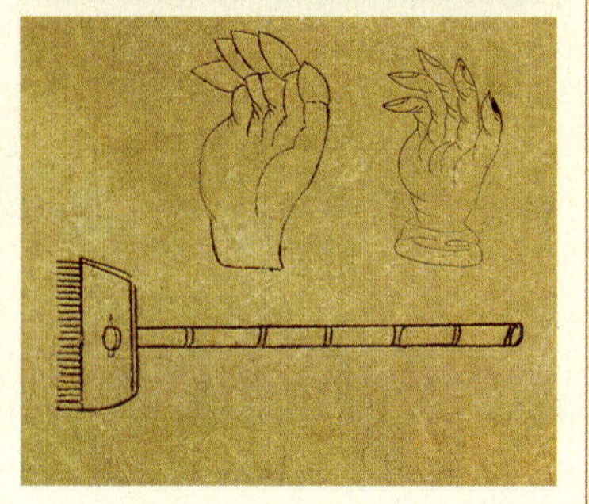

（上）麦笼和麦绰　（下）耘爪和耘荡

元世祖忽必烈在位期间，中国的农业得到迅猛的发展。农业的发展首先体现在农业技术的改进上：麦笼和麦绰是元代收割麦子的工具，这种工具的应用，使麦子的收割效率大幅度提高；而耘爪和耘荡则是耕作的工具，这种工具的出现代表着元代耕作技术开始向精细化的方向发展。

我师乘之，靡弗胜矣

（清太祖　爱新觉罗·努尔哈赤）

【原文】

解尔蔽手，去尔护项，毋自拘絷，不便于奋击。

乌合之众，其志不一，败其前军，军必反走，我师乘之，靡弗胜矣。

——《清史稿·本纪·太祖》

【译解】

解下你的护手，去掉你的护颈，不要自己束缚自己，这不便于奋击。

这些乌合之众，志向是不一致的，打败他前面的部队，其他军队必然会转身逃跑，我军乘胜追击，没有不取得胜利的。

明万历二十一年（1593年），叶赫部联合其余八个部落大约三万人来进攻清太祖。太祖立即迎战，这两段话是出战前对部队所言。显示了太祖杀敌的气势和对敌人的藐视。这一仗果然打败了敌人，俘获不计其数，连乌拉贝勒之弟布吕泰也被俘获。

文中的蔽手即护手，指铠甲保护手的部分。护项指铠甲保护颈脖的部分。乌合之众比喻临时杂凑的、毫无组织纪律的一群人。

【原文】

吾识尔，尔辽阳无赖萧子玉也。吾非不能杀尔，恐贻大国羞。语尔巡抚，勿复相诈。

——《清史稿·本纪·太祖》

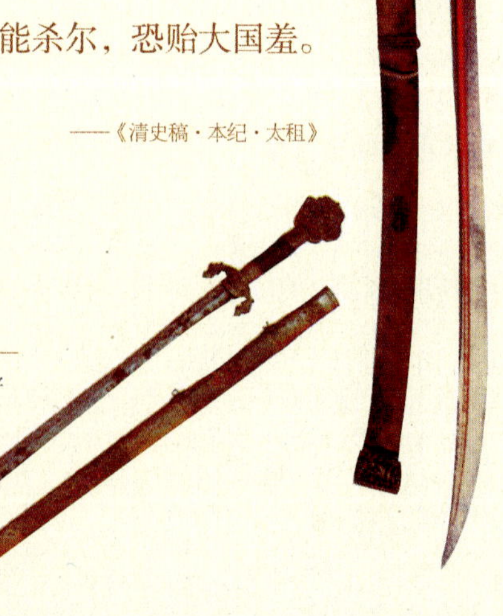

努尔哈赤的剑和宝刀

努尔哈赤出生在建州左卫苏克素护部赫图阿拉城（辽宁省新宾县西老城）的一个满族奴隶主的家庭，由于家境宽裕，自幼受到很好的教育，骑马习武更是满族人必备本领，因此造就了努尔哈赤骁勇善战的个性。图中所示两件兵器乃努尔哈赤曾经使用过的剑和宝刀。

【译解】

我认识你，你就是辽阳的无赖萧子玉。我并非不能杀你，只是担心给大国遗留下羞辱。你告诉你们的巡抚，不要再欺诈我们了。

明万历四十二年（1614年）四月，清太祖第八个儿子皇太极娶蒙古科尔沁部莽古思的女儿为妻，萧子玉作为明朝使者前来参加婚礼，这是太祖见到萧子玉时所言。表明了他对明朝的不满和蔑视。

文中的萧子玉是明朝辽阳的都督。巡抚是官名，明洪武二十四年（1391年）始设，巡抚初设，仅为督理税粮，总理河道，抚治流民，整饬边关，后遂渐偏重军事。

努尔哈赤攻城图　插图

明万历十一年（1583年），努尔哈赤以祖先遗留的盔甲十三副起兵，率领八旗子弟转战于白山黑水之间，临大敌不惧，受重创不馁，以勇捍立威，受部众拥戴，历时三十多年，终于统一了女真各部。万历四十四年（1616年），在赫图阿拉建元称汗，国号大金（史称后金）。努尔哈赤兵势渐强，势力日增，万历四十六年（1618年）以“七大恨”祭天，誓师征明，开始了为清王朝的建立创业。

【原文】

朕用兵以来，未有抗颜行者。袁崇焕何人，乃能尔耶！

——《清史稿·本纪·太祖》

【译解】

自从我起兵以来，还没有能抗拒我脸色和行为的人。袁崇焕是什么人，竟能这样！

天命十一年（1626年）丙寅春正月，清太祖起兵伐明宁远。丁卯，至宁远。宁前道袁崇焕偕总兵满桂、副将祖大寿婴城固守。天寒土冻，凿城不隳，城上放西洋炮，颇伤士卒，乃罢攻。这段话是二月清太祖回到沈阳后对各位贝勒所言。表明了他对这次失败感到意外，对袁崇焕感到气愤。

mou lue

谋 略

谋略是帝王具备的基本素质，作为一位统治天下万民的人，如果没有谋略，在皇位上是不可能坐稳的。他们的谋略反映在这几方面：一是在战争时施展的策略；二是在宫廷权力角逐中出色的谋划，三是处理具体事务时所表现出来的智慧。

精彩的论述、老谋深算的安排，字字珠玑展示出皇帝们独具匠心的认识，亮出了他们稳操胜券的底牌，无不令人叫绝。

项羽负约（汉高祖　刘邦）

【原文】

始与项羽俱受命怀王，先入定关中者王之，项羽负约，王我于蜀汉，罪一。项羽矫杀卿子冠军而自尊，罪二。项羽已救赵，当还报，而擅劫诸侯兵入关，罪三。怀王约入秦无暴掠，项羽烧秦宫室，掘始皇帝冢，私收其财物，罪四。又强杀秦降王子婴，罪五。诈坑秦子弟新安二十万，王其将，罪六。项王皆王诸将善地，而徙逐故主，令臣下争叛逆，罪七。项羽出逐义帝彭城，自都之，夺韩王地，并王梁、楚，多自予，罪八。项羽使人阴杀义帝江南，罪九。夫为人臣而弑其主，杀已降，为政不平，主约不信，天下所不容，大逆无道，罪十也。吾以义兵从诸侯诛残贼，使刑余罪人击杀项羽，何苦乃与公挑战。

——《史记·高祖本纪》

【译解】

当初我与你项羽一起从怀王那里接受了命令，约定谁先攻进关中就为关中王，你项羽违背条约，分我到蜀汉为王，这是你第一条罪状。你项羽假传

刘邦濯足气英布　插图

刘邦善用人才，尤其在对英布的任用上更能显出其伟略。前204年，英布叛楚归汉，刘邦在荥阳召见英布，当时刘邦躺在座位上让侍女洗脚，这种傲慢的态度让英布大为不满，然而当英布辞别刘邦回到驻地后，发现自己的帐御和从官的安排竟与刘邦等同，乃被刘邦的行为所感动，于是宣誓终生为刘邦服务。

诛杀彭越 插图

汉高祖刘邦做皇帝之前是一个农民起义军的领导者，在其尚未建立西汉政权时，他不得不依靠一些起义军领袖，如韩信、彭越等人，而且也正是在这些人的辅佐下，刘邦才能取得对战项羽的胜利，这体现了他善于用人的雄才伟略。然而，西汉政权建立后，朝廷内部权力的分配则成为刘邦的首要任务。为此，在西汉建立初期，也就是刘邦从农民起义军领导者向大一统国家的皇帝进行转变的时期，他依据功勋的大小，对韩信、萧何与彭越进行册封，这些举措是巩固政权和稳定人心的重要手段；当西汉政权彻底巩固后，削弱韩信、彭越等人的权力，则成为能否保持政权稳定的重要任务，刘邦的当政谋略在此开始显现出来，他联合吕后以谋反的罪名把韩信、彭越等人分别予以处死，使权力最终彻底集中于自己一身。

怀王的命令，杀了卿子冠军宋义，而自尊为上将军，这是你第二条罪状。你项羽救赵后，应当回报怀王，却擅自劫持诸侯的军队进入函谷关，这是你第三条罪状。怀王约定进入秦地不要有抢掠的暴行，你却烧毁秦朝宫室，挖掘秦始皇的陵墓，私取财宝，这是你第四条罪状。硬要杀掉已降秦王子婴，这是你第五条罪状。以诈骗手段在新安坑杀二十万秦国投降的子弟兵，又把他们的将领封为王，这是你第六条罪状。你项羽把各路将领封在好地方为王，又把原来的诸侯王迁徙到别处，使得臣下争相反叛君主，这是你第七条罪状。你项羽把义帝驱出彭城，自己在彭城建都，又夺走韩王的土地，把梁国与楚国的地盘合并，大都留给了自己，这是你第八条罪状。你项羽又暗中派人在江南杀死义帝，这是你第九条罪状。你为人臣而杀其君主，杀死已投降的人，为政不公平，主持定约却不信守，被天下所不容，是大逆不道，这是你第十条罪状。我带领正义之师使诸侯跟随我来诛杀你这残暴的贼人，用受过刑罚的人就可以杀死你项羽，何苦要和你挑战呢？

刘邦与项羽长期相持，互相隔着广武涧对话，项羽欲与刘邦独身挑战，这是刘邦回答项羽所言。表现了刘邦的足智多谋。

文中的卿子冠军，子是敬称，冠军意为诸将之冠，子冠军指宋义，他曾为上将，被尊称为子冠军。坑秦子弟之事，是指秦将章邯、司马欣、董翳投降项羽后，项羽令楚军夜里在新安南城坑秦降卒二十余万人。后来又把秦地分为三地，封秦三降将为王。刑余罪人指因犯罪而受过刑罚的人。

饿死刘友　插图

西汉建立后，刘邦诛韩信、杀彭越，彻底使权力集中在自己的手中。然而，刘邦最大的失误在于放纵吕后干涉朝政，致使自己死后吕后掌握了政权。吕后当权后，就开始实施诛杀刘姓封王，前194年，在其毒死赵王刘如意后，又把淮阳王刘友册封为赵王，为了控制刘友，吕后让自己的孙女作为刘友的王妃。刘友不满这种婚姻，而招致王妃的嫉恨，于是王妃乃上书吕后诬陷刘友谋反。吕后得知消息后，乃派人遣刘友入宫，并派卫兵保卫其官邸，不供给刘友食物，最终使刘友活活饿死。

曹操的屯田制

首创屯田制的并不是曹操，但曹魏屯田的规模和作用却是空前绝后的。据《三国志》记载：是岁（建安元年。——编者），用枣祗、韩浩等议，始兴屯田。在最初招募百姓屯田时，百姓因害怕得不到实惠，以及军事编制的束缚，常常出现逃亡的现象。于是，曹操采纳了袁涣的建议，变强迫为自由应募，这一新举措得到了百姓的欢迎，屯田得以顺利进行，而且在当年就“得谷百万斛”。曹魏屯田分为军屯和民屯，这两者都是战乱时期的产物，其目的都是为了供应军粮，在必要时，参加民屯的农民也同样需要拿起武器来对抗敌人。但不同之处在于屯田的百姓主要从事农垦生产，而军士则以攻防为主。在向屯田的百姓征收租税上，曹操采用了枣祗的“分田之术”，即官府提供土地，收获的谷物按比例分成。如果牛来自官府，则官六民四，如果牛不是官府的，则官民对半分。这样的赋税程度达到了积粮供军的效果，百姓虽然吃亏，但却因为有一个安定的生产环境而感到满足。

【原文】

曹参可，王陵可，然陵少戆，陈平可以助之。陈平智有余，然难以独任。周勃重厚少文，然安刘氏者必勃也，可令为太尉。此后亦非而所知也。

——《史记·高祖本纪》

【译解】

（萧相国如果死了）曹参可以做丞相，（曹参如果死了）王陵可以做丞相，可是王陵有些戆直，可让陈平来协助他。但是陈平智力有余，难以独自担当重任。周勃稳重厚道缺少文化，但是安定刘氏天下的人，一定是周勃，可以让他担任太尉。这以后的事我就不知道了。

当刘邦将要去世时，吕后问谁能做丞相，这是刘邦回答吕后所言。表达了刘邦对身后事安排的深谋远虑，以及他对臣子的了解。

文中的曹参、王陵、陈平等后来都做了丞相。周勃做了太尉，在平定吕后篡权的斗争中，周勃起了决定性的作用。

必据兵卫宫（吕后　吕雉）

【原文】

高帝已定天下，与大臣约，曰：“非刘氏王者，天下共击之。”今吕氏王，大臣弗平。我即崩，帝年少，大臣恐为变。必据兵卫宫，慎毋送丧，毋为人所制。

——《史记·吕太后本纪》

【译解】

高帝平定天下之后，曾与大臣们约定，说：“凡不是刘姓而做王的，天下的人要共同消灭他。”如今吕家的人为王，大臣们不平。我即将死了，皇帝年少，可能大臣们会发动事变，你们一定要掌握好兵权，守卫好王宫，千万不要为我送葬，不要被人所控制。

这是吕后临终前告诫侄子吕产、吕禄所言。表明了她对政事准确预料的眼光和坚毅性格。但她却未能如愿，后吕氏集团被周勃等清除。

文中的慎为千万之意。

方今收英雄时也（魏武帝　曹操）

【原文】

方今收英雄时也，杀一人而失天下之心，不可。

——《三国志·魏书·武帝纪》

【译解】

今天正是召集英雄之时，杀一人而失去天下的人心，不可。

建安二年（197年），吕布进攻并夺取了刘备的下邳。刘备只好来投奔曹操。曹操的谋士程昱认为刘备有雄才大略，而又很得人心，将来是心腹大患，劝曹操趁机杀掉刘备。曹操说了这段话作答，说明曹操具有从长远考虑问题的智慧。

徐羡之、傅亮当无异图（宋武帝　刘裕）

【原文】

檀道济虽有干略，而无远志，非如兄韶有难御之气也。徐羡之、傅亮当无异图。谢晦数从征伐，颇识机变，若有同异，必此人也。小却，可以会稽、江州处之。

——《宋书·本纪·武帝》

【译解】

檀道济虽有干才与谋略，但无远大志向，不如他哥哥檀韶有气概。徐羡之、傅亮应当是没有二心的人。谢晦多次跟随我征伐，很懂变化的机兆，如有不顺从的人，必定就是这个人。稍过一段时间，用安排他在会稽、江州做地方官的方法来处置他。

这是永初三年（422年）五月宋武帝临终前的诏令，他分析了朝廷大臣并考虑了应对的方法，说明他对国家长治久

煮酒论英雄　插图

刘备长于韬晦，有着超乎寻常的应变能力，这正是其能“三分天下”的重要原因。公元198年，刘备为吕布所迫，于是投靠曹操，一日，曹操请刘备饮酒，席中，曹操以龙喻人中英雄，历数豪杰，只称自己和刘备。刘备听后大惊，筷子落地，正好天空雷电交加，于是刘备就以被雷电所惊为由，将危险的场面化解于无形中。

宋武帝

宋武帝刘裕（363—422年），南朝刘宋王朝的创立者。在位时间仅短短的两年。据说是汉高祖刘邦的弟弟楚王刘交的后代。他在称帝前后，注意节俭，整顿东晋朝纲弛紊的局面；废除一部分屯田池塞以赈百姓，还减轻刑罚。在位期间，使江南农业生产有所恢复发展，为元嘉年间（424—453年）"氓庶繁息，余粮栖亩"的状况奠定了基础。

安的深谋远虑和善于识人的过人能力。

文中的檀道济在晋末参加了刘裕集团，立有战功，宋朝建立后，被封为永修县公，文帝时因受到猜忌被杀。韶，指檀道济的兄长檀韶。徐羡之、傅亮、谢晦，都是宋武帝时的主要辅佐大臣。

政出多门，乱其阶矣（梁武帝　萧衍）

【原文】

政出多门，乱其阶矣。《诗云》："一国三公，吾谁适从？"况今有六，而可得乎！嫌隙若成，方相诛灭，当今避祸，惟有此地。勤行仁义，可坐作西伯。但诸弟在都，恐罹世患，须与益州图之耳。

——《梁书·本纪·武帝》

【译解】

一个国家的政令出自多家，这是社会混乱的一个缘由。《诗经》道："一个国家有三公执政，我们听从哪个公呢？"何况现在有六个公执政，这怎么可以呢！猜疑、仇怨若结成，将会互相诛灭。当今要躲避祸患，只有这里了。我们只要勤勉实行仁义，便可坐着成为西伯。只是好几位弟弟都在京城，恐怕会遭遇祸患，须同益州的大哥好好谋划此事。

建武四年（497年）七月，齐明帝萧鸾去世，东昏侯萧宝卷即位，由始安王遥光等六人当政，萧衍听说后，对母亲的叔伯兄弟张弘策说了这段话。这表现出他的政治敏感和分析问题的能力。

文中《诗经》句，引自《左传》僖公五年。嫌隙，指相互猜疑而结怨。此地，指萧衍所掌管的雍州、梁州、南秦州、北秦州、郢州等地。西伯，指周文王，他父亲季历死后由他继承西伯侯之位。益州，当时萧衍的哥哥萧懿为益州刺史。

【原文】

夫树以司牧，非役物以养生；视民如伤，岂肆上以纵虐。废主弃常，自绝宗庙。穷凶极悖，书契未有。征赋不一，苛酷滋章。缇绣土木，菽粟犬马，征发闾左，以充缮筑。流离寒暑，继以疫疠，转死沟渠，曾莫救恤，朽肉枯骸，乌鸢是厌。加以天灾人火，屡焚宫掖，官府台寺，尺椽无遗，悲甚《黍离》，痛兼《麦秀》。遂使亿兆离心，疆徼侵弱，斯人何辜，离此涂炭！今明昏递运，大道公行，思治之氓，来苏兹日。猥以寡薄，属当大宠，虽运距中兴，艰同草昧，思阐皇休，与之更始。凡昏制、谬赋、淫刑、滥役，外可详检前源，悉皆除荡。其主守散失，诸所损耗，精立科条，咸从原例。

——《梁书·本纪·武帝》

【译解】

树立君主，不是用来役使他物而是用来养生；要顾及体恤人民的疾苦，怎么能随意在上放纵肆虐呢？被废的君主抛弃了常纲，自己和宗庙决绝。极端凶残悖逆，史书都没有记载。他征赋不统一，苛刻残酷更加明显。连土木都披挂高贵华丽的衣服，犬马都食用粮食豆子，征发民众，以从事修筑。民众无论寒暑都是流离失所，身染疾病，死在沟渠里，不曾去救援抚恤。死人的肉和骨头，喂饱了乌鸦和老鹰的肚腹。加上天灾和大火，多次烧毁宫殿，官府官署，尺椽不留，悲凉胜过了《黍离》之叹，哀痛超过了《麦秀》之咏。使得亿万民众离心，疆界侵削，这些人有什么罪，却要遭受这涂炭。如今昏明交替运行，大道公然推行，思念治世的民众，现在因而得以在困苦中苏息。我以寡德薄才，受到宠爱，虽然国运已得中兴，然而艰难好比草创时期，想着阐述皇帝的美德，帮助他除旧布新。凡是混乱的制度、错误的税赋、残酷的刑罚、泛滥的徭役，外可以详查以前的源

陶牛车　南朝

南北朝时期的中国，到处是动乱的景象，但是政局的动乱未能阻止这一时期手工业的发展，南朝的陶器工艺仍然体现出与汉代同样高的工艺水平，图中的这个陶马车就是南朝陶器的典范，其制作精美，造型准确，是南朝陶器的典型代表。

流，全部加以废除。那些负责守护而散失、消耗了的，全部都要造册登记，都遵循原来的法则。

这是永元三年（501 年）十二月己卯，萧衍攻占建康，杀掉东昏侯，进入屯阅武堂时所言。这时他虽然还未当皇帝，实际已经掌权，反映了他对当前形势的分析和治理国家的思路。

文中的司牧指国君。书契，本来指文字和契约等书面凭证，这里指史书。《黍离》，《诗经》中的一首诗，抒发对国家昔盛今衰的痛惜伤感之情。《麦秀》，也是来自《诗经》，是箕子的诗,写游子回来的感伤心情。皇休，指皇帝的美德或洪福。

【原文】

夫有天下者，义非为己。凶荒疾疠，兵革水火，有一于此，责归元首。今祝史请祷，继诸不善，以朕身当之，永使灾害不及万姓，俾兹下民稍蒙宁息，不得为朕祈福，以增其过。特班远迩，咸令遵奉。

——《梁书·本纪·武帝》

【译解】

拥有天下的君王，按照大义不要一切为了自己。凶荒、疾疫、兵灾、水

武官

各省驻防将军	
朝代	官职
汉	将屯将军
后汉	右校尉
北魏	防主
隋	军府郎将、骠骑府郎将
唐	十二军将军、统军、折衡都尉
宋	总管钤辖司都总管、都统制
元	宣慰司元帅
明	中央设五军都督府
清	驻防将军

提督：统辖官兵，分防营讯。	
朝代	官职
秦	都尉
汉	都督、中尉
晋	都督诸军、监诸军、督诸军
北齐	都督军州事、军司
唐	都督、节度使
宋	总管钤辖司、都统制
元	宣慰使司都元帅使、都元帅府都元帅
明	都指挥使司都指挥使、提督
清	提督军务总兵官

总兵：高级统将，仅次于提督。	
朝代	官职
秦	郡长史
汉	郡丞、长史
晋	都督司马
唐	节度使、行军司马、镇将
宋	路分都监、都钤辖
元	宣慰使司都元帅府同知、都元帅府副元帅
明	都指挥使司都指挥同知、总兵官
清	总兵

灾、火灾，只要有一件出现，责任都要归到君王身上。现在主持祝祷的官员在祝祷时，要集中各种不好的事，让我的身子来抵挡，永远使灾害不要危及百姓，让天下百姓稍稍蒙受一点安宁与休息，不要替我向神明求福，以免增加我的过错。特把我的旨意发布到全国远近地区，命令大家都要遵循奉守。

这段话选自梁武帝在天监六年（507 年）发的诏令。梁武帝表示要用自己的身体来承担灾祸，说明了他善于笼络人心。

文中的祝史是祝官、史官的合称，指古代主持祝祷的官。万姓，即万民百姓。

武后步辇图　绢本设色　张萱　唐代

作为一个女皇、一个精明的政治家，在男性皇帝专制时代，想立于不败之地，可以说面临孤军作战的艰难。为使臣民信服，就要人为主动地树立自己的绝对权威和尊严。她在所有的领域内都要行使同男性皇帝一样的权力，都要享受同男性帝王一样的利益。因此，武则天畜养男宠来显示女皇的权力。图中武则天停步回头一瞬间，所有的大臣侍者无不随武后目光所看之处望去，足见皇帝的权威。

天赐吾师（武则天　武曌）

【原文】

是可斩，帝体宁刺血处邪？

天赐吾师。

——《新唐书·列传·后妃上》

【译解】

这人应该斩首，帝王的身体难道是刺血之处吗？

你是上天赐给我的医药大师。

仪凤三年（678 年），高宗想到泰山去祭祀，无奈头痛难以忍受，侍医鸣鹤道："这是体内风寒向上冲，用石针在头上稍微刺出点血就能治愈。"武则天在帷帐中很气愤地说了这句话。侍医鸣鹤赶紧向皇上叩头。高宗曰："医生议论疾病，怎么可以加罪？我苦于头疼，刺出点血未必不好。"于是侍医鸣鹤就刺高宗百会穴。高宗道："我的眼睛亮了。"武则天就在帘内拜谢，又亲自拿出丝绸和宝物赐给侍医鸣鹤，并道："天赐吾师。"

这两句话反映了武则天的残忍和机敏。她希望高宗生病，自己好把持朝政，所以不许侍医给高宗治病；后来见医治有效果，得到高宗肯定，又马上酬谢侍医，以博得高宗的好感，掩饰自己的险恶用心。

朕临御万方（唐德宗　李适）

【原文】

朕临御万方，失于君道，兵革不息，于今五年。闵众庶之劳，悔征伐之事。而李希烈蔑义弃德，反道虐人。朕哀彼生灵，陷于涂炭。如果存拯物，不惮屈身，故于岁首，特布新令，赦其殊死，待以至诚。使臣才及于郊圻，巨猾已闻其僭窃。酷烈滋甚，吞噬无厌。将相大臣，咸怀愤激，继陈章疏，固请讨除。朕以所行天诛，本去人害，兵戈既接，玉石难分。言念勋臣，横遭胁制，虽思改革，厥路无由。受污终身，衔冤没代，沦胥以逞，诚可痛伤。岂孽自一夫，而毒流万姓，为人父母，宁不愧怀！宜令诸道节度使明行晓谕，罪止元凶，胁制之徒，一切不问。

——《旧唐书·本纪·德宗》

【译解】

我统治天下，有失为君之道，战争不息，迄今已有五年了。怜悯众百姓的劳苦，后悔征伐的事。然而李希烈蔑视大义背弃仁德，违反正道虐待百姓。我哀怜那些生灵陷于困苦之中。如果要诚信拯救万物，就不怕委屈自身。所以在新年开始特地颁布新的命令，赦免他们的死罪，以至诚之心来相待。使臣刚刚到达城郊，就听说那个奸猾的贼人已经超越本分称帝。非常酷烈，贪得无厌。将相大臣，都心怀愤激，相继上陈章疏，坚决请求讨伐革除。我认为替天征伐，是为了除去民众的危害，不料战争起来后，玉石难分。想到功臣，横遭胁迫，虽然想到改革，却没有路径。终身受污，衔冤离世，永久沦陷，确实痛伤。难道一人作孽，要毒害万民，作为民众的父母，心里怎能不愧疚！应该命令各道节度使明行晓谕，只对元凶治罪，被胁迫的人，一律不追问。

兴元元年（784年）冬十月乙丑，马燧合兵讨叛唐的原朔方节度使李怀光，收复绛州。戊辰，令中官窦文场、王希迁监左右神策军都知兵马使。闰月庚午，唐德宗下了这道诏令。他对于连年用兵对百姓造成的灾难进行了自责，决定对被叛贼胁迫的臣子进行赦免，体现了他的宽大仁慈之心和借此瓦解敌人的策略。

文中的李希烈，唐德宗时为淮西节度使，建中三年（782年），唐德宗

曹操取得官渡之战胜利的功臣

官渡之战是中国历史上典型的以少胜多的战例，这场战争不仅决定了东汉末年中国北方的归属，还为后人留下了许多宝贵的经验教训。在这场战争中有三个人为曹操的胜利作出了重大贡献，他们是刘晔、荀攸、许攸，其中又以许攸的功劳最大。当袁绍与曹操还在白马对峙时，袁绍下令筑起箭塔，连日向曹操营寨射箭，使曹操军心动摇。这时，刘晔献上霹雳车之计，大破袁绍弓弩兵，使曹操在官渡阵地得以巩固。当曹操在黎阳与袁绍对峙，并决定引兵归去再作打算时，荀攸献计："今兵少不敌，分其势乃可。公到延津，若将渡兵向其后者，绍必西应之，然后轻兵袭白马，掩其不备，颜良可禽也。"曹操听从了荀攸的建议从而大破袁军。从建安五年（200年）八月起，袁曹两军再次对峙于官渡，双方互有胜负。其后曹操军中缺粮，适逢袁绍谋士许攸与营中将士不和，投奔曹操。许攸献计烧袁绍军粮，使袁绍不战自败。

唐宪宗

唐宪宗李纯（778—820年），唐朝第十一位皇帝（除武则天以外），805年—820年在位。贞元四年（788年）被封为广平郡王，贞元二十一年（805年）初被立为太子，同年八月继位。宪宗在位期间，在政治上有所改革，而且暂时平定了一些藩镇之乱，因此被誉为唐代的“元和中兴”。

命李希烈兼任平卢、淄青节度使，奉命征讨割据淄青的李纳，他反而与李纳通谋，并与叛乱的河北藩镇朱滔、田悦等勾结，自称天下都元帅、建兴王。公元784年攻入汴州，旋称楚帝，年号武成。不久为刘洽所败，逃归蔡州，贞元二年（786年）被部将陈仙奇毒死。僭窃，指超越本分窃取。沦胥，泛指沦陷、沦丧。

雪夜访赵普　绢色设本　刘俊　明代

赵普，字则平，宋太祖时重要的谋士。赵普智谋虽多，读书却甚少，有“半部《论语》治天下”之说。后周显德七年（960年）正月，赵普与赵匡胤发动“陈桥兵变”，以黄袍加于赵匡胤之身，推翻后周，建立宋朝。后来又为太祖献计：对于建朝有功之士“稍夺其权、制其钱粮、收其精兵”，也就是后来著名的“杯酒释兵权”，这一计谋令太祖加强了中央集权。此图描绘的是宋太祖夜访赵普的故事。

胜负兵家常势（唐宪宗　李纯）

【原文】

胜负兵家常势，不可以一将失利，便沮成计。今但议用兵方略，朝廷庶务，制置可否耳。

——《旧唐书·本纪·宪宗》

【译解】

胜负是兵家常事，不可以因为一将的失利，便阻挠已定的计划。今天只是议论用兵的方略，至于朝廷平常的事务，定下后办理就行了。

元和十一年（816年）五月壬申，李光颜破贼于凌云栅。六月甲辰，高霞寓败于铁城，退保新兴栅，是日人情悚骇，宰相奏对，多请罢兵，于是宪宗讲了这段话。反映了他面对失利时的大度和从容。

文中的常势即常事。制置，指规划、处理。

用令有重赏（宋太祖　赵匡胤）

【原文】

太后、主上，吾皆北面事之，汝辈不得惊犯；大臣皆我比肩，不得侵凌；朝廷府库、士庶之家，不得侵掠。用令有重赏，违即孥戮汝。

——《宋史·本纪·太祖》

【译解】

太后、主上，我们都曾经作为臣子在北面事奉过他们，你们不得惊吓和冒犯；大臣们都是和我地位同等的人，不得侵犯凌辱；朝廷的府库、读书人与平民的家庭，不得侵扰掠夺。遵守命令的有重赏，违抗命令的就要罚及本人和子孙。

后周显德七年（960年）春，陈桥驿兵变时，将领们要赵匡胤当皇帝，他对将领们提出了以上要求。表现了他善于笼络人心的策略。

文中的太后指周世宗后来立的皇后符氏，即后妹。主上，指后嗣恭帝柴宗训。比肩，指地位同等之人。孥戮，指诛及子孙。

【原文】

违负天地，今至于此。

——《宋史·本纪·太祖》

【译解】

我辜负天地，今天才至于这样。

这是赵匡胤在陈桥驿被拥立为皇帝后，走进登明德门，见到宰相范至等，痛哭流涕说的一句话。他表面自责，实际是借以博得大臣们的同情和拥护。

解裘赐将

王全斌伐蜀之际，适值汴京大雪，因天寒地冻将士们士气不足。宋太祖得知这一情况，又想到自己身着紫貂的皮衣，仍觉寒冷，何况是冒雪西征的战士，于是脱下身着的皮衣皮帽，派人赐与王全斌，并告知诸将士，会尽快将物资送与前线。将士们均因宋太祖的宅心仁厚而士气大增，前线也捷报连连了。

【原文】

城陷之日，慎无杀戮；设若困斗，则李煜一门，不可加害。

——《宋史·本纪·太祖》

【译解】

攻下都城那天，千万不要杀戮；如果南军作困兽之斗，那么李煜一门，也不可加害。

开宝七年（974 年）九月，宋太祖命令南征李煜，这是他在出征之日所言。反映了他注重笼络人心以化解敌人的策略。

剃发易服

清顺治年间，摄政王多尔衮为了不让满人被汉人彻底同化，采纳了汉臣孙之獬的建议，下达了“留头不留发，留发不留头”的命令，同时他还下令要汉人穿着立领、对襟、盘扣的满族服饰。但汉人自古以来就非常重视孝道，《孝经》有言：“身体发肤，受之父母，不敢毁伤，孝之始也。”“剃发易服”是清初主要的社会矛盾之一，针对当时各地汉人的抗争此起彼伏的情况，陈名夏曾说：“免剃头复衣冠，天下即可太平。”然而不久之后，他就因为说了这句话而被满门抄斩。当时的满族统治者通过剃发易服打垮了汉人的民族精神，保证满族的统治地位，保证了满族不被汉族同化。历史事实证明，这一招的效果非常明显，汉人逐渐淡忘本民族服饰，习惯了满族的发式和服装。辛亥革命后，当革命党人号召民众剪去辫子时，仍然有许多人不愿意剪，其中原因之一就是害怕剪去辫子后被官府杀头，还有的人甚至将辫子和《孝经》联系在了一起，认为剪辫子是大不孝之罪，可见“留头不留发，留发不留头”的剃发易服政策对汉族影响极深。

破之必矣（元太祖　成吉思汗）

【原文】

金精兵在潼关，南据连山，北限大河，难以遽破。若假道于宋，宋、金世仇，必然许我，则下兵唐、邓，直捣大梁。金急，必征兵潼关。然以数万之众，千里赴援，人马疲弊，虽至弗能战，破之必矣。

——《元史·本纪·太祖》

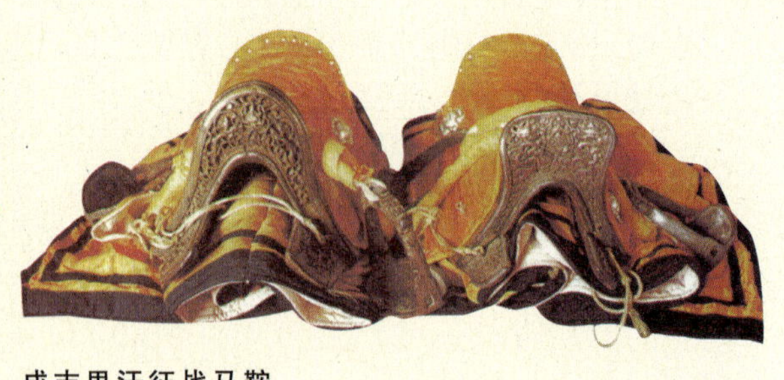

成吉思汗征战马鞍

在内蒙古成吉思汗陵供奉着三件马鞍，相传分别为成吉思汗生前征战、狩猎和生活所用。图为成吉思汗征战用马鞍，木质，前后均包金饰，上錾龙戏珠图案。

【译解】

金国的精兵驻扎在潼关，潼关南边连着祁连山，北边有天险黄河，难以迅速攻破。如果我们向宋朝借路，宋朝和金国世代为仇，必然会答应我们。我们的兵由宋朝的唐、邓地区而出，直接进攻金国首都大梁。金国首都危急，必定会向潼关调兵。然而潼关凭借区区数万部队，千里赶来增援，人马疲乏，虽然到达汴梁也不能进行战斗，我们一定能够打败他们。

元代御史台官员

元代御史台是最高的监察机构，御史台的官员与中书省平章政事、枢密院知院同官衔相同，都是一品官。元代除了在中央设立御史台外，还在地方上设置两个行御史台，它们与中央御史台共同行使监察的职权。御史台行使监察工作的一个重要内容是照刷文卷，而具体负责刷卷的主要是监察御史和廉访使，刷卷的主要内容是审查各地的钱粮或刑狱文卷是否存在着涂改日期、文义差错等。

铁木真率领蒙古军队在同金国的战争中，已经接近胜利。金国多次向铁木真求和都未成。二十二年（1227年）六月，金又来求和，这时铁木真已经病了，他在临死前说了这段话，交代了消灭金国的策略，反映了他卓越的军事才能和必胜的信念。

文中的潼关地处陕西省关中平原东端，居秦、晋、豫三省交界处。潼关在东汉以前还没设关城，到东汉末，曹操为预防关西兵乱，才于建安元年（196年）始设潼关，并同时废弃函谷关。连山指祁连山。唐指今属河北省唐县。邓在今河南省郾城县东南。大梁是金国首都，在今河南省开封县境内。

古今异宜，不必相沿

（元成宗　铁穆耳）

【原文】

古今异宜，没有必相沿，但取宜于今者。

——《元史·本纪·成宗》

【译解】

古今所适应的情况不同，没有必要相沿袭，只是选择适应今天的。

大德四年（1300年）二月，成帝谕何荣祖曰："律令良法也，宜早定之。"荣祖对曰："臣所择者三百八十条，一条有该三四事者。"于是成宗回答了这段话。反映了成宗在立法时注重从现实出发、为现实服务的立法观。

蒙古军士图　插图

蒙古的军队之所以能够称霸于欧洲和亚洲，很大程度上是依赖于装备精良的骑兵，这些骑兵身着以牛皮为里的铜铁盔甲，战马则有精铁制作而成的护身甲，这些盔甲的应用，使士兵和战马的生存能力都得到大幅度的提高，而这也正是蒙古铁骑的可怕之处。

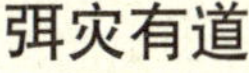

弭灾有道

（元顺帝　妥懽帖睦尔）

【原文】

弭灾有道，善政为先。更号纪年，实惟旧典，惟世祖皇帝，在位长久，天人协和。诸福咸至，祖述之志，良切朕怀。今特改元统三年仍为至元元年。

——《元史·本纪·顺帝》

【译解】

消除灾害是有办法的，首先要搞好政事。更改纪年的年号，实在也是原来有的做法。只是世祖皇帝，在位时间久长，天象和人事都很协调和谐。各种福分都有了，效法阐述世祖皇帝的志向，很切合我的心怀，现在特地把元统三年改为至元元年。

这段话是元顺帝改元的诏令。他在社会矛盾突出之时，想通过改年号来改变危机和衰败的命运，说明了他治国的无能。

文中的元统是元顺帝的第一个年号，至元是元世祖忽必烈的年号，顺帝以此为自己的新年号，想借用世祖的威风来振兴社会。

驭之之道，使之畏法（明太祖　朱元璋）

【原文】

内臣但备使令，毋多人。古来若辈擅权，可为鉴戒。驭之之道，当使之畏法，勿令有功，有功则骄恣矣。

——《明史·本纪·太祖》

【译解】

宦官只是预备来供使唤的，不需很多人。自古以来这些人都擅长专权，这

犁耕图　绢本淡设色

明统治者积极推行发展农业的政策，允许农民开垦荒地，所垦地土俱听为己业，并免除租税三年，此外，明朝政府又在各地大兴屯田。明代对农业的开明措施，再加上农耕技术的广泛传播，使农业得到了大幅度的提高。

可作为鉴戒。驾驭他们的办法，是应当使他们畏惧刑罚，不要让他们持有功劳，如果有了功劳他们就会骄横恣意地为所欲为了。

这是洪武二年（1369年）七月制定内侍官制时明太祖晓谕吏部所言。汉代以后，宦官专权之事屡见不鲜。这说明朱元璋能够清醒地认识太监的作用及专权的危害。

文中的内官就是指宦官太监。

顺治在多尔衮死后对多尔衮的报复

多尔衮病逝后，顺治终于脱离了傀儡地位，成为了一个统治天下的皇帝。为了宣泄多年来所积压在内心的对多尔衮的仇恨，他在多尔衮死后不到两个月就开始对多尔衮进行身后报复，削爵、撤宗室、籍家产、罢庙享、断其后嗣、掘墓、开棺、鞭尸，无一而足。当时身在北京的意大利传教士卫匡国在《鞑靼战纪》中记载说："顺治帝福临命令毁掉阿玛王（多尔衮）华丽的陵墓，他们把尸体挖出来，用棍子打，又用鞭子抽，最后砍掉脑袋，暴尸示众，他的雄伟壮丽的陵墓化为尘土。"由于多尔衮生前无子嗣，因此他过继了多铎的第五个儿子为己子，多尔衮获罪后，顺治命其认回多铎为父，让多尔衮在死后没有儿子为他送终。其实顺治勒令其归宗，是为了收回由多尔衮所掌握的白旗兵权，因为如果多尔衮死后无继承人，白旗就要收归天子掌管，这样收回兵权就名正言顺了。

【原文】

朕膺天命三十有一年矣，忧危积心，日勤不怠，务有益于民。奈起自寒微，无古人之博知，好善恶恶。不及远矣，今得万物自然之理，其奚哀念之有。皇太孙允炆仁明孝友，天下归心，宜登大位。内外文武臣僚同心辅政，以安吾民。丧祭仪物，毋用金玉。孝陵山川因其故，毋改作。天下臣民，哭临三日，皆释服，毋妨嫁娶。诸王临国中，毋至京师。诸不在令中者，推此令从事。

——《明史·本纪·太祖》

【译解】

我承当天命已有三十一年了，忧危一直积在心里，每天勤于政事不敢怠慢，务必要对天下百姓有益。无奈我出身寒微，不像古人一样博学多知，好善忌恶也远不及古人。今天逝世也是万物循环变化的自然之理，这为何要悲伤思念呢？皇太孙朱允炆仁爱聪明，孝悌友爱，天下都归心于他，应当登上皇位，朝廷内外文武官员要同心协力辅佐政事，以安定百姓。丧祭仪式的物品，全都不用金玉装饰。我的孝陵要顺应原来地形，不要改作。天下臣民，哭悼三日后，都脱去丧服，不要妨碍他们的嫁娶之事。各诸侯王就在自己国中悼念，不要到京师来。其他没有包含在这道命令中的，都以这道命令来推理行事。

这是明太祖在洪武三十一年（1398 年）闰四月临终前的诏令。他交代了皇位的继承大事，交代了丧事从简、不铺张浪费的原则，表明了他对后事细心的安排。

文中的膺是承当之意。临，指哭吊。皇太孙允炆，是皇太子朱标之子，洪武二十五年（1392 年）朱标病死，朱允炆被册封为皇太孙。洪武三十一年（1398 年）五月即位，采取削藩政策，导致势力最强大的燕王朱棣于建文元年（1399 年）七月起兵“靖难”。建文四年（1402 年）六月十三日，朱棣从金川门攻入京师应天府，朱允炆在宫中不知去向，其下落至今仍是历史之谜。

明代的宦官　插图

明代的宦官权力极大，是锦衣卫的主要成员，直接听命于皇上，而不受地方官吏的管制。他们的衣着也不同于常人或普通官吏，通常为头戴纱帽，身着大红描金云纹锦圆领长袍，这些都是明代宦官的主要特征。图中的宦官正在服侍妃嫔整理装束，因此手持首饰盘站立一旁。

【原文】

朕遭时丧乱，初起乡土，本图自全。及渡江以来，观群雄所为，徒为生民之患，而张士诚、陈友谅尤为巨蠹。士诚恃富，友谅恃强，朕独无所恃。惟不嗜杀人，布信义，行节俭，与卿等同心共济。初与二寇相持，士诚尤逼近，或谓宜先击之。朕以友谅志骄，士诚器小，志骄则好生事，器小则无远图，故先攻友谅。鄱阳之役，士诚卒不能出姑苏一步以为之援。向使先攻士诚，浙西负固坚守，友谅必空国而来，吾腹背受敌矣。二寇既除，北定中原所以先山东，次河洛，止潼关之兵不遽取秦、陇者，盖扩廓帖木儿、李思齐、张思道皆百战之余，未肯遽下，急之

马皇后

马皇后原名马秀英，是朱元璋的终身伴侣，跟随朱元璋转战创业，当明朝建立后，她又时刻关心百姓的疾苦，时常劝谏朱元璋。马皇后贵为一国之母，仍跟女官学识文断字，帮助整理札记资料；大文学家宋濂因孙子宋慎为胡惟庸党羽，本应连坐被处以死刑，她出面求情使之受到特赦；临死前，为了不连累医生，她甚至不肯服药。朱元璋在其死后，恸哭不已，并宣布从此不再立皇后，可见其在朱元璋心中的地位。

则併力一隅，猝未易，故出其不意，反旆而北。燕都既举，然后西征。张、李望绝势穷，不战而克，然扩廓犹力抗不屈，向令未下燕都，聚与角力，胜负未可知也。

——《明史·本纪·太祖》

【译解】

我遭遇到丧乱之世，当初在家乡起事，本来只想保全自己。到渡过长江以后，看见群雄所作所为，成了百姓的祸害，而张士诚、陈友谅尤其是巨大的蛀虫。张士诚仗恃富有，陈友谅仗恃强大，唯独我没有仗恃，仅仅只是不嗜好杀人，散布信义，厉行节俭，与你们同心协力共度困难。当初与张、陈二寇相持，张士诚的威胁最为迫切，有人说应当先攻打他。我认为陈友谅志向骄横，张士诚器量狭小，志向骄横就喜好生事，器量狭小就没有长远的考虑，所以先攻打陈友谅。鄱阳这次战役，张士诚终于不能出姑苏一步来支援他。假使先攻打击张士诚，他在浙西依仗地势险固坚守，陈友谅定会倾国前来援助，我就会腹背受敌了。二寇已经消灭，北定中原之所以先攻打山东，再攻打河洛，阻止潼关的兵马不立即夺取秦、陇的原因，是因为元朝将领扩廓帖木儿、李思齐、张思道都是身经百战的名将，不肯一下子屈服，如果逼急了他们就会在一个角落合力抵抗，猝然之间不易平定，所以出其不意，掉转军旗向北，把燕京攻下后，再西征。张思道、李思齐希望断绝，形势困窘，不战而平定，然而扩廓仍然竭力抵抗不肯屈服。如果从前不拿下燕都，集中力量与他战斗，胜负就不可预料了。

这是明太祖夺取天下后，有一次和群臣议论夺取天下的策略时所言。表现了他把握时机、审时度势、英名决断的智谋和驰骋天下的英雄气概。

文中的张士诚是元末割据江浙一带的武装首领。出身盐户，以操舟运盐为业。至正十三年（1353 年），招集盐丁，起兵反元，二十三年（1363 年）九月，被朱元璋所擒，自缢而死。

圈地令

满洲贵族入关后，为了掠夺土地，于顺治元年（1644 年）颁布了《圈地令》："我朝建都燕京，期于久远。凡近京各州县民人（汉人）无主荒田，及明国舅皇亲、驸马、公、侯、伯、太监等死于寇乱者，无主田地甚多。尔部可概行清查。若本主尚存，或本主已死而子弟存者，量口给与，其余田地尽行分给东来诸王、勋臣、兵丁人等。此非利其地土，良以东来诸王、勋臣、兵丁人等无处安置，故不得不如此区划。然此等地土，若满汉错处，必争夺不止。可令各府州县乡村，满汉分居，各理疆界，以杜异日争端。今年从东来诸王各官兵丁及见在京各部院衙门官员，俱著先拨给田园。其后到者，再酌量照前与之。"命令一出，旗人们纷纷携绳骑马，大规模地圈占汉人土地。土地圈占后，八旗贵族和官员、兵丁，按照各自地位高低及所属壮丁多少，分得数量不等的土地。大部分的土地都落入了贵族和官员之手。顺治四年（1647 年），大规模的圈地已停止，但零碎的圈地、换地、带地投充仍不断发生。大规模的圈地导致"近畿土地，皆为八旗勋旧所圈，民无恒产，皆赖租种旗地为生"。农民失去土地，以致"流民南窜，有父母夫妻同缢死者；有先投儿女于河而后自投者；有得钱数百，卖其子者；有刮树皮抉草根而食者；至于僵仆路旁，为乌鸢豺狼食者，又不知其几何矣"。圈地给汉族人民带来极大痛苦，所圈之地，原田主被逐出家门，背乡离井，因此纷纷起而反抗。

避暑山庄　冷枚　清代

避暑山庄，又名热河行宫，或称承德离宫，始建于康熙四十二年（1703年），乾隆五十五年（1790年）竣工。此图就是描绘的这一皇家园林，图中青山环抱，绿树成荫，后山一股清泉流入山庄，湖水荡漾，荷花盛开，岸柳垂荫，亭台、水榭、宫室、高楼，因地制宜，聚散错落，景色秀丽，令人应接不暇。康熙皇帝和乾隆皇帝经常驻跸于此。

陈友谅，湖北监利人，元末大汉政权的建立者。家世业渔，年轻时曾为县吏。元末农民战争爆发后，参加徐寿辉等人领导的天完红巾军，后杀寿辉夺其军，建立大汉。在与朱元璋战斗中中流矢死。

纵之，毋植怨也（清太祖　爱新觉罗·努尔哈赤）

【原文】

纵之，毋植怨也。

——《清史稿·本纪·太祖》

【译解】

放了他吧，不要种植怨恨。

清太祖

努尔哈赤（1559—1626年），满族人，明朝时的龙虎将军。后金国的创立者，在位十一年。在战争中为火炮击伤而死（一说为患痈疽而死），终年六十八岁。葬于沈阳福陵（今辽宁省沈阳市东北三十里处的东陵）。努尔哈赤在清朝建立后被追尊为清太祖高皇帝。

康熙朝服和棉袜

自古的宫廷生活就有各种礼仪和制度，作为最高统治者的帝王，其衣食住行更是有严格的规定。清代皇帝服饰有朝服、吉服、常服、行服等。皇帝朝服及所戴的冠，分冬夏二式。冬夏朝服区别主要在衣服的边缘，春夏用缎，秋冬用珍贵皮毛为缘饰之。朝服的颜色以黄色为主，以明黄为贵，只有在祭祀天时用蓝色，朝日时用红色，夕月时用白色。朝服的纹样主要为龙纹及十二章纹样。此图为康熙帝在举行重大典礼时所穿的冬朝服。

因为堂妹夫受到明朝总兵的攻击，清太祖的祖父、父亲率领人去支援，祖父和父亲都战死，清太祖只带了甲士十三人回来。这时五城族人龙敦等人因为嫉恨，夜袭太祖。有一晚，他的部下抓获了一个袭击者。这是太祖向部下说的话，表现了他心胸开阔，注意化解矛盾的性格。

剿抚并施，勿藉捕扰民（清世祖　爱新觉罗・福临）

【原文】

各省土寇，本皆吾民，迫于饥寒，因而为乱。年来屡经扑剿，而管兵将领，杀良冒功，真盗未歼，民乃荼毒，朕深痛之。嗣后各督抚宜剿抚并施，勿藉捕扰民，以称朕意。

——《清史稿・本纪・世祖》

【译解】

各省的地方流寇，本来就是我的民众，被饥寒所迫，因而才作乱。近年来多次扑杀围剿，可是带兵的将领，经常杀良民来冒充功劳，真正的盗贼却没有被歼灭，百姓仍旧遭受涂炭，我非常痛恨这种行为。以后各地的总督应该围剿和安抚并行，不要以捕捉盗贼为名来扰民，以合乎我的心意。

这是顺治八年（1651 年）闰二月世祖的一道教谕所言。他认识到了形成流寇的原因是饥寒，也知道官兵杀良冒功的情况，并命令要对流寇加以安抚，表明他还是能够客观地处理这个问题。

ren cai

人才

思贤若渴，是形容对人才的渴望，古代有作为的帝王确实是这样的心情。作为君王，他们掌握着国家大权，但是并不一定都擅长治理国家，加之国家幅员广大，即使帝王有百般能耐，也要依靠各级官吏的辅佐，这就需要发现和使用有贤能的人作为治国的栋梁。历史上所谓的盛世，几乎都是明智的君主和贤能的大臣相互作为的结果。因此，我们不断地听到帝王对于人才的呼求："青青子襟，悠悠我心"，曹操的这句诗歌可能是最有代表性的话语。

运筹策帷帐之中（汉高祖　刘邦）

【原文】

列诸侯将无敢隐朕，皆言其情。吾所以有天下者何？项氏之所以失天下者何？……公知其一，未知其二。夫运筹策帷帐之中，决胜于千里之外，吾不如子房。镇国家，抚百姓，给馈饷，不绝粮道，吾不如萧何。连百万之军，战必胜，攻必取，吾不如韩信。此三者，皆人杰也，吾能用之，此吾所以取天下也。项羽有一范增而不能用，此其所以为我擒也。

——《史记·高祖本纪》

【译解】

各位列侯将军，都不要对我隐瞒，都要说出实情。我为何能够取得天下呢？项羽为何失去天下呢？……你们只知其一，未知其二。在营帐里谋划好计策，而决定千里以外的胜利，我比不上张良。治理国家，安抚百姓，筹集粮饷，使运输不会断绝，我比不上萧何。统率百万大军，作战必胜，攻打必克，我比不上韩信。这三个人，都是人杰，我能够任用他们，这就是我能夺取天下的原因。项羽只有范增一个谋士都不能

汉殿论功　绢本设色

重视人才、求贤若渴是刘邦能够建立西汉政权的主要原因，因此在其麾下，聚集了一大批贤士，如韩信、萧何等。这些文武大臣为汉朝的建立立下了赫赫战功，因此当中国统一后，刘邦就对他们进行了册封，以表彰他们的功劳。

任用三杰

汉史中记载，汉高祖刘邦在夺取天下之后在洛阳南宫大摆宴席，饭饱酒酣之际，和群臣就自己能得天下的原因讨论起来，刘邦提出重视人才、信任将领是最为重要的原因。并将韩信、萧何、张子房三人的优点一一阐述出来，群臣听之，无不心悦诚服。

信用，这就是他被我擒获的原因。

刘邦取得天下后，在洛阳南宫举办酒宴，与群臣议论之所以打败项羽时说了这段话。表明刘邦取得胜利是重视使用人才的结果。

文中的公指王陵。当刘邦提出问题后，王陵应对说："陛下慢而侮人，项羽仁而爱人。然陛下使人攻城略地，所降下者因以予之，与天下同利也，项羽妒贤嫉能，有功者害之，贤者疑之，战胜而不予人功，得地而不予人利，此所以失下也。"子房指张良，张良字子房。

【原文】

大风起兮云飞扬，威加海内兮归故乡，安得猛士兮守四方！

——《史记·高祖本纪》

【译解】

大风起啊云飞扬，威风施加到海内啊我回故乡，怎么才能得到猛士啊来守护四方！

高祖十二年（前195年），刘邦亲自征讨英布获胜班师回朝，路过家乡，在沛宫与故人父老子弟宴饮聚会。这是他即席演唱的歌，表现了他踌躇满志的豪情和如何获得人才来守住江山的深谋远虑。

十室之邑，必有忠信（汉武帝　刘彻）

【原文】

夫十室之邑，必有忠信；三人并行，厥有我师。今或至阖郡而不荐一

汉武帝重用桑弘羊发展国内经济

桑弘羊无论是在生前还是死后都被当成了"言利小人"和"聚敛之臣"而饱受非议。《汉书》不为其立传，司马光痛斥其"不加赋而国用足……其害甚于加赋"，苏辙称他"法术不正"，"民受其病"，苏东坡说得更为刻薄："自汉以来，学者耻言商鞅、桑弘羊"，"言之则污口舌，书之则污简牍"，并把《史记》论及商鞅和桑弘羊之功作为太史公司马迁的"二大罪"。桑弘羊之所以受到如此大的非议，是由于在汉武帝刘彻执掌大权之后，励精图治，强化中央集权，一改父祖先例，对匈奴采取强硬措施。这些革新给社会经济带来了巨大的压力，一时"财赂衰耗而不赡"，财政危机逐渐显现，而桑弘羊所实施的一系列经济政策，目的在于广开财源，解决政府财政危机并打击豪强巨室的力量，支撑汉匈之间的长期战争。他公然挑战并违背了儒家"讳言财利"、反对"与民争利"的传统信条，因而受到当时以及后世诸多儒士的诟病。但在当时的历史情境下这些措施却有效地帮助支撑起了这场旷日持久的汉匈之战。

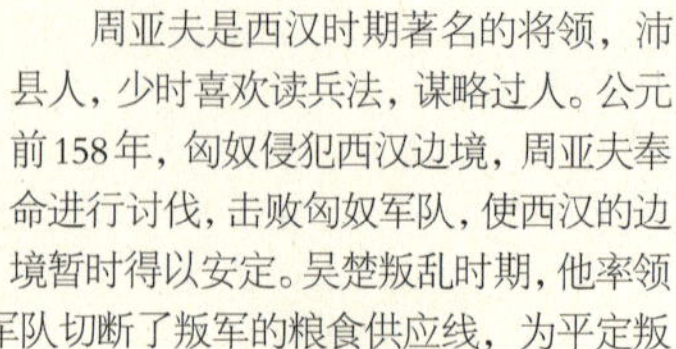

周亚夫与霍去病

周亚夫是西汉时期著名的将领，沛县人，少时喜欢读兵法，谋略过人。公元前158年，匈奴侵犯西汉边境，周亚夫奉命进行讨伐，击败匈奴军队，使西汉的边境暂时得以安定。吴楚叛乱时期，他率领军队切断了叛军的粮食供应线，为平定叛乱立下了赫赫战功。

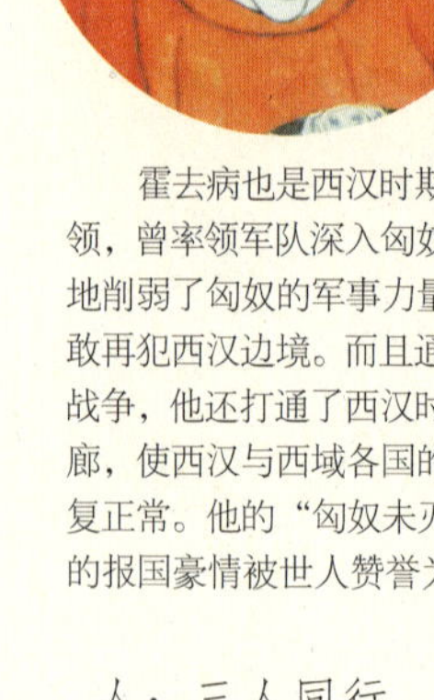

霍去病也是西汉时期著名的军事将领，曾率领军队深入匈奴腹地，极大地削弱了匈奴的军事力量，使匈奴不敢再犯西汉边境。而且通过对匈奴的战争，他还打通了西汉时期的河西走廊，使西汉与西域各国的贸易往来恢复正常。他的“匈奴未灭，无以家为”的报国豪情被世人赞誉为千古美谈。

人，是化不下究，而积行之君子雍于上闻也。二千石官长纪纲人伦，将何以佐朕烛幽隐，劝元元，厉蒸庶，崇乡党之训哉？且进贤受上赏，蔽贤蒙显戮，古之道也。其与中二千石、礼官、博士议不举者罪。

——《汉书·武帝纪》

【译解】

居住有十户人的小邑，就必定有忠信的人；三人同行，其中就有能做我老师的人。现在一个郡，竟然没有举荐一个人才。这是我的教化没有广泛传播，以至优良品行的君子受到壅蔽不被主上所闻。各地二千石的官员是人伦道德之优，他们将用什么来照亮我的幽暗而发现人才，勉励善意，鼓励民众，提高乡里教育的意义呢？况且推荐贤才要受上赏，壅蔽贤才要受到公开的羞辱，这是古代的制度。希望公卿大夫和中二千石、礼官、博士等议论不举贤人的罪过。

这段话选自汉武帝在元朔元年（前128年）的进贤诏。他对于各地不能推荐人才感到忧虑，用奖赏和惩罚来鼓励官员推荐贤才，表达了武帝迫切希望广求人才的愿望。

文中的“夫十室之邑”至“厥有我师”是引自《论语》里孔子所言：“十室之邑，必有忠信如丘者焉。”“三人行，必有我师焉。择其善者而从之，其不善者面改之。”阖郡的阖，即闭，阖郡，即全郡。元元，即善意。蒸庶指众民。

【原文】

盖有非常之功，必待非常之人，故马或奔踶而致千里，士或有负俗之累而立功名。夫泛驾之马，跅弛之士，亦在御之而已。其令州郡察吏民有茂材异等可为将相及使绝国者。

——《汉书·武帝纪》

【译解】

要建立不平常的功业，一定要依靠不平凡的人才，所以有的马虽然狂奔踢人但是却能到达千里，有的士人虽然被世人讥议却能建功立名。那些不遵常规的骏马，放荡不循规矩的优秀之士，关键在于如何掌控他们。我诏令各州各郡要选拔官吏和民众中才能突出，可以做将相和出使遥远国度的人。

汉武帝时，一直是广揽人才。元封五年（前106年），大将卫青死，朝中人才匮缺，武帝迫切需要人才，于是就发出了征求人才的诏令。

文中的踶是踢、蹋的意思。跅弛指放荡不羁，不遵守规矩。绝，指绝远的国家。

夙兴夜寐修王事（汉昭帝　刘弗陵）

【原文】

朕以眇身获保宗庙，战战栗栗，夙兴夜寐，修古帝王之事，诵《保傅传》《孝经》《论语》《尚书》，未云有明。其令三辅、太常举贤良各二人，郡国文学高第各一人。赐中二千石以下至吏、民爵，各有差。

——《汉书·昭帝纪》

董仲舒

董仲舒是西汉时期的儒学大师，提出了三纲五常的道德理论。在汉武帝时期，汉武帝诏试天下贤良文学之士，他提出“诸不在六艺之科、孔子之术者，皆绝其道，勿使并进。”的建议，要求汉武帝“罢黜百家，独尊儒术”，他的这一策略为汉武帝所采纳，开创了此后二千余年中国封建社会以儒学为正统的局面。

【译解】

我凭借渺小身躯守护宗室，执掌国政，一直小心翼翼，早起晚睡，研究古代帝王的治国之道。诵读了《保傅传》《孝经》《论语》《尚书》等书，但是还是有不明白的地方。我命令三辅、太常各举荐贤良科二人，郡和国各举荐文学科高第一人。赐给中两千石以下吏民不同等级的爵位。

这是始元五年（前82年）汉昭帝即位不久下诏所言。昭帝在调整了一些人事安排后，决心学习古代帝王的治国之术，学习儒学，治理好国家。

文中所言《保傅传》，是将贾谊《新书》中《保傅》《傅职》《胎教》《容经》四篇合一而改称的。

讲经图　画像砖

公元前136年，汉武帝采纳了董仲舒的建议，开始设置五经博士（即专门研究《诗》《书》《礼仪》《易》和《公羊传》的学者）。所谓的“经”是指儒家的经典，西汉的经学分为“今文”和“古文”，前者是指以当时的文字所记录的儒学经典，后者则是指用秦或秦以前的文字进行书写的儒学经典，这两个画像砖就刻画了西汉学子研习经的景象。

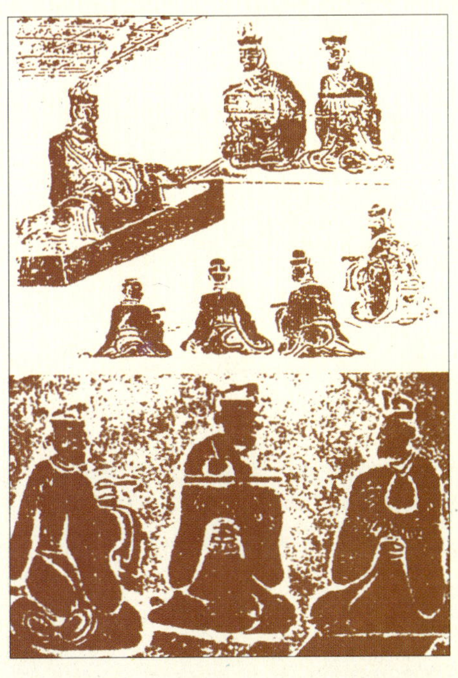

任贤使能（汉元帝　刘奭）

【原文】

五帝、三王任贤使能，以登至平，而今不治者，岂斯民异哉？咎在朕之不明，亡以知贤也。是故壬人在位，而吉士雍蔽。重以周秦之弊，民渐薄俗，去礼义，触刑法，岂不哀哉！由此观

之，元元何辜？其赦天下，令厉精自新，各务农亩。无田者皆假之，贷种、食如贫民。

——《汉书·元帝纪》

【译解】

五帝、三王任用才德兼备的人，使天下太平，现在治理不好，难道是百姓不同吗？过错在于我不够明达，没有选出贤达的人。所以奸佞之人居于要位，而善良有才干的人没有得到重用。加重了周、秦时的弊端，民众染上轻薄的习俗，不讲礼仪，触犯刑法，真是很悲哀。这样来看，百姓有什么过失呢？赦免天下，使那些受到赦免的人精神振奋，改过自新，专心务农。没有田的人由官府借给他们，像对待贫民一样贷给他们种子、粮食。

这段话选自汉元帝在永光元年（前43年）三月发的诏书。汉元帝主张选拔贤才，赦免百姓，鼓励他们改过自新。

文中的壬人指巧言谄媚的人。元元指黎民百姓。

举贤良方正（汉章帝　刘炟）

【原文】

朕既不明，涉道日寡；又选举乖实，俗吏伤人，官职秏乱，刑罚不中，可不忧与！昔仲弓季氏之家臣，子游武城之小宰，孔子犹诲以贤才，问以得人。明政无大小，以得人为本。夫乡举里选，必累功劳。今刺史、守相不明真伪，茂才、孝廉岁以百数，既非能显，而当授之政事，甚无谓也。每寻前世举人贡士，或起畎亩，不系阀阅。敷奏以言，则文章可采；明试以功，则政有异迹。文质彬彬，朕甚嘉之。其令太傅、三公、中二千石、二千石、郡国守相举贤良方正能直言极谏之士各一人。

——《后汉书·肃宗孝章帝纪》

【译解】

我既不精明，经历治理国家的时间又短，加上选举名不符实，庸俗的官吏伤害百姓，设立的官又多又乱，怎么能不担忧！以前仲弓只是季氏的家臣，子游只是武城的小吏，孔子仍然要教诲他们应选拔贤才，询问他们得到贤人没有。治理政治没有大小之分，以得

汉武帝在对匈奴战争中的人才使用

在对匈奴的战争中，汉武帝不问出身贵贱以及之前的带兵经验，大胆起用卫青、霍去病两员将领，并依靠他们取得了汉匈之战的胜利。公元前127年，匈奴骑兵入侵上谷、渔阳。汉武帝派青年将领卫青率三万骑兵前往迎击，并收复了河套地区，扫除匈奴进犯中原的军事据点。公元前128年，年轻将领霍去病横空出世，他从公元前121年3月开始，率领一万骑兵，从陇西出发，在皋兰山脚下和匈奴骑兵交战，越过焉支山追击千多里。同年夏天，霍去病率几万骑兵，行军千多公里，一直打到祁连山麓，给匈奴造成了沉重的打击。公元前119年，汉武帝派卫青、霍去病率十万骑兵，几十万步兵，分别从定襄郡和代郡出发，共击匈奴单于于漠北。卫青北进千余里渡过大漠戈壁，直抵阗颜山，歼敌近两万余人。霍去病深入千多公里，追击匈奴左贤王兵到狼居胥山，俘虏七万余人。从此，匈奴出现了“漠北无王庭”局面。

到人才为根本。乡里进行选举，一定要选拔那些多次立了功劳的人。现在有的刺史、守相不明真假，举荐的茂才、孝廉有百来人，既非才能显著，可是又授以他们政事，很难对他们进行考评。我常在寻求前世的举人贡士，有的出生在田间，不计较他们出生的高贵低贱。如果以陈述国家的意见来看，那么文章一定被采纳；如果考察功劳，那么在政治方面一定有突出的成绩。才华与品行完美地统一，我非常欣赏这样的人。我命令太傅、三公、中二千石、二千石、郡国守相等推举贤良方正、能够直言尽力进谏的人各一位。

建初元年（76年）三月甲寅，山阳、东平地震，汉章帝认为这是天对他治理国家的告示，于是下了这份诏书。他强调人才对于治理国家的重要性，要求各地选拔贤能的人来治理国家。

文中的季氏、子游之事见《论语》："仲弓为季氏宰，问政，子曰：'赦小过，举贤才。'子游为武城宰，孔子谓之曰：'汝得人焉耳乎？'"畖，是田中的沟。

屈尊劳将

古语曾有："将在外，君命有所不受"的说法，而事实上将领是不可以不接受君命的，而是借此言让将领发挥其全部才能。封建帝王成就功业，最为关键的就是善用人才，并且要用之不疑，予以充分信任，才能让其发挥最大的才能。也因此汉文帝屈尊劳将的事迹被传为千古美谈。

锥刻戗金黑漆盖盒

魏晋时期的漆器相对于汉代来说呈衰落趋势，但是仍然在相当普遍地使用着。图中漆器是三国时期吴国的一件，上面刻有花纹和人物形象，金丝非常细致，极为精美。

有事赏功能（魏武帝　曹操）

【原文】

故明君不官无功之臣，不赏不战之士；治平尚德行，有事赏功能。

——《三国志·魏书·武帝纪》

【译解】

所以英明的君主对于没有功劳的臣子不会任用其做官，对于没有参加战斗的人不会进行奖赏；国家太平时就崇尚有德行的人，有了战事时就应奖赏立了战功有才能的人。

徐庶走马荐诸葛　年画

徐庶投奔刘备后，很得刘备重用，被封为军师。曹操得知此事十分惊讶，于是采纳谋士程昱的计谋，仿照徐庶母亲的笔迹写信给徐庶，把徐庶骗到许昌。徐庶接到信后哭着找刘备辞行，刘备见信也哭，强留徐庶叙情一夜。第二天，刘备在城外排宴替徐庶饯行，徐庶骑马离开数里之后又返回，向刘备推荐了诸葛亮，然后才策马离去。

曹操在取得官渡之战的胜利后，为了巩固地方政权，准备在军队中选拔一批人去任地方官，针对有人认为只有军功没有德行的人不宜“任郡国之选”的说法，曹操专门下了一道《论吏士行能令》，驳斥了这种言论，也阐述了他的用人观。

【原文】

若必廉士而后可用，则齐桓其何以霸世，今天下得无有被褐怀玉而钓于渭滨者乎，又得无盗嫂受金而未遇无知者乎？二三子其佐我明扬仄陋，唯才是举，吾得而用之。

——《三国志·魏书·武帝纪》

【译解】

如果一定要廉洁的人才可以任用，那么齐桓公如何能成为当时的霸主，现在难道没有穷愁潦倒怀才不遇而在渭水之滨垂钓的姜子牙，又难道没有与嫂嫂私通接受贿赂而没有遇见魏无知那样的人了？希望你们辅佐我，发现、举荐出身低微而有才能的人，我一定会任用他们。

这段话是曹操非常著名的关于使用人才的话。他以齐桓公、姜子牙的例子，说明了该如何选拔人才，表现了他重视才能，不看重人才小节的用人观。

文中的齐桓指齐桓公，他大胆任用管仲为相，成为了霸主。当年管仲家贫，与鲍叔牙一起做生意时，分利多于鲍叔牙，故被认为不是廉士。被褐怀玉，比喻穷困而怀才不遇的人。钓于渭滨是说姜太公的故事。姜太公没有发迹时，曾在渭水边以直钩钓鱼，被周文王发现后聘为国师，辅助周夺得天下。盗嫂受金说的是汉代陈平的故事。魏无知把陈平推荐给刘邦时，有人以陈平曾与嫂子私通和受贿为理由，反对任用他。魏无知主张要看重人才，不要看重盗嫂受金的小事，刘邦听从了魏无知的话，重用了陈平，得到了一位有力

的助手。

【原文】

夫有行之士未必能进取，进取之士未必能有行也。陈平岂笃行，苏秦岂守信邪？而陈平定汉业，苏秦济弱燕。由此言之，士有偏短，庸可废乎！有司明思此义，则士无遗滞，官无废业矣。

——《三国志·魏书·武帝纪》

【详解】

有德行的人不一定能进取有为，进取有为的人不一定有德行。陈平难道有笃厚的德行，苏秦难道能够恪守信义吗？可是陈平安定了汉朝的基业，苏秦拯救了弱小的燕国。从这方面来说，有才能的人即使有不足之处，怎么能废弃不用！主管部门要想清这个道理，那么，人才就不会被埋没，官府的政事就不会被废弃了。

这段话选自建安十九年（214 年）

建安七子

建安七子指东汉末建安时期曹氏父子之外的七位著名诗人，分别是：孔融、陈琳、王粲、徐干、阮瑀、应玚、刘桢。他们都亲身受过汉末离乱之苦，后来投奔曹操，他们多视曹操为知己，这可以看出曹操御人之术的高明。

“柔仁好儒”的汉元帝

由于在汉宣帝时期西汉王朝的土地兼并现象就已经非常严重，农民纷纷破产。有的投入田庄沦为佃客和奴隶，有的接受政府假田，成为假田农民；有的成为流民。而这些人原来所承担的租税赋役，又都转嫁给自耕农，再加上政治腐败，官吏贪残，天灾频繁，各地不断爆发反抗西汉统治的斗争。因此，在这种严峻的形势下，即位之初的汉元帝只能放弃“霸术”，实行“纯任德教”，以期缓和社会矛盾。于是，在孔子的第十三世孙孔霸“上书求奉孔子祭祀”后，元帝立即下诏说：“其令师褒成君关内侯霸以所食邑八百户祀孔子焉。”随后，他又封孔子的后裔孔霸为关内侯，赐食邑八百户，号褒成君，给事中，加赐黄金两百斤，府第一所。孔霸去世后，元帝两次穿素服去吊祭，赐给东园秘器钱帛，赠与列侯礼安葬，谥号“烈君”。汉元帝不仅单崇儒家，纯任德教，甚至在治国方面也完全以儒家经典为指导，选官用人则完全采用儒家的标准。当时社会上流传着这样一句话：“遗子黄金满籯（即竹笼），不如一经。”儒学宗师夏侯胜也常常教导他的弟子说：“士病不明经术，经术苟明，其取青紫（即官爵）如俯拾地芥耳。”可见读儒经做官，已成为当时士人入仕的主要途径。

建安七子图·版画

曹操到达孟津后发布的命令。再次强调了他的人才观，一定不要因为有缺点而埋没了人才。

士有偏短，庸可废乎（魏文帝　曹丕）

【原文】

今之计、孝，古之贡士也；十室之邑，必有忠信，若限年然后取士，是吕尚、周晋不显于前世也。其令郡国所选，勿拘老幼；儒通经术，吏达文法，到皆试用。有司纠故不以实者。

——《三国志·魏书·文帝纪》

【译解】

现在的上计吏、孝廉，相当于古代的贡士；居住有十户人家的地方，必定有忠诚诚信的人，如果限制年龄然后再选拔人才，这样即使是吕尚、周晋也不会在前代扬名了。现在命令郡国选拔人才，不要受年龄大小的限制；儒者能精通经学的，官吏能够通达法规的，到了都可以试用。主管官员要检举不按有关规定推荐人的官员。

黄初三年（222 年）正月发生了日蚀，魏文帝来到许昌宫，说了这段话。表明了文帝打破常规，不受年龄限制，急于发现人才的迫切心情。

士农工商

士农工商是中国古代社会中四种基本的职业，这种职业的划分在春秋时期得以定型。所谓的士是指官员，农是指务农的百姓，工是指从事手工业者，商是指商人。中国历代帝王都注重从“士”中选拔人才，而轻视从事“工、商”者，而这也正是中国古代社会以官为本位的重要原因。

所选勿拘老幼（魏明帝　曹叡）

【原文】

尊儒贵学，王教之本也。自顷儒官或非其人，将何以宣明圣道？其高选博士，才任侍中、常侍者。申敕郡国，贡士以经学为先。

——《三国志·魏书·明帝纪》

【译解】

尊崇儒学，推行教育，是帝王教化的根本。现在有的儒官不能胜任，这样怎能宣扬帝王的圣道呢？现在我命令选拔博士和才能能够胜任侍中、侍郎的人。告诫各郡国，要向朝廷进选人才，并要把经学作为首要的条件。

太和二年（228年）六月，魏明帝和诸葛亮作战后，又遇天旱，更感到国家治理人才的迫切，于是 就下了这道诏令，反映了他把儒学作为选拔人才的首要标准的思想。

汉高祖美无忌之贤

（晋元帝　司马睿）

【原文】

汉高经大梁，美无忌之贤；齐师入鲁，修柳下惠之墓。其吴之高德名贤或未旌录者，具条列以闻。

——《晋书·帝纪·元帝》

【译解】

以前汉高祖经过大梁，赞美无忌的贤能；齐国的军队进入鲁国，修缮了柳下惠的坟墓。吴地德高贤明的人还没有受到表彰录用的，要详细地分条上奏给我。

这是大兴元年（318年）十二月晋元帝下的诏书。表明了他要学习先前圣明的帝王和古代的传统，发现表彰贤德人才的想法。

文中的无忌指魏无忌（？—前243），魏昭王少子，安釐王的异母弟，战国时期魏国著名的军事家。柳下惠，本姓展，名获，字禽，中国春秋时期鲁国人，是鲁孝公的儿子公子展的后裔。“柳下”是他的食邑，“惠”则是他的谥号，故后人称他“柳下惠”。 他被认为是遵守中国传统道德的典范。

汉元帝单崇儒家的不良后果

汉元帝单崇儒家的治国方针给中国社会也留下了不可磨灭的负面影响。清初思想家王夫之对元帝广用儒生之事做了这样的评价：“自是以后，汉无刚正之士，遂举社稷以奉人。”虽然以经取士的方法为汉王朝选拔出了大批人才，但也使得人们在潜意识中认为读经就能做官。因此，许多人在仕途后，往往不思如何报效国家，反而整天只想着如何保住自己的爵禄，整个官场上一片尸位素餐的景象。能治者不能为官，为官者不能为治，士与吏截然两途，这极大地影响到了西汉后期各级政权的功能，给当时的社会带来了严重的消极影响。尤其是，元帝强调以经取士，使一些只知书本而不知吏事的书生也被选进了各级政府机构。

隋炀帝西巡的贡献

大业五年，隋炀帝率大军从都城大兴出发，经甘肃陇西，并从青海横越祁连山，再经大斗拔谷北上，到达了张掖郡。因为西部边关环境恶劣，因此这次出行绝非游山玩水。在途中，隋炀帝还遭遇到了暴风雪，导致士兵冻死大半，随行官员也大都失散，隋炀帝本人也吃够了苦头。隋炀帝到达张掖之后，西域二十七国的君主们纷纷派遣使节前往朝见，有的甚至亲自率使团拜见，他们都表示臣服于隋朝。隋炀帝更是亲自下令打通丝绸之路，使得各国商人能云集在张掖进行贸易。为炫耀中华盛世，隋炀帝还在张掖举行了万国博览会，这一系列的做法也充分表现出他英明的一面。

晋元帝

晋元帝司马睿（276—322年），东晋的第一代皇帝。司马睿于290年袭封琅邪王，曾经参与讨伐成都王司马颖的战役；但是由于作战失利，司马睿便离开洛阳，回到封国；晋怀帝即位后，司马睿被封为安东将军、都督扬州诸军事，后来在王导的建议之下前往建康，并且极力结交江东大族。311年晋怀帝被俘遇害后，晋愍帝即位，晋愍帝封司马睿为丞相、大都督中外军事。晋愍帝被俘后，司马睿在晋朝贵族与江东大族的支持下于316年即帝位，为晋元帝。

随才试吏，勿有遗隔（梁武帝　萧衍）

【原文】

学以从政，殷勤往哲，禄在其中，抑亦前事。朕思阐治纲，每敦儒术，轼闾辟馆，造次以之。故负帙成风，甲科间出，方当置诸周行，饰以青紫。其有能通一经、始末无倦者，策实之后，选可量加叙录。虽复牛监羊肆，寒品后门，并随才试吏，勿有遗隔。

——《梁书·本纪·武帝》

【译解】

学习是为了从政，关注先哲，俸禄就在其中了，或许是古代的事。我思考阐明政治纲纪，每每对于儒学非常勤勉，向有德的人致敬开辟学馆，不间断地实施它们。因而到外地游学成了风气，考中甲科的人从不间断，应当安排他们做官，并是穿青紫官服的高官。其中如有能精通一经，自始至终都不倦怠的人，经策试核实后，选拔量才录用。即使是看管牛的卖羊的，地位低下，寒门出生的，都要按照才能任职，不要遗漏。

这段话选自梁武帝在天监八年（509年）五月发的诏令。反映了梁武帝提倡学习，打破门弟观念，注重选拔有才华的人担任官职的思想。

文中的轼闾指向有德者致敬。甲科，汉代举士考试有甲乙等科，唐代明经有甲、乙、丙、丁四科，进士有甲、乙两科。明清通称进士为甲科，举人为乙科。

四海之中，岂无奇秀（隋炀帝　杨广）

【原文】

方今宇宙平一，文轨攸同，十步之内，必有芳草，四海之中，岂无奇秀！诸在家及见入学者，若有笃志好古，耽阅典坟，学行优敏，堪膺时务，所在采访，具以名闻，即当随其器能，擢以不次。若研精经术，未愿进仕者，可依其艺业深浅，门廕高卑，虽未升朝，并量准给禄。庶夫恂恂善诱，不日成器，济济盈朝，何远之有！

——《隋书·帝纪·炀帝》

【译解】

现在天下平定统一，文字与车轨完全相同，

南北朝时期的文吏俑与文官俑

中正制度的推行，士族在政治上的特权被合法化、制度化，门阀士族大批出现在政治舞台之上，掌握着国家的大权。南北朝的官吏，莫不是出身于名门望族，图中的官吏俑正是反映了这个现象。

瓦岗寨咬金拜大图　年画　清代

俗话说“乱世出英雄”，在隋朝末年这个动乱的时代，同样造就了不少英雄好汉不满统治者的压迫而起义。好汉单雄信传书绿林，广邀江湖好友到山东济南为秦琼的母亲贺寿。寿宴上，程咬金等三十六条好汉同结金兰，并拜程咬金为老大，共同起义瓦岗寨。

十步以内，必定会有芳草，四海之内，岂能没有优秀的人才。各位在家里或已入学的，如有立志于历史研究，沉湎喜好在古籍中，学业品行出众的，能担负起现实重任的人，都要去采访，报上所发现的人才名字，应当马上依据他们的才干，不按平常的次序提拔。如果精研经术，不愿出来做官的，可以依照他才学的深浅，门弟的高低，虽然不上朝，也要依照一定的数量给与俸禄。或许能够循循善诱，不久将成为大器，满朝人才济济一堂，这不会很远了。

这是隋炀帝在大业元年（605 年）七月颁发的诏令。他在天下平定统一后，积极推行儒术，广泛搜罗人才，以适应他统治的需要。

文中的文轨指文字和车轨。典坟，三坟五典的略语，泛指各种书籍。

必以大材为栋梁（唐太宗　李世民）

【原文】

大匠构屋，必以大材为栋梁，以小材为榱橑。所有中尺寸之木无弃，此善治木者也，非独屋有栋梁，国家亦然，大德为宰相，亦国家之栋梁也。

——《唐太宗集·金镜》

【详解】

高水平的工匠建造房屋，一定要用大材做栋梁，用小材做椽子。所有符合尺寸的木材都不会被抛弃，这是善于利用木材的工匠，不只是房屋有栋梁，

面斥佞臣

唐史记载，太宗曾到一棵树下，表示出爱惜之意，善于阿谀奉承的宇文士及随之称赞起这棵树来。太宗非常严肃的说："魏征尝劝我远佞人，我不知佞人是谁，意疑是汝，今果不谬。"正是唐太宗远佞人、重贤臣的治国态度，方能让唐建国以后一直处于兴盛不衰的局面。

国家也有，有德有行的人做宰相，他也就是国家的栋梁。

这段话选自《金镜》。唐太宗用工匠造屋合理使用大材小材的形象比喻，说明了国家也要善于使用人才，说明让有德有行的人做宰相的重要性。

文中的榱橑指椽子。大德原是对佛菩萨或高僧的敬称，后来，"大德"一词已广泛的使用，尊称有德有行的人。

【原文】

明主之任人，如巧匠之制木，直者以为辕，曲者以为轮，长者以为栋梁，短者以为拱桷，无曲直长短，各有所施。明主之任人亦犹如是也，智者取其谋，愚者取其力，勇者取其威，怯者取其慎，无智勇怯，兼而用之。故良匠

唐太宗的用人之道

唐太宗坚信"为政之要，惟在得人，用非其人，必难致理"，他把人才看作是治理国家的重中之重。在唐朝开国初期，他便宣布："今所任用，必须以德行、学识为本。"并坚持宁缺毋滥，大力改革官僚机构和官场积习。另外，唐太宗只看才能，不计前嫌的作风也很关键。他在继位后对前朝的官员和原太子的臣僚采取了宽大政策，其中最为著名的人就是魏征。他曾说："魏征往者实我所仇，但其尽心所事，有足嘉者。朕能擢而用之，何惭古烈？然征犯颜切谏，每不许我为非，我所以重之也。"另外一个著名人物就是隋朝官员房玄龄、李靖、李密旧部李，他们在投靠李世民便后受到了信任，并成就了辉煌的功绩。正是由于唐太宗用人之道，才会有了后来的"贞观之治"。

崇尚节俭的唐太宗

唐朝初期，由于连年的战争和农民起义，使得当时的中国经济一片萧条。作为一个打天下的皇帝，唐太宗深知只有爱惜民力，才能长保太平，因此他非常注重节俭。在《贞观政要》的第一篇里，唐太宗对臣下做了这样的训话："为君之道，必须存百姓，若损百姓奉其身，犹割股以啖腹，腹饱而身毙。"贞观初期，唐太宗经常以宽厚爱民的政德来教育大臣，并把它贯彻到执政实践当中，推行轻徭薄赋、不误农时、减少征伐等休养生息的政策。他曾说："夫安人宁国，惟在于君。君无为则人乐；君多欲则人苦。朕所以抑情损欲，克己自励耳。"贞观元年，唐太宗想建造一座宫殿，材料已备齐。而这时，他却又想起秦始皇的阿房宫，于是立即停工。贞观二年，大臣们请求营建一座阁楼，使太宗不必住在原先那个低矮潮湿的宫殿中，于是大臣们"固请再三"，而他却恐"糜费良多"，"竟不许"。

无弃材，明君无弃士。不以一恶忘其善，勿以小瑕掩其功，割政分机，尽其所有。

——《唐太宗集·审官篇》

【译解】

明君任用人才，犹如巧匠挑选使用木材，直材可用来做车辕，曲材可用来做车轮，长材可用来做栋梁，短材可用来做拱木和方形的椽子，曲木、直木、长木、短木，各有所用。明君任用人才也如此，智者取用他的谋略，愚者取用他的力量，勇者取用他的威风，怯者取用他的谨慎，不论智者、勇者、怯者，都能兼用他们。所以良匠没有弃材，明君没有弃士。不要因为一条过错忘记其善行，不要因为小的缺点掩盖其所有的功劳，设官分职，人尽其能。

唐太宗在《审官篇》里以形象的比喻，阐述了对人的使用原则，表现了他知人善任，重视选拔官吏、使用人才的眼光。

文中的桷指方形的椽子。小瑕指小的缺点。割政分机，即设官分职。

今间岁贡举（宋仁宗　赵祯）

【原文】

自今间岁贡举，天下进士、诸科解旧额之半，置明经科，罢说书举人。

——《宋史·本纪·仁宗》

【译解】

从今以后，每间隔一年举行科举考试，全国的进士、各科的名额减少一半，设置明经科，废除说书科解说经书。

这是宋仁宗在嘉祐二年（1057 年）十二月所发的诏令。他对科举考试进行了调整，减少了名额，增设了明经科，反映了他注重实效的想法。

文中的进士是中国古代科举殿试及第者的称谓，意为可以进授爵位之人。明经科是唐朝开始考试的一科，指通明经术，参加考试，在当时称为应明经举。

杜如晦、房玄龄与屈突通

唐太宗以求贤若渴而为人所称道，而这也正是形成贞观之治局面的重要原因。在其当政时期，唐太宗把网罗人才看作是安定天下的首要条件，为此，他规定要以举荐贤能作为首要职责，他还对杜如晦、房玄龄与屈突通说“公为仆射，当广求贤才，随才授任，此汝之职也。”

能够纳谏的唐太宗

有了隋炀帝的前车之鉴后，唐太宗恪守“开怀抱，纳诤谏”的原则。在贞观初年，唐太宗对公卿提出了明确的要求：“人欲自照，必须明镜；主欲知过，必藉忠臣。主若自贤，臣不匡下，欲不危败，岂可得也？故君失其国，臣亦不能独全其家。……公等每看事有不利于人，必须直言规谏。”他不仅要求大臣尽情极谏，也要求大臣自己须受人谏。唐太宗对有益的谏言，都会给予肯定和鼓励。他对谏言有功的人，往往采用加官进爵、赐物赠书的方式，以示鼓励。当他看了魏征所谏的十思疏后，马上诚恳地承认错误，并表示永远不会忘记。魏征去世后，唐太宗亲临恸哭说：“夫以铜为镜，可以正衣冠；以古为镜，可以知兴替；以人为镜，可以明得失。朕常保此三镜，以防己过。今魏征殂逝，遂亡一镜矣！”

“天可汗”的由来

“天可汗”是唐代西北各族君主对唐太宗的尊称，唐太宗之所以能获得此称号完全要归功于卫国公李靖在对东突厥的战争中所取得的辉煌胜利。贞观四年正月，李靖率领三千精骑出马邑，袭定襄，夜攻东突厥颉利可汗的大帐。慌乱中的颉利，以为李靖出动了倾国之兵，于是仓皇北逃，并妄图依靠“请降”之计，来换取喘息的时间。于是，唐太宗一面派议和使者唐俭与之议和，另一面却暗中调遣主力部队增援李靖。就在唐俭和颉利握手言欢之时，李靖抓住了突厥人一瞬间的松懈，从铁山之侧突然出袭，不可一世的东突厥汗国从此灭亡。从那以后，西北各族君主尊唐太宗为“天可汗”，从此，唐朝就拥有了组建“天可汗”联军的权力，在以后的许多战争中，唐朝军队并非只有汉人，还有突厥人、契丹人、回鹘人等等。

各举所知二人（宋徽宗　赵佶）

【原文】

士有怀抱道德久沉下僚及学行兼备可厉风俗者，待制以上各举所知二人。

——《宋史·本纪·徽宗》

【译解】

如果有具有高尚的道德品质又长久沉落在下级僚属里的士人，以及学业品行两者兼备可以振奋风俗的人，待制以上的官员，各自要荐举两个自己了解的这种人。

这段话选自宋徽宗在崇宁元年（1102 年）二月发的诏令。他列举出了几种可以举荐的人的情况，要求各种官员要注意举荐，说明他注重选拔品学皆优的人才，并要破格提升。

文中的待制是官名，唐代开始设置。宋因其制，于殿、阁均设待制之官，如“保和殿待制”、“龙图阁待制”之类，位在学士、直学士之下。

平番得胜利图

明军虽然攻灭元朝，但退回漠北的蒙古军仍然对明朝有所威胁。明朝从朱元璋建国以来，就对边境高度设防，即“天子守边”，以防万一。此图反映了万历三年，明政府出兵西部的情况。

天下之贤共理之（明太祖　朱元璋）

【原文】

天下之治，天下之贤共理之。今贤士多隐岩穴，岂有司失于敦劝欤，朝廷疏于礼待欤，抑朕寡昧不足致贤，将在位者壅蔽使不上达欤。不然贤士大夫，幼学壮行，岂甘没世而已哉。天下甫定，朕愿与诸儒讲明治道，有能辅朕济民者，有司礼遣。

——《明史·本纪·太祖》

【译解】

天下的治理，是要天下贤人共同来治理的。现在贤人大多隐居在岩穴里面，难道有关官吏没有劝勉他们，朝廷疏忽了用礼节来对待他们，或是我缺少德行做事不明而不足以招来贤人，或是在官位上的人壅塞遮蔽了他们不能向上通达到朝廷呢？否则，那些贤良的士大夫们，从小学习治国之道，成年后应该践行，难道甘心白活到死吗？而今天下初定，我愿意与各位儒者明辨治国之道。有能辅助我拯济百姓的人，有关的官吏要以礼送来。

这是明太祖在洪武元年（1368 年）九月的诏令中所言。他思考如何才能让民间的贤者出来效力，反映了他思贤若渴，希望与贤人一起治理好天下的愿望。

刘伯温

刘基，字伯温，元末进士，弃官归隐后加入朱元璋的起义军，是朱元璋的重要军事参谋。明朝建立之后，尽管他像范蠡一样功成身退，但是仍然受到朱元璋的猜疑，被牵入胡惟庸案，最后忧愤而死。

光绪帝临颜真卿书法

光绪帝在处理朝政之余，临摹颜真卿的“自书告”，时时勉励自己向古人学习，表达了自己“立德践行”的志向。图为《光绪帝临颜真卿自书告》。

立德踐行當四科之首懿文碩學爲百氏之宗忠讜罄于臣節貞規存乎士範述職中外服勞社稷靜專由其直方動用謂之懸解山公啓事清彼品流丗孫制禮光我王度惟是一有實貞萬國力乃稽古則思其人

臨顏真卿自書告

文中的贤士多隐岩穴指“隐士”，就是隐居不仕之士，首先是“士”，即知识分子，否则就无所谓隐居，即有才能、有学问、能够做官而不去做官也不作此努力的人。

首在鼓励人材（清德宗　爱新觉罗·载湉）

【原文】

振兴庶务，首在鼓励人材。各省士民著有新书，及创新法，成新器，堪资实用者，宜悬赏以劝。或试之实职，或锡之章服。所制器给券，限年专利售卖。其有独力创建学堂，开辟地利，兴造枪炮厂者，并照军功例赏励之。

——《清史稿·本纪·德宗》

【译解】

振兴国家的各种政务事务，首先在于鼓励人才。各省士人民众著有新书，拥有创新办法，制成新的器具，能担任实际工作的，应该悬赏加以鼓励。有的人可以试用担任实职，有的人赐给礼服。所制造的器械要颁发证书，规定年限专利售卖。如果有人单独凭借自己力量创建学堂，开辟土地，兴建制造枪炮工厂，都要参照军功条例奖赏鼓励他们。

清德宗在学习西方国家的时候，决定开办洋务。光绪二十四年（1898 年）五月，他实行了一系列的改革：军队改练洋操，制造洋枪洋炮，科举考试不考《四书》，改试策论，兴办铁路，创办京师大学堂，成立译书局。他下的这道命令，阐述了他关于发现洋务人才、推行洋务的措施观点。

文中的庶务指各种政务、各种事务。锡，即赐。章服指具有等级标志的礼服。

赏 罚

奖赏和惩罚是古代帝王治理国家、激励人才常用的两种手段。治理就是管理，对有所作为的官吏实施奖赏，就能有效地调动他们的积极性，激发他们的工作热情；而对于那些工作不力，无所作为的人，甚至还造成损失的人，就要给予处罚，以儆效尤。

赏罚要有理有度，如果乱赏乱罚，不仅起不到激励和惩戒的作用，反而适得其反，历代帝王对此深有感触。

有功不赏不能化天下（汉宣帝　刘询）

【原文】

盖闻有功不赏，有罪不诛，虽唐虞犹不能以化天下。今胶东相成劳来不怠，流民自占八万余口，治有异等，其秩成中二千石，赐爵关内侯。

——《汉书·宣帝纪》

【译解】

我听说有功的人不受到奖赏，有罪的人不被诛杀，即使是唐尧虞舜也不能治理好国家。现在胶东国国相成勤勉管理国事，从不懈怠，使一度流亡又重新登记户籍的有八万多人，他的治理达到了异等，给成晋级为中两千石官，并赐关内侯的爵位。

这段话选自地节三年（前 67 年）春三月宣帝所下的诏令。他专门对胶东相成进行表彰，奖励成治理国家的功劳，主张用赏罚来调动人的积极性。

念勤简能，宜加优奖（齐武帝　萧赜）

【原文】

经邦之寄，实资莅民，守宰禄俸，盖有恒准。往以边虞告警，故沿时损

褒奖县令　插图

汉宣帝对官吏的任用比较注重官吏的个人才能，尤其是对于一些熟悉法令政策的官吏，宣帝进行大力提拔。同时，为了维护朝廷法律的正常行使，宣帝还设置了治书侍御史，以审核廷尉量刑的轻重失当。此外，他还蠲除了某些苛法，恢复和发展农业生产，在其治下，西汉的政治、经济都取得了比较显著的发展。

许后奉案图 清代

汉宣帝统治时期，由于治理有方，社会经济更加繁荣，出现了“吏称其职，民安其业”的中兴局面。此图描绘的是汉宣帝许皇后亲自给皇太后奉案上食的故事，此故事被传颂为历代后妃楷模。

益；今区宇宁晏，庶绩咸熙，念勤简能，宜加优奖。郡县丞尉，可还田秩。

——《南齐书·本纪·武帝》

【译解】

治理国家所依靠的，实际上是如何统治百姓，太守、县宰等各级官员的俸禄应该有一个固定的标准。以往因为边境安全受到威胁，所以时常加以增加和减少。如今天下安宁，各项事业都很兴盛，想到官吏们的勤劳能干，应当加以优待奖励。郡县的丞、尉等官，可以恢复禄田。

这是齐武帝在永明元年（483 年）春正月辛亥所发的诏令。他即位后，首先为官员加薪，稳定官员的情绪，以依靠他们治理国家。这反映了齐武帝具有很好的治国的经验和治理能力。

文中的经邦即济世经邦，指拯救人世，治理国家。莅民，管理百姓。田秩，即田禄，先秦卿大夫的俸给来自采地或公田，故称田禄。也泛指俸禄。

各尽勋效，我不食言（梁武帝 萧衍）

【原文】

昔武王会孟津，皆曰“纣可伐”。今昏主恶稔，穷虐极暴，诛戮朝贤，罕有遗育，生民涂炭，天命殛之。卿等同心疾恶，共兴义举，公侯将相，良在兹日，各尽勋效，我不食言。

——《梁书·本纪·武帝》

梁武帝舍身事佛　木刻

梁武帝博学多能，文武兼备。在其统治期间，梁武帝施行了一系列整顿措施，增设官品官衔，土族庶族并用；此外，他还减免赋税，减轻劳役，劝课农桑，多次诏令各地兴修水利设施。但是梁武帝又有其失策一面，他十分推崇佛教，不但广建佛寺，而且三次舍身同泰寺，又让臣下以数亿钱赎回，他的这种昏庸，最终葬送了梁王朝。

【译解】

从前武王在孟津会盟，大家都说“纣王可以讨伐。”如今昏庸的君主恶贯满盈，暴虐到极点凶残到极点，杀戮朝中的贤臣，并很少留下后人，生灵涂炭，是上天要除掉他。你们大家要同心痛恨仇敌，一起兴起义举，获取那公侯将相的地位，最好就在今日，各位竭尽全力，我决不食言。

永元二年（500 年），萧衍的哥哥萧懿被杀的消息传来，十一月，梁武帝萧衍决定起事，这是他对将领们所言。这段话表现了他善于鼓动，以理服人，以利诱人的本领。

文中的会孟津指武王与八百诸侯会于孟津，共同讨伐殷纣王。恶稔，犹言恶贯满盈。殛，诛杀。

宋仁宗时期的范仲淹新政

宋仁宗亲政后的第一件事就是抓经济。他对外平息战争，对内作风俭朴，从而扭转了北宋在经济的颓势，使得宋朝国富民强。1048 年，宋仁宗调范仲淹回京，任参知政事，与枢密副使富弼、韩琦一道主持朝政。范仲淹从政已经 28 年，改革在他脑子里酝酿已久，他在接任之初就提出了明黜陟、抑侥幸、精贡举、择官长、均公田、厚农桑、修武备、减徭役、覃恩信、重命令等措施，宋仁宗也立刻批准。但是，仅仅一年零四个月后，范仲淹、富弼和韩琦相继被调出京城。新政之所以只持续了这么短的时间，关键的问题在于操之过急。范仲淹的想法不现实，虽然他找到了改革的目标，但却找不到复杂精细的实施办法。再之那封假造的“退位信”宋仁宗看到了潜在的危机，群臣惶惶，范仲淹孤立，改革已经不能再进行下去了。

厉俗敦风，宜见褒奖（隋文帝　杨坚）

【原文】

行仁蹈义，名教所先，厉俗敦风，宜见褒奖。往者，山东河表，经此妖乱，孤城远守，多不自全。济阴太守杜猷身陷贼徒，命悬寇手，郡省事范台玫倾产营护，免其戮辱。眷言诚节，实有可嘉，宜超恆赏，用明沮劝。台玫可大都督、假湘州刺史。

——《隋书·帝纪·高祖》

【译解】

遵行仁义，是礼教放在首位的事，振奋习俗敦促风气好转，应当受到褒奖。以前，太行山以东黄河外的地区，经过贼人的叛乱，孤立的城池和边远的守备，大都不能自己得到保全。济阴太守杜猷身遭贼人包围，命悬敌寇手里，郡省事范台玫倾尽家产周旋救护，使其免受刑罚和侮辱。回顾他的节操，确实应该嘉奖，并要超过通常的奖赏，用来彰显阻止恶行劝勉为善。台玫可任大都督、假湘州刺史。

这是隋文帝在开皇三年（583 年）秋七月所下的诏令。他当上皇帝后，着手表彰节义，提倡忠义的行为，表明他以德治理天下的思想。

文中的山东河表，山指太行山，河指黄河。眷言，回顾的样子。言，词尾。

民悉好剑矣（宋真宗　赵恒）

【原文】

若奖用之，民悉好剑矣。

——《宋史·本纪·真宗》

【译解】

如果奖励和任用他，那么民众都喜好剑术了。

咸平五年（1002 年）五月，有人报告代州进士李光辅善长击剑，准备奖励和任用他。宋真宗回答了这句话，表明了他谨慎奖励和用人，以此来引导社会风气。

今其各思率职（宋仁宗　赵祯）

【原文】

守令或贪恣耄昏，以弛为宽，以苛为察，以增赋敛为劳，以出入刑罚为能，而部使者莫之举劾。自今其各思率职，毋挠权悻，毋纵有罪，以称朕意。

——《宋史·本纪·仁宗》

【译解】

郡守县令中有人贪婪、恣意妄为、昏乱，把松弛作为宽厚，把苛刻作为明察，把增加赋税作为功劳，把更改刑罚作为才干，然而各部的使者没有谁来检举弹劾他们。从今以后，各位都要想着履行职责，不要屈从权势，不要放纵罪人，以使我称心如意。

宋代斗茶图　插图

宋仁宗统治期间，把农业发展作为首要任务。为此，他重用地方官吏，要求官吏帮助百姓发展农业耕作，而且还下令各个州县减除一切杂税，对经济作物亦不再征收额外税收。通过这些措施的实施，北宋的经济作物，如茶叶等都得到长足的发展。这幅斗茶图就表现了宋代时期茶叶在民间的广泛发展。

这选自宋仁宗在嘉祐三年（1058 年）四月发的诏令。说明他对贪赃枉法、不守职责官员的气愤，要求有关部门要加强考察弹劾。

文中的守指郡守，令指县令。耄昏指昏乱。

【原文】

中外臣庶居室、器用、冠服、妾媵，有违常制，必罚毋贷。

——《宋史·本纪·仁宗》

【译解】

朝廷内外臣子庶人的居室、器具用物、冠服、妾及随嫁之人，有违背通常制度的，必定加以惩罚，不能宽免。

这是宋仁宗在嘉祐四年（1059 年）下的诏令。他强调了朝廷内外的人在器具衣着等方面都要按照有关制度的规定做，违反了要受惩罚，反映了他强化等级制度，建立封建秩序的想法。

文中的媵指古代嫁女时随嫁或陪嫁的人。

天章召见　插图

宋仁宗善于纳谏。宋史曾记载，仁宗经常光顾天章阁，召见辅佐大臣以听取他们的意见，每当大臣有贬斥朝政的观点时，仁宗都赐予纸和笔，让他们写下来。一日，翰林学士张方平写下如何裁汰冗员，如何选择将帅，仁宗读后深加惊叹，于是下诏令张方平仔细论述其治政之道，并予以记录在案，随时拿来阅读。由此可见仁宗的贤明。

有违常制，必罚毋贷（宋神宗　赵顼）

【原文】

诸传宣、内批、面谕，事无法守，并从中书、枢密覆奏。其祈恩泽规免罪者劾之。

——《宋史·本纪·神宗》

【译解】

皇帝的各种传宣、内批、面谕，所涉之事无固定的法令可以作为依据，都要听从中书省、枢密院复奏的处理意见。假如有祈求恩泽规免罪行的人中书省、枢密院要上奏弹劾。

这是宋神宗在熙宁十年（1077 年）九月乙卯所下的诏令，他规定了对皇帝批文的处理意见，反映了他对自己批文的严肃性、规范性的重视。

文中的传宣指传令宣召，传达宣布。面谕指当面给予训示或下达命令。

祈恩泽规免罪者劾之（宋徽宗　赵佶）

【原文】

元符末上书进士，类多诋讪，令州

宋神宗

宋神宗赵顼（1048—1085年），北宋第六代皇帝，1067年—1085年在位。即位后命王安石推行变法，振兴北宋王朝，因操之过急，不得其法，而失败收场。神宗有抱负，励精图治，想灭西羌，可惜壮志未酬，于元丰八年饮恨而殁，享年三十八岁。其子宋哲宗亲政后，竭尽所能完成父亲遗志。

郡遣入新学，依太学自讼斋法，候及一年，能革心自新者许将来应举，其不变者当屏之远方。

——《宋史·本纪·徽宗》

【译解】

元符末年上书的进士，大都诽谤朝政，命令郡县将其遣送到新学里面，依照太学自讼斋的制度，等到一年后，那些能够革心自新的人准许他们将来参加科举考试，那些不改变的人应当摒斥到远方。

这是宋徽宗在崇宁二年（1103年）六月所发的诏令。他谈了对元符末年上书人的处理意见，有悔改之意的才能参加科举考试，不改的人要发配到边远地方，表明了他对这些人的厌恶。

【原文】

监司部内官吏，一岁中有犯罪至三人以上，虽不及三人而或有曾荐举者，罪及监司。

——《宋史·本纪·徽宗》

王安石变法的阻力　插图

王安石变法的目的在于富国强兵，巩固地主阶级的统治，因此发展生产就成为变法的当务之急。在这种思想的指导下，王安石制订和实施了诸如农田水利、青苗、免役、免行钱等一系列的新法。但是其变法触犯了保守派的利益，遭到保守派的反对，特别是来自神宗母亲的阻力，因此其变法未能继续推行下去。到了宋哲宗元祐元年（1086 年），保守派得势，此前的新法都被废除。

【译解】

监司监察的官吏，一年中有三人以上犯罪的，或虽然不到三人而犯罪人中有其举荐的官员，监司官也有罪。

这是宋徽宗在政和元年（1111 年）八月所下的诏令。他要加强吏治，规定对监司监察的官员一年之内有三人犯罪的，或有举荐失误的，监司官要被定罪。这是一个新的举措，目的是增强监察官的责任心。

文中的监司指有监察州县之权的地方长官的简称，宋代的转运使、转运副使、转运判官与提点刑狱、提举常平皆有监察辖区官吏之责，统称监司。

【原文】

有收藏习用苏、黄之文者，并令焚毁，犯者以大不恭论。

——《宋史·本纪·徽宗》

【译解】

有收藏习用苏轼、黄庭坚文章的，要命令他们把这些文章烧掉，违者要按照大不恭的罪名论处。

宋神宗英年即位，很想有一番作为，他力求革新，重用王安石为宰相，进行变法。苏东坡激烈反对，被斥为元祐党。这是徽宗宣和六年（1124 年）十月的诏令，表达了他对苏东坡等人的不满。

文中的苏、黄就是指苏轼、黄庭坚。大不恭是指不尊敬皇上，是十大重罪之一。

致物情动摇者，流（宋高宗　赵构）

【原文】

百官闻警遣家属避兵，致物情动摇者，流。

——《宋史·本纪·高宗》

【译解】

百官听闻金兵进犯的警报后遣送家属去躲避兵祸，致使人心浮动的，要将他流放到边远地区去。

建炎三年（1129 年）正月，金兵进逼，宋高宗颁发了这道诏令。这反映了他注意稳定人心，防止发生动乱。

文中的物情即人情，指人心。流，指流放到边远的地方。

孝子送终俑群

宋统治者推崇孝道教化，奉行尊老国策，旌表孝德孝行，并通过制定缜密完备的法律条文遏制各种不孝犯罪，这些都是“孝治”施政的具体实践内容。孝道的推行使宋代民间社会形成了重孝的浓厚气氛，也推动了中国古代孝道文化的发展。此俑群描绘了当时孝子为父母送终的场面。

【原文】

文武臣僚能决胜强敌恢复境土者，赐功臣号。

——《宋史·本纪·高宗》

【译解】

文武大臣以及他们的僚属只要是能够战胜强敌，恢复国家疆土的人，都要赐予功臣的封号。

这段话选自宋高宗在绍兴六年（1136 年）四月发的诏令。表明了他希望调动一切积极因素，鼓励大臣僚属奋力收复国土的想法。

违者罪无赦（宋理宗　赵昀）

【原文】

近岁北兵再入利、阆，迫近顺庆，承奉郎胡元琰摄郡事，能收散卒，定居民，谕叛将，以全阖郡，以功特转官三资。

——《宋史·本纪·理宗》

【译解】

近年北兵再次进入利州、阆州，迫近顺庆，承

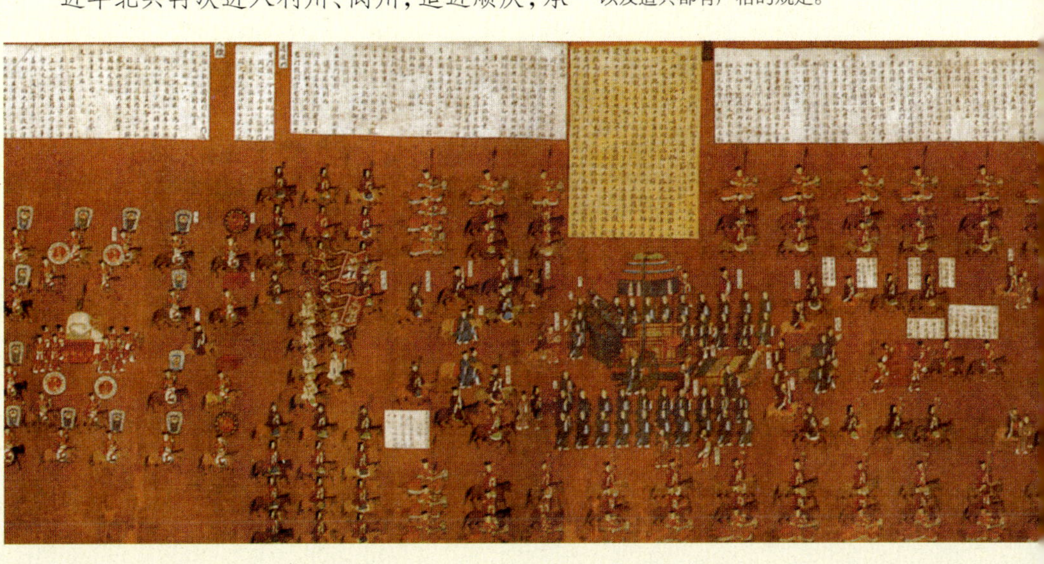

规模浩大的皇宫仪仗队

图中的仪仗队是宋代皇宫规格最高的仪仗队，通常只是在皇帝前往南郊拜祭天地时才会使用。整个仪仗队的规模十分浩大，人数达五千多，此外，还有将近三千匹马。尽管数量繁多，但是，仪仗队的组织和排列却十分严密，每一个人和每一匹马的位置以及道具都有严格的规定。

奉郎胡元琰代理郡官，能收编散卒，安定居民，劝谕叛将，因而保全了全郡，以这些功劳特地晋升官职三级。

这是宋理宗在绍定五年（1232 年）七月发的诏令。他特地命令对承奉郎胡元琰进行嘉奖升级，表明了他鼓励立功杀敌的态度，这对全体官员是一个鼓舞。

文中的利州在川陕交接处，即今四川广元。阆州即今四川阆中。顺庆即今四川南充市。摄郡事指代理郡官。

让敌国都钦佩的宋仁宗

宋仁宗去世的当天，宫门外挤满了人，乞丐、书生、小孩，全开封的人都失声痛哭，披着白麻，烧着纸钱。第二天，焚烧纸钱的烟雾飘满了城市上空，以致天日无光。这个消息传到辽国后，彪悍的辽国君主也大吃一惊，冲上来抓住宋国使者的手："你说什么？他老人家怎么就过世了？"说着眼泪就掉下来："我要用他送给我的御衣给他建一个衣冠冢，寄托哀思，并岁岁祭奠。"不久之后，辽国皇帝为宋仁宗所建的衣冠冢——永昭陵，当时有人路过永昭陵，在陵寝的墙壁上题诗写道："农桑不扰岁常登，边将无功吏不能。四十二年如梦觉，春风吹泪过昭陵。"北宋易学家邵伯温称赞宋仁宗说："盖帝知为治之要：任宰辅，用台谏，畏天爱民，守祖宗法度。"大文豪苏轼说："宋兴七十余年，民不知兵，富而教之，至天圣、景祐极矣。"北宋政论家陈师锡称赞说："宋兴一百五十余载矣，号称太平，飨国长久，遗民至今思之者，莫如仁宗皇帝。……以致庆历、嘉祐之治为本朝甚盛之时，远过汉唐，几有三代之风。"直到七百年后，以"十全老人"自居的乾隆皇帝，也不得不承认：平生最佩服的三个帝王，他们分别是康熙、唐太宗、宋仁宗。

【原文】

北兵入蜀，前四川制置使陈隆之阖家数百口罹害，死不易节，其特赐徽猷阁待制，官其二子，赐谥立庙。死事史季俭、杨戡子各赐官两转，官一子。

——《宋史·本纪·理宗》

【译解】

元兵进入蜀地，前四川制置使陈隆之全家数百口人被害，至死也不变节，特赐他为徽猷阁待制，让他的两个儿子为官，赐他谥号，建立庙宇。同时战死的史季俭、杨戡子各赐官两级，让他们的一个儿子为官。

这是宋理宗在淳祐六年（1246 年）十一月发的诏令。他对战死官员的嘉奖，表明他主张正气，树立守节的风尚，注重激励军民。

【原文】

蜀罹兵革，吾民重困，所当劳来抚摩，使之乐业。比闻官吏乃肆诛求，殊失培植邦本之意。自今四川制司戒饬属郡，违者罪无赦，御史台其严觉察。

——《宋史·本纪·理宗》

【译解】

蜀地遭受战乱，我的臣民受到重重困苦，应当慰劳安抚，使其安居乐业。近来听闻当地官吏还大肆索取，失去了培植国家根本之意。从今开始，四川要告诫所属的州县，违反的人罚罪不赦，御史台要严加监察。

这是宋理宗在宝祐四年（1256 年）十一月下发的诏令。他对于战争时期

宋高宗的七言绝句

南宋的皇帝宋高宗赵构精于书法，善真、行、草书，笔法洒脱婉丽，自然流畅，颇得晋入神韵，明代陶宗仪《书史会要》称："高宗善真、行、草书，天纵其能，无不造妙。"其书法影响和左右了南末书坛，后人多效法其书迹。

还有官员敲诈勒索百姓表示了愤慨，下令严加监察，以保证百姓的生活。

尔辈其戒之（元宪宗　蒙哥）

【原文】

太祖、太宗之财，若此费用，何以给诸王之赐！王宜详审之。此银就充今后岁赐之数。

——《元史·本纪·宪宗》

【译解】

太祖、太宗的财产，如果像这样耗费，将用什么来赐给各位王！王应该谨慎地考虑。这些银子就作为今后对你们赏赐的定额。

元宪宗三年（1253 年）夏六月，帝幸火兒忽纳要不兒之地。诸王拔都派遣脱必察到宪宗驻地，乞求买珠银万锭。元宪宗以千锭授之，然后说了这段话。说明他对诸王也提倡节约，并严格限制他们的开销。

祭祀成吉思汗家族图　壁画

此画绘有八人，同坐于白色高台之上。左起第三人应为成吉思汗，环绕在其周围的是其夫人和子女，从左至右分别是呼伦皇后、也速该皇后、孛儿皇后及皇子术赤、察合台、窝阔台和拖雷。

【原文】

尔辈若得朕奖谕之言，即志气骄逸，志气骄

宋高宗为保皇位不惜杀死岳飞

宋高宗赵构是一个昏庸无能且胆小之人，但同时也是一个权力欲望极为强烈的人，为了保住自己的皇位，他一面向金人摇尾乞和，一面诛杀大将岳飞。一开始，赵构向金人求和而不得，于是他只好重用武将以求自卫，但他并没有北伐收复疆土的想法。岳飞收复的失地，实际是从金人建立的傀儡政权伪齐手中夺取的。岳飞出兵前，高宗明白他与其他将领只守不攻的作风不同，特地下手诏，告诫他只需收复伪齐所夺之地，千万不可领兵北上，触犯金人，否则就算立下战功，也定要严惩。这一纸诏书，牢牢地束缚了岳飞的手脚，加上岳家军只有不到三万人的兵力，也无力进行北伐，因此岳飞只好在收复襄汉后，率主力退守鄂州。尽管自绍兴四年以后，岳飞、韩世忠等率军先后击败了金和伪齐的两次南侵，但高宗并不想利用这绝好时机进行北伐，宋军的战果只是为他与金朝议和提供了讨价还价的砝码。同时，岳飞在朱仙镇的大捷，以及他所提出的“直捣黄龙，迎回二帝”的主张更是让赵构这个有着强烈权力欲望的人感到了恐慌，因为迎回徽、钦二帝后，他赵构还能不能继续当皇帝就成了一个问题。因此，在绍兴十年，他在一天之内连续向岳飞发出了十二块金牌，催促其撤军，等岳飞回朝后，他又与秦桧合谋，以莫须有的罪名将岳飞及其子岳云杀害。

逸，而灾祸有不随至者乎？尔辈其戒之。

——《元史·本纪·宪宗》

【译解】

你们如果得到我的夸奖的话，就志得意满，骄横放纵，这样灾祸不就随之而至了吗？你们一定要警戒。

当初，元太宗主持朝政时，群臣擅权，政出多门。到元宪宗时，凡是有诏令，宪宗必定亲自起草，修改多次后才下发执行。他管束群臣非常严格，下了这道诏令来警戒群臣。

犯赃必论如法（明成祖　朱棣）

【原文】

朕屡敕中外官洁己爱民，而不肖官吏恣肆自若，百姓苦之。夫良农必去

锻铁图　插图

冶炼是重要的手工业部门，直接关系到一个国家生产工具、军事工具的强弱。因此，北宋时期特别注重对冶炼技术的发展。在北宋统治者的提倡下，冶炼部门开始出现了双扇鼓风机，这种机器的出现能使冶炼炉持续保持高温，大幅度提高了冶炼工艺的发展。

稂莠者，为害苗也。继今，犯赃必论如法。

——《明史·本纪·成祖》

【译解】

我屡次命令朝廷内外的官员要洁身自好，爱护百姓，可是不贤的官吏却如同从前一样恣肆妄为，百姓因而非常痛苦。好的农夫一定要除去田里的稂莠草，因为它要危害禾苗。从今以后，犯了贪污受贿罪的一律按照法律来处罚。

这是明成祖在永乐十六年（1418年）十二月发的诏令。他对贪赃枉法、危害百姓的官员表示了愤怒，发出一定要依法处理贪官的指示。

文中的稂和莠，都是指形状像禾苗、妨害禾苗生长的杂草，一般比喻害群之人。

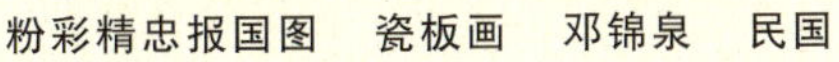

粉彩精忠报国图　瓷板画　邓锦泉　民国

北宋末年，金国攻打中原，处于中原沦陷区的人民有坚决抗击女真贵族民族压迫，收复故土，统一祖国的强烈愿望和要求。岳飞和抗金名将宗泽、韩世忠等一道抗金起义。图为岳飞参加抗金队伍出征前，岳母在儿子身上刻精忠报国四个字的情景。

各疆臣应严禁密缉

（清德宗　爱新觉罗·载湉）

【原文】

关税、釐、盐诸课，岁有常经，疆吏瞻徇，不能力除积弊。大学士、军机大臣其详覈瞻徇会议以闻。

——《清史稿·本纪·德宗》

【译解】

关税、地税、盐税等各种课税，每年都有固定的数额，可是封疆官员们徇顾私情，不能尽力革除积弊。大学士、军机大臣要详细地核实，会商议论解决办法并上报给我。

这是清德宗在光绪二十五年（1899年）夏四月所下的诏令。表明他对于税收的重视，决心采取措施，革除收税时徇私舞弊的现象。

文中的瞻徇指徇顾私情。覈即核。大学士，清代大学士官阶为正一品，协办大学士为从一品。为文臣最高级，名为协助皇帝处理政务，而清初有议政处制其权力，雍正年间置军机处后，其职权被取代，但军机大臣及内外官员之资望特重

元代处刑图

元朝的法律带有民族压迫的色彩，其中以全国人口的四级划分为代表，类似印度的种姓制度。另外元朝的法律也是多种成分混合，对蒙古人实行蒙古法，对回回人实行回回法，汉族则实行《泰和律》。图为处刑的场面，显示了法律制度的威严。正是这样严厉的立法，使元朝成为了一个幅员广阔的强国。

者仍授大学士，以示尊崇。军机大臣指军机处的大臣，军机处是清代辅佐皇帝的政务机构，任职者无定员，一般由亲王、大学士、尚书、侍郎或京堂兼任，称为军机大臣。

【原文】

近有不逞之徒，造为革命排满之说，假借党派，阴行叛逆。各疆臣应严禁密缉。首从各犯，论如谋逆罪。

——《清史稿·本纪·德宗》

【译解】

近来有一些犯法为非的人，制造了一种革命和排斥满清的学说，假借党派之名，暗中进行叛逆活动。各地方大臣官员应该严厉禁止，秘密缉捕。无论首犯和从犯，都要按照谋划造反罪论处。

受到西方实行的影响，当时的志士仁人认清了满清政府的罪恶，准备密谋推翻满清政府。清德宗知道这个信息后，非常重视，在光绪三十一年（1905年）十月发了这道命令，准备实施镇压，以维护其统治。

文中的不逞之徒称那些犯法为非的人。

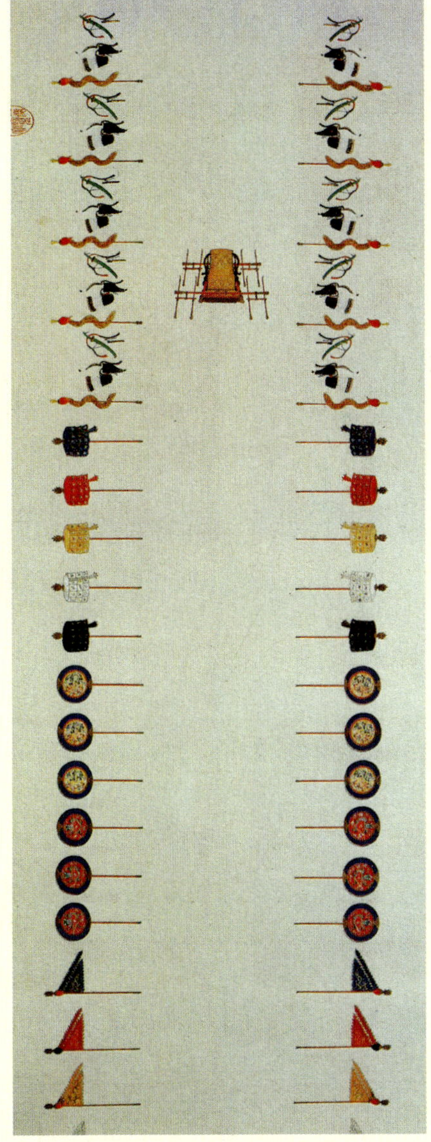

清代朝会用的《法驾卤薄图》

朝会，是朝廷最为隆重的典礼活动之一。逢皇帝即位、结婚，册立皇后和皇太子，以及元旦（农历正月初一）、冬至、皇帝生日，按例，皇帝御太和殿，接受王公大臣、外国使节的祝贺，统称“朝会”，又叫“大朝”。皇帝的威严、宫廷的大事，集中体现在宫廷之内这种盛大的典礼仪式之中。举行大朝，比陈仪仗，清代大朝时的仪仗自太和殿丹陛陈列至午门之外，十分壮观。这幅图的上面描绘的太和门前的是玉辇、金辇、礼舆、步舆；下面午门之外的是金辂、玉辂、象辂、革辂、木辂、宝象以及乐队用的鼓，均为朝会之时所用的器物。

清代皇帝巡幸用的《骑驾卤薄图》

清朝在中原站稳了之后，吸取了前人的经验，又结合了满族的风俗习惯，形成了比较规范的礼仪制度，设立了专门掌管卤薄的机构，叫做“銮仪卫”。大致上，清代皇帝的卤簿分为四种，一种是大驾卤簿；一种是法驾卤簿；一种是銮驾卤簿；另外一种是骑驾卤簿，其中大驾卤簿最排场，最壮观。此外，皇后卤簿称“仪驾”，皇贵妃、贵妃的称“仪仗”，妃嫔的称“采杖”。图中描绘的是皇帝骑驾卤薄中所用的器物。

xing fa

刑 法

我国早在奴隶社会时期，就产生了法，据说《禹刑》就是我国的第一部法，是夏朝的法律。刑罚是维护国家统治秩序的重要工具。帝王们对刑罚的重要性认识非常清楚，都很重视刑罚的制定。我国古代的刑罚一般都非常严酷，还有很多肉刑。从汉代开始，历代帝王逐步认识到残酷的刑罚不利于对百姓的统治，多次发出减轻刑罚的指示。同时，又为了适应社会的发展，对刑罚进行了多次修改，以臻完善。

克明德慎罚（周成王　姬诵）

【原文】

孟侯，朕其弟，小子封。惟乃丕显考文王，克明德慎罚；不敢侮鳏寡，庸庸，祗祗，威威，显民，用肇造我区夏，越我一、二帮以修我西土。惟时怙冒，闻于上帝，帝休，天乃大命文王。殪戎殷，诞受厥命越厥邦厥民。惟时叙，乃寡兄勖。肆汝小子封在兹东土。

——《尚书·康诰》

【译解】

康叔，我的弟弟，年轻的封。你那逝去的父亲文王，做到了崇尚德教，慎用刑罚，不敢欺侮鳏寡之人，任用那些值得任用的人，尊重那些值得尊重之人，敬畏那些应该敬畏之人，尊宠人民，所以开创了我们的华夏区域，联合几个友好邦国共同治理我西土。文王所作的努力，被上帝闻之，上帝很高兴，就赋予文王大命。文王灭了殷国，接受了上帝大命，接受了上帝赐予的殷国和民众。你的长兄武王继承了文王的事业，

带枷锁的犯人

对于刑法的记载，我国很早就有了《庄子·胠箧》载，“彼窃钩者诛，窃国者为诸侯；诸侯之门而仁义存焉。”“窃钩者诛，窃国者侯”讽刺了春秋战国时期法律的不公正。春秋时期，执法和诉讼偏袒贵族，严重破坏了法制的公正。而夏商周时就已建立专门关押囚犯的监狱“圜土”，商代出土的甲骨文中还有梏、拲、桎等械具的记载，“梏”是戴在手上的械具，“拲”是戴在两手之上的械具；“桎”是脚上的械具。图中描绘的是周代的犯人。

他继续在努力做好这一切。因而，你这年轻的封，就被分封到了东方的土地。

这段话选自周成王分封康叔的诰命。他以崇尚德教、慎用刑罚的事迹，告诫康叔要向父亲学习，说明他明德慎刑，实行法治。

文中孟侯指成王的叔父康叔，名叫封。庸即用。庸庸，指任用可以任用的人。祗，即敬。祗祗，尊敬应该尊敬的人。威，即畏。畏畏，敬畏可畏的人。夏，指中夏，包括现在山西南部、陕西东南部、河南西部地区。寡兄指大兄，即周武王。东土，是康叔的封地卫国。

王诫卿士

周成王安抚万邦，巡守侯甸，四处征讨周边的诸侯国。他回到宗周之后，就大力督正治事的诸官，告诫他们要敬守职责，不应滥用权力，滥用酷刑，应当忠心辅君，爱民如子，若有乱法妄为者，定当被治罪。

【原文】

呜呼，封，敬明乃罚，人有小罪，非眚，乃惟自作不典；式尔，有厥罪小，乃不可不杀。乃有大罪，非终，乃为眚灾；适尔，既道极厥辜，时乃不可杀。

——《尚书·康诰》

【译解】

啊，封，要慎重地明示刑罚。人如犯小罪，不是过失犯罪，而常是自己主观就做出了违法的事，这样犯罪虽小，却不可不杀。人如犯大罪，但不是常犯，而是过失带来的犯罪，这样的人，已经说完了罪过，就可以不杀。

这段话也选自周成王分封康叔的诰命。刑罚是统治者治理国家的重要手段，所以周成王告诫康王断案一定要分辨是过失犯罪还是故意犯罪，以区别对待处理。

文中的眚，即过错、过失。眚灾，因为过失造成的灾害。

【原文】

乃惟成汤克以尔多方简，代夏作民主。慎厥丽，乃劝；厥民刑，用劝；以至于帝乙，罔不明德慎罚，亦克用劝；要囚殄戮多罪，亦克用劝；开释无辜，亦克用劝。

——《尚书·多方》

【译解】

成汤因诸侯们的选择拥戴，取代夏桀为君王。他为政谨慎，擅长勉励人；即使对人施刑罚，也是为了劝勉人；从成汤传到帝乙，君主无不明德慎刑，并也能以德与罚劝勉人；他们囚禁犯人，戮杀重罪之人，也是为了劝勉人；他们释放无罪的人，也是为了劝勉人。

这段话选自周成王征服淮夷灭奄国后在镐京对诸侯们的告谕。他阐述了从成汤到帝乙的治国经验，指明商朝兴盛是因为实施了明德慎罚。

文中的多方指各邦国。简，即选择。要，即幽，拘禁。

典狱非讫于威（周穆王　姬满）

【原文】

典狱非讫于威，惟讫于富。敬忌，罔有择言在身。

——《尚书·吕刑》

【译解】

主管刑罚的狱官，不要落脚在威势上，而要落脚在仁厚上。一定要恭敬地警戒，不要说出错误的言论。

这是周穆王宣布刑罚时所言。他认为狱官依靠威势是不对的，强调刑罚要讲仁爱，告诫掌握刑罚的人不要说出错话。

文中的典是主管的意思。讫即止。择言指败言、错误的话。

阴间判官形象

夏商时期，诉讼制度已日渐完善，《尚书·吕刑》中出现了监督判官执法的“五过”措施。这“五过”分别为唯官、唯反、唯内、唯货、唯来，是指法官诉讼时，若官官相护、公报私仇、偏袒亲戚、贪赃枉法、受人请托而执法不公都会判罪。图为阴间判官判刑场面，画面中呈现了殷商设置的炮烙、下油锅等酷刑。

【原文】

两造具备，师听五辞。五辞简信，正于五刑。五刑不简，正于五罚。五罚不服，正于五过。五过之疵，官狱内狱，阅实其罪，惟钧其过。五刑之疑有赦，五罚之疑有赦，其审克之。简信有众，惟讯有稽。无简不疑，共严天威。黥辟疑赦，其罚百率，阅实其罪。劓辟疑赦，其罚倍洒，阅实其罪。膑辟疑赦，其罚倍差，阅实其罪。宫辟疑赦，其罚五百率，阅实其罪。大辟疑赦，其罚千率，阅实其罪。墨罚之属千，劓罚之属千，膑罚之属五百，宫罚之属三百，大辟之罚其属二百：五刑之属三千。

——《史记·周本纪》

【译解】

原告和被告两个方面都到了，官吏要从五个方面听取口供和证词。五个方面的口供和证词

周穆王

周穆王姬满，周朝第五代王，周昭王之子。我国历史上最富于神话色彩的君王之一。传说享寿105岁。根据汲县西战国墓所出土的《穆天子传》记载，周穆王喜好游历，曾于穆王13年—17年驾八骏之乘驱驰九万里，西行至“飞鸟之所解羽”的昆仑之丘，观黄帝之宫。又设宴于瑶池，与西王母做歌相和。

都核实了，就可以用五刑来定罪。如果五刑不合适，就用五罚来定罪。如果五罚不合适，就用五过来定罪。用五过定罪的毛病在于官员和显贵的诉讼，要查核他们的罪行，使处罚的过失相当。凡实行五刑有疑问的赦免为法，凡实行五罚有疑问的赦免为过，要仔细查验。核实取证要取信于众，审讯要有证据，没有证据不能定罪，要虔诚地维护天威。处以黥刑有疑问

汉高祖的经济措施

为了恢复民生，汉高祖刘邦豁免了大量秦朝的徭役，减轻了人民的负担。他实行减轻田租、什五税一的政策，使百姓能够休养生息。同时他鼓励生育，扩大劳动力，大力发展农业，抑制并打击唯利是图的商人及残余的奴隶主阶级。除此之外，他把那些因饥饿而自卖为奴婢的百姓全部释放，使他们成为庶人，让那些乱世时期拿起武器为他作战士兵们解甲归田，并赐予他们土地及住宅，使他们能从事生产劳作，这样一来，国民经济得到了迅速的恢复和提高。他的这些政策使百姓能够安居乐业，百姓因此非常拥戴他的统治，汉朝的统治地位也得到了巩固。

减轻处罚的，其罚金是百锾，即六百两，还要核实他的罪状。处以劓刑有疑问减轻处罚的，其罚金是两百锾，即一千二百两，还要核实他的罪状。处以膑刑有疑问减轻处罚的，其罚金是三百三十两锾二两，即两千两，还要核实他的罪状。处以宫刑有疑问减轻处罚的，其罚金为前者的三倍，要核实他的罪状。处以大辟有疑问减轻处罚的，其罚金为六千两铜，要核实其罪状。墨刑的刑罚条文有千条，劓刑的刑罚条文有千条，膑罚的刑法条文有五百条，宫刑的刑罚条文有三百条，大辟的刑罚条文有二百条：五种刑罚条文共三千条。

宰相甫侯向穆天子报告，有诸侯不和睦，请求制定刑罚，于是周穆王就向他讲述了关于刑罚的事。他强调要在五个方面听取口供和证词，对于司法制度的建设是非常重要的，在古代也是难能可贵的。

文中的五刑指古代的五种刑罚，见于《尚书·吕刑》的为墨、劓、刖、宫、大辟。见于《周礼·秋官·司刑》的为墨、劓、宫、刖、杀。五罚，指对罪不当五刑者处以相应的五种赎金。

【原文】

呼！来，有邦有土，告尔祥刑。在今尔安百姓，何择，非人？何敬，非刑？何度，非及？

——《尚书·吕刑》

明启刑书

在西周时，周天子对诸侯的统治或诸侯对公族大夫的统治，是根据“礼”；而对民众的统治是根据“刑”，故《礼记·曲札》中有“刑不上大夫，礼不下庶人。”之说。这幅图描述的是周穆王告诫臣子慎用五刑，并具体阐释如何受刑、受刑轻重的场景。

【译解】

啊！过来吧！各个诸侯国君和各位大臣，我向你们讲善刑。今天要安定百姓，应该选择什么呢？不就是选择人来主管刑罚吗？应该恭敬慎重对待什么呢？不就是施行刑罚吗？应该考虑什么呢？不就是断案要公正合适吗？

周穆王认为安定百姓就在于选拔人来主管刑罚，所以，诸侯大臣们要用善刑，选择好主管刑罚的人，以公正断案。

文中的有邦指有邦国的诸侯。有土指在天子直接统治的地方有采地的大臣。及，应该为“宜”。

欲除三族罪（汉高祖　刘邦）

【原文】

前日孝惠皇帝言欲除三族罪，妖言令，议未决而崩。今除之。

——《汉书·本纪·高祖纪》

【译解】

先前孝惠皇帝曾说要废除三族罪、妖言令，可是他的议论还未作出决定就驾崩了。现在废除它。

这是吕后在元年（前187年）正月的诏令所言。当初孝惠皇帝准备废除这两种法令，一直没有实施，现在吕后决定实现儿子的愿望，命令废除三族罪。

文中的三族罪是指犯罪后将三族全部诛杀的重罪。妖言指错误不当的话语。

法者，治之正也（汉文帝　刘恒）

【原文】

法者，治之正也，所以禁暴而率善人也。今犯法已论，而使无罪之父母妻子同产坐之，及为收帑，朕甚不取，其议之。……朕闻法正则民悫，罪当则民从。且夫牧民而导之善者，吏也。其既不能导，又以不正之法罪之，是反害于民为暴者也。何以禁之？朕未见其便，其孰计之。

——《史记·孝文本纪》

【译解】

法令是治理国家的依据，是为了禁止强暴引导向善的。如果犯法之人已经判罪，再让父母、妻室、儿女、兄弟这些无罪的人连坐，全部抓来治罪，我认为不可取。希望你们议论一下这种做法。……我听说法律公正，那么百姓就处事谨慎；判罪恰当，老百姓就会服从。何况官吏治理百姓要引导向善。假若既不能引导，又用不公正的法律来治罪，这反而会使其去干凶暴的事，怎能禁止他们犯罪呢？我看不出连坐法的好处，希望你们仔细思考这个问题。

汉初，仍然保留了秦代以来的一些酷刑，文帝准备废除连坐法，这是他与大臣们讨论时所言。虽然大臣不同意废除，但文帝仍然坚持，体现了文帝的宽厚有德。

文中的同产指同母所生的兄弟姊妹。收帑的帑通孥，指妻子儿女。收帑，指将全家老

吕侯受命

商朝末年，吕国成为周人的同盟，吕国的首领帮助周武王打败商王纣的同盟军。周武王为奖赏吕人的功劳，建立周朝后封吕他为吕侯。周穆王时，吕侯为相，受命为周王朝制订了有关刑罚的文告《吕刑》，它是世界上最古老的刑法条文之一，用以对付被征服的苗民。其刑法为五刑〔墨、劓、剕（也作腓）、宫、大辟〕，共三千条。

幽闭

幽闭最早的记载是见于《尚书》：“宫辟疑赦，其罚六百锾，阅实其罪”。孔安国注：“宫，淫刑也，男子割势，妇人幽闭，次死之刑。”此刑是指用锤子捶女子的腹部，使其子宫脱垂。这是古代对女犯施行的一种断绝妇女生殖机能的残暴宫刑，始于秦汉时期。

小全部治罪。

【原文】

盖闻有虞氏之时，画衣冠异章服以为僇，而民不犯。何则？至治也。法有肉刑三，而奸不止，其咎安在？非乃朕德薄而教不明欤？吾甚自愧。故夫驯道不纯而愚民陷焉。《诗》曰："恺悌君子，民之父母。"今人有过，教未施而刑加焉，或欲改行为善而道毋由也。朕甚怜之。夫刑至断支体，刻肌肤，终身不息，何其楚痛而不德也，岂称为民父母之意哉！其除肉刑。

——《史记·孝文本纪》

【译解】

我听说有虞氏时，犯罪之人只是在衣服和帽子画上特殊的图案或染上不同的颜色以示羞辱，而民众无人犯法，为何呢？因为社会治理到了极致。如今刑法有三种肉刑，可是犯罪不能禁止，这个过失的责任归谁呢？我感到很惭愧。所以说教导的方法不对就会使愚朴的百姓去犯罪。《诗经》里说："平易近人的君子，是百姓的父母。"现在人犯了罪，没有实施教育就开始实施刑罚，有人想改恶为善而无路可走。我非常怜悯他们。实施断裂肢体、刺毁肌肤的刑罚，终身不能再复原，这多么痛苦又多么不道德啊！这难道与为民父母相吻合吗？要废除肉刑。

人彘

刘邦死后，吕后执握大权，把原来与她争宠的戚夫人囚禁于牢狱之中，然后设计毒死戚夫人的儿子赵王，接着命人断了戚夫人的双手，砍去双脚，挖掉双眼，烧灼耳朵，最后逼其喝哑药，然后把她扔进猪圈里，称之为"人彘"。

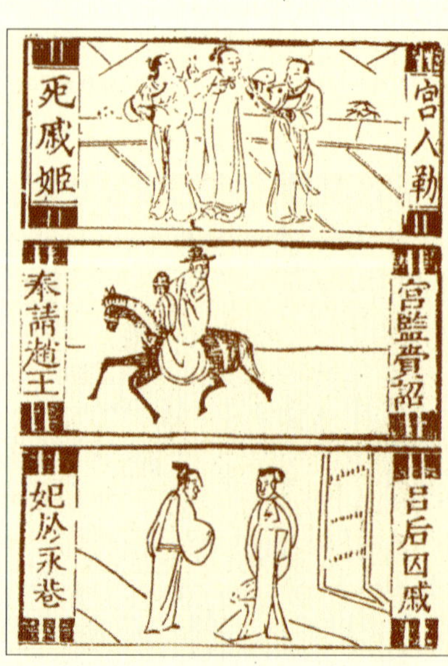

汉文帝时，太仓令没有儿子，只有五个女儿。他曾骂女儿说：生孩子不生男，有了急事没有人出力。后太仓令误用药获罪当处肉刑，被关押在长安。他的小女儿缇萦来到长安，上书给文帝，自愿做官奴，请求免除父亲的肉刑。文帝于是下了这道著名的诏令。

文中的有虞氏指舜帝。肉刑三有两种说法，一说是指黥、劓、刖，一说是指劓、刖、宫。支通肢。

狱，人之大命（汉景帝　刘启）

【原文】

法令度量，所以禁暴止邪也。狱，人之大命，死者不可复生。吏或不奉法令，以货赂为市，朋党比周，以苛为察，以刻为明，令亡罪者失职，朕甚怜之。有罪者不伏罪，奸法为暴，甚亡谓也。诸狱疑，若虽文致于法而于人心不厌者，辄谳之。

——《汉书·景帝纪》

汉景帝

汉景帝刘启（前188—前141年），汉朝第六位皇帝（前156—前141年在位），在位十六年，享年四十八岁，谥号“孝景皇帝”。在位期间，削诸侯封地，平定七国之乱，巩固中央集权，勤俭治国，发展生产。继承和发展了其父汉文帝的事业，与父亲一起开创了“文景之治”；又为儿子刘彻的“汉武盛世”奠定了基础，完成了从文帝到武帝的过渡。

【译解】

法令制度是用来禁止暴力和邪恶的。监狱，关系到人生命，人死了就不能复生。有的官吏不遵守法令，以收受钱财作为交易，相互勾结，营私舞弊，把苛刻作为明察，使许多无罪的人失职，我非常怜悯。有罪的人得不到惩罚，破坏法律，为非作歹，甚至无所谓。诸狱有疑的，虽然与法律条文一致，但是人心不满的，也要立即评议。

这是汉景帝在中元五年（前145年）下发的诏令所言。他强调了法律制度的重要性，对贪赃枉法的行为进行了斥责。

文中的谳，指审判定罪。

春米图

舂米除了是古代百姓加工粮食的最主要的方式之外，还常常被作为对于女子的惩罚。吕后掌权后，就把曾与她争宠的戚夫人送入牢狱舂米。

汉高祖的内政措施

在内政上，汉高祖刘邦一方面继续采用秦朝的中央集权制和郡县制而不采用周朝的分封制；另一方面他大量废除秦王朝时期的严刑峻法。当他以沛公的身份攻入咸阳时，便立即废除暴秦的法律，与百姓约法三章。统一天下后，他命令萧何对秦朝法律“取其宜于时者，作律九章”，从而制定出了《九章律》。《九章律》以战国时期李悝所制订的《法经》六篇为基础，并补充了户律、兴律和厩律而成。在礼仪上，他重用叔孙通，从而制定出了一套符合当时国内政治形势的礼仪制度，为汉朝的建立和巩固起到了重要作用。他采纳了娄敬提出的强干弱枝的建议，把关东六国的强宗大族和豪杰名家十余万口迁徙到关中定居。在爵禄制度方面，汉沿秦制，用秦二十等爵，设爵以赏功。按《汉书·百官公卿表》：“爵：一级曰公士，二上造，三簪袅，四不更，五大夫，六官大夫，七公大夫，八公乘，九五大夫，十左庶长，十一右庶长，十二左更，十三中更，十四右更，十五少上造，十六大上造，十七驷车庶长，十八大庶长，十九关内侯，二十彻侯。”自一级至四级都是士卒。自五级至九级位比大夫，都是军吏，平民之爵不得过公乘，超过的要回授给同族的人。自十级左庶长至十八级大庶长，位比九卿，都是军将。十九级、二十级均为列侯。

囚犯的伟大发明

古代刑罚中有徒刑、拘役等强制罪犯劳作的刑罚。图中篦子相传便是春秋时期吴国犯人陈七千发明。彩色木篦发掘于山东海阳，上部手柄较厚，向下逐渐收敛变薄。六十四根篦齿，厚薄均匀，显示了很高的加工技巧。

年八十以上勿坐（汉宣帝　刘询）

【原文】

朕惟耆老之人，发齿堕落，血气衰微，亦亡暴虐之心，今或罹文法，拘执囹圄，不终天命，朕甚怜之。自今以来，诸年八十以上，非诬告杀伤人，佗皆勿坐。

——《汉书·宣帝纪》

【译解】

我想到可尊敬的老人，头发牙齿都掉了，气血也衰弱，也没有了暴虐的心，现在有的触犯了法律，被判入狱，不能终养天年，我非常怜悯他们。从今以后，凡是年满八十岁以上的老人，只要不是诬告、杀伤人的，其他一律不予论处。

这段话选自元康四年（前62年）春正月汉宣帝的诏书。他对怜悯年老犯罪的人，决心给与他们免刑的待遇，反映了汉宣帝对待老人的态度。

文中的耆老是指现德行高尚、受人尊敬的老人,也泛指“老年人”。文法，指法律。

顷狱多冤人（汉光武帝　刘秀）

【原文】

顷狱多冤人，用刑深刻，朕甚愍之。孔子云：“刑罚不中，则民无所措手足。”其与中二千石、诸大夫、博士、议郎议省刑法。

——《后汉书·光武帝纪》

【译解】

判决案件不公平就会产生很多受冤枉的人，施用刑罚严峻刻薄，（就会产生很多受痛苦的人），我非常怜悯他们。孔子道：“刑罚如果不适当，那么百姓就不知道如何放置手脚。”希望你们和中二千石官员、各位大夫、博士、议郎议论如何减省刑法。

这段话选自建武二年（26 年）三月汉光武帝大赦天下的诏令。光武帝强调孝道，理解民众以一切手段来尽孝的想法，这是顺应了民意。

文中的顷是不公平之意，顷狱就是不公平的判处案件。深刻，即严峻刻薄。

古代墨刑

墨刑，又称黥刑，是奴隶制五刑中最轻的一种刑罚。施刑者在罪人面上或额头上刺字，再染上墨，作为受刑人的标志，使受刑人蒙受耻辱。墨刑春秋战国十分普遍，秦、汉初仍有流行，汉文帝时改墨刑为剃发、颈戴铁制刑具，做长期苦役。

【原文】

民有嫁妻卖子欲归父母者，恣听之。敢拘执，论如律。

——《后汉书·光武帝纪》

【译解】

百姓中如果有人因为贫穷要嫁妻卖子，以换取钱财用来运回父母灵柩埋葬的，就听任他们的所为。谁敢拘捕他们，我就按照法律给他定罪。

这段话选自汉光武帝建武二年（26 年）的诏令。反映了光武帝强调孝道，理解民众以一切手段来尽孝的思想。

文中的归父母：即把父母灵柩运回家乡，埋葬在祖坟。

有司其议纠举之（汉章帝　刘炟）

【原文】

孔子曰："刑罚不中，则人无所措手足。"今吏多不良，擅行喜怒，或案不以罪，迫胁无辜，致令自杀者，一岁且多于断狱，甚非为人父母之意也。有司其议纠举之。

——《后汉书·肃宗孝章帝纪》

【译解】

孔子道："刑法不适中，那么百姓就不知道如何去做？"、现在很多不良的官吏，独断专行又喜怒无常，有的不是以犯罪事实来论罪，而是胁迫无辜的人，致使一些人含冤自杀。一年之中自杀的人比判死罪的人还要多，这万万不是作父母官的本意呀。有关部门应该议论对此纠察检举的办法。

建初五年（80 年）春二月出现日食现象，章帝认为是自己治理得不好，于是三月下诏检讨。他认为存在的具体问题是刑罚执行不公平，官员随意所为，

魏明帝

魏明帝曹叡（205—239年），字元仲，文帝长子，文帝死后继位，是曹魏的第二位皇帝。在位十三年（227—239年），239年去世，享年三十五岁。在位期间，注重法理，诏令设置律博士，改革汉法，制定新律。又下令删简死刑条款，减少死罪；除死刑外，可以用财赎罪；减鞭杖之刑，以免苦打成招。用心制诗度曲，征召文士置于崇文馆，鼓励其文学创作。能诗文，善乐府，与其祖父曹操、父曹丕并称魏之“三祖”。

因此要求对执法情况进行检查。

着于令典（魏文帝　曹丕）

【原文】

先王制礼，所以昭孝事祖，大则郊社，其次宗庙，三辰五行，名山大川，非此族也，不在祀典。叔世衰乱，崇信巫史，至乃宫殿之内，户牖之闲，无不沃酹，甚矣其惑也。自今，其敢设非祀之祭，巫祝之言，皆以执左道论，着于令典。

——《三国志·魏书·文帝纪》

【译解】

先王制定礼仪，是为了昭显孝道祭祀祖先，最主要的是到郊外祭祀天地，其次是祭祀宗庙，日、月、星三辰和金、木、水、土、火五行都不属于这一类，不在祭祀的礼仪之内。在衰乱时期，人们崇信巫史，以至于在宫廷里，住在家中，没有不沥酒祭祀的，真是太糊涂了。从现在起，有谁胆敢不按照礼仪祭祀的，听信巫师的话的，都按照歪门邪道论处，把这个写进法典里去。

这是魏文帝在黄初五年（224 年）十二月下的诏令。对于当时流行的乱设祭祀的做法，他认为是扰乱了礼仪，于是下令制止。

文中的郊社指天子祭祀天地的国家大典。郊指冬至日祭天于国都南郊，社指夏至日祭地于北郊。这两项祭典都在郊外举行，所以常常统称为“郊”。户牖，指门和窗，借代住户。

减鞭杖之制（魏明帝　曹叡）

【原文】

鞭作官刑，所以纠慢怠也，而顷多以无辜死。其减鞭杖之制，着于令。

——《三国志·魏书·明帝纪》

【译解】

用鞭打作为宫中惩戒官吏的刑法，是为了纠正怠慢的行为，但现在许多无辜的人被打死。现在命令减免鞭杖刑罚制度，并记录在法令上。

这是魏明帝在青龙二年（234 年）二月，因天上出现了反常的星相而下的诏令。他下令减免鞭刑，并记入法典，表明了他决心轻刑罚，减酷刑。

汉高祖对中国文化的贡献

在平定天下后，汉高祖并不像秦始皇那样焚书坑儒，相反地他重用了大量的儒者。他下令建立了规模宏大的天禄阁、石渠阁等大型图书馆，这使得许多没有被秦始皇烧毁的先秦文献又能重见天日，而且还能得到完善的保存。他说：“天下既定，命萧何次律令，韩信申军法，张苍定章程，叔孙通制礼仪，陆贾造《新语》。又与功臣剖符作誓，丹书铁契，金匮石室，藏之宗庙。虽日不暇给，规摹弘远矣。”刘邦的这些无为而治的政策，不仅安抚了民心，也奠定了汉代雍容大度的文化基础。他把四分五裂的中国真正地统一了起来，而且还逐渐把分崩离析的民心凝集起来。他对汉民族的形成、中国的统一强大、汉文化的保护发扬有决定性的贡献。

法令之设以遏恶（吴大帝　孙权）

【原文】

夫法令之设，欲以遏恶防邪，儆戒未然也。焉得不有刑罚以威小人乎？此为先令后诛，不欲使有犯者耳。君以为太重者，孤亦何利其然，但不得已而为之耳。今承来意，当重咨谋，务从其可。且近臣有尽规之谏，亲戚有补察之箴，所以匡君正主明忠信也。

——《三国志·吴书·吴主传》

【译解】

制定法律，就是为了遏止罪过防止邪恶，警戒没有犯罪的人。怎能不用刑罚来威慑小人呢？这是先有告令然后才有惩处，是为了不想出现犯罪的人。你认为刑罚太重了，我也不把它看着是很有利的，只是不得已而这样做罢了。现在承蒙你的意见，应当重新咨询谋划，务必恰当实用。况且，亲近的大臣要有规劝的进谏，亲人、亲属们也要提出补察过失的规劝，以此来匡正君王的过失并表明自己的忠信。

黄武五年（226 年）十月，陆逊向孙权陈说有利于国家的、应该办理的事情，其中就提出要孙权施行恩德，宽缓刑罚。这是选自孙权答复陆逊的话。反映了孙权对刑罚的认识，也说明了他能够听取臣子意见。

古设象刑而众不犯（晋武帝　司马炎）

【原文】

古设象刑而众不犯，今虽参夷而奸不绝，何德刑相去之远哉！先帝深愍黎元，哀矜庶狱，乃命群后，考正典刑。朕守遗业，永惟保乂皇基，思与万国以无为为政。方今阳春养物，东作始兴，朕亲率王公卿士耕藉田千亩。又律令既就，班之天下，将以简法务本，惠育海内。宜宽有罪，使得自新，其大赦天下。长吏、郡丞、长史各赐马一匹。

——《晋书·帝纪·武帝》

刑　舂

刑舂，是古代针对女犯人实施的一种刑罚。即犯人在施以黥、劓等肉刑后押送官府或边境军营，服晒谷、舂米之劳役。应属汉代之前的刑罚。

去衣受杖

法家明刑尚法。司马谈在《论六家之要旨》载，“法家严而少恩”，以刑罚法律治国。《韩非子·定法》中也明确指出，“法者，宪令著于官府，刑罚必于民心”。图为古代的杖刑，笞杖为古代普遍的一种刑罚，但宋元时期对犯奸女子规定要“去衣受杖”，增加了侮辱性，以告于民。

【译解】

古代只是设立了以不同的服饰来使罪犯受辱而众人就不会犯罪，如今虽然有诛灭三族的酷刑，可是奸佞还是不能禁绝，为何德和刑相差如此之远呢！先帝深深地怜悯百姓，哀痛有那么多的罪犯，于是命令众官，考察制定常刑。我坚守先王的遗业，希望国家长治久安，经常想和各国无为而治。现在正是阳春滋养万物季节，春耕开始，我亲自率领王公卿士耕作千亩藉田。另外，法律已经制定好，颁布天下，将用简约的法规来促进农业生产，惠及四海。应该宽待有罪的人，使其能改过

晋武帝

晋武帝司马炎（236—290年），字世安。其祖父司马懿、伯父司马师、父亲司马昭，相继专断曹魏国政，时曹魏已经名存实亡。司马昭死后，司马炎袭晋王位，控制朝政。公元265年，他废黜魏元帝曹奂，自立为帝。建国号为晋，建都洛阳，改年号为“泰始”，后改为“太康”，史称西晋。晋武帝即位后，于公元280年灭东吴，结束了三国时代，统一了全国。然后，他罢州郡兵，屡次责令郡县劝课农桑，使社会得到短暂的安定与复苏，“是时，天下无事，赋税平均，人咸安其业而乐其事”《晋书·食货志》，史家誉称为“太康繁荣”。

自新，大赦天下的罪犯。长吏、郡丞、长史各赏赐一匹马。

这段话选自晋武帝在泰始四年（268年）下的藉田诏。晋武帝以古代帝王处罚犯人的做法来对比如今刑罚的残酷，表明他主张减省刑罚，以德政治国。

文中的象刑据说是尧舜时实施的，这时没有肉刑，受刑者只需穿特异的服饰象征五刑，以表示侮辱。庶狱，本来指各种诉讼，文中指被关押的犯人。

历代诸刑具

历朝历代的刑具形制大小虽然皆有不同，但大致上都是在继承前代刑具的基础之上创造或者改进的，故大体的形式是相似的。

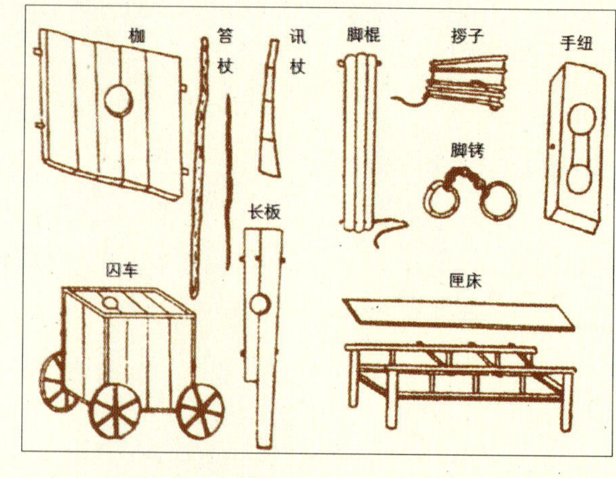

保乂，安定治理。群后，本来指各地的诸侯，文中指朝廷的主要大臣。

政和法简（宋武帝　刘裕）

【原文】

往者军国务殷，事有权制，劫科峻重，施之一时。今王道维新，政和法简，可一除之，还遵旧条。反叛淫盗三犯补冶士，本谓一事三犯，终无悛革。主者顷多并数众事，合而为三，甚违立制之旨，普更申明。

——《宋书·本纪·武帝》

【译解】

以前军国事多，很多事都有权宜之计，巧取豪夺，一时盛行。现在王道新立，政治清明，法令简明，严刑一律废除，还是遵循旧例。反叛、淫乱、盗窃三罪同犯，罚做铸工，本来是指同一件事三次犯法，始终不改过的。主管者近来多合并了几种事，合为三种，甚至还违背了确立制度的旨意，所以特地向大众申明。

车　裂

车裂是古代的一种极其残酷的刑罚，指把人的头和四肢分别绑在五辆车上，套上马匹，分别向不同的方向拉，把人的身体硬撕裂为五块。有时，执行这种刑罚时不用车，而直接用五条牛或马来拉，所以车裂俗称五牛分尸或五马分尸。最早见于周代《周礼·秋官·条狼氏》中："誓驭曰车轘。"图为明末刻本《新列国志》的插图，车裂商鞅。

这是宋武帝在永初元年（420年）七月所下的诏令。他强调了新朝建立后，要改变战争时期的做法，主张轻刑，反映了他恢复法制、宽以待民的思想。

三讯五听（梁武帝　萧衍）

【原文】

三讯五听，著自圣典，哀矜折狱，义重前诰，盖所以明慎用刑，深戒疑枉，成功致治，罔不由兹。朕自藩部，常躬讯录，求理得情，洪细必尽。末运弛网，斯政又阙，牢犴沉壅，申诉靡从。朕属当期运，君临兆亿，虽复斋居宣室，留心听断；而九牧遐荒，无因临览。

深惧怀冤就鞫，匪惟一方。可申敕诸州，月一临讯，博询择善，务在确实。

——《梁书·本纪·武帝》

【译解】

审理案件要多方查询和运用五种方法，这些都是出自于圣明的法典，要有哀怜之心来审理案件，其意义重于从前的诰令，这是为了明白谨慎地使用刑罚，深戒猜疑而冤屈，获得成功达到治世，无不由此。我在藩部时，常常是亲自审讯案件，求得情理，大小必尽。国家衰运，纲纪废弛，这种政治又缺乏，监狱里罪犯充塞，无从申诉。我幸运地有了机遇，统治万民，即使斋戒别居宣室，还是留心听取诉讼判断案件；但是全国荒远，无法处处亲临。很担心含冤受审的，不止一方。可以申令各州首长，每月亲临审讯，广泛查询，择善而从，务必要确切信实。

这是梁武帝在天监二年（503年）春季所发的诏令。反映了他注重调查，认真审理案件，以防止冤狱的思考。

【原文】

禽兽知母而不知父，无赖子弟过于禽兽，至于父母并皆不知。多触王宪，致及老人。耆年禁执，大可伤愍。自今有犯罪者，父母、祖父母勿坐。唯大逆不预今恩。

——《梁书·本纪·武帝》

汉高祖诛杀韩信

虽然做了皇帝，但刘邦却非常担心自己的皇位是否稳固。最让他不放心的就是那些异姓王，这些人手上都有军队，而且不少人都三心二意。为了解决这些心腹大患，他首先将屠刀挥向了开国重臣韩信。汉高祖六年，有人告发韩信谋反，于是刘邦采纳了陈平的建议，假游云梦，抓住了韩信。韩信被抓后说道：“狡兔死，走狗烹；飞鸟尽，良弓藏；敌国破，谋臣亡。”“天下已定，我固当烹！”之后，由于没有明确的证据，刘邦只得释放了韩信，并把他贬为淮阴侯，韩信从此怀恨在心。汉高祖七年，韩信部将陈豨被封为巨鹿郡郡守，前来向韩信辞行。韩信辞去左右，拉着陈豨的手仰天长叹道：“你可以同我说知心话吗？我有话想同你讲。”陈豨表示一切听从将军的命令。韩信说：“你所管辖的地方，是屯聚天下精兵的地方，而你又是陛下亲信宠爱的臣子，若有人说你谋反，陛下一定不相信；如果再有人告你谋反，陛下就会产生怀疑；如果第三次有人告你谋反，陛下定会大怒而亲率军队征讨。我为你在京城做内应，就可图谋天下了。”陈豨平素就了解韩信的才能，相信他的计谋，表示一切听从韩信的指示。汉高祖十年，陈豨奉韩信之在巨鹿反叛，刘邦命韩信前去平乱，韩信一面称病不能随军出征，一面却亲自带兵杀向长安袭击太子和吕后。但最终由于机密败露，被萧何用计擒获。韩信最后在长乐宫被斩首，他的三族也随之被灭，只留下一个“成也萧何，败也萧何”的成语。

铁钳铁桎

铁钳铁桎是古代用来拘系罪人双脚的刑具。图片上铁桎、铁钳是考古工作者于1973年在陕西临潼郑庄秦始皇陵旁石料加工场遗址发掘的。它是当年拘系加工石料、修筑陵墓的“刑徒”们用的。这两件文物非常形象地反映了秦时修筑骊山陵墓刑徒的悲惨境遇。

【译解】

禽兽只知有母亲不知有父亲，无赖的子弟比禽兽不如，连父亲母亲都不知道。他们大多触犯王法，牵连老人。老年人因此被拘囚，非常令人悲伤怜悯。从今以后犯罪的人，他的父母祖父母都不连坐。只有犯叛国谋反大逆罪的人才不蒙受这一恩典。

这段话选自梁武帝在中大同二年（547 年）七月发的诏令。梁武帝对于连坐的酷刑有了认识，决心部分废除这种刑罚。

文中的无赖子弟指奸诈、刁狡、蛮横的人。大逆，罪大恶极，多指叛国谋反。

先德后刑（唐代宗　李豫）

【原文】

至理之代，先德后刑，上欢然以临下，下欣然而奉上，祸乱不作，法令可施。去圣久远，薄于教化，简书填委，狱颂烦兴。苛吏舞文，冤人致辟，思欲刷耻改行，厥然无由，岂天地父母慈爱之意也！

——《旧唐书·本纪·代宗》

览图禁杖

唐史记：太宗览《明堂针灸图》，得知人五脏之系，全附于背，故发诏令其臣子不得鞭笞囚犯背部。在古代的刑罚中，笞刑是最轻的一种，就是用木棍打屁股，但是仍有众多犯法之人死于刑杖之下，究其原因是行刑之人责其背部，伤其五脏致之，故此刑罚极不公道，太宗颁此诏书可使众多人免于死于非命。

【译解】

社会大治的时代，先行恩德后施刑罚。君主欢乐地对待臣下，臣下也高兴地奉事君主。灾祸战乱都不会发生，法令可以得到施行。距离圣王时代已经久远，施行教化不够，文书堆积，狱讼很多。酷吏玩弄文法，冤枉百姓获罪，要想洗刷耻辱改变行为，却无法做到。这哪里是天地父母慈爱的心意！

代宗时，许多刑官滥施刑罚，残害百姓，大历四年（769 年）七月代宗下了这一诏令。他用圣王的标准来衡量当时的刑罚，提出了严厉的指责，提倡官员要具有仁爱之心。

文中的至理本为至治，为避高宗李治讳，故称为至理。简书指竹简，古代的书写工具。致辟的辟指法，致辟，即行法,这里指获罪。

死刑执行图

为了巩固皇权，打击造反，令百姓遵守礼法制度，中国古代的王朝都有一套完整的刑法制度，最令人发指的是一些酷刑。这两幅图均为古代对于不贞或者违法女子的惩罚。

何近代法网之密（宋太祖　赵匡胤）

【原文】

尧舜之罪四凶，止从投窜，何近代法网之密乎！

——《宋史·本纪·太祖》

【译解】

尧、舜惩罚四个不服从的部族首领，只是把他们放逐到边远地区，为何近代的法网这么严密呢！

宋太祖夜晚读《尚书·尧典》与《舜典》，对尧舜时的刑罚发出了这几句感叹。说明了他宽刑轻惩的主张。

文中的四凶指不服从舜的四个部族的首领，他们分别是：饕餮、浑沌、穷奇和梼杌。同时也是指共工、驩兜、三苗与鲧。

【原文】

五代诸侯跋扈，有枉法杀人者，朝廷置而不问。人命至重，姑息藩镇，当若是耶？自从诸州决大辟，录案闻奏，付刑部覆视之。

——《宋史·本纪·太祖》

【译解】

五代时诸侯飞扬跋扈，有的人歪曲破坏法律胡乱杀人，可是朝廷放置不过问。人命至关重要，姑息藩镇，应当像这样吗？以后，各州判决死刑，都要抄录案件上报，交给司法部门复查。

这是宋太祖有一次对宰相所言。他对五代时诸侯胡乱杀人而朝廷不管的事记忆深刻，认识到姑息藩镇的危害，反映了他要严肃法律，加强监管，制

朱元璋所开创的极端君主专制政体

朱元璋所开创的极端君主专制的国家权力体系，其核心精神是“收天下之权以归一人”，进而形成了一个以皇权为中心的政权结构。《明书·职官志》所言：“文武夹维，内外交应，协恭互发则指臂相随，辄断独行则龃龉不遂。防微曲算，亦可谓精详矣。”明王朝各个中枢权力机构以皇权为中心，构成了一个既密切联系又相互制约的国家权力体系，其中任何一个机构都不能自行其是。明朝最重要的两个中枢权力机构是内阁和司礼监，但这两个机构并不是国家最高一级行政实体，而是辅助皇帝处理政务的办事机构。司礼监的人员是太监，是皇帝的家奴，内阁大学士则具有中朝官特点。在这种权力结构内，任何一个权力机构都无法逸出皇权控制的轨道。朱元璋在集权中央，强化皇权的过程中，把一切大权维系在一人身上，庞大而笨重的封建国家机器由一人控制和指挥运转，这种局面让任何个人也难于维持长久。尤其是在废相后，他平均每天听或看两百份奏章，处理近四百件政事。虽“日勤不怠”，也已“忧危积心”，力不能支。在嫡长子继承制的封建社会里，如果后世子孙无力操纵这种国家机器，势必造成大权旁落。而事实上，在朱元璋和朱棣死后，明朝的其他皇帝大都昏庸腐朽。一切政令，都出自宦官权臣之手，朝政污浊不堪。他们操纵皇帝，挟制内阁，掌握颁发诏令，批答奏章的大权，控制军政、司法、财政和厂卫特务机构，祸国殃民。如此严重的宦官专权正是极端君主专制政体的必然结果。

止冤案的想法。

文中的五代指后梁、后唐、后晋、后汉、后周。大辟指死刑。刑部是古代官署，隋文帝定六部制度，初沿北齐置都官，开皇三年（583年）改称刑部，主官为尚书。

人命至重（宋太宗　赵炅）

【原文】

诸州郡暑月五日一涤图圄，给饮浆，病者令医治，小罪即决之。

——《宋史·本纪·太宗》

【译解】

各州郡在暑夏月份每隔五天清洗一次牢房，供给饮水，有病的立即医治，因小罪关在牢里的要立即处理。

这是宋太宗在雍熙四年（987年）四月发的诏令。指示在酷暑时节要为牢里的囚犯提供好的条件，表现了他对囚犯的关心，具有一定的人道精神。

文中的图圄指监狱。饮浆即饮水。

令所在擒捕流配

（宋真宗　赵恒）

【原文】

诱人子弟析家产，或潜举息钱，辄坏坟域者，令所在擒捕流配。

——《宋史·本纪·真宗》

【译解】

凡是引诱别人子弟分家产，或者暗地放高利贷，破坏坟地的，命令所在地的官府擒拿抓捕流放发配。

包　拯

包拯，宋代著名的政治家、法学家。他为官清廉，不徇私枉法，铁面无私，执法如山，深为百姓爱戴，被尊称为“包青天”。后世为其立祠，祠堂对联“理冤狱，关节不通，自是阎罗气象。赈灾黎，慈善无量，依然菩萨心肠”，总结了他无私爱民的高尚品格。

宋太宗

宋太宗赵炅（939—997年），本名赵匡义，后因避其兄宋太祖讳改名赵光义，即位后改名炅。976年，赵光义登基为帝，是为太宗，在位共21年（976～997），是宋朝的第二个皇帝。太宗即位后，鼓励垦荒，发展农业生产，扩大科举取士规模，编纂大型类书，设考课院、审官院，加强对官员的考察与选拔，进一步限制节度使权力，力图改变武人当政的局面，确立文官政治，加快了宋代社会的发展。

宋徽宗

宋徽宗赵佶（1082—1135年），宋朝第八位皇帝，在位二十六年（1100—1125年）。在位期间，重用蔡京、童贯、高俅、杨戬等奸臣主持朝政，大肆搜刮民财，穷奢极侈，荒淫无度。最后国亡被俘受折磨而死。虽其治国无能，但艺术才能颇高。擅长楷、草书及山水、人物、花鸟、墨竹。擅长婉约词，创“瘦金体”。

这是宋真宗在大中祥符二年（1009年）二月所发的诏令。他指示对放高利贷和破坏坟地的要抓捕判刑，表明他注重打击社会不法行为，以整肃社会风气。

文中的息钱指贷钱获取高利。坟域指坟墓。

诸路疑狱当奏（宋徽宗　赵佶）

【原文】

诸路疑狱当奏而不奏者科罪，不当奏而辄奏者勿坐，著为令。

——《宋史·本纪·徽宗》

【译解】

各路有疑问的案件应当奏明而不上奏的，要依照刑律判罪，不应当上奏而总是上奏的不判罪，这个要写成命令。

这选自宋徽宗在建中靖国元年（1101年）四月的诏令。他严格要求各地要把疑难案件上报到朝廷，以检查是否依照刑律判罪，说明他重视刑罚的准确，以减少冤案。

文中的路是宋代行政区域的名称。科罪指依照刑律定罪。坐，指获罪。

死罪必详谳而后行刑

（元世祖 忽必烈）

【原文】

凡死罪必详谳而后行刑，今一日杀二十八人，必多非辜。既杖复斩，此何刑也？

——《元史·本纪·世祖》

【译解】

凡是死罪，必须要经过详细审判定罪后行刑，现在一天杀了二十八人，其中必定有很多是无辜的。已经处了杖刑又斩首，这是什么刑罚呢？

元宪宗二年（1252年），朝廷命两位断事官在燕总天下财赋，一天竟杀了二十八个人。其中有一个盗马贼，本来处以杖刑后已经释放，正巧有人向断事官献刀，于是为了试刀，便把那个盗马贼追回来杀了。针对这事，忽必烈向断事官进行了责问，说了这段话。他注重规范刑罚，反对滥刑。

文中的谳指审判定罪。

【原文】

凡讼而自匿及诬告人罪者，以其罪罪之。

——《元史·本纪·世祖》

【译解】

凡是打官司时隐瞒自己的罪过和诬告别人的，就用自匿之罪和诬告之罪来惩罚他。

这是元世祖在至元八年（1271年）二月所下的一道诏令。表明他对隐瞒罪行和诬告别人等罪的重视，提出的反坐罪在当时很有新意。

徐达之死

徐达是朱元璋麾下的头号大将，他一生战绩彪炳，将蒙古皇帝赶到了漠北，并修建了山海关长城，同时他又是朱元璋幼时的好朋友，但他最终仍旧没有逃脱兔死狗烹的命运。朱元璋当了皇帝以后，为了确保朱明皇朝“万世一系”，便想方设法加强皇权，凡是他认为有碍于独裁统治的人，不管是谁一律翦除。有关徐达被害身死的经过史书上记载：“达病疽，甫痊，赐蒸鹅，流涕食之而卒。”当时，徐达在北平身患背疽，很难治好。朱元璋派徐达的长子徐辉祖带着书信前往北平看望，不久又召徐达回南京疗养。有一天，宫中内侍给徐达送来皇帝赏赐的食盒。徐达从病床上挣扎起来磕头谢恩，然后打开食盒，一只蒸鹅呈现在眼前。据说背疽最忌吃蒸鹅。看到这一幕徐达最后流着泪当着内侍的面吃下了整个蒸鹅，于是没过几天便死去了。徐达的死仅仅是朱元璋杀戮功臣宿将的一个缩影而已。朱元璋死后，他杀戮功臣宿将所造成的不良后果马上就在“靖难之役”中显露了出来。由于有才能的大臣所剩无几，朱允 根本无法和燕王朱棣抗衡，结果，朱棣在很短的时间内就攻入南京夺取皇位。

元代差吏俑

元代实行森严的种族政策，元代统治者根据种族划分出四等人，最高的是蒙古人，其次是色目人（西域人），再次是汉人（北方中国金朝治下各族），最后是南人（南宋遗民），一级比一级低下。对于地位低下的汉人，元代统治者实行高压政策，设有专门的部门监视汉人，凡是犯法的汉人都要受到严厉的惩罚，此俑是典型的元朝公差形象。

元顺帝

元顺帝（1320—1370年），名妥懽帖睦尔，是元朝的最后一位皇帝，也是北元的第一位皇帝。他的汗号是乌哈噶图，在位时间是从1333年6月至1368年的三十五年。明太祖朱元璋认为妥懽帖睦尔在国破家亡之前夕，不背城一战，而决心逃窜漠北，是为“顺天命”，所以称他为元顺帝。另外，北元传了五代才亡国。

【原文】

诸路置局造军器，私造者处死；民间所有，不输官者，与私造同。

——《元史·本纪·世祖》

【译解】

各路都要设置武器制造局来制造武器，私自制造武器的人一律要处死刑；民间所拥有的武器，不交给官府者，罪行和私自制造武器的相同。

这是元世祖在中统四年（1263年）二月所发的诏令。表明了他对武器的严格控制，以防止人民反抗，以维护元朝的统治。

文中的路是元代行政区划的名称。输，指缴纳、献纳。

强盗皆死（元顺帝　妥懽帖睦尔）

【原文】

强盗皆死；盗牛马者劓；盗驴骡着黥额，再犯劓；盗羊豕者墨项，再犯黥，三犯劓；劓后再犯者死。

——《元史·本纪·顺帝》

【译解】

强盗都应该判处死刑；偷盗牛马的贼判处劓刑；偷盗驴子和骡子的贼处黥刑，重犯就处劓刑；偷盗羊和猪的贼处墨项刑，重犯的处黥刑，再重犯处劓刑；处劓刑后还犯罪的处死刑。

这是至元二年（1336 年）八月顺帝颁发的诏令。元代的残酷统治激起了民众的反抗，许多人为了生存被迫做强盗。为了镇压民众，元顺帝以残酷的刑罚来对付百姓，以图巩固他的统治。

文中的劓即割鼻。黥额，指在罪犯额上刺刻后涂以墨的刑罚。墨项，指在后颈上刺刻后涂以墨的刑罚。

罪不及孥（明太祖　朱元璋）

【原文】

先王之政，罪不及孥。自今除大逆不道，毋连坐。

——《明史·本纪·太祖》

【译解】

先王的政令，罚罪不应当累及妻子儿女。从今以后，除大逆不道罪以外，不要实施连坐的刑罚。

至正二十七年（1367 年）夏四月，方国珍阴遣人通扩廓及陈友亮，朱元璋移书责之。九月甲戌，太庙成。率师讨国珍，并下了这道诏令。这表明了明太祖主张废除酷刑的想法。

文中的孥指妻子儿女。大逆不道的逆，指叛逆；道，指封建道德；不道，指违反封建道德。这是旧时统治阶级对破坏封建秩序的人所加的重大罪名。连坐，指一人犯法，其他

卖地契　明代

明末，农民因生活窘迫而不得不卖掉土地的现象十分普遍。这两张卖地契，上面印有政府官印，是合法的土地买卖契约。

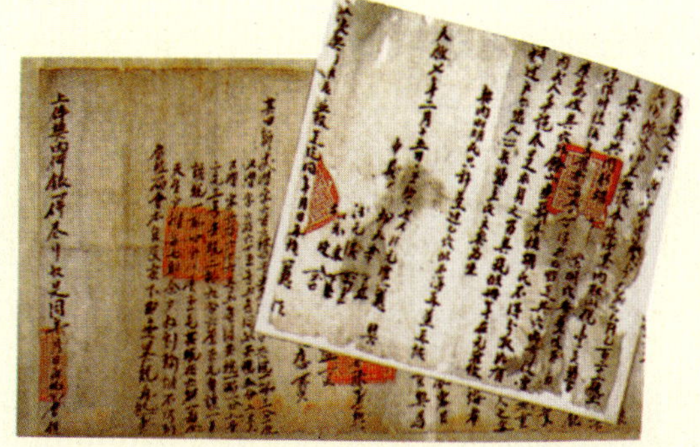

明孝宗

明孝宗朱祐樘（1470—1505年），明朝第九位皇帝，宪宗皇帝第三子。1487年朱祐樘即位，年号弘治。孝宗即位后，驱除宫内奸臣，任用王恕、刘大夏等为人正直的贤臣。使当时的朝政焕然一新。弘治一朝，名臣辈出，孝宗勤于政事，励精图治，使明朝再度中兴盛世。后来人们把孝宗统治时期称赞为“弘治中兴”。

人连带受罚。

诸司审录重囚（明孝宗　朱祐樘）

【原文】

曩因天道示异，敕天下诸司审录重囚，发遣数十百人。朕以为与其宽之于终，孰若谨之于始。嗣后两京三法司及天下问刑官，务存心仁恕，持法公平，详审其情罪所当，庶不背于古圣人钦恤之训。

——《明史·本纪·孝宗》

【译解】

以前因为天道显示异常，敕令天下各个官署审慎省查各囚犯的罪状，处理了数十乃至上百人。我认为与其在最后宽大他们，不如在开始时就谨慎从事。以后两京的三法司以及天下问刑的官员，一定要存有仁爱宽恕的心，执法公平，详细审查其应当承担的罪责，希望不要违背古代圣人谨慎体恤的教训。

这是弘治四年（1491年）二月明孝宗对法司部门的敕令。他结合出现的异常现象，指出司法行为不要在后来弥补，要在开始时就谨慎，这表明他重视刑罚，宽大仁爱。

建储匣

清雍正以前，皇位的继承一般都采取公开建储的方式，即皇帝在位时，预先公开册立太子。后因康熙多子，曾两次废立皇太子，这就导致了皇子们为帝位继承权而争斗。雍正继位后，鉴于以前建储的教训，改公开册立为秘密建储，即皇帝在位时确定继承人并秘密写好继承人的姓名，藏在乾清宫内“正大光明”匾后的建储匣内。皇帝死后由贵族大臣们打开建储匣，宣布“御书”所指定的人来继承皇位。乾隆、嘉庆、道光、咸丰四帝都是被秘密立储而当上皇帝的。

文中的三法司指大理寺、刑部、都察院，合称为三法司。大理寺的主要职责是专门审核天下刑名，凡罪有出入者，依律照驳；刑部受天下刑名，都察院掌纠察。弘治以后，大理寺只阅案卷，囚徒俱不到寺。重大案件，由三法司会审，初审以刑部、都察院为主，复审以大理寺为主。

法者天下之平（清世祖　爱新觉罗·福临）

【原文】

帝王化民以德，齐民以礼，不得已而用刑。法者天下之平，非徇喜怒为轻重也。

——《清史稿·本纪·世祖》

【译解】

帝王以道德来教化百姓，以礼仪来规范民众，不得已才使用刑罚。法律是天下的准则，不能顺从自己的喜怒来判定罪的轻重。

这是顺治十年（1653 年）六月世祖下的一道教谕所言，他强调要依法定罪，反映了他的法制思想。

jun shi

军事

军事是几乎每个帝王都要面临的领域，因为这关系到王位的巩固和国家的安危。他们中有的就是军事家，直接带兵打仗；有的是战略家，运筹帷幄，决胜千里；有的是政治家，在战争时，进行宣传和鼓动。至少，面对威胁，他们都要调动军队，进行军事行动。在经历了无数次的战争之后，帝王们有关军事的话语，和他们治国的言论一起，展示了作为统治者的智慧和魄力。

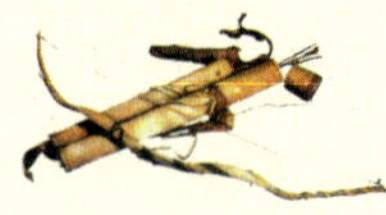

用命，赏于祖（启）

【原文】

嗟！六事之人，予誓告女：有扈氏威侮五行，怠弃三正，天用剿绝其命。今予维共行天之罚。左不攻于左，右不攻于右，女不共命。御非其马之政，女不共命。用命，赏于祖；不用命，僇于社，予则帑僇女。

——《史记·夏本纪》

【译解】

唉，统帅六军的人，我告诉你们：现在有扈氏违背五行的规律，抛弃天、地、人的正道，上天因此要灭绝他们的性命。现在我执行上天对他的惩罚。车左的人不从车左攻击敌人，车右的人不从车右攻击敌人，就是你们不执行命令。驾车的人不驾驭好战马，也是不执行命令。执行命令的，我在祖宗面前赏赐你们，不执行命令的，我在神庙面前杀掉你们，还要惩罚你们的家属。

启当上夏的国君后，有扈氏不服，启发兵征讨。临行前，启写作了《甘誓》，召集六军将领来申述，告诫大家

牧野誓师图
孙元鼎 《钦命书经图说》插图 清代

商朝末年，商纣王帝辛荒淫暴虐，致使众叛亲离，政权摇摇欲坠。地处渭水、泾水流域的姬姓周族国家迅速崛起，周武王四年十二月，武王率军与庸、蜀、羌、微、卢、彭、濮等诸侯国军队会师孟津，发表檄文《泰誓》，声讨纣王的罪行，并在牧野击败商朝大军。由此，统治中原近七百年的商王朝灭亡，周王朝取而代之。

启

启，史称夏启，大禹的儿子，大禹死后，启即位为天子。夏启即位后，在大宴钧台大宴各地首领。有扈氏对启破坏禅让制度的做法十分不满，拒不出席。夏启发兵对有扈氏进行征伐，大战于甘，有扈氏战败被灭。这次胜利，使新生的政权得到初步巩固。建立了中国第一个奴隶制的国家。在位九年，病死，葬于安邑附近。

一定要坚决执行命令。

文中的僇通“戮”，杀戮。

予畏上帝，不敢不正（汤）

【原文】

来，女悉听朕言。匪台小子敢行举乱，有夏多罪，予维闻女牖言，夏氏有罪。予畏上帝，不敢不正。今夏多罪，天命殛之。今女有众，女曰“我君不恤我牖，舍我啬事而割政”。女其曰“有罪，其奈何”？夏王率止牖力，率夺夏国。牖有率怠不和，曰“是日何时丧？予与女皆亡”！夏德若兹，今朕必往。尔尚及予一人致天之罚，予其大理女。女毋不信，朕不食言。女不从誓言，予则帑僇女，无有攸赦。

——《史记·殷本纪》

曹操的屯田制

首创屯田制的并不是曹操，但曹魏屯田的规模和作用却是空前绝后的。据《三国志》记载：是岁（建安元年。——编者），用枣祗、韩浩等议，始兴屯田。在最初招募人民屯田时，人民因害怕得不到实惠，以及军事编制的束缚，常常出现逃亡的现象。于是，曹操采纳了袁涣的建议，变强迫为自由应募，这一新举措得到了百姓的欢迎，屯田得以顺利进行。而且在当年就"得谷百万斛"。曹魏屯田分为军屯和民屯，这两者都是战乱时期的产物，其目的都是为了供应军粮，在必要时，参加民屯的农民也同样需要拿起武器来对抗敌人。但不同之处在于屯田的百姓主要从事农垦生产，而军士则以攻防为主。在向屯田的百姓征收租税上，曹操采用了枣祗的"分田之术"，即官府提供土地，收获的谷物按比例分成。如果牛来自官府，则官六民四，如果牛不是官府的，则官民对半分。这样的赋税程度达到了积粮供军的效果，百姓虽然吃亏，但却因为有一个安定的生产环境而感到满足。

【译解】

你们大家过来，听我说话。不是我个人敢发动叛乱，而是夏朝的罪孽太多。我也听你们说，夏朝有罪。我敬畏上帝，不敢不去征伐。现在夏朝有罪，是上天命令我去消灭他。你们可能会说："我们的国君不体恤我们，让我们放弃农事而去打仗。"你们还会说："他有罪，你能把他怎么样呢？"夏王耗尽了民众的力量，掠夺了夏国的财产，夏国的民众都消极懈怠，怨恨不和，说："这个太阳什么时候落山，让我们和你一起让他灭亡。"夏王的德行像这样，我今天一定要去征伐。你们和我去实行上天的惩罚，我一定重重地赏赐你们，我绝不食言。你们如果不听从我的誓言，我将惩罚你们和你们的家属，没有赦免。

成汤图
孙元鼎 《钦命书经图说》插图 清代

成汤是商朝开国君主。夏桀无道，汤兴兵伐之，放桀于南巢，遂有天下，国号商。商汤开以武力夺得天下的先例，使中华帝国以后的历史变得多采多姿，打破了天子是不可变的定律，这是中国政治史上的第一次改革。

这是成汤讨伐桀纣时，对诸侯军队作的动员令。他阐明了讨伐的理由，指出了夏桀的暴行，希望大家一定要发誓清除暴虐。

文中的殛，即消灭。啬事，指稼穑之事。

臣三千，惟一心（周武王　姬发）

【原文】

古人有言曰："牝鸡无晨；牝鸡之晨，惟家之索。"今商王受惟妇言是用，昏弃厥肆祀弗答，昏弃厥遗王父母不迪，乃惟四方之多罪逋逃，是崇是长，是信是使，是以为大夫卿士。俾暴虐于百姓，以奸宄于商邑。今予发惟恭行天之罚。

——《尚书·牧誓》

【译解】

古人说道：“早晨，母鸡是不会啼叫的，如果早晨有母鸡啼叫，这家人就将要遭殃。”现在商纣王只是听信妇人的话，把祭祀祖先的礼仪抛弃而不问，把同宗的长辈和兄弟抛弃而不任用，他尊重、信赖、任用的是四方诸侯国中那些罪恶累累的逃犯，授予大夫、卿士的官职，使这些人残暴地虐待老百姓，在商国作奸犯科。现在，我要恭敬严肃地施行上天对他们的惩罚。

这段话选自周武王在牧野与纣王决战前发表的誓词。他揭露了商纣王的种种罪行，以激发士卒对暴君的仇恨，树立起消灭纣王的斗志。

文中的牝鸡指母鸡。无晨，不在早晨啼叫。妇，指商纣王的宠姬妲己。逋逃，逃亡。奸宄，作奸犯科。

【原文】

同力度德，同德度义。受有臣亿万，惟亿万心；予有臣三千，惟一心。商罪贯盈，天命诛之。予弗顺天，厥罪惟钧。

——《尚书·泰誓上》

【译解】

双方如果力量相等，有德的一方就会胜利；双方如果道德相等，仗义的一方就会胜利。商纣王的臣民有亿万，却有亿万条心；我的臣民只有三千，却只有一条心。商纣王恶贯满盈，上天命令我来诛灭他。我如不顺从天意，我和商纣王的罪过相等。

这段话选自周武王在孟津的誓词。周武王从亿万民亿万心和三千人一条心的角度分析了德行对于获取战争胜利的重要作用，指出了战胜商族的原因在于有德有义。

文中的受，指商纣王。

【原文】

我闻吉人为善，惟日不足；凶人为不善，亦

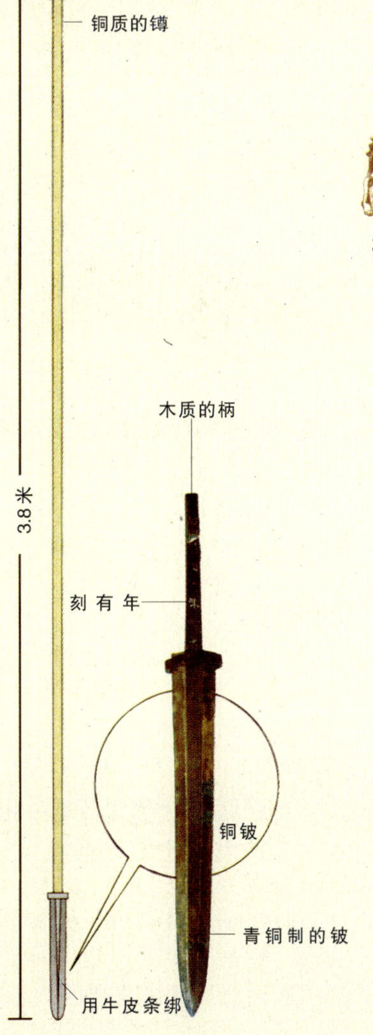

铜铍的结构

铍又名“铩”，是类似装有短剑的长柄刺击兵器，它和矛的区别除头的形制不同外，主要是装柄方法不同：矛是将柄纳入矛筒中，而铍是铍茎插入木柄中，外用绳等捆绑。战国时有“强弩在前，铩戈在后”的说法，可见它在战争中的作用。

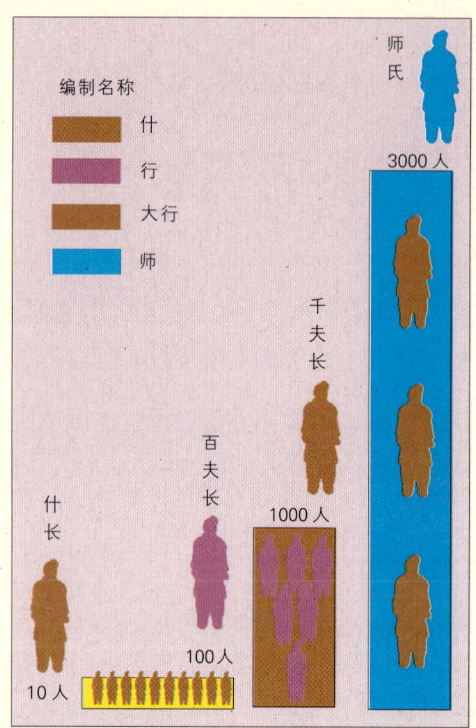

西周兵役制度表

西周军队的编制是和郊区的乡里编制密切结合的，军队的重要组成部分“国人”在二十至六十岁时，皆有当兵守土和维护政权的义务。西周实行军赋制度，以长宽各一里的土地为一个授田单位，称“井”，分配给三家，按十进制单位组织起来进行服役，服役期间，口粮和衣服自备，兵器和马匹由国家提供。

惟日不足。

——《尚书·泰誓中》

【译解】

我听说好人做善事，整天在做仍然觉得没有做够；恶人做坏事，整天在做也仍然觉得没有做够。

这段话选自周武王渡过孟津驻扎在黄河北岸时的誓词。他指责商纣王每一天都在胡作非为，鼓励大家消灭这个暴君。

文中吉人指好人、善人。

【原文】

天视自我民视，天听自我民听。百姓有过，在予一人，今朕必往。

——《尚书·泰誓中》

【译解】

上天看到的事情，是来自我们老百姓所看到的事情，上天所听到的事情，是来自我们老百姓所听到的事情。老百姓责怪抱怨的是我一人，所以我现在一定要去讨伐商。

这段话选自周武王渡过孟津驻扎在黄河北岸时的誓词。周武王认为上天看到和听到的与百姓是相同的，指出周族伐商是顺从了天意民心，进一步指出了自己行动的正义性。

天惟丧殷（周成王　姬诵）

【原文】

予永念曰：天惟丧殷，若穑夫，予曷敢不终朕亩？

——《尚书·大诰》

【译解】

我经过长期考虑后道：上天要灭亡殷国，就好比我是农夫，怎敢不做完田地里的农事呢？

这段话选自周成王将命周公征讨武庚、管叔、蔡叔时的告谕。周成王认为灭亡商是上天的行为，再次借天意来说明自己行为的正义性。并指出自己消灭殷商就好比农夫要干完活一样，是必然要做的事情，表达了征伐的决心。

文中的穑夫指农夫。终联亩，做完田里的农活。

悉发关内兵（汉高祖　刘邦）

【原文】

天下共立义帝，北面事之。今项羽放杀义帝于江南，大逆无道。寡人亲为发丧，诸侯皆缟素。悉发关内兵，收三河士，南浮江汉以下，愿从诸侯王击楚之杀义帝者。

——《史记·高祖本纪》

【译解】

天下共立义帝，对他北面称臣。现在项羽把放逐到江南的义帝杀害，是大逆不道的行为。现在我亲自为义帝发丧，诸侯们也都要穿上白色孝服。我要出动关内所有的军队，征集三郡的士兵，向南顺着长江、汉水而下，希望诸侯跟从我去攻打楚国那个杀害义帝的人。

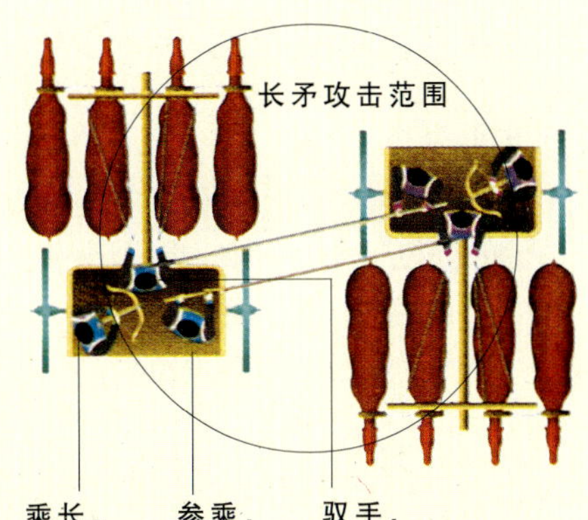

战车格斗示意图

车战，是中国古代六战之一，属于中原民族试图用技术优势获得战争胜利的一种努力。春秋时期，盛行车战，战车的多寡，是衡量国力的尺度和争霸的资本。一般的战车配备甲士3名，一人负责驾车称为“御者”，一名负责远距离射击称为“射”或“多射”，一名负责近距离的短兵格斗称为“戎右”。车战的主要格斗兵器为长3米左右的戈，由“戎右”使用，在战车交错时用于勾击或啄击。战车上的远射兵器主要为弓或弩，这些远射兵器由射手负责使用，主要在战车较远距离冲击时，进行射击。

文中的北面事之指对义帝行臣礼。古代上朝时君主朝南坐，臣子朝北面立，北面事之就是以臣礼事奉君主。三河，指河南、河东、河内三郡。

项羽杀了义帝，刘邦为义帝发丧时，对诸侯说了这段话。表明刘邦善于利用时机，笼络人心，攻击对手，是一位有高明的政治手腕的政治家。

弓箭与弩

弓是古代的一种远射程兵器。弓，由弹性较大的弓臂和韧性较强的弓弦组成；箭，一般由箭镞、箭杆、箭羽三部分组成，箭镞尖锐，一般由铁或青铜铸成，具有很强的杀伤力。弩则是用机械力射箭的弓，是由战国时期楚国的琴氏“横弓着臂，施机设枢”发明的。对于当时以步兵和车兵为主构成的大型方阵来说，弩具有很强的杀伤力与威慑力，为兵家所重。中国战国时期的弩机可以和近代的来复枪相媲美，是古代工程技术的杰出成就之一。

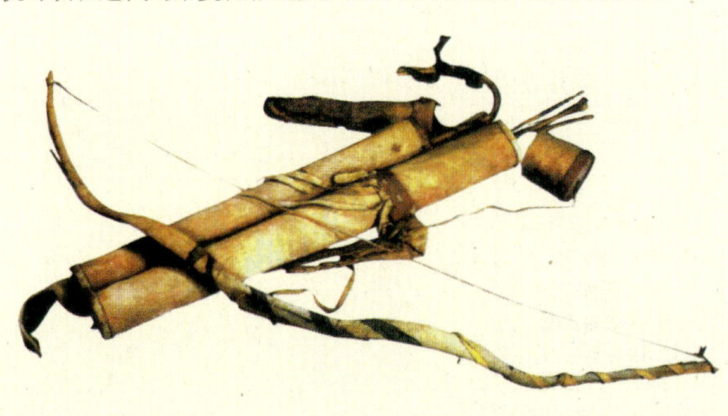

并力御之，功庶可立（汉光武帝　刘秀）

【原文】

今兵谷既少，而外寇强大，并力御之，功庶可立。如欲分散，势无俱全。且宛城未拔，不能相救，昆阳即破，一日之间，诸部亦灭矣。今不同心胆共举功名，反欲守妻子财物邪？……今若破敌，珍宝万倍，大功可成。如为所败，首领无余，何财物之有！

——《后汉书·光武帝纪上》

【译解】

现在我们兵少粮食也很少，而外面的敌人却很强大，大家只有齐心协力抵御，才可能建立大功。如果想分散兵力，这样必然不能都得到保全。况且刘寅还未攻下宛城，不能来救我们，昆阳如果被攻破，只要一天时间，各部也会被消灭。如果大家不齐心一起建立功名，反而只想守护自己的妻室儿女及财产行吗？……今天如能打败敌军，得到珍宝会超过万倍，大功就可以建成。如被他们打败，连头颅都没有了，还有什么财产呢？

这两段话是汉光武帝刘秀在昆阳之战时说的。昆阳之战是刘秀奠定威望的关键一战，也是以少胜多的典范战例。刘秀分析形势，鼓励将士，表现出卓越的勇气和胆识。

文中的昆阳指现在河南的叶县。即，假使。

举义兵以诛暴乱

（魏武帝　曹操）

【原文】

举义兵以诛暴乱，大众已合，诸君何疑？

——《三国志·魏书·武帝纪》

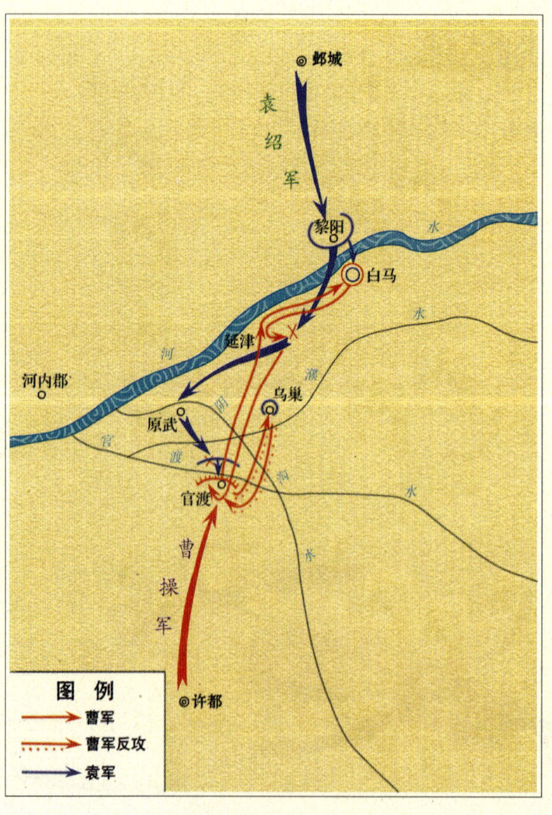

官渡之战

东汉末年，政局动荡，各地州郡大吏独揽军政大权占据地盘，形成了大大小小的割据势力，造成中原地区“白骨露于野，千里无鸡鸣”的凄惨景象。在割据势力的长年征战中，袁绍、曹操两大集团逐步发展壮大起来。建安四年（199年）六月，袁绍精兵10万战马万匹，南下进攻许昌试图依靠军力优势，打破曹操“挟天子以令诸侯”的政治优势，双方各有胜负，于官渡对峙。同年十月，袁绍谋士许攸投降曹操，建议曹操奇袭乌巢烧其辎重，获得成功，袁绍军溃败。从此，曹操雄踞北方，袁绍则一蹶不振。

骑兵俑　西汉

西汉前期，刘邦灭秦及一统天下的历次战争多在平原进行，故军队建制与秦相仿，以步兵与战车为重，骑兵虽是一个机动性高、战斗力强的兵种，但所占比重不大。西汉建立后，敌人是以骑兵为主力的匈奴，汉朝的军制为适应这种新的战斗模式，开始大力发展骑兵。

【译解】

发动义兵用来诛灭残暴的董卓，众多的兵士已经集合起来了，各位将军还犹疑什么呢？

初平元年（190 年）正月，为了讨伐董卓，袁绍、袁术、曹操等地方官推举袁绍为盟主。二月，董卓把天子接到长安，以此作为都城，自己屯守在洛阳。袁绍为首的盟军畏惧董卓，都不敢率先进攻。见此情况，曹操对大家说了这段话，以鼓励盟军将领，坚定他们的信念。

【原文】

诸君听吾计，使勃海引河内之众临孟津，酸枣诸将守成皋，据敖仓，塞轘辕、太谷，全制其险；使袁将军率南阳之军军丹、析，入武关，以震三辅：皆高垒深壁，勿与战，益为疑兵，示天下形势，以顺诛逆，可立定也。今兵以义动，持疑而不进，失天下之望，窃为诸君耻之。

——《三国志·魏书·武帝纪》

【译解】

各位将军都听听我的计策，让勃海太守袁绍率领驻扎在河内的部队进逼到孟津，驻扎在酸枣的各位将领防守成皋，占据敖仓，封锁轘辕、太谷，完全控制这险要的地方；让袁术将军率领南阳的军队进扎丹、析两地，并进入武关，用来威震三辅：都要建筑又高又深的壁垒等防御工事，不与他们交战，多多布置疑兵，以显示天下的形势，以顺应大义来讨伐逆贼，就可以很快平定。现在已经用正义发动了士兵，可是你们却抱着迟疑的态度不进兵，这样会失去天下人的期望，我私下替各位将军感到羞耻。

在讨伐董卓时，盟军队伍有十多万人，每天欢宴作乐，不愿进军。曹操很生气，说了这段话批评他们，又为他们出谋划策。

文中的勃海指勃海太守袁绍。河内指黄河以北的地区。孟津在今河南孟县南面。

【原文】

吾知绍之为人，志大而智小，色厉而胆薄，忌克而少威，兵多而分画不明，将骄而政令不一，土地虽广，粮食虽丰，适足以为吾奉也。

——《三国志·魏书·武帝纪》

屯垦壁画

魏晋南北朝时代，长期战乱和灾荒，使人们生活困苦。为了恢复生产，解决军粮，曹魏实行屯田。屯田分为军屯和民屯，此壁画反映的就是当时军屯的实际情况。图中有士兵和耕者，士兵战时打仗，平时耕地，百姓也参加屯田。

【译解】

我知道袁绍的为人，他志向宏大而智慧不多，外表矜持庄严但胆子却很小，忌妒心强，很想居于别人之上又缺少权威，兵虽多可是分配调遣不明确，将领骄横但政令不统一，土地虽然宽广，粮食虽然丰富，只适宜用来作为送给我的礼物罢了。

建安四年（199 年），袁绍打算进攻曹操。这时他吞并了公孙瓒的地盘，土地宽广，军队有十多万，煞是威风，曹操的部将产生了恐惧心理。曹操于是分析了袁绍的个性和他军队的特点，鼓舞了将领们的斗志，表现了曹操知彼知己的军事才能，预示着官渡之战必将取得胜利。

文中的绍指袁绍，东汉汝阳人。献帝初平元年，袁绍起兵讨伐董卓，被举为盟主。董卓死后，袁绍占据了河北，吞并了公（190 年）孙瓒的军队。汉献帝建安七年（202 年）和曹操战于官渡，兵败病发而死。忌克，指忌妒别人的才能，想居于别人之上。

【原文】

吾起义兵，为天下除暴乱。旧土人民，死丧略尽，国中终日行，不见所识，使吾凄怆伤怀。其举义兵已来，将士绝无后者，求其亲戚以后之，授土田，官给耕牛，置学师以教之。为存者立庙，使祀其先人，魂而有灵，吾百年之后何恨哉！

——《三国志·魏书·武帝纪》

【译解】

我兴起义兵，替天下百姓除暴平乱。故乡的百姓差不多都死光了，在境内走了一整天，看不见认识的人，使我感到非常凄凉悲伤。我兴起义兵以来，将士死了没有后代的，寻求他亲戚的子女作为后代，授给土地和农田，官府供给耕牛，设置学校来教育他们。为生存下来的人设立祠庙，让他们能够祭祀祖先，如果死后有灵，我百年后还有什么遗恨呢！

建安七年（202 年）春正月，曹操的军队驻扎在谯，他见到家乡的情景，很有感触，于是发布了这道命令。曹操注意抚恤士兵，鼓舞士气，这是他取胜的重要原因。

【原文】

然欲孤便委捐所典兵众，以还执事，归就武平侯国，实不可也。何者?诚恐己离兵为人所祸也。既为子孙计，又己败则国家倾危，是以不得慕虚名而处实祸，此所不得为也。

——《三国志·魏书·武帝纪》注引

【译解】

然而，想要我放弃掌管的军队，将军队交给有关部门的人，回到我的封国武平侯国去，这确实是不可以的。为什么呢？我实在担心一旦离开军队就被别人加祸为害。这既考虑到我的子孙，又考虑到自己失败之后国家也会倾覆，因此我不能羡慕虚名而招致实际的祸患，这就是我不能这样做的原因。

这段话选自曹操在建安十五年（210年）发表的《让县自明本志令》。曹操以汉丞相的名义来统一天下，遭到了政敌的辱骂，说他是汉贼，并要他交出兵权。曹操于是写了这篇《让县自明本志令》，阐述了自己对于兵权的认识。

文中的执事指主管某方面的人员。武平是当时的一个县，在今河南省鹿邑县西北。

存不忘亡（吴大帝　孙权）

【原文】

夫存不忘亡，安必虑危，古之善教。昔隽不疑汉之名臣，于安平之世刀剑不离于身，兼君子之于武备，不可以已。况今处身疆畔，豺狼交接，而可轻忽不思变难哉？顷闻诸将出入，各尚谦约，不从人兵，甚非备虑爱身之谓。夫保己遗名，以安君亲，孰与危辱？宜深警戒，务崇其大，副孤意焉。

——《三国志·吴书·吴主传》

【译解】

生存时不要忘记灭亡，安定时一定要忧虑危险，这是古代有益的教诲。从前隽不疑是汉代的名臣，在安平的时代刀剑不离开身，君子对于武备，是不能放弃的。何况现在处在边境地区，豺狼往来不断，难道能够轻视疏忽而不思考突然而至的灾难

阳陵虎符

符是中国古代朝廷传达命令、征调兵将以及用于各项事务的一种凭证。用金、银、玉、角、竹、木、铅等不同原料制成，用时双方各执一半，合之以验真假。虎符盛行于战国、秦、汉。此件为秦代之物，上有错金篆书铭文两行十二字，书曰："甲兵之符，右才（在）皇帝，左才（在）阳陵"。用威猛的虎来鼓舞战士的斗志，古人的兵法远不仅仅只在书上。

吗？近来听说各武将出入，各自都崇尚简约，不让佩戴兵器，不让兵士相随，这远远不是爱护自己的做法。保全自己，留名后世，以使君王和亲人安心，这和前者相比，哪种更危险，更会使人受辱呢？应该加强警戒，切实崇尚大节，让我称心。

这是黄初二年（221 年）四月孙权所下的诏令。他谈了居安思危的道理，对于将士放松武备的做法提出了批评，这说明孙权小心谨慎，不松懈麻痹。

文中的隽不疑是西汉勃海（今河北沧县东）人，昭帝时，齐孝王孙刘泽与燕王旦联络郡国谋反，被他发觉收捕，擢为京兆尹，治民严而不残，吏民服其威信。副，称的意思。

以备征役（晋元帝　司马睿）

【原文】

昔汉二祖及魏武皆免良人，武帝时，凉州覆败，诸为奴婢亦皆复籍，此累代战规也，其免中州良人遭难为扬州诸郡僮客者，以备征役。

——《晋书·帝纪·元帝》

【译解】

过去汉高祖刘邦、汉世祖刘秀以及魏武帝曹操都曾经免除那些奴仆身份，恢复其平民身份，晋武帝时，凉州覆败，诸多奴仆也恢复了平民的户籍，这是历代的战规。现在我命令免除中州平民因为遭难沦为扬州诸郡的奴仆身份，以准备征调他们服兵役。

大兴四年（321 年），后赵石勒攻陷了晋朝的猒次，幽州刺史段匹磾战死。面对这种形势，晋元帝下了这道诏令，准备解放奴仆，广辟兵源，以增强军队力量，反击石勒。

文中的汉二祖指西汉高祖刘邦、东汉世祖光武帝刘秀。魏武指魏武帝曹操。凉州，指现在甘肃、宁夏及青海湟水流域，内蒙古纳林河、穆林河流域。中州，泛指黄河中游地区。 扬州，泛指江南地区。

元太祖成吉思汗的西征

在金国还没有被完全消灭的时候，成吉思汗就开始组织蒙古骑兵向西发动战争了，在他的指挥下，蒙古骑兵凭借着较少的军队和漫长的后勤供应几乎战胜了所有的敌人，这也让欧洲人将那段梦魇般的历史称为“黄祸”。当时的西方人之所以不敌蒙古骑兵，最主要的原因是当时的西方各国的军队采用的战术不适应被蒙古人改进了的东方战术，而出现这一情况的主要原因是因为东西方的文化差异以及思维差异。东方军队讲究部队作战的机动性和战术的灵活性，受《孙子兵法》的影响，讲究“诡道”而不讲究堂堂正正的正战。在这种战术意识的支配下，东方军队的单位攻击力和防护力并不强，如果对付罗马帝国和马其顿帝国的密集步兵方阵，采用正面作战的方式根本没有胜利的可能。与东方军队不同的是，西方军队一开始就采用严密的队形，特别强调突出正战的攻击力和防护力。这种战术的冲击力十分强劲，但它的弱点也非常突出，队伍转动不便，必须时刻注意保持队形的严整。而蒙古人非常重视部队的机动性，他们擅长远距离的包抄迂回、分进合击，常常以上百里的大规模机动，使敌人很难预料和防范到他们的攻击。他们在战斗中很少依赖单纯的正面冲击，通常使用的方法是，一小部分骑兵不停地骚扰敌军，受攻击后后撤，待追击的敌军队形散乱疲惫时，早已四面包抄的骑兵则在一阵密集的弓箭射击后蜂拥而来。蒙古军队靠着部队的高度机动性，消灭了大量装甲坚固但行动笨拙的欧洲军队。

战国时常用军阵

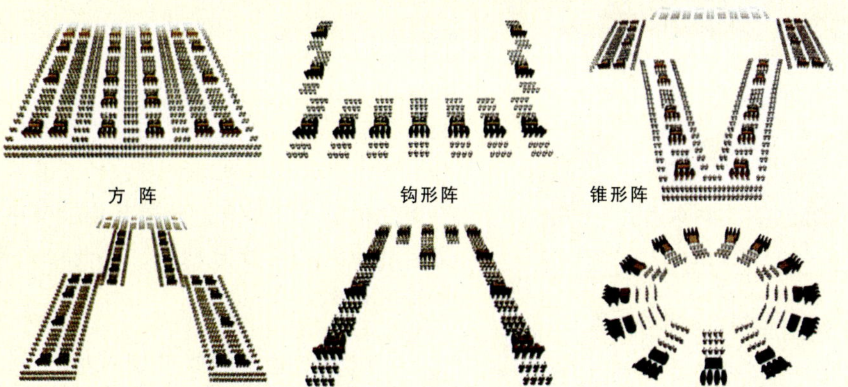

阵 式	兵力部署	指挥位置	性 质
方 阵	方阵兵力“薄中厚方”，中央兵力少，四方兵力强，既可虚张声势，又可更好地防御敌人。	金鼓旗帜部署在阵式后方	攻击性阵式
圆 阵	兵力均衡，环形布阵。	金鼓旗帜部署在中央	防御性阵式
雁形阵	横向展开，左右两翼向前或者向后梯次排列，左右两翼形成迂回包抄阵式，后卫进行主力冲杀。		攻防兼备阵式
钩形阵	正面为方阵，两翼向后弯曲成钩形，可保护侧翼安全。	金鼓指挥部署在后方	攻击性阵式
锥形阵	布阵如锥形，前锋兵力尖锐迅速，可直捣敌内，突破、割裂敌人的阵形，两翼坚强有力，可包围歼灭敌人。		进攻突破阵式
箕形阵	雁形阵的变形。		攻守兼备阵式
疏 阵	兵力布置疏散，行列间距大，可多竖旌旗、兵器、草人，夜间多点火把，以少数兵力显示强大实力，迷惑敌人。		攻守兼备阵式
数 阵	兵力密集型阵式。		攻守兼备阵式
玄襄阵	一种迷惑假阵，队列间距大，阵内多竖旌旗、鼓声，模拟络绎不绝的车行进声。		欺诈式列阵

常见的军阵

所谓“阵”，就是军队在投入战斗时，根据地形条件、敌我实力等具体情况而布置的战斗队形，从基础的一兵、一伍、一列开始，一直到全军，都做到“立兵伍，定行列，正纵横”。作为一种战斗队形的配置，中国古代很讲求阵法，且代有传书。

令必死于我（梁武帝 萧衍）

【原文】

军志有之，善用兵者，如常山之蛇，首尾相应。今我师既众，贼徒甚寡，应分贼兵势，以弱制强。何故聚其锋锐，令必死于我。

——《梁书·本纪·武帝》

府兵出行作战图　画像砖　隋代

府兵本泛指军府之兵，由西魏权臣宇文泰建于大统年间，历北周、隋至唐初期而日趋完备，唐玄宗天宝年间停废，历时约两百年。府兵在隋及唐初具有较强的战斗力，他们是军队的骨干，唐朝有强劲的军事实力，主要在于它有精良的府兵和尚武精神。府兵制自唐高宗后期至武后时逐渐被破坏，到玄宗时终被废除，由募兵制所取代。

【译解】

兵书上有这样的话，善于指挥军队的人，布阵犹如常山之蛇，首和尾相互救应。现在我们的军队多，贼人的兵马少，应该分散敌人的兵势，用弱兵制胜强敌，为何要让敌人聚集起精锐，使其向我们拼死冲锋呢。

大宝年间陈武帝与侯景作战时，在一次战斗中说了这段话。他引用兵书的布阵方法，结合当前的军队情形，分析了作战方略，表明了陈武帝的用兵策略和胆识。

文中的常山之蛇是用来比喻一种阵法，出自《孙子·九地》：“故善用兵，譬如率然。率然者，常山之蛇也。击其首则尾至，击其尾则首至，击其中则首尾俱至。”

南征北伐（隋文帝　杨坚）

【原文】

魏末丧乱，宇县瓜分，役车岁动，未遑休息。兵士军人，权置坊府，南征北伐，居处无定。家无完堵，地罕包桑，恒为流寓之人，竟无乡里之号。朕甚愍之。凡是军人，可悉属州县，垦田籍帐，一与民同。军府统领，宜依旧式。罢山东河南及北方缘边之地新置军府。

——《隋书·帝纪·高祖》

【译解】

魏代末年，天下丧乱分裂，战事年年发生，无暇休

骑兵泥俑　唐代

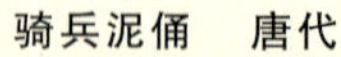

秦汉以来，唐马最盛。李源起兵太原，得突厥马匹两千，又得隋马三千，这是唐军最早的骑兵基础。至此后，养马日盛，又注意吸取前朝教训，讲究养马方法，因而马匹更是健壮，从贞观至麟德，有马七十万零六千匹。由于养马、用马均出色，唐军战马与西域战马相比，毫不逊色。因此唐代骑兵力量，胜过历朝历代。图为唐代的骑兵泥俑，从其装束来看，应为擅于奇袭和急袭的轻骑兵。

息。兵士军人，暂时舍去乡里的住宅，南征北伐，没有固定的居处。家里没有完整的墙舍，地里少见丛生的桑树，常常成为流离漂泊的人，最终失去乡里的称号。我很怜悯他们。凡是军人，都可归属州县，开垦田地和户籍，与老百姓相同。将帅幕府的统领，仍应按照旧制处理。废除太行山以东、黄河以南及北方边缘地区新设立的军府。

这是隋文帝在开皇十年（590 年）发布的诏令。表现了他对连年征战的军士的关心和同情，希望在天下太平时让他们归到农田，以稳定社会，促进生产。

文中的宇县如同天下。完堵，完好的屋墙。包桑，指丛生的桑根。军府，将帅的府署。

兵甲者，国之凶器也（唐太宗　李世民）

【原文】

夫兵甲者，国之凶器也。土地虽广，好战则民凋；邦境虽安，忘战则民殆。凋非保全之术，殆非拟寇之方；不可以全除，不可以常用。故农隙以讲武，习威仪也；三年治兵，辨等列也。是以勾践轼蛙，卒成霸业；徐偃弃武，终以丧邦。何则？越习其威，徐忘其备也。

——《唐太宗集·阅武篇》

【译解】

披甲的军队，是国家的凶器。国家土地虽然广大，如果喜好战争那么民众就会衰弱；国家边境虽然安定，如果忘记战争那么民众就有危险。民众衰弱不是保全国家的办法，民众有危险也不是对付敌人的方略。军事不可以完全废除，也不可以经常使用。所以只在农闲时讲习武事，练习威严的容仪；每三年练一次兵，以辨别等级品位。因此，对于发怒的青蛙，越王勾践伏在车前横木对它致敬，最终成就了霸业。徐偃王放弃武备，终于亡国。为什么呢？越国时常练习军事，徐国忘记军备。

唐太宗《阅武篇》中的这段话阐述了军队的性质及如何备战的问题，告诫大家要防止好战与忘战两个极端，要以正确的态度对待战争。

文中的等列，指等级品位。勾践轼蛙，典故出自《吴越春秋》，越王勾践将伐吴雪恨，自认为没有得到士卒以死效力。他在路上见到一只蛙张腹而怒，将有战争之气，越王于是马上为之伏轼以示敬意。士卒问越王道：“君若何见蛙面为之轼？”勾践回答：“吾见士卒之怒久矣，而未有称吾意者，今蛙虫无知之物，见敌而有

射箭图

《周礼·保氏》说：“养国子以道，乃教之六艺：一曰五礼，二曰六乐，三曰五射，四曰五驭，五曰六书，六曰九数。”“六艺”是贵族，特别是士阶层最普遍的练习内容。图中描绘的正是贵族练习射箭时的场景。

唐代宗

唐代宗李豫（726—779年），唐肃宗长子，唐朝第八位皇帝（去武则天以外，762年—779年在位）。代宗即位后，虽安史之乱得到平定，但唐朝已经开始转为衰落。当时，东有诸多藩镇割据，北方又有回纥不断勒索，西面有吐蕃侵扰。代宗又迷信佛教，"造金阁寺于五台山，铸铜涂金为瓦，所费巨亿"，使得国家政治经济进一步恶化。779年李豫去世，葬于元陵（今陕西省富平县西北三十里的檀山），谥号睿文孝武皇帝，传位于唐德宗李适。

怒气，故为之轼。"军士听了这话，没有谁不怀心乐死，人人都为之效命。徐偃，据说是周穆王时徐国国君，周穆王命令楚灭其国，徐偃临死时曾说："吾修于文德，而不明武备；好行仁义之道，而不知诈人之术。"

国之大事，戎马为先（唐代宗　李豫）

【原文】

国之大事，戎马为先，朝有旧章，亲贤是属。故求诸必当，用制于中权；存乎至公，岂惭于内举。特进、奉节郡王适可天下兵马元帅。

——《旧唐书·本纪·代宗》

【译解】

国家大事，以征战为先，朝廷的旧制度，就要亲近和任用贤人。所以，求贤一定要得当，使其能掌握好军权；只要心里想着为公，即使荐举自己的亲属又哪有内疚。特进、奉节郡王李适为天下兵马大元帅。

宝应元年（762年）四月，唐肃宗死，唐代宗在灵柩前即位，这是他即位不久下的诏令。他在国家动乱时首先想到的是选拔贤能的人执掌军权，显示了他治理国家的能力。

文中的戎马本指军马，借指军事、战争。

录死事文武官子孙（宋太宗　赵炅）

【原文】

应行营将士战败溃散者并释不问，缘边城堡备御有劳可纪者所在以闻。瘗暴骸，死事者廪给其家，录死事文武官子孙。蠲河北雍熙三年以前逋租，敌所蹂践者给复三年，军所过二年，余一年。

——《宋史·本纪·太宗》

【译解】

所有战败逃散的行营将士都不予追究，沿边城堡防御有功劳可以记录下来的由所在地上报。掩埋暴露的尸骨，为了王事而死的人要供养他们的家属，为王事牺牲的文武百官的子孙要录用。免除河北雍熙三年以前所欠的租赋，遭到敌人蹂躏践踏的人免除三年的税赋和劳役，敌人经过的地区免除两年，其余地区免除一年。

雍熙三年（986年）十二月壬子，唐朝建房州为保康军，以右卫上将军刘继元为节度使。代州副部署卢汉赟败契丹于土镫堡，斩获甚众，杀监军舍利二人。雍熙四

成吉思汗

从成吉思汗踏上他的征服之旅开始，血腥的战争和屠杀就一直没有停止过，无数的无辜百姓为了成就他的“一将功成”，而化作了“万骨枯”。从朝鲜半岛到多瑙河，从西伯利亚到西奈半岛，几乎所有的民族都饱受了蒙古铁蹄的蹂躏。在那个时代，屠城、大规模强暴、纵火几乎每天都在发生。蒙古人的征服使两亿人失去了生命，仅当时的中国就有五十多座大城市被整座屠光。公元1215年，成吉思汗攻陷金国都城中都，对城中居民进行了长达一个月之久的大屠杀，超过一百万人丧生。公元1220—1221年，蒙古人第一次西征时，对撒马尔罕进行了疯狂屠杀。当时共计五万蒙古兵，平均每人手刃二十四个百姓之多。被屠杀者多达一百二十万。公元1227年，杀人魔王铁木真发泄兽欲时，因被西夏妇女伤中了要害而死于六盘山。他的继承者为了实现对西夏的征服并为他报仇，而对西夏境内的居民实行全面屠杀。仅西夏都城兴庆府就有超过八十万的居民被屠杀，党项族也从此灭绝。除此之外，他的儿子拖雷在攻陷成都后大肆屠杀成都居民，致使一百四十万无辜百姓命丧黄泉。他的孙子旭列兀在1258年攻陷巴格达后，大屠巴格达居民，据记载有一百二十万人死于征服者的屠刀之下，而当时底格里斯河也变成了一片血红。

着明光铠的胡人将军俑　唐代

“明光铠”一词与胸前和背后的圆护有关，这种圆护大多以铜铁制成，并且打磨得颇似镜子。在战场上穿明光铠，由于太阳的照射，将会发出耀眼的“明光”，故名。图为戴兜鍪、穿明光铠的胡人将军俑。

宋仁宗

宋仁宗赵祯（1010—1063年），中国北宋第四代皇帝。在位期间，宋朝面临官僚膨胀的局面，冗官冗兵很多，而对外战争却又屡战屡败，边患危机重重，人民生活困苦。后来为了解决财政危机和军事危机，虽一度推行“庆历新政”，但以失败告终。1063年病死，享年五十四岁，葬于永昭陵。

年（987 年）春正月，宋太宗下发了这道诏令，反映了他对参战将士和战区百姓的关心。

文中的行营指出征时的军营。瘗，埋葬。

朕安用此（宋真宗　赵恒）

【原文】

近臣并知杂御史、尚书省五品及带馆阁三司职者，各举升朝官有武干堪边任一人。

——《宋史·本纪·真宗》

【译解】

近臣以及知杂御史、尚书省五品及带馆阁三司职务的官员，各推举一名有军事才干能够胜任守边的人升任朝官。

这是宋真宗在咸平三年（1000 年）二月所发的诏令。他要求有关官员要推荐军事人才出来做官，表现了他在当前的情形下，注意举荐任用军事人才的思考。

【原文】

臣下皆苦寒，朕安用此？

——《宋史·本纪·真宗》

【译解】

臣子部下都处在苦寒中，我怎么能用这个呢？

景德元年（1004 年）十一月，契丹进攻瀛洲，知州李延渥率军打败敌人，杀伤敌人十万人。真宗于是到北方视察。甲戌日，天气非常寒冷，左右进上貂帽毳裘，真宗推却了，说了这句话，表明他注意以身作则，能与将士同甘共苦，以鼓励臣下。

兵冗赏滥，罔知所从（宋仁宗　赵祯）

【原文】

西陲备御，兵冗赏滥，罔知所从，卿等各以所见条奏。

——《宋史·本纪·仁宗》

响　箭

响箭是一种在草原和平原上进行远距离联系的工具。响箭箭头中空，借助强弓挽射的劲力，发出尖锐的呼啸直指长空，是人类应用的最轻便、最具灵活性的“烽火台”。

【译解】

西部边境的军备防御，兵员冗多，奖赏太滥，不知怎么办，你们各自把意见分条陈上。

这是宋仁宗在庆历八年（1048年）三月到龙图阁、天章阁对辅佐大臣所言。表明他要整顿军队，增强战斗力的想法。

无忘扞御（宋高宗　赵构）

【原文】

日者遣使报聘邻国，朝还梓宫。尚虑边臣未谕，遂弛戒备，以疑众心。其各严饬属城，明告部曲，临事必戒，无忘扞御。

——《宋史·本纪·高宗》

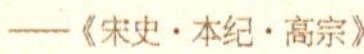

【译解】

前些日子还派遣使者回报邻国的问候，希望他们能够归还二帝的灵柩。我想到还没有对边臣们讲明这些问题的背景，担心他们松弛戒备，使民众心里产生疑惑。现在我命令，各位要严肃饬告自己所管辖的城市，

乾隆的"宽猛论"

乾隆登基后，立即向大臣们表达了自己的施政原则，他说："治天下之道，贵得适中，故宽则纠之以猛，猛则济之以宽"，"朕兹当御极之初，惟思宽严相济"。这时的乾隆认为治天下不仅要"宽"，还要"猛"。同时由于自己刚上台不久，还不能一味地"猛"，也不能一味地"宽"，所以要"宽严相济"。在政权稳定之后，乾隆又说："从来为政之道，损益随时，宽猛互济。""所谓宽大者，乃爱养良民，勤恤民隐，安静至诚，以培元气者，乃非废弛，而真能振作也。"由此可见，乾隆认为"宽"应与"爱民"相结合。三十岁之后的乾隆认为："宽、信、敏、公，乃圣王治世之大本，而必以宽居首。圣王出治，舍宽其何以为敷政宁人之本哉？"这时的乾隆已经将自己所认为的"宽政"放在了首位，他认为只有"宽政"才能有利于百姓。

乾隆对吏治的整治

乾隆六年，山西巡抚喀尔吉善上疏弹劾布政使萨哈谅"贪赃不法，肆意克扣"、学政喀尔钦"贿卖文武生员"。乾隆大怒，下旨痛斥两人："朕御极以来，信任大臣，体恤群吏，且增加俸禄，厚给养廉，恩施优渥，以为天下臣工，自必感激奋勉，砥砺廉隅，实心尽职，断不致有贪黩败检以干宪典者。不意竟有山西布政使萨哈谅、学政喀尔钦秽迹昭彰，赃私累累，实朕梦想之所不到，是朕以至诚待天下，而若辈敢于狼藉至此，岂竟视朕为无能而可欺之主乎？"在乾隆看来，官员不应该贪污，如果贪污就必将受到严惩，他还将革除这一积弊，同时表示自己"并非无能而可欺之主"。当时的乾隆年轻气盛一心想做一番大事，可中国官场的恶习已经积累数千年，想要改掉已经完全不可能了，所以到最后他也只能感叹"朕将何以用人、何以信人"。

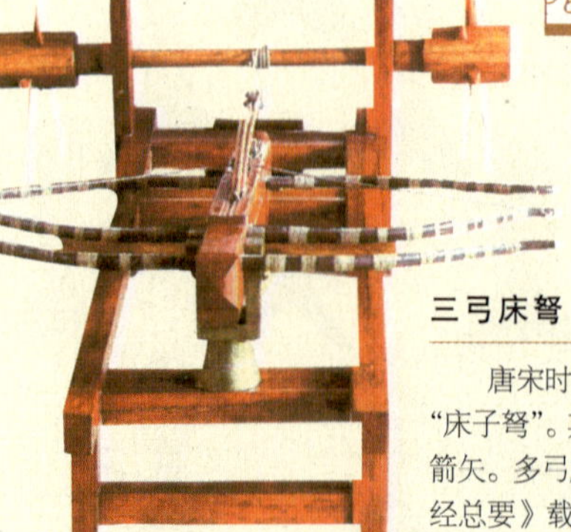

三弓床弩　宋代

唐宋时期，弩炮被广泛用于攻守城作战。宋代则称弩炮为"床弩"或"床子弩"。其时一架弩炮往往联装两张弓或三张弓，利用多弓的合力发射箭矢。多弓床弩的结构非常巧妙，弓弦的张设也利用了滑轮。北宋的《武经总要》载有多种多弓床弩，其中最为强劲的三弓床弩需百余人绞轴张弦，射程可至1536米，这是古代射远武器所达到的射程最高纪录之一。

明白地告诉自己的部下，临事一定要加强戒备，不要忘记抵御敌人。

绍兴八年（1138 年）七月，高宗曾经命人去金国迎二帝的灵柩。他又担心边吏武臣因此而放松戒备，给民众造成疑惑，失去警惕，于是在八月下了这道诏令。这说明了他做事稳妥，时刻不放松警戒。

文中的聘即问，相互间通问修好。梓宫，指中国古代帝王、皇后用梓木制作的棺材。扞御，即抵御。

元至顺三年铜炮及铭文

元至顺三年（1332 年）所铸铜炮，是中国也是世界现存最早的有明确纪年的铜炮。炮口外张似酒盏，故名盏口铳或盏口炮。炮身刻有“至顺三年二月十四日，绥边讨寇军，第三百号马山”。此炮形体较大，与火铳相比，其结构复杂，铸造精良。

遗物俟军事毕散之（元太祖　铁木真）

【原文】

苟破敌逐北，见弃遗物，慎无获，俟军事毕散之。

——《元史·本纪·太祖》

【译解】

如果打败了敌人追击他们，看见了抛下的物品，千万不要获取，要等待军事行动结束后，再分发给大家。

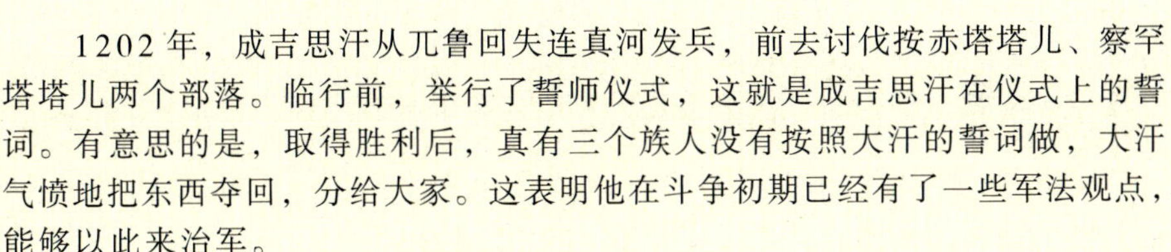

1202 年，成吉思汗从兀鲁回失连真河发兵，前去讨伐按赤塔塔儿、察罕塔塔儿两个部落。临行前，举行了誓师仪式，这就是成吉思汗在仪式上的誓词。有意思的是，取得胜利后，真有三个族人没有按照大汗的誓词做，大汗气愤地把东西夺回，分给大家。这表明他在斗争初期已经有了一些军法观点，能够以此来治军。

不得擅自诛戮（元世祖　忽必烈）

【原文】

军中犯法，不得擅自诛戮，罪轻者断遣，重者闻奏。

——《元史·本纪·世祖》

【译解】

军队中有人违犯了法律，不得越权自作主张诛杀，罪轻的判处遣送出军队，罪重的奏明君王再作处理。

这是元世祖在至元二年（1265 年）五月发的一道诏令。他规定对犯法军人的处理要慎重，要区别罪的轻重作出不同的处罚，说明了他对军人犯罪处理的重视，以稳定这一特殊群体。

文中的擅自指越权自作主张。

回回炮

回回炮是元朝雇用回回人制造的抛石机，忽必烈称其为“巨石炮”。与以前蒙古人制造的炮相比，回回炮既省人力，又具有更大的威力。据说它“声震天地，所击无所不摧”。

【原文】

戍军还，有乏食及病者，令所过州城村坊主者给饮食医药。

——《元史·本纪·世祖》

【译解】

戍守的军队回还时，如有人缺乏食物和生病，我命令他们所经过的州郡城市的村民和街坊为他们提供饮食和医药。

这是元世祖在至元七年（1270年）六月所下的一道命令。他规定各地要为经过的军队提供帮助，表明了他对戍军生活的重视，以稳定军队的情绪。

擅离所部者论如律（元成宗　铁穆耳）

【原文】

军民官已除，以地远官卑不赴者，夺其官不叙。军官擅离所部者，悉遣还翼，违者论如律。军人不告所部私归者，杖而还之。

——《元史·本纪·成宗》

【译解】

军民官已经任命，因为地方偏远官职低微不去赴任的，削去官职不再任

抗倭图卷（局部）　明代

明朝为防御倭寇海盗侵扰及保护海运安全，在重要地段设置了关隘重重布防。而在这些地方配置的战船，其技术和装备都是当时最先进的。图中左绘明军出征，正走上江南的小桥，骑马报捷的军士从桥的另一端赶来，右边明水军与倭寇仍在激战。从河中战舰可见明水军的装备情况。

用。军官擅自离开营地的，要全部遣还原翼营地，违犯者按律令处罚。军人不请假擅自逃回去的，要处以杖刑再令其归回。

这是元成宗在大德八年（1304年）三月发的诏令。他严肃查处官吏、军官、军人违纪的情况，以保证国家政权的正常运转。

秋毫无犯（明太祖 朱元璋）

【原文】

克城以武，戡乱以仁，吾比入集庆，秋毫无犯，故一举而定。每闻诸将得一城不妄杀，辄喜不自胜。夫师行如火，不戢将燎原。为将能不杀为武，岂惟国家之利，子孙实受其福。

——《明史·本纪·太祖》

【译解】

攻克城市要凭借武力，平定内乱要凭借仁爱。我们最近进入集庆，秋毫无犯，所以一举而安。听说各位将领攻下一座城市，不乱杀人，我喜悦之情就不能抑制。军队行动如同火一样，不谨慎行事，就将燃烧原野。做将领能够以不杀人作为武的标准，难道只是对国家有利益吗？子子孙孙也要享受幸福。

乾隆对“红溪惨案”的态度

1619年荷兰殖民者占领雅加达，由于当地劳动力短缺，于是，荷兰殖民者不择手段地从各地诱骗华侨，甚至到中国东南沿海掳掠人口来充当劳役。后来，殖民者嫉妒华侨在发展经济上所起的作用，又怕他们同当地人民联合起来反抗殖民统治，转而采取严格限制入境的措施，乃至推行排华政策。1740年10月9日，殖民者以搜查军火为名，命令城内华侨交出一切利器，荷军挨户搜捕华侨，不论男女老幼，捉到便杀，对华侨进行血腥洗劫。屠杀持续七天，城内华侨被杀近万人，侥幸逃出者仅一百五十人，被焚毁和劫掠的华侨房屋达六七百家，财产损失无法估计。红溪是雅加达城外的一条河，由于很多华侨被殖民者处死在了红溪，因此，这次事件又被称为“红溪惨案”。清朝自入关后，由于台湾郑氏经常侵扰沿海，因此，清廷一直实行严厉的禁海政策，并将靠近海边的居民强行迁徙到内陆，对那些出海谋生的中国人实行严惩。在得知惨案的发生后，乾隆皇帝却说：“违旨不听召回，甘心久往之辈，在天朝本应正法，其在外洋生事被害，咎由自取”。

八旗甲胄

八旗制度是清朝赖以统治的兵制，创立于努尔哈赤时期。1601年，努尔哈赤建立黄、白、红、蓝四旗，称为正黄、正白、正红、正蓝，旗皆纯色。之后，努尔哈赤为适应满族社会发展的需要，在原有的四旗之外，增编镶黄、镶白、镶红、镶蓝四旗。旗帜除四正色旗外，黄、白、蓝均镶以红，红镶以白。正黄、镶黄、正白三旗，由皇帝自将，称为上三旗，余下五旗称为下五旗。

至正十九年（1359年）正月，明太祖准备夺取浙东一些地区，这是他行动前对诸将所言。说明了他注意文武并用，制止杀戮，以安抚人心。

文中的戡乱指镇压叛乱。集庆即今南京市。戢指收敛。

【原文】

中原之民，久为群雄所苦，流离相望，故命将北征，拯民水火。元祖宗功德在人，其子孙罔恤民隐，天厌弃之。君则有罪，民复何辜。前代革命之际，肆行屠戮，违天虐民，朕实不忍。诸将克城，毋肆焚掠妄杀人，元之宗戚，咸俾保全，庶几上答天心，下慰人望，以副朕伐罪安民之意。不恭命者罚无赦。

——《明史·本纪·太祖》

【译解】

中原地区的民众，长久被群雄的争斗所害苦，流离失散的人在道上相望不绝，所以我命令将领北伐，把民众从水深火热中拯救出来。元朝的祖宗还是有功德于民众的，但子孙们却不体恤百姓的痛苦，上天厌恶而抛弃了他们。元朝的国君有罪，百姓又有什么罪呢。从前朝代更替时，大肆屠杀百姓，违背天意而虐待民众，我实在不忍心。各位将领攻克城市后，不要大肆焚烧抢掠胡乱杀人，元朝的宗室亲戚，都要使他们受到保全。希望对上能报答天意，对下能安慰民众的愿望，以此符合我讨伐罪人安抚民众的意愿。不恭敬听从命令的人一定要惩罚，不会赦免。

这是洪武元年（1368 年）七月，明太祖对徐达等大臣所言。他为了解救北方民众，决心北伐，并告诫将来要严禁杀戮，以保全百姓。表现了他对民众的慈悲和宽厚。

文中的流离指流转、失散。革命在古代指天子受天命称帝，故凡朝代更替,君主易姓,皆称为革命。

《四库全书》

《四库全书》是中国历史上最大的，同时也是集我国古代文献典籍之大成的一部丛书。《四库全书》的编纂始于乾隆三十七年，结束于乾隆五十二年，共著录图书 3461 种，79309 卷，由于该丛书分经、史、子、集四部，所以被称为《四库全书》。《四库全书》在搜集时也存在许多不足，如重视儒家著作、轻视科技著作、不收戏剧著作和章回小说、图书正文或删节或篡改等。当时的欧洲列强十分重视科技，而《四库全书》却将儒家经典放在首位，视科技为“奇巧淫技”。在《四库全书》完成后，乾隆帝对《四库全书》的收藏十分重视，他决定仿效“天一阁”规制，修建文津阁、文渊阁、文源阁、文溯阁、文汇阁、文宗阁、文澜阁共七座藏书楼收藏此书。尽管乾隆想方设法地想使《四库全书》流芳百世，但在他死后不到一百年间，中国就成了西方列强洗劫的目标。1860 年，英法联军攻占北京火烧圆明园，存放在文源阁中的部分焚毁。随后，文宗阁和文汇阁所藏部分也在太平天国运动期间被毁。文澜阁所藏的部分在太平军第二次攻占杭州后散落民间。因此，现存的《四库全书》仅有三套半而已。

宜先破之（清太祖　爱新觉罗·努尔哈赤）

【原文】

明兵由南来者，诱我南也，其北必有重兵，宜先破之。

——《清史稿·本纪·太祖》

架火战车　明代

明代发明的架火战车，即在人力独轮车上装有六个长方形箱体的火箭发射器，是世界上最早的多管火箭炮。架火战车的两侧设置有六筒火箭，共一百六十支，其发射与“火龙箭”、“一窝蜂”等多发火箭的结构和特点相似，都是将火箭预先装在发射筒内，而所有火箭的引火线都联在一起，形成引火总线。发射时，点燃引火总线，火箭犹如条条火龙，一齐从发射筒内喷出。刹那间，火闪烟飞，声如雷鸣，直冲敌阵。

乾隆的养生之道

乾隆皇帝是中国历史上最长寿、掌权最久的皇帝，虽然康熙皇帝在位是六十一年，但在康熙前期，大权却是掌握在四大辅政大臣手里，后来又落到了鳌拜手里，因此康熙皇帝真正掌权的时间不足六十年。乾隆曾将自己的养生之道归纳成六个字，即“十常”、“十少”、“十多”。“十常”是指齿常扣，耳常弹，睛常运，津常咽，鼻常揉，面常搓，腹常鼓，肢常伸，足常磨，肛常提。“十少”是指少肉、少食、少糖、少盐、少言、少烦、少欲、少衣、少怒，少车。“十多”是指多菜、多嚼、多果、多醋、多行、多眠、多施、多浴、多笑、多步。

土尔扈特部的回归

土尔扈特部在17世纪30年代，因与准噶尔部不和，所以全部离开了新疆，迁徙到了伏尔加河下游。自从进入俄国境内以后，土尔扈特部就一直受到沙皇俄国的侵略与奴役。乾隆三十六年，部落首领渥巴锡为摆脱沙俄压迫，率领部众从俄国迁徙回新疆。当乾隆得知十六万人的土尔扈特部在回到中国后仅剩七万余人时，心里十分难过。他要求伊犁将军伊勒图务必做到“口给以食，人授之衣，分地安居，使就米谷，而资耕牧”，保证土尔扈特部能重建家园。同时，清廷还连续八年免除赋税，直到1871年之前，清廷没有征召一个土尔扈特士兵。

【译解】

明朝的军队由南方来，是为了引诱我们向南方进军。他们北方一定有重兵，应该先打败这支部队。

清太祖天命四年（1619年），明朝经略杨镐进攻清太祖。杨镐的部队有二十万人，加之还有叶赫部和朝鲜的军队，共分四路进攻，来势汹汹。这段话是清太祖得到报告后所言，表明他对形势判断准确，布置得当。清军照此反击，果然取得胜利。

将士披坚执锐

（清圣祖　爱新觉罗·玄烨）

【原文】

军兴以来，将士披坚执锐，盛暑祁寒，备极劳苦，朕甚悯焉。其令兵部察军中有负债责者，官为偿之，战殁及被创者恤其家。

——《清史稿·本纪·圣祖》

【译解】

自从兴军讨伐吴三桂的军事叛变以来，将士们披着铠甲，拿着武器，在酷暑寒天里，受尽了辛劳困

苦，我很怜悯他们。我命令兵部清查军队中负债的人，由官府替他们偿还。战死和受了伤的人，要抚恤他们的家庭。

《大阅兵》列阵布局
金昆　绢本设色　清代

清代八旗制度，不光在满人中设置，后为扩大军事实力与笼络人心，增设了蒙古八旗与汉军八旗。图中参加阅兵的八旗官兵，共二十四旗，人员多达数万。

这是清圣祖在康熙十七年（1678 年）六月下的诏令。表明了他对士兵的同情和体恤，借此笼络军心，提高士气。

文中的军兴以来指康熙十二年（1673 年）吴三桂在云南起兵反清，清圣祖兴兵征讨以来。祁寒指严寒。

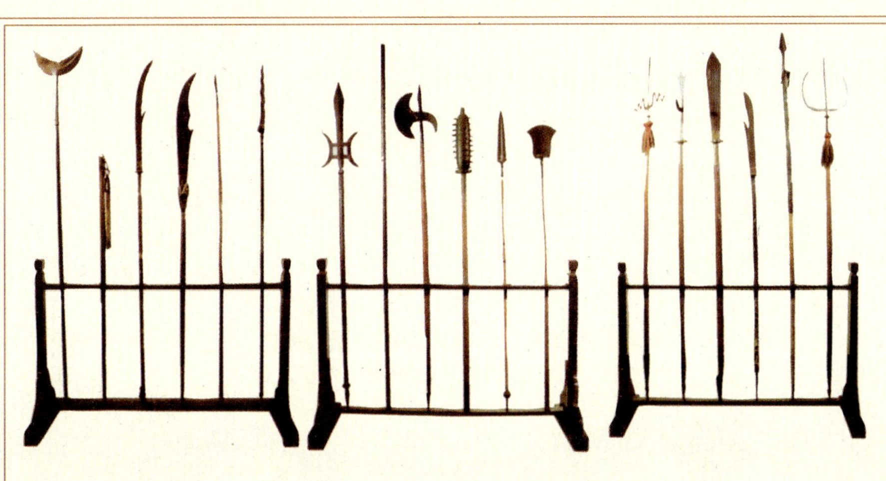

十八般武艺

"十八般武艺"一说大约流行于宋、元时期，原指使用十八般武器的本领。它最初见于南宋华岳编的兵书《翠微北征录》中，据推测它的出现可能在南宋之前。"十八般武艺"内容指弓、弩、枪、刀、剑、矛、盾、斧、钺、戟、鞭、锏、挝、殳、叉、把、绵绳套索、白打等，古代将领编列、选择士兵，犹如选择兵器，要以出身、性格等为标准。

清圣祖

清圣祖爱新觉罗·玄烨（1654—1722年），清朝第二代皇帝。顺治十八年（1661年）即位，时年八岁，由索尼、苏克萨哈、遇必隆、鳌拜四大臣共辅政，年号康熙。康熙六年（1667年）亲政。在位时期，智擒鳌拜，剿撤三藩，南收台湾，北拒沙俄，西征蒙古，兴修水利，治理黄河，鼓励垦荒，薄赋轻税，爱民如子。由于他的治国有方，中华帝国的多民族统一的局面得到巩固发展，为“康乾盛世”的繁荣奠定了基础，开创中华帝国的另一黄金时代。

乾隆皇帝的甲胄

此铠甲是乾隆皇帝阅兵及狩猎时穿用的，铠甲用棉料制成，通体钉镀金铜泡，由甲挂、甲裙、左右护肩、甲前胸、护心镜、前后遮缝及左右护肋等十个部件组成。胄为皮胎黑漆，镶镀金镂空云水龙纹及各色宝石饰件，顶端镶乳状大东珠一颗。

从未敢穷兵黩武

（清高宗　爱新觉罗·弘历）

【原文】

安南水土恶劣，决计不复用兵。阮惠已三次乞降，果赴阙求恩，可量加封号。朕抚驭外夷，无不体上天好生之德，从未敢穷兵黩武。

——《清史稿·本纪·高宗》

【译解】

安南的地理条件恶劣，我决定不再用兵。阮惠已经三次乞求投降，果然到朝廷来请求施恩，可酌情加他封号。我安抚驾驭外族，无不是体现上天的好生之德，从来不敢穷兵黩武。

乾隆五十三年（1788年）六月，安南（今越南）国王黎维祁被其臣阮惠所逐，其母、妻叩关报告事变。当时安南为清朝之属国，历代黎氏国王均由清朝册封。乾隆五十三年正月至五十四年正月，清军为安南国王黎氏复国而南攻阮惠，连连取胜。但在黎城光复后，主帅孙士毅严重轻敌，招致清军大败。阮惠占据黎城后，便与暹罗（今泰国）交战，而遣使向清廷请降。四月，乾隆帝封阮惠为安南国王，旋令黎维祁率所属至京归汉军旗。乾隆五十四年（1789年）四月，清高宗下了这道诏令，表明了他安抚息兵的想法。

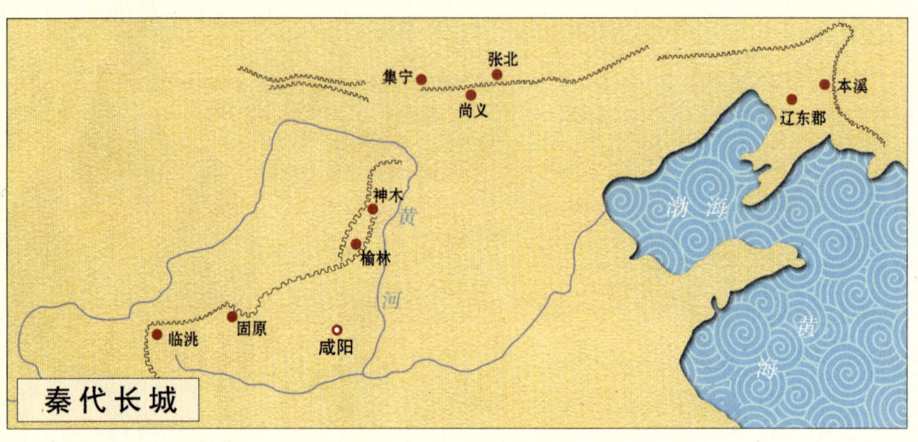

秦始皇三十三年（前214年），秦始皇派大将蒙恬率领三十万人北逐匈奴，占据河套，并修筑长城。秦长城把过去秦、赵、魏、燕长城连接起来，从临洮到辽东绵延万里，从此便有“万里长城”之称。

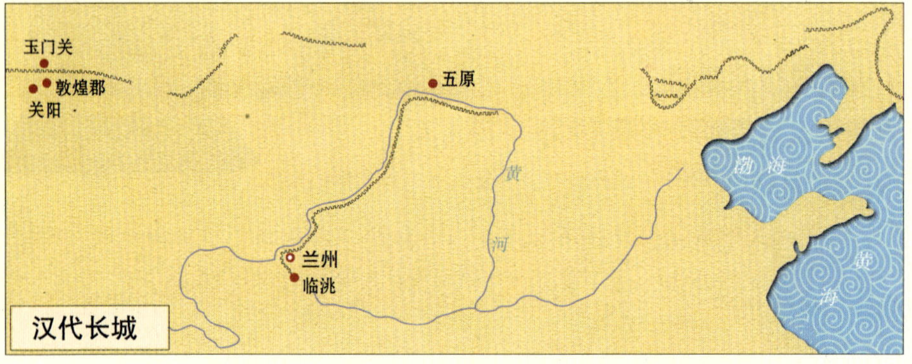

汉朝时继续对长城进行修建，以抵御北方匈奴的侵袭。从汉文帝到汉宣帝，筑成了一条西起敦煌，经玉门、河西走廊张掖等地，东至朝鲜平壤南部大同江入海口、全长近一万公里的长城。汉长城是历史上最长的长城。

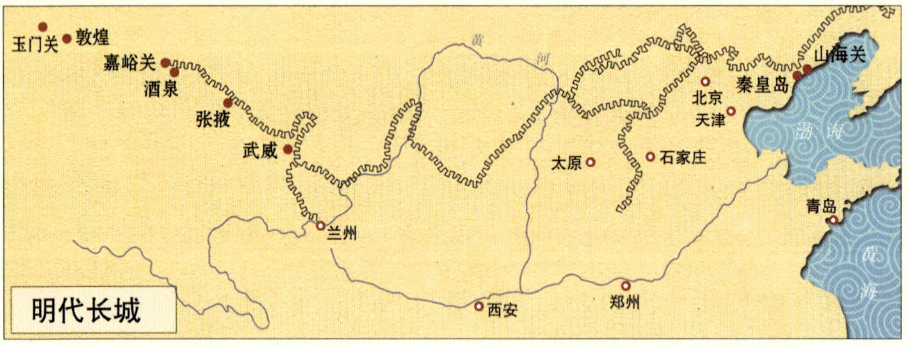

明朝从洪武至万历年间，先后对长城进行了二十次大规模的修建，筑成了一条西起甘肃嘉峪关，经酒泉、张掖、武威等地，东至山海关达辽东省，全长6350公里的长城。这也是现在遗留下来所见的大部份长城。

长城

长城的修筑始于春秋战国时代，已有两千多年的历史，其中以秦、汉、明三代的规模最大。长城并不只是一道单独的城墙，而是由城墙、敌楼、关城、墩堡、营城、卫所、镇城烽火台等多种防御工事所组成的一个完整的防御工程体系。这一防御工程体系，由各级军事指挥系统层层指挥、节节控制，有效的抵御了北方游牧民族的侵袭，是一个成功的军事工程。

附录

帝王生平简介

禹

禹，又被尊称为大禹，与尧舜一起被传为古代的圣王，是夏王朝的开国君主。《史记》说他名文命，《帝王世纪》说他字密。“帝禹为夏后而别氏，姓姒氏”，但一般称作夏禹，是先秦时期以国为氏的习惯。

据说，禹的家世非常显赫，为“黄帝之玄孙而帝颛顼之孙也”，不仅是贵胄，家庭又世为大臣。他的父亲即治水无功的鲧，在帝尧的时代被任用，帝舜时被放逐。禹于舜时为司空，主要工作是治水，接续了父鲧未竟的事业。大禹治水成功后，在部落里树立了很高的威信。舜帝召集各氏族部落酋长开庆功大会，赐给禹用美玉琢磨而成的玄圭，以示其丰功伟绩。并分封他在今日的河南禹州一带。舜年老后，众人一致推举禹为部落联盟的首领。

禹接位后，中原各部落逐步形成以夏族为中心的部落群体，禹在这个群体中的地位已具有王权的性质。他让治水时专司刑罚的皋陶制定了一些规定，各氏族部落如有不听号令者，就以刑罚来惩办。禹多次组织征讨不听教化的苗族，势力范围达到江淮流域。之后，“四方归之，辟土以王”。舜死后，“天下诸侯皆去商均而朝禹。”禹于是即天子位，建立了夏朝。

禹为了巩固夏王朝，把全国分为冀州、兖州、青州、徐州、扬州、荆州、豫州、梁州、雍州九州，以方便管理。他还到南方巡视，在涂山（今安徽蚌埠市西）约请诸侯相会。禹为纪念这次盛会，把各方诸侯部落酋长们送来的青铜铸成九个鼎，象征统一天下九州，九鼎成为夏王朝的象征。

启

启，姓姒名启，大禹的儿子。传说禹在世时选定舜时和自己同朝为官、后有治水之功的伯益为继承人。禹死后，伯益继位。启与伯益发生争夺王位的斗争，结果启杀了伯益，即位为天子。启即位后，在钧台大宴各地首领。有扈氏对启破坏禅让制度的做法十分不满，拒不出席。启发兵征伐有扈氏，大战于甘，灭掉了有扈氏。这次胜利，巩固了新的政权，建立了中国第一个奴隶制的国家。启晚年时生活日益腐化，沉醉在饮酒、打猎、歌舞等娱乐中，疏于朝政。在位九年而卒。

汤

汤，商朝国王，亦称成汤、商汤、武汤、武王、天乙，是我国古代历史上第二个奴隶制王朝商王朝（前16世纪—前11世纪）的建立者，也是我国古代历史上一位杰出的政治家、军事家。

夏代末年，夏王室内部矛盾日趋尖锐。成汤在封国内布德施惠，轻赋薄敛，使百姓亲附，政令通行。他的势力日增，引起夏桀的注意，一度将汤囚于夏台。成汤返回国内后，仍积极进行伐夏的准备。他在景亳召集诸侯开会，申明他执行“天”的命令，必须征伐夏王朝。灭夏胜利后，成汤在三千诸侯的拥立下称帝，建立了商王朝。

成汤从残暴的夏桀身上吸取了教训，总结出夏桀是因为百姓的反对才灭亡的。于是，他以身作则，为老百姓做好事，整治朝纲，将阿谀奉承的奸臣赶走，重用忠心为国的大臣。商汤这一系列的举动深受各地诸侯的欢迎，有力地促进了生产力的发展，使古代文明的进步获得转机，使中国成为伟大的文明古国之一。成汤在位三十年（前1783—前1754年）崩。

盘庚

盘庚，商朝国君，祖丁之子。他即位时，商朝经历几代内乱，内部矛盾突出，又频繁遭遇天灾，国家危机四伏。为了挽救衰亡，振兴商朝，盘庚把都城迁到殷（今河南省安阳县小屯庄），以抑制贵族日益奢侈的生活，缓和国家矛盾。殷的生态环境也要好一些，也可以减少自然灾害。但是贵族们为了维持奢侈的生活，强烈反对迁都。盘庚没有妥协，发布文告，严厉命令贵族执行决定。迁都后，盘庚提倡节俭，改变社会风气，减轻民众负担，新都殷得到迅速发展，社会、经济、文化达到鼎盛期。商在这里建都二百七十年，商朝也称殷朝、殷商。盘庚在位二十八年，死后葬于殷。

武丁

武丁是小乙的儿子，小乙又是盘庚幼弟。武丁从小就被送到民间，和奴隶们一起长大。他喜欢和奴隶交朋友，有个很有才能的奴隶名叫傅说，他们是最好的朋友，武丁跟他学习到很多知识。民间的经历使武丁深入了解到民众的疾苦，养成了俭朴的习惯。武丁即位后，决心发奋图强，振兴商朝。他为了将能干的傅说提拔起来，不被贵族反对，就假称自己梦见汤推荐了一位贤人给他，他让人画出这人的头像，按照相貌去寻找，找到了傅说。迷信的贵族们纷纷前来祝贺。傅说鼎力辅佐武丁，创造了盘庚盛世。武丁在位五十九年，死后葬于殷。

纣

纣是商朝最后一任君王。名辛，为帝乙的儿子，史称为纣王。他身体强壮，外表英俊，聪明机智，很有文才。治理国家时，曾平定东夷，使中原文化逐渐传播到淮河、长江流域，奠定了中国统一的规模。但是他拒谏饰非、贪于酒色、暴敛重刑，遂导致民怨四起。周武王东伐至孟津，诸侯叛商者八百；战于牧野，商纣军败，他也自焚于鹿台。商纣与夏桀一样，成为罪恶的象征，暴君的典型。

周武王

周武王是周代第一代君王，姬姓，名发，周文王次子。他的哥哥伯邑考被商纣王残害，文王病死后，他继承了父亲遗志。为便于进攻商都朝歌（今河南淇县），他将都城由丰（今陕西西安西南沣水西岸）迁至镐（今陕西西安西南沣水东岸），举行了历史上有名的“孟津观兵”。这次观兵实际上是一次为灭商做准备的军事演习和检阅，得到了天下的拥护。他于公元前十一世纪消灭殷商朝，建立了西周王朝，他表现出了卓越的军事、政治才能，成为中国历史上一代名君。西周建国后第三年，姬发在天下未宁的形势下病死于镐京。庙号为武王，在位三年，终年九十三岁，葬于毕原。

周成王

周成王为周代第二代帝王，周文王之孙，周武王之子。姬姓，名诵。西周初期贤明的君王。周武王建立了周王朝，两年后就病死了。年仅十三岁的成王即位，其叔父周公旦（武王弟）为避免各诸侯反叛，便自己摄政当国，安定大局。管叔、蔡叔怀疑周公图谋不轨，联合商纣王的儿子武庚背叛周朝。周成王命周公率军伐贼，武庚、管叔被杀，蔡叔被逐放。七年后，周成王成年，周公还政于成王。

成王亲自执掌政权后，大封诸侯，加强宗法统治权力，命召公营建洛邑（今河南洛阳市西），后来成为东周的都城。成王还命令周公制礼作乐，规划各项规章制度，奠定了西周王朝的基础。周公、召公率师征服淮夷及在淮夷之北的奄国，扩大了统治范围。成王时期，社会安定，人民和睦，歌颂太平盛世之声不绝于耳。成王与其子康王统治时期，合称“成康之治”，是周代的兴盛时期。

周康王

周康王，周成王之子，姓姬名钊，生卒年不详，是西周王朝第三代国王。成王将崩时，担心钊不胜任，于是命召公、毕公率诸侯以佐太子而立之。康王即位之初，在召公、毕公辅佐之下，遍告诸侯，申之以文、武之业，继续推行成王的政策，进一步加强了统治，同时，先后平定东夷大反，并且西伐鬼方。他统治时，天下安宁，史称“刑错四十余年不用”，为“成康之治”。姬钊在位二十六年，死后葬于毕原，谥号为康。

周穆王

周穆王，周朝第五代王，姬姓，名满，周昭王之子。他五十岁即位，传说享寿一百零五岁，在位时间约为五十五年。周穆王喜好游历，据《穆天子传》记载，他曾在穆王十三年至十七年驾八骏之乘驱驰九万里，西行至“飞鸟之所解羽”的昆仑之丘，设宴于瑶池，与西王母作歌相和。据现代学者考证，周穆王西游之地应是里海、黑海之间的大旷原（今亚细亚的吉尔吉斯草原）。周穆王时期，国力强盛，周王朝在西部的影响已扩展到很远的地区。穆王又向东南方发展，通过巡游，使许多地方国家部落归顺于周的统治，对周的巩固和发展具有积极的意义。

周厉王

周厉王（？—前828），西周第十位国王，前878年至前841年在位，姬姓，名胡。周夷王的儿子。周厉王在位期间，横征暴敛，盘剥百姓，又剥夺一些贵族的权力，垄断社会财富和资源，还不断南征荆楚，与周边的少数民族也有矛盾。他为了压制国人的不满，任用卫巫监视口出怨言的人，发现就立即杀死，以至于行人路遇，只能以目光、眼神来示意。这样使得国内各项矛盾愈来愈尖锐。前841年，国人暴动，包围王宫，袭击厉王，他仓惶而逃，前828年死于彘（今山西霍县）。谥号为厉。

周平王

周平王，生于前771年以前，卒于前720年，姓姬，名宜臼，一作宜咎，周幽王的儿子，申后所生。西周末年，周幽王无道，得到了褒姒以后，生下儿子伯服，更加宠爱褒姒。不久，竟废了申后及太子，让褒姒为皇后，以伯服为太子。宜臼逃奔申侯，申侯联合缯国和西方的犬戎进攻幽王，幽王与伯服均被犬戎所杀。随后，太子宜臼被申、鲁、许等诸侯国在申拥立为君。宜臼为避犬戎之难，于前770年迁都洛邑，是为周平王，史称东周。“平王之时，周室衰微，诸侯强并弱，齐、楚、秦、晋始大，政由方伯”，名为天子，但实际上没有任何实权。周平王在内外交困中度过五十年，于前720年死去，葬于平丘。谥号为平。

秦始皇

秦始皇（前259—前210年），嬴姓，名政，秦庄襄王之子，秦王朝的开国皇帝，因第一次完成中国的统一，后人称之为“千古一帝”。他出生在赵国，所以又称其为赵政。继位时仅十三岁，因年幼，朝政由太后和相国吕不韦及嫪毐掌管。战国末年，秦国实力最强，已具备统一东方六国的条件。嬴政二十二岁在故都雍城举行了成人加冕仪式，从此正式登基“亲理朝政”，除掉吕不韦、嫪毐等人，重用李斯、尉缭，自前230年至前221年，先后灭韩、魏、楚、燕、赵、齐六国，完成了统一全国的大业，建立了中国历史上第一个统一的、多民族的、专制主义中央集权制国家秦朝。

秦始皇创立了“皇帝”的尊号，称始皇帝。宣布子孙称二世、三世，以至万世，代代承袭。他在全国范围内推行郡县制，废除分封制；建立了自中央直至郡县的一整套官僚机构，直接受皇帝的领导。以秦国原有的法律令为基础，吸收六国法律的某些条文，制定和颁行统一的法律。在经济上推行重农抑商政策，扶植封建土地私有制的发展。以商鞅所制定的度量衡为标准统一全国的度量衡制度。统一全国币制。为发展全国水陆交通，又实行“车同轨”，修建由咸阳通向燕齐和吴楚地区的驰道，以及由咸阳经云阳（今陕西淳化西北）直达九原（今内蒙古包头西）的直道；在西南地区修筑了“五尺道”，开凿

沟通湘江和漓江的灵渠。在文化思想方面，以秦国通行的文字为基础制定小篆，颁行全国。实行严酷的法律，下令销毁民间所藏《诗》、《书》和百家语，禁止私学。随后因求仙药的侯生、卢生逃亡，牵连儒生、方士四百余人，而将其全部坑杀于咸阳。

嬴政在位共二十五年，其中称帝十二年，终岁四十九岁，葬于骊邑。

汉高祖

汉高祖（前256—前195年），名刘邦。沛县人，性情豁达大度，知人善任。曾在咸阳（今陕西咸阳东北）服徭役。秦末，为沛县泗水亭长。送本县刑徒往骊山（今临潼东南），途中将刑徒释放，自匿于芒、砀山泽间（今河南永城东北）。秦二世元年（前209年）九月，受萧何、曹参等推举，据沛县反秦，称沛公，聚兵三千人。二年（前210年）四月，投项梁，屡与项羽协同作战。项梁死，刘邦被封为武安侯、砀郡长。后九月，奉令收集陈胜、项梁散卒西向攻秦。仅率数千人自砀郡出发，转战半年，兵始逾万。秦二世三年（前211年）七月，克宛城（今南阳）。自此攻抚兼施，顺利挺进至灞上（今西安东南）。汉王元年（前206年）十月入咸阳，灭秦。与秦民约法三章，并分兵把关，欲为关中王。十二月，见项羽拥四十万大军入关，被迫接受项羽封号，为汉王。

后回兵复取关中。汉王二年（前207年）三月，进至洛阳（今河南洛阳东），声讨项羽杀害楚怀王之罪，发动楚汉战争。四月，大败于彭城（今江苏徐州）。其后，亲率主力扼守战略要地荥阳（今河南荥阳东北）、成皋（今荥阳西北），与项羽抗争两年余，最终迫使项羽订鸿沟之盟。后在张良、韩信、萧何等的辅助下，终于把项羽的军队包围在垓下，项羽突围不果，自杀于乌江边。

刘邦建立汉王朝，定都长安。建国后，刘邦轻徭薄赋，休养生息，恢复了经济。死后葬于长陵，庙号为太祖，称高皇帝。史称汉高祖。

吕后

吕后（前241—公元前180年），汉高祖刘邦的妻子，名吕雉，秦朝时单父县（今山东单县）人。吕雉足智多谋，帮助刘邦清除了许多异姓王。她所生只有汉惠帝刘盈和鲁元公主，刘盈从小性格软弱，不被刘邦重视。吕后拉拢大臣，使刘邦未能如愿废太子刘盈。惠帝死后，吕雉自己临朝称制，让侄子吕台、吕产、吕禄等人做王，滥用亲信掌权，把持朝政。不过在吕后称制的八年中，人民生活比较安定，社会经济也得以恢复。前180年7月，吕后病死于长安未央宫，终年62岁，葬于高祖长陵的西园。

汉文帝

汉文帝刘恒（前202—前157年），高祖第三子，母薄姬。前196年刘邦镇压陈豨叛乱后，封刘恒为代王。高祖死后，吕后专权，诸吕掌握了朝廷军政大权。吕后死，太尉周勃、丞相陈平等大臣清除诸吕，迎立代王刘恒入京为帝，是为汉文帝。文帝以俭约节欲自持，谦逊克己，好“黄老之学”，在位二十三年，对稳定汉初封建统治秩序，恢复发展经济起了重要作用。文帝与其子景帝的两代统治，被视为盛世，史称“文景之治”。前157年6月，刘恒死于长安未央宫，在位二十三年，终年四十六岁，葬于霸陵。谥号为文。

汉景帝

汉景帝（前188—前141年）刘启，汉文帝长子，前157年至前141年在位。他即位后，节俭爱民，与民休养生息，田赋三十税一，人民负担减轻。他还大力兴办水利事业，以促进农业生产。采用晁错之策，着手削藩，以吴王刘濞为首的地方割据势力以“请诛晁错，以清君侧”为名发动七国之乱。景帝平定叛乱，把诸侯王任免官吏的权力收归中央，打击了割据势力，巩固了中央集权。汉景帝采取比较开明宽松的政策，社会经济呈现繁荣景象，百姓安居乐业，政治上相对稳定，统治得到加强，社会十分殷实富足。

汉武帝

汉武帝刘彻（前156—前87年），景帝第三子，前141年正月即位，第二年创年号“建元”，这是中国历史上正式开始用年号纪年。汉初，经文景之治休养生息后，汉朝走出了生产凋敝、经济衰败的境况。汉武帝继位后政治上削弱诸侯王权力，加强中央集权；思想上独尊儒术、罢黜百家；经济上实施盐铁专卖、设平准官、均输官，平稳物价等措施；军事上着手开始解决北方的匈奴的威胁，重用名将霍去病、卫青、李广等，基本上解决了匈奴的威胁；外交上派张骞出使西域，开辟了“丝绸之路”，使西汉发展到了鼎盛时期。

前87年2月，武帝在巡游途中病死，在位五十四年，终年七十一岁。葬于茂陵，谥号武。

汉昭帝

汉昭帝刘弗陵（前94—前74年）是汉武帝的少子。刘弗陵自幼聪明多知，又长得身高体壮，很受武帝宠爱。原太子刘据被杀，太子之位一直空缺。汉武帝临死之前下诏立刘弗陵为太子，初由霍光、金日磾、桑弘羊等共辅国政。继续实行武帝时期政策，曾多次击败匈奴、乌桓等，加强了北方戍防。元凤元年（前80年）以谋反罪诛桑弦羊、上官桀等，专任霍光，进一步更改武帝时制度。罢不急之官，减轻赋税，与民休息。在位共十三年。

汉宣帝

汉宣帝刘询（前91—前49年），本名刘病已，字次卿，又字谋，即位后改名刘询。汉武帝曾孙，废太子刘据的孙子。汉武帝征和二年（前91年）宫廷发生“巫蛊之祸”，刘病已的祖父、当时的太子刘据和他的父亲刘进都因此被杀，刚刚出生不久的刘病已也被投入大牢。这时有人说长安狱中有天子气，于是武帝命令处死所有犯人，廷尉监邴吉据理力争，保住了刘病已的性命。第二天武帝就撤销了这道命令。这时刘病已还是个婴儿，邴吉在狱中挑选两位女囚做他的奶娘。刘据一案平反后，刘病已寄居在祖母史良娣的娘家。前75年娶许平君为妻。

由于刘询出世仅数月便流落民间，因而深知民间疾苦和吏治得失，故亲政后，励精图治，任用贤能，他对吏治特别重视，他在经济上采取的重要措施是招抚游民，恢复和发展农业生产。汉宣帝尊崇儒学，但儒、法并用，“霸王道杂之”，是德化和法治相结合的政治思想。

汉元帝

汉元帝（前75—前33年）刘奭，汉宣帝之子。前49年至前33年在位。他出生在民间，八岁时被宣帝立为太子，因他曾经向宣帝进言“持刑太深，宜用儒生”，而不被宣帝所喜爱。宣帝甚至预言“乱我家者，必太子也”，但顾念他是发妻许平君的儿子而没有褫夺他太子之位。元帝在位时期“崇尚儒术”，多次出兵击溃匈奴。他也多才艺，善史书，喜爱鼓琴瑟，吹洞箫。竟宁元年（前33年）病死于长安未央宫，终年44岁。

汉光武帝

汉光武帝刘秀（前6—57年），字文叔，蔡阳人，汉高祖刘邦九世孙，汉景帝后裔。王莽新朝末年，各地起兵反对王莽，刘秀与其兄为恢复刘姓统治，起事于舂陵（今湖北枣阳南），组成“舂陵军”。昆阳之战，光武挽狂澜于既倒，建立了威信。更始帝刘玄定都洛阳后，刘秀被派往河北地区镇抚州郡。河北地区的豪强地主率宗族、宾客、子弟先后归附刘秀，成为他的有力支柱。

此后，刘秀拒绝服从更始政权。同年秋，他破降和收编了河北地区的农民起义军，扩充了实力，因此，关西称刘秀为“铜马帝”。建武元年（25年）六月，刘秀在群臣的拥戴下称帝，重建汉政权，不久定都洛阳，史称东汉，重新恢复汉室政权，为汉朝中兴之主。东汉王朝建立后，刘秀打败了赤眉农民军，控制了整个黄河中下游地区，用六年时间统一了关东，使河西的窦融归附，建武九年和十二年又先后平定天水、巴蜀。经过十二年时间，刘秀终于完成了统一事业。

刘秀的政治措施以清静俭约为原则，兴建太学，提倡儒术，尊崇节义，为历史上贤明的君王。在位三十三年，谥号光武，庙号世祖。

汉明帝

汉明帝（28—75年），名庄，字子丽，汉光武帝刘秀第四子，57年至75年在位。明帝即位后，一切遵奉光武帝制定的制度。明帝及其子章帝在位的三十年间，政治清明，社会经济繁荣，国家相对稳定，史称“明章之治”。汉明帝热心提倡儒学，注重刑名文法，为政苛察，总揽权柄，权不借下。他严令后妃之家不得封侯与政，对贵戚功臣也多方防范。他基本上消除了因王莽虐政而引起的周边少数民族侵扰的威胁，使汉族和少数民族的友好关系得到了恢复和发展。史书记载当时民安其业，户口滋殖。光武帝末年，全国载于户籍的人口为2100多万，至明帝末年，在不到二十年的时间里激增至3400多万。

汉章帝

汉章帝（58—88年）刘炟，明帝五子，75年至88年在位，共十四年。明帝永平三年（60年）被立为皇太子。章帝在位期间，实行宽厚的治政，废除了以往株连的刑罚，有犯谋逆等大罪的亲属不再受到牵连。规定罪人减刑迁到边境地区生活。他禁止使用酷刑，采纳了尚书陈宠的建议，废除了五十多条刑罚残酷的条文。禁止私人煮、铸、经营盐、铁。非常注重选拔官吏，重用廉能之吏以保证政治清明。打击豪强地主兼并土地，采取优惠政策募民垦荒，鼓励人口增殖，减轻徭役赋税。在思想文化方面，章帝提倡儒家学说。于79年在白虎观召集诸儒讨论《五经》异同，并亲临主持，历时旬月。又令班固将讨论结果记录整理，编成《白虎通义》一书，将儒学推向系统化、神学化，对今后中国历代王朝的政治法律制度、思想意识、伦理道德，都产生了很大的影响。

章帝在位期间，国家兴盛、政局稳定，社会安宁，两度派班超出使西域，使得西域地区重新称藩于汉，汉章帝与汉明帝统治时期被称为“明章盛世”。 章帝末年犯了一个最大的也是致命的错误，就是对外戚过于宽容，导致汉和帝时期外戚专权，成为东汉的覆亡祸根。汉章帝于章和二年正月（88年）病逝。

魏武帝

曹操（155—220年）字孟德，沛国谯县（今安徽亳县）人。父曹嵩，宦官曹腾的养子，任太尉。曹操是东汉末杰出的政治家、军事家和文学家，法家思想的代表人物。

曹操二十岁被举孝廉而为郎，参与了镇压颍川黄巾起义军，被命为西园八校尉之一的典军校尉。董卓进京杀了太后及弘农王，改立献帝。曹操聚兵五千，与渤海太守袁绍及天下豪杰一起讨伐董卓。诸军畏惧董卓，都不敢先进，只有曹操出战，董卓西逃。袁绍上表封曹操为东郡太守。初平三年（192年），青州黄巾起义军占领了兖州，杀死了刺史刘岱，州吏拥曹操领兖州牧。曹操与黄巾军作战，降众三十余万，将其精锐收为部下，号“青州兵”。

在天下大乱的时局中，曹操打败袁术，攻破陶谦，平定张邈，消灭吕布，显示出了超人的天赋，使他的队伍壮大成为一支与袁绍相抗衡的力量。建安五年（200年）的官渡之战，曹操以少胜多，打败袁绍主力，占领了袁绍的属地冀、青、幽、并四州。又荡平了许多农民起义军，消灭了曾收留袁绍二子的少数民族乌桓，统一了北方。曹操采用了毛玠、荀彧的策略，把汉献帝从洛阳迎到许县（今河南许昌东），“挟天子以令诸侯”，并把都城迁到许县。

建安十三年（208年），曹操任丞相，率军南征，失败后回到北方巩固其根据地。建安十六年（211年）讨平关陇地区马超、韩遂。四年以后又征降汉中的张鲁。此间，他又多次进攻孙权、刘备，皆未成功。建安十八年（213年），曹操封魏公，建魏国，建都于邺。这时，魏国拥有冀州十郡之地。三年后，曹操被封为魏王，名为汉臣，实为皇帝。后来，他的儿子曹丕代汉，追尊曹操为魏武帝。

魏文帝

魏文帝曹丕（187—226年），曹操次子，卞氏所生，为人有心机，在争夺继承权问题上处心积虑，本来曹操非常喜欢文才更胜他一筹的弟弟曹植，但是曹丕拉拢官员，竭力讨好曹操，又设计陷害曹植，使曹操逐渐疏远了曹植，转变了立曹植为太子的打算。217

年，曹操立曹丕为太子。延康元年（220年），曹操死，曹丕继位为丞相、魏王。当年十月，他逼迫汉献帝禅位，自立为帝。国号魏，改元黄初，将都城由许昌迁至洛阳。曹丕坚持大权独揽，设立中书省，其官员改由士人充任，原由尚书郎担任的诏令文书起草之责转由中书省官员担任，机要之权渐移于中书省。曹丕下令妇人不得预政，群臣不得奏事太后，后族之家不得当辅政之任。他又建立并推行九品中正制，力图把用人权从士族地主手中收归朝廷。通过这一系列措施，进一步巩固了魏国统治。他曾三次亲自统军征伐孙吴，皆无功而还。曹丕爱好文学，并有相当的成就，写有《燕歌行》等中国较早的优秀七言诗。所著《典论·论文》，在中国文学批评史上占有重要地位。

刘备伐吴时，曹丕看出刘备要失败，但不听谋士贾诩、刘晔之言，偏要坐山观虎斗，事后又起兵伐吴，结果被徐盛火攻击败。回洛阳后，曹丕大病，临终前将曹叡托付给曹真、司马懿等人，终年四十岁。庙号世祖，谥号文皇帝。

魏明帝

魏明帝（205—239年），名曹叡，字元仲，文帝长子，文帝死后继位，为曹魏的第二位皇帝。曹叡自幼就受到曹操喜爱，220年被封为武德侯，次年被封为齐公，再次年被封为平原王。曹叡母亲甄夫人得罪了曹丕被杀，曹叡的太子地位一直未确定，直到曹丕病重将死，曹叡才被立为太子。226年5月丁巳日魏文帝病死，曹叡同日继位。第二年改年号为“太和”。

即位后，曹叡重用曹真、司马懿等人，多次与蜀诸葛亮交战，各有胜负。又曾亲自统兵救合肥，败吴军，并遣司马懿攻辽东杀公孙渊。他喜好治宫室，大兴土木，留意玩饰。他也重视文士，征召来了安置在崇文馆，让他们从事学术研究。他自己也能赋诗善文，擅长于作乐府诗，与曹操、曹丕并称为曹魏“三祖”。

他有感于汉代律令繁杂，下诏改定刑制，作新律十八篇，后人称为《魏律》或《曹魏律》。该律对秦汉旧律进行较大改革，首次将“八议”制度正式列入法典，调整了法典的结构与内容，使中国封建法典在系统和科学上有了很大进步。

239年正月，曹叡病重，匆忙布置后事，立爱妃郭夫人为皇后；召回司马懿，将曹芳托付给司马懿。又召皇族（曹操侄孙）曹爽入卧室，拜为大将军，假节钺，都督中外军事，与司马懿一起辅助嗣君。交代完毕，当下就册立曹芳为太子。同一天，曹叡病死于洛阳宫内嘉福殿。死后谥号为明帝，庙号烈宗。

汉昭烈帝

汉昭烈帝刘备，字玄德，涿郡（今河北省涿县）人，汉景帝之子中山靖王刘胜的后代，早年丧父，家孤贫，与母以贩履织席为业，好交结豪侠。东汉灵帝末年，他在镇压黄巾起义时认识了关羽、张飞二人，三人结为兄弟。刘备因跟随官府镇压有功，除安喜尉。徐州牧陶谦为曹操所攻，刘备率兵相救，陶谦死，刘备据其遗命，代为徐州牧。与盘踞寿春的袁术相拒，败归曹操。曹操推荐他为豫州牧，进位左将军。因为与汉献帝舅董承谋杀曹操之事败露，逃至徐州，杀刺史车胄，统众数万人。官渡之战后南奔刘表。刘表卒，子刘琮降曹操。刘备逃至夏口，采纳诸葛亮之议，与孙权联合，大败曹操于赤壁。又南取武陵、长沙、桂阳、零陵四郡，据有荆州之地。211年，率军数万人应益州牧刘璋之请，西入蜀。原为共同制御张鲁，抵抗曹操，后两人失和，刘备攻下成都，推翻刘璋统治，夺得益州。219年，击斩曹操大将夏侯渊，曹操率军亲征，无功而还。刘备遂占领汉中，为汉中王。同年，关羽被杀，荆州为孙权夺去。蜀国规模自此基本确定。

刘备知人善任，有名将关羽、张飞为左右手；自得诸葛亮后，信任专一，言听计从，措施得宜，故能在地狭民少的蜀地，开创与魏、吴鼎立局面。221年刘备称帝，国号汉，定都成都。当年，兴师伐吴，欲报杀关羽、夺荆州之仇。孙权遣使求和，不许。次年，两军决战于夷陵。因战略失措，被吴国大将陆逊所败，损失惨重。刘备逃归白帝城，第二年病重，托孤于丞相诸葛亮，不久，卒于

永安宫，谥昭烈帝。

吴大帝

孙权（182—252年），三国时期吴国开国君主，字仲谋。吴郡富春（今浙江富阳）人，孙坚的次子，幼年跟随长兄孙策平定江东，十五岁被举为孝廉、秀才，任阳羡（今宜兴）长，代行奉义校尉。汉建安五年（200年）孙策死，临死前对孙权说“内事不决问张昭，外事不决问周瑜”。孙权继位为江东之主。他得到张昭、周瑜、程普等人辅助。建安十三年（208年），曹操夺取荆州，沿江而下，群臣多有归降之议，孙权摈弃群言，联合刘备，在赤壁大破曹军。后又凭借长江天险，多次击退北方曹魏的进攻。曹丕代汉建魏，孙权假意臣服，黄武元年（222年）接受魏封号，在武昌（今湖北鄂州）称吴王。

黄龙元年（229年）背曹魏称帝，建都武昌，后迁都建业（今江苏南京），先后统治江东五十多年。他消灭了各支割据势力，平定、降服山越少数民族，结束了汉末以来的分裂状态，所辖由江东扩展到相当于今福建、广东、广西、湖南的广大地区。孙权采取了联合蜀汉，共御曹魏的基本方针。后为了争夺荆州，杀蜀国大将关羽，与蜀交恶，刘备率军复仇，他在夷陵之战中，大败刘备。但是为了抗击北方强盛的曹魏，孙权同蜀国重新修好。

孙权注重选拔人才，任用渡江南来的豪族势力，对确有才干出身贫贱的寒族也不拘一格提拔。孙权通过保护封建大土地所有制来发展经济，允许将领世袭领兵，其佃客免除徭役、兵役。他大权独揽，用法严峻。晚年，吴国统治集团内部矛盾激化，太子和与鲁王霸相互攻讦，朝臣也分为两派，酝酿着统治的严重危机。他果断地废太子和，杀鲁王霸，用严刑峻法处置一批朝臣，另立子亮为太子，缓和了内部矛盾，这也为日后吴宫政变埋下了祸根。死后谥为大皇帝。

晋武帝

晋武帝司马炎（236—290年），字安世，司马懿之孙，司马昭的长子，晋朝的开国君主。他在265年5月被封为晋王太子，同年8月司马昭过世，司马炎继承晋王的爵位。这时曹魏已经名存实亡，国家大权落到司马炎手中。次年1月，司马炎逼迫魏元帝曹奂禅让，即位为帝，国号晋，建都洛阳，改年号为“泰始”，史称西晋。晋武帝吸取了曹魏的教训，力图避免过度压抑宗室导致皇帝孤立而被权臣篡权，他大肆分封宗室为王并使其掌握兵权。

279年晋武帝开始了统一南方的战争，命贾充、杨济、杜预、王濬等伐吴，280年3月孙皓投降，孙吴灭亡，自从黄巾之乱以来的分裂局势暂时获得统一。

司马炎在统一之后，以为天下无事，便撤除了州郡的守卫军队，同时实施占田法与课田法，与民生息。社会经济得到了恢复，出现了安定的局面，被史家成为“太康繁荣”。但是司马炎的享乐思想也很严重，他在273年禁止全国的婚姻，以便挑选宫女。灭亡孙吴之后又将孙皓后宫的五千名宫女纳入后宫，使他的后宫人数增至万人左右。晋武帝又把边境的少数民族迁入中原，引发少数民族与汉人的冲突。郭钦、江统等人相继以《徙戎论》，劝晋武帝用武力将内迁的少数民族强制徙迁回原住地，但晋武帝不听。埋下了日后八王之乱与永嘉之乱的祸根。

290年晋武帝死于含章殿，葬于峻阳陵。谥号武皇帝，庙号世祖。

晋惠帝

晋惠帝（259—306年）司马衷，晋武帝第二子。泰始三年（267年）立为皇太子，太熙元年（290年）嗣位，改元永熙。

司马衷从小痴呆不任事，不喜欢读书，整天吃喝玩乐，不务正业，司马炎很是担心。为了测验一下司马衷的思维能力，一天，司马炎出了几道问题考他，限三天之内交卷。司马衷拿到题目以后，不知如何作答。但是他的妻子贾南风聪明能干，又很凶悍，便立刻请来几位有学问的老先生为司马衷解答难题。司马炎看了答卷后，以为儿子的思维还是很清楚的，也就放心了。

晋惠帝即位后，初由杨太后父亲太傅杨骏辅政。很有野心的皇后贾南风勾结汝南王司马亮、楚王司马玮杀杨骏，掌握了大权。她又杀了太子，并大肆搜捕各地诸侯王，导致了“八王之乱”。战乱中，赵王司马伦篡夺帝位，让晋惠帝为太上皇，将其囚禁在金墉城。后来，晋惠帝由诸王辗转挟持，形同傀儡，受尽凌辱。光熙元年（306年），东海王司马越将其迎归洛阳，相传他被司马越毒死，终年四十八岁。司马衷死后，谥号为惠帝。

晋元帝

晋元帝（276—322年）司马睿，字景文，东晋开国皇帝。河内温县（今河南温县西）人。司马懿曾孙，司马觐之子。十五岁嗣琅邪王位。“八王之乱”后期，他依附东海王司马越，为平东将军、监徐州诸军事，留守下邳。汉主刘渊举兵后，中原局势恶化，司马睿在王导、王敦辅助下，优礼当地士族，平息叛乱，艰难地在江南站稳脚跟。建兴四年（316年）刘曜陷长安，俘虏了晋愍帝，西晋亡。次年三月，司马睿在部下拥载下，即晋王位，开始建国，改元“建武”。318年即皇帝位，改元“太兴”，据有长江中下游以及淮河、珠江流域地区，史称东晋。

东晋初年，晋元帝在皇族中威信不高，没有得到士族的支持，于是晋元帝政治上依靠王导主持，军事上依靠王导的堂兄王敦支撑，渐渐获得了南北士族的支持，时人谓之“王与马，共天下”。但是晋元帝不满大权旁落，起用刘隗、刁协、戴渊等为心腹，暗中准备排斥王氏权势。他的阴谋被王敦识破，王敦于永昌元年（322年）以诛刘隗为名，在武昌起兵，直捣建康。王导又暗中帮助王敦。王敦攻入建康，杀戴渊等，刘隗投奔石勒。王导仍然为执政大臣，晋武帝受制于人，心里郁郁不快，这年闰十一月忧愤病逝，终年47岁。死后的庙号为中宗，谥号元帝。

晋明帝

晋明帝司马绍（301—325年），字道畿，晋元帝长子。元帝在位时被立为太子。322年闰十一月元帝病死，司马绍于同月庚寅日继位，第二年改年号为“太宁”。

晋明帝自小聪慧，小时候便曾经与父亲就“太阳与长安孰近”的问题作出争辩。他工于书法，礼贤下士，非常孝顺，勇猛刚烈，王敦称之为“鲜卑儿”。

司马绍继位后，王导继续辅政。王导堂兄王敦想趁司马绍羽翼未丰时篡夺皇位，便加紧准备。324年王敦病重，司马绍想乘机发兵征讨王敦，夺回兵权。王敦闻讯又先发制人，派兵攻打建康，被晋军击退。不久，王敦病死，篡夺帝位的谋划也停息。

325年闰八月，司马绍突发急病，病情严重。垂危之时，他将太宰司马羕、司徒王导、尚书令卞壸等人召进卧房接受顾命，命立太子司马衍为帝，诏令三人尽心辅佐太子。第二天病死于建康宫。

司马绍在位三年，终年二十七岁。死后庙号为肃宗，谥号为明帝。葬于武平陵（今江苏省江宁县鸡笼山）。

晋成帝

晋成帝司马衍（321—342年），字世根，明帝长子，明帝在位时被立为太子。325年闰八月明帝病死，司马衍于同月己丑日继位。第二年改年号为“咸和”。

司马衍继位后，群臣认为成帝年幼，请皇太后庾氏临朝称制，总摄万机。根据晋明帝司马绍的意向，王导录尚书事，与太宰、西阳王司马羕、中书令庾亮、尚书令卞壸参辅朝政，又形成了宗室、外戚、大臣互相制约辅政的朝局。

太后临朝，权力难免不向外戚倾斜，成帝的舅舅庾亮开始排除异己，想要总揽大权。庾亮想排斥专权的王导势力，振作东晋王室。但是他猜忌心太重，任意杀戮和放逐大臣，引起统治集团内部冲突。327年，历阳镇将苏峻、寿春镇将祖约以杀庾亮为名，起兵叛乱，攻入建康。后被陶侃、温峤发兵平定，王导再次出山执政。

晋成帝在位期间曾经命令庾亮北伐，但是败于石虎。336年晋成帝颁布壬辰诏书，禁止豪族将领将山川大泽私有化；341年又以土断方式将自江北迁来的世族编入户籍。

342年6月，司马衍病重，宣召中书监庾冰、中书何充、武陵王司马晞、会稽王司马昱等入卧房接受顾命，宣布立琅邪王司马岳

为太子。三天后（癸巳日），司马衍病死于建康宫。在位十七年，终年二十一岁。死后庙号为显宗，谥号为成帝。

南朝宋武帝

宋武帝刘裕（363—422年），字德舆，小名寄奴。原籍彭城（今江苏徐州）。刘裕少贫困，以樵渔及贩履为生，曾为北府兵将领孙无终冠军府司马。隆安三年（399年）任前将军刘牢的参军，累官建武将军，下邳太守。桓玄逼安帝退位篡晋后，刘裕于元兴三年（404年）与刘毅、何无忌、檀凭之等二十七人自京口起兵，杀了镇守京口的桓修，次年击溃桓玄。桓玄挟安帝退往江陵（今属湖北），后为刘毅所统率的北府兵击垮，安帝回建康复位。刘裕因平乱有功，加侍中，进号车骑将军、开府仪同三司，镇京口。义熙四年（408年），以扬州刺史、录尚书事入京辅政，独揽朝权。

占据山东地区的鲜卑慕容氏南燕政权乘东晋衰乱之际，屡次侵扰东晋边境。义熙五年（409年）二月，慕容超大掠淮北，刘裕兴兵北伐。417年他率部攻克长安，灭后秦，自潼关以东、黄河以南直至青州变为南朝版图，江淮流域得到保障，这是祖逖、桓温、谢安经营百年所未能达到的。刘裕因功被封为宋王。恭帝元熙二年（420年）刘裕代晋称帝，国号宋，改元永初。

他在称帝前后，注意节俭，整顿东晋朝纲弛紊的局面，抑制豪强，杀了奴客纵横的京口刁逵，把刁氏成万顷土地和大量家财分给贫民；以后又杀隐匿人口的余姚大族虞亮，以限制兼并。废除一部分屯田池塞以赈百姓，禁止豪强封固山泽，继续依界土断，将定居在江南的北方侨人编户纳税服役，精简了侨州郡县。还减轻刑罚,亲自听讼，兴学校,策试诸州郡秀才。在他的统治下，江南农业生产有所恢复发展。

422年五月癸亥日，刘裕病死于建康，在位三年，终年六十岁，他死后庙号为高祖，谥号为武帝。

宋文帝

宋文帝（407—453年）刘义隆，小字车儿，宋武帝第三子。刘义隆博涉经史，深沉有谋略，但体弱多病，猜忌心强。永初元年（420年）刘义隆被封为宜都王。刘裕死后，由太子刘义符继位，是为宋少帝。刘义符整日贪玩，喜好游戏，不理朝政，景平二年（424年）五月，他被辅政的司空徐羡之、中书令傅亮、领军将军谢晦废黜，时任荆州刺史的刘义隆被迎为皇帝，改元元嘉。

但是刘义隆对他们不但不感恩，还对这种擅行废立的行为极为不满。元嘉三年（426年），他杀了徐羡之、傅亮、谢晦，从此掌握了朝政。元嘉六年（429年），他因病不能亲政，让其弟彭城王义康代为执政。刘义康独揽朝权，培养个人势力，还擅自杀了武帝倚重的名将檀道济。元嘉十七年（440年），刘义隆采取断然措施，夺回大权，把刘义康改授为江州刺史，后又废为庶人，在北魏大军南下时，怕他作乱，将其杀死。文帝在位三十年。

宋文帝提倡文化，整顿吏治，清理户籍，重视农业生产。三十多年天下安定，被称为元嘉之治。

南朝齐高帝

南朝齐高帝萧道成（427—482年），字绍伯，小名斗将，南朝齐的创建者。年少时就跟从名儒雷次宗学习，专攻《礼》及《左氏春秋》。长大后在宋做官，初为左军中兵参军。宋明帝时为右军将军，明帝卒后，他与尚书令袁粲等共掌朝政，并掌管石头城（今南京）戍军。由于南宋皇室成员争权，自相残杀，萧道成乘机掌握了朝廷实权。升明元年（477年）七月，他杀废帝刘昱，立顺帝刘准。萧道成被封为齐王，兼总军国。次第诛灭忠于宋室的袁粲、荆州刺史沈攸之、黄回等。479年4月辛卯日，他接受刘准的禅位，即皇帝位，国号齐，改元建元，史称南齐。

萧道成当上皇帝后，向儒生刘瓛请教治国之道，他依照献策，废除了宋的一些暴政，宽简刑罚，减免百姓逋租宿债。次年下令清理户籍，按虞玩之的建议，设立校籍官，以宋元嘉二十七年（450年）版籍为准整理户籍。这种做法得罪了庶族地主，后来引发了唐寓之暴动。

482年2月，萧道成因病去世，享年五十六岁，在位四年，庙号世祖，谥号高帝。

南朝齐武帝

南朝齐武帝萧赜（440—493年），字宣远，齐高帝萧道成长子。齐武帝十分关心百姓疾苦，即位后多次下诏减轻百姓负担。遇到灾年便抚恤百姓，又大赦囚徒，让其回家种田。他还十分重视教育，下令多办学校，挑选有学问之人担任老师，并注重培育人们的德行。他把国家的富裕放在首位，个人不喜欢游宴、奢靡之事，提倡节俭。他曾下令举办婚礼时不得奢侈。对自己的身后事也不主张奢华，特意下诏要求简朴安葬，道："我识灭之后，身上着夏衣，画天衣，纯乌犀导，应诸器悉不得用宝物及织成等，唯装复夹衣各一通。"齐武帝还注重发展与北魏的关系，保持了边境的安定。他继承了高帝的清明统治，使江南经济也有了一定的发展，社会较为安定。

齐武帝于493年病死，葬景安陵，年号永明。

梁武帝

梁武帝萧衍（464—549年），字叔达，小字练儿，萧道成族弟。官至雍州刺史，镇襄阳。永元二年（500年），萧衍之兄萧懿被齐东昏侯萧宝卷杀害，三年（501年），萧衍乘南齐君臣互相残杀、政局极端混乱之际，自襄阳举兵东下，攻占建康，杀掉东昏侯，立和帝。永元三年（502年），他杀和帝，自己称帝，国号梁，建元天监，历史上又称萧梁。

梁朝只有五十六年的历史，萧衍就统治了四十八年。他统治前期，虽然不求大的进取，但当时的形势发展有利于南方，他又控制了皇权，所以社会较为安定，有了一些进步。

但是梁武帝优容士族，增设官职，满足士族入仕要求。宽纵皇族，给诸王以实权，放纵他们的横征暴敛，甚至公开抢掠也不制止。他博学能文，笃信佛教，大力提倡佛教，不惜劳民伤财，大规模兴建佛寺。创立三教同源说，调和释、儒、道三者矛盾。三次舍身同泰寺，公卿等以成亿的钱奉赎。

自547年开始的长达四年的"侯景之乱"，给南方社会造成了巨大的灾难。548年10月，侯景攻入建康。549年3月侯景进入梁武帝据守的台城，梁武帝被软禁在台城皇宫里，活活饿死。死后庙号为高祖，谥号为武帝。

陈武帝

陈武帝名陈霸先，字兴国，吴兴长城（今浙江长兴）人。南朝陈的建立者，557至559年在位。陈霸先青少年时打鱼练武，兴趣广泛。古代正史对他青少年时期有这样的评价：倜傥大度，志度弘远，不理家产，"明达果断，为当时所推服，"又称陈霸先"及长，涉猎史籍，好读兵书，明纬候、孤虚、遁甲之术，多武艺。"少为油库吏。后以军功为西江督护。

太清三年（549年）在始兴（今广东韶关西南）起兵，与王僧辩会合，讨灭侯景。西魏破江陵，梁元帝被杀，他与王僧辩在建康（今江苏南京）奉萧方智为梁王。承圣四年（555年），北齐乘梁国多次遭遇兵祸之机，派兵南向，护送贞阳侯萧渊明来登梁国帝位，企图培植傀儡皇帝。王僧辩屈从北齐压力，于七月迎萧渊明到建康称帝。陈九月在京口举兵，除去王僧辩，把萧渊明赶下台，萧方智登基称帝。陈霸先任大都督，总摄梁朝军国大事，分别于绍泰元年（555年）底和太平元年（556年）六月，先后击溃北齐两支武装力量的大规模进犯。受封为陈王。

陈霸先有统一国家的大志，平定侯景之乱后，领兵三下广陵，以图收复失地。太平二年（557年）陈霸先代梁自立称帝，建立陈朝，实际是在危难之际收拾百废待兴的江山。定都建康，改年号为"永定"。

他在位三年，任贤使能，政治清明，江南局势渐趋稳定。曾效梁武帝，至大庄严寺舍身。559年6月，陈霸先病逝，庙号为高祖，谥号为武帝。

北魏孝文帝

孝文帝拓跋宏（后改姓元，467—499年）是北魏杰出的君王，著名的改革家。他不到两岁就做了太子，五岁就被立为皇帝，他很

早就接受了汉族的文明而锐意改革。

孝文帝从小聪慧，“雅好读书，手不释卷。”他从儒家经典、诸子百家的学说中，了解到了先进的文明社会，而百家中的法家思想肯定也对他有所启发，因为他后来的改革虽然是以建立儒家的统治秩序为主，但他却是以法家的变革精神来实现这一改革目标的。

拓跋宏的父亲献文帝信仰佛教，非常厌倦政治，一心想超脱尘世。延兴元年（471年）八月，拓跋宏仅有五岁时，献文帝就把皇位让给了拓跋宏，自己做了太上皇。

孝文帝当政后迁都洛阳，开始进行改革。他的汉化改革之所以能够推行，首先得力于他知人善任。他不仅重用主持改革、提倡汉化的鲜卑贵族，还重用了许多有才干的汉族人。他深知笼络汉族地主对于巩固北魏统治的重要性，所以一直不持民族偏见，重用汉人。对南朝投降过来的官吏，他也能不加怀疑，待之以礼。孝文帝不拘一格地选用人才，为自己的改革组织了一个智囊团，在这些智囊的支持和帮助下，孝文帝从改革鲜卑旧俗，学习汉族的生活方式和典章制度着手，开始了自己的改革。通过孝文帝的改革，鲜卑族的经济文化得到了迅速的发展，比起同期进入中原的其他民族，如羯、氐等，鲜卑族的汉化程度无疑是最高的。

499年，孝文帝病逝于南征路上。

隋文帝

隋文帝杨坚（541—604年），弘农华阴（今陕西华阴）人。隋朝开国皇帝，庙号高祖，谥号文皇帝。

文帝的父亲杨忠是西魏和北周的军事贵族，北周时官至柱国大将军，封为隋国公，杨坚承袭父爵。其女为北周宣帝（天元帝）宇文赟皇后。580年，北周宣帝死，他在关西士族支持下，以外戚身份入宫辅政，任宰相，总揽大权，进封为隋王。他革除宣帝时酷厉苛刻之弊，深得人心。581年二月甲子日，他废黜九岁的北周静帝宇文阐，代周称帝，改国号为隋，定都大兴，后改为长安，改年号为开皇。

杨坚称帝后，于开皇七年（587年）灭亡后梁。开皇九年（589年）灭陈，统一了中国，结束了西晋末年以来近三百年的分裂局面。

文帝废周建立隋朝后，总担心别人不服，因此一直保持着高度的戒备。他轻徭薄赋，勤于政事。每日清晨即起上朝，为了处理政务，有时忙到太阳偏西。他从前人的失败中总结出两条主要的经验，第一条是节俭，第二条是大杀贪官污吏。他在教训太子杨勇时说：“自古以来的帝王，如果奢侈就一定不能长久统治，你一定要厉行节俭。”他倡导节俭首先从自己做起，在他辅政时就过着节俭的生活，并一直保持到他做皇帝。文帝有一次患痢疾，须配制止痢药，药方中有胡粉一两，皇宫中竟然找不到。还有一次，他要一条织成的衣领，宫中也没有。平时进膳，他的菜里只有一种肉食。在文帝的倡导下，隋初社会节俭成风，士人的便服很少用绸缎绫罗，多用布帛制作，饰带也只用铜铁骨角，不用金玉。

在中国历朝历代中，隋文帝被公认为是才智最高的皇帝，也是最为仁慈的圣皇天子。他精心治理，隋朝迅速强大繁荣起来，政权稳固，社会安定，户口锐长，文化发展，甲兵强锐，威动殊俗。后人一般将隋文帝的大治誉为“开皇盛世”。

604年7月隋文帝病重时，太子杨广与大臣杨素等人发动政变，将隋文帝杀死。

隋炀帝

隋炀帝杨广（569—618年）杨坚次子，又名英，隋朝的第二个皇帝。他是一个很有才华，头脑精明，有进取心的人。对国政也有恢宏的抱负，并努力付诸实现。

杨广在581年被封为晋王，在南下灭陈和抵御北方突厥的过程中，立有大功。

杨广久有野心，一直想取代兄长杨勇的太子地位。他伪装俭朴，不露声色。每当文帝光临他府上时，他就藏好姬妾，只留几个又老又丑的妇人在左右侍候。他又故意让乐器布满灰尘，放在显眼的位置。文帝以为杨广像自己，十分称心。杨广又勾结和杨勇不和的越国公杨素，在文帝和独孤皇后面前极力中伤杨勇。

一次，杨广诬陷杨勇在文帝生病期间盼望父皇快死。文帝闻后很生气，逮捕了杨勇。独孤皇后竭力主张改立太子，文帝在600年把杨勇废为庶人，改立杨广为太子。

604年7月，文帝病重，在长安仁寿宫大宝殿内卧床不起。杨广与大臣杨素、张衡、宇文述等人商量，发动了宫廷政变，带兵包围仁寿宫，杀死了文帝。

杨广夺位的第一年，就决定营建东都洛阳。他每月役使二百万人营建。他又在洛阳西郊占地二百多亩，建造了西苑。苑内有海，海中修造了三座仙岛，岛上建有亭台楼阁，十分壮观。海的北面有一龙鳞渠，渠水曲折流入海中，沿渠修建了十六个华丽的别院，每院由一个妃子主管。西苑还被营造出了四季如春的景色：秋天，用彩绫剪成花叶，挂满树枝；冬天，杨广所到的宫院，要凿掉池沼中的冰，用彩绸剪成莲叶荷花铺在水面。苑内还饲养着各种珍禽异兽。晚上，杨广经常带着几千骑马的宫女，吹奏着乐曲，到西苑游玩、夜宴。

隋炀帝年年远出巡游，每次出游都大肆营造离宫，扰掠地方。为了巡幸江南，又开凿大运河，大运河北起涿郡（今河北省涿县），东南到余杭（今浙江省杭州市），全长二千多公里，沿岸修建四十座华丽的行宫，花费约一亿五千多个人工。他浪掷人力物力财力，社会生产受到严重破坏，导致天下农民纷纷起义反抗他的暴政。大业十四年（618年）三月，右屯卫将军宇文化及、虎贲郎将司马德戡、元礼和监门直阁裴虔通等，煽动军士进入宫中，缢杀炀帝。

唐太宗

唐太宗李世民（599—649年），唐代第二位君主，高祖李渊次子。出生于武功（今陕西武功西北），四岁时曾有相面先生预言说，此子将来必能济世安民，因以之为名。隋炀帝大业十一年（615年），炀帝被突厥始毕可汗率兵围困在雁门（今山西代县），年仅十六岁的李世民应募勤王，崭露头角。大业十三年（617年），李渊被任为太原留守，李世民随从来到晋阳（今山西太原）。他劝父反隋，夺得天下。李渊称帝时，李世民任尚书令，封为秦王。曾镇压窦建德、刘黑闼等起义军，灭薛仁杲、王世充、梁师都等割据势力。武德九年（626年）发动玄武门兵变。两天以后，唐高祖下诏将李世民立为太子。八月，唐高祖禅位而为太上皇，李世民登上帝位，是为唐太宗。第二年年初，唐太宗改元贞观。

唐太宗在位期间常以亡隋为戒，体察民情，与民休息。在经济上大力推行均田制，租庸调制，劝课农桑，轻徭薄赋，促进农业生产的发展。在政治上任贤纳谏，有魏征等一批敢于犯颜进谏的直臣。针对隋朝的弊政，他进行一系列改革，注意选拔统治人才，加强对地方官吏的考核，编修氏族志，发展科举制度。在军事上推行“寓兵于农”的府兵制，加强中央的武力。贞观四年（630年）击败东突厥，巩固了边防。在民族关系上实行较为平等的民族政策，促进各民族融合和经济文化交流。曾被疏勒回纥等少数民族尊为“天可汗”。贞观十五年（641年）将文成公主嫁给吐蕃王松赞干布，促进了藏族经济文化的发展，加强了汉藏两族的亲密友谊。

贞观二十三年（649年）五月二十六日，唐太宗病故于终南山翠微宫，同年八月，葬于昭陵（在今陕西礼泉东北）。

唐高宗

唐高宗李治（628—683年），太宗第九子，字为善。贞观二年（628年）六月十三日出生。唐太宗原本立的太子是李承乾，太宗晚年时，李承乾和魏王李泰为争夺皇位继承权发生了争斗，承乾谋杀李泰未遂，被太宗废太子位，改立晋王李治为太子。二十三年五月，太宗去世，李治即位。次年（650年）改元永徽，由顾命大臣长孙无忌及褚遂良等掌握朝政。

高宗为太子时，入侍太宗，看中了太宗才人武则天。太宗去世后，武则天出家为尼。654年，高宗从尼姑庵中接出武则天，大加宠爱。武则天通文史而多计谋，初入宫时，屈体事奉王皇后。不久，武则天生了一个女孩。王皇后由于自己没有子女，常来逗这女孩玩。有一天，皇后刚离开，武则天就将亲生女儿扼死，又将被子盖好。高宗进来

掀开被子，见女儿暴死，大惊，问刚才谁来过。武则天装着大哭着说只有王皇后来过。高宗就决心废黜王皇后，却遭到长孙无忌、褚遂良等许多大臣的极力反对。他日李世勣入见，高宗问他："朕欲立武昭仪为后，你以为如何？"李世勣说道："此陛下家事，何必要问外人。"太宗再问许敬宗，许敬宗回答道："田舍翁多收了十斛麦子，还想换个老婆，何况天子。"于是高宗在永徽六年（655年）十月废去王皇后，改立武则天为皇后。

长孙无忌及褚遂良等均遭贬斥，不久，无忌被迫自缢。显庆（656—661年）末年，高宗患风眩头重，目不能视，难于操持政务，皇后武则天得以逐渐掌握朝政，朝廷内外称他们为"二圣"。从此武则天成为掌握实权的统治者，高宗处于大权旁落的地位。

高宗有知人之明，他身边有很多贤臣，如：辛茂将、卢承庆、许圉师、杜正伦、薛元超、韦待价、戴至德、张文瓘、魏元忠等人，他们大多是高宗亲自提拔，其中韦思谦曾受褚遂良打击，杜正伦被李世民冷落。他在位期间，唐朝的领土最大，"贞观之治"的局面得以继续维持。

高宗朝的政绩是彻底解决了高丽问题，在武德律和贞观律的基础上修成了永徽律，成为唐代完整的唐律。

高宗卒于弘道元年（683年），终年五十六岁。庙号高宗，谥号天皇大圣大弘孝皇帝。

【武则天】

武则天（624—705年），名曌，并州文水（今山西文水东）人，是我国历史上第一位也是唯一的一位女皇帝。

据说武则天出生在四川的广元，因为相貌出众，贞观十一年（637年）十四岁时，被选入宫中，封为"才人"。后得到太宗欢心，被赐号为"媚娘"。唐太宗在贞观二十三年（649年）去世后，包括武则天在内的所有嫔妃被送到长安感业寺削发为尼。早就倾慕武则天的李治即位后，就经常到感业寺与她相会。三年后，将其重新召回宫内，晋封为"昭仪"。武则天日益受到高宗的宠信，她要求高宗把自己立为皇后，高宗也有此意。高宗在朝廷提出这个想法后，遭到诸遂良、长孙无忌等重臣的强烈反对，但也得到许敬忠、李义府等高宗亲信大臣的支持。永徽六年（655年）十月，高宗颁诏，废皇后王氏，册立武则天为皇后。

武则天当上皇后后，便利用高宗对自己的宠信参与朝政，"百司奏事，时时令后决之"。显庆五年（660年），高宗李治患了风眩病，不能看奏章，便下诏让武后协理政事。于是，武则天就逐步执掌了朝中大权，"黜陟生杀，决于其口，天子拱手而已"。这样又引起了高宗的不快，想收回权力，密令中书侍郎上官仪草诏废除皇后。武则天这时羽翼已丰，得知了此事，马上处死了上官仪，对高宗日益提防。从此，权力实际上已经掌握在武则天的手里，朝臣称高宗和武后为"二圣"。

弘道元年（683年）高宗卒，中宗李显继位，武则天以太后身份临朝执政。684年，武则天废中宗为庐陵王，立第四子李旦为帝，这就是后来的唐睿宗。武则天继续执政。690年，在武则天的导演下，唐睿宗及其大臣等六万多人上表请改国号，于是武则天下令改唐为"周"，自号"神圣皇帝"，起名为"曌"。这年，她六十七岁，终于登上了皇帝的宝座。

武则天在执掌朝政时，重视发展农业生产。674年，她向唐高宗提出了十二项施政措施。她也很注重体察民情，了解百姓的疾苦，并轻徭薄赋，减轻百姓负担。她为了巩固其统治地位，实施赏罚，又用酷吏来对付政敌，史称其"挟刑赏之柄以驾御天下"。她破除门阀，破格举才，选人不以等级、门第、资历为限，广开才路，以"务取真才实贤"，并委以重任。

705年，宰相张柬之乘武则天年老病危，拥立中宗复位，尊武氏为"则天大圣皇帝"。同年冬，武氏死，享年八十二岁，遗诏"去帝号，称武则天为大圣皇后。"

【唐玄宗】

唐玄宗李隆基（685—762年），唐睿宗李旦第三子。在位四十四年，他死后葬于泰陵，庙号玄宗，谥号明皇。

李隆基从小多才多艺，善骑射，通音律、

历象之学。武则天去世，唐中宗李显恢复了唐国号后，皇后韦氏又把持朝政。中宗驾崩后，韦后立温王李重茂为帝，是为少帝。李隆基与姑母太平公主发动政变，诛杀韦后，迫使少帝逊位，相王李旦即位，是为睿宗。李隆基立为太子。延和元年（712年）八月睿宗传位给太子，退为太上皇。李隆基即位，改元先天，是为玄宗。不久，太平公主又欲发动宫廷政变以废玄宗，李隆基先发制人，赐太平公主死，尽诛其余党，改元开元。唐代进入了开元至天宝长达四十余年政局比较稳定的鼎盛阶段。

玄宗早年英明果断，深知安定升平的政局来之不易，便励精图治，以姚崇为相，赋役宽平，刑罚清省，天下富庶。后来，玄宗用的宰相张嘉贞、张说、韩休及张九龄等亦堪称贤良，各有所长。玄宗在开元初年提倡节俭、毁乘舆服玩，裁汰僧尼，禁民间铸佛像写经，选京官有才识者为地方都督、刺史；以后又在行政、财政、军事诸方面进行了一系列改革，促进经济的发展和社会繁荣，被称为“开元之治”。

从开元末年起，玄宗在长期升平殷富的盛世中逐渐发生变化。他怠于政事，任用李林甫为相，致使李林甫专权达十九年之久，宦官高力士亦日见重用。热衷于开边，对吐蕃、南诏、契丹不断发动战争，不仅恶化了民族关系，而且财政上也用度不足，故而又任用一些擅长聚敛之臣，对人民加紧搜刮。他杜绝言路，嫉贤妒能，杀各位功臣，宦官日滋，宠幸杨贵妃。整天沉溺于酒色淫逸的生活之中，使朝政日益腐败，终于在天宝十四年（755年）发生了安史之乱，他被迫逃往四川，途经马嵬驿，兵士哗变，他无可奈何，赐杨贵妃自尽。他的儿子李亨在灵武即皇帝位，遥尊玄宗为太上皇。至德二年（757年）玄宗回到长安。宦官李辅国曾因劝肃宗即位之功而深受肃宗宠信。安史之乱平定后，他自以出自微贱，为玄宗左右所轻视，乃离间玄宗与肃宗的关系，迫使玄宗迁居太极宫（西内）甘露殿。宝应元年（762年）玄宗死于长安神龙殿，终年七十八岁，翌年三月葬泰陵。

【唐肃宗】

唐肃宗李亨（711—762年），唐玄宗第三子，始封陕王，名嗣升，后徙封忠王，初改名为俊，后改名为王玙。开元二十六年（738年）皇太子李瑛罪贬废死，其被立为皇太子。天宝三年（744年）改名为亨。玄宗天宝十五年（756年）六月镇守潼关之大将哥舒翰受杨国忠逼迫出兵讨叛，结果大败，潼关陷落，长安震动，玄宗携太子、宠妃仓皇逃往成都，行经马嵬驿（今陕西兴平县西），军士哗变杀杨国忠，并逼迫玄宗缢死杨贵妃。马嵬民众拦阻玄宗请留，玄宗不从。委任太子李亨为天下兵马大元帅，领朔方、河东，平卢节度都使，负责平叛。玄宗继续西逃，李亨为百姓所留，与玄宗分道，北上至灵武。756年七月十二日，李亨在灵武即位，史称肃宗。遥尊玄宗为太上皇，改年号为“至德”。

肃宗将郭子仪和李光弼部从河北召至灵武，并联合回纥，开展大规模的反攻。至德二年（757年）正月，安禄山被其子安庆绪杀死。九月，郭子仪率唐军和回纥骑兵收复长安，十二月太上皇玄宗回到长安。乾元元年（758年）九月，肃宗调动各路大军围攻相州安庆绪，命宦官鱼朝恩为观军容宣慰处置使，总揽全局。鱼朝恩不知用兵，致使唐军大败，鱼朝恩将相州失利的责任推到郭子仪身上，肃宗不明是非，罢免了郭子仪兵权。此时，安史叛军再次发生内乱，史思明杀安庆绪，自称大燕皇帝，并于同年五月，从李光弼手中，夺取了洛阳，史思明占据洛阳不久，就被自己的儿子史朝义所杀。

唐肃宗不好色，一生中只宠幸皇后张良娣。玄宗厌恶张良娣与李辅国，常劝肃宗不要宠幸他们。李辅国趁机构谄，将玄宗软禁再迁入西宫的甘露殿，高力士被流放到巫州。上元元年，玄宗病逝于西内的甘露殿。不久肃宗也跟着一病不起。于是张皇后召见太子道：“李辅国久掌禁兵，权柄过大，他心中所怕的只有我和你。眼下陛下病危，他正在勾结程元振等人阴谋作乱，必须马上诛杀他们。”太子流着泪说：“父皇病情正重，我看此事暂缓再说吧。”张皇后便联合越王

李系准备抓捕李辅国。太狱中有人将此情报告了李辅国。李辅国、程元振鼓动禁兵入宫。张皇后闻变，慌忙逃入肃宗寝宫躲避。李辅国带兵追入寝宫逼张皇后出宫。张皇后不从，哀求肃宗救命。肃宗受此惊吓，一时说不过话来，李辅国乘机将张皇后拖出宫去。肃宗因受惊而病情陡然转重，又无人过问，当天就死于长生殿。李亨死后庙号肃宗。

唐代宗

唐代宗，名李豫（726—779年），初名俶。唐肃宗长子，颇为唐玄宗钟爱，立为嫡皇孙。开始被封为广平王，后进封为楚王。马嵬坡事变后，他随肃宗北上，被委任为“兵马大元帅”，统帅诸将收复两京。758年被立为皇太子。这时，肃宗皇后张良娣与宦官李辅国互相利用，后来产生嫌隙。张皇后想杀李辅国，废掉太子李豫立自己的儿子。762年4月，李辅国与程元振将张皇后杀死。肃宗因此被惊死，李辅国于同月拥立李豫为帝，改年号为“宝应”。

唐代宗继位后大权实际掌握在李辅国手里，他自恃立帝有功，骄横狂妄，竟然对代宗说：“陛下只须深居宫中，外面的政事有老奴来处理。”代宗只好委曲求全，尊称他为“尚父”，事无大小，都要与他商量后才能决定。不久，代宗乘李辅国不备，派人扮作盗贼刺杀了李辅国，除去了心腹之患。

这时，安史之乱还没有结束，史思明占据洛阳不久，就被自己的儿子史朝义所杀。宝应元年（762年）十月代宗任命雍王李适为统兵元帅、朔方节度使仆固怀恩为副元帅，又向回纥借兵十万，攻打东京洛阳。史朝义败走莫州（今河北任丘北），史朝义部将李宝臣、李怀仙、田承嗣等率部相继向唐军投降。广德元年（763年）正月，史朝义在众叛亲离的情况下上吊自杀，自此，唐朝完全平定了延续七年零三个月的安史之乱。但是，经过这次战乱，唐朝元气大伤。

不料吐蕃乘唐军抽调去打史思明时深入内地，大举攻唐，占领了陕西风翔以西的十余州。广德元年（763年）十月，又占领了奉天（今陕西乾县），兵临长安城下，代宗逃到陕州避难。吐蕃兵占领了长安，他们把唐宗室广武王李承宏立为皇帝，作为自己的统治工具，纵兵焚掠，长安被洗劫一空。代宗以雍王李适为挂名元帅，启用郭子仪为副元帅，迎击吐蕃，收复了陷落十五天的长安。代宗赐给郭子仪铁券（免死牌），在凌烟阁为他画像，以表彰他的兴唐之功。

广德元年（763年），仆固怀恩叛唐，永泰元年（765年）八月，仆固怀恩引吐蕃、回纥等共三十万大军，约期从华阴趋赴蓝田，直取长安。京师震恐，代宗急召郭子仪屯驻在长安北面的泾阳城，此间仆固怀恩暴病于军中。郭子仪单骑亲说回纥，大破吐蕃，使唐王朝又一次转危为安。

779年5月，代宗病重，不久病死于长安宫中的紫宸内殿。代宗在位十七年，终年五十三岁，葬于元陵（今陕西省富平县西北三十里的檀山）。

唐德宗

唐德宗李适（742—805年），唐代宗长子。李适少年时代，正值大唐帝国昌盛繁华时期。但到他十四岁那年（755年）十一月爆发了安史之乱，第二年长安失守，玄宗出逃四川，从此大唐帝国陷于一场亘古少见的大动乱之中，德宗也饱尝了战乱之苦和家国之痛。

唐代宗即位之初，李适被任命为天下兵马元帅，肩负起与安史叛军余孽最后决战的使命。平定叛军之后，李适因功拜为尚书令，和平叛名将郭子仪、李光弼等八人一起被赐铁券、图形凌烟阁，764年被立为太子。

779年5月代宗病死，李适于同月继位，第二年改年号为“建中”。德宗在位期间，想有所作为，废除租庸调制，采纳宰相杨炎建议，改行两税法，想打击藩镇，加强中央集权。但社会、政治条件并不成熟，反而引起朱滔、李希烈、朱泚等人的叛乱，德宗被迫于建中四年奔奉天（今陕西乾县）。兴元元年（784年）因李怀光叛，德宗又走梁州（今陕西汉中）。最后，朝廷虽平定朱泚、李怀光、李希烈等之乱，但对其余叛镇只得以姑息让步，换取乱事的结束。从此，他对藩镇姑息迁就。

后来，他任用贤臣李泌为相，北和回纥，南连南诏，西结大食（阿拉伯帝国），时局一度缓和。这时，德宗又宠信宦官，让其为统帅，扩大禁军，勒索地方官。又在长安施行宫市，征收茶叶等税，加重了对人民的盘剥，激化了社会矛盾。德宗生母沈氏，原住在洛阳宫中，在安史之乱中失踪，德宗继位后，遥尊沈氏为太后，并派人四处寻访。不久，来了一位老妇人，自称是太后，由于长相很像太后，旧日服侍的宦官宫女也被蒙蔽。过了几天，高力士养子高承悦密奏德宗，说老妇人是他的姐姐，不是太后，自己怕事情败露后受到连累，所以上奏以避祸。德宗确认被骗后，也没有惩办老妇人，怕以后没有人敢来报告太后的行踪了。但真正的沈太后始终未能找到。

805年正月，太子李诵突然中风口哑，德宗因悲伤过度而发病，不久病死于长安宫中的会宁殿。终年六十四岁，在位二十六年，葬于崇陵（今陕西省泾阳县西北四十里的嵯峨山）。

唐宪宗

唐宪宗李纯（778—820年），原名李淳。“泾师之变”平定后，一天，李纯被祖父德宗皇帝抱在膝上逗引作乐，德宗问他：“你是谁家的孩子，怎么在我的怀里？”他答道：“我是第三天子。”他的回答使德宗大为惊异，作为当今皇上的长孙，按照祖、父、子的顺序回答为“第三天子”，这很合乎实际，但是以前谁也不敢这么说，德宗皇帝不禁对这个皇孙增添了几丝喜爱。贞元四年（788年）六月，十一岁的他就被册封为广陵郡王。

贞元二十一年（805年）四月六日，李淳被册为皇太子，改名纯。七月二十八日，代理监国之任。八月四日，李纯得父皇传位，八月九日正式即位于宣政殿。这一年，宪宗二十八岁。

宪宗即位以后，以史为鉴，喜欢翻阅历朝实录，对贞观、开元之事仰慕不已，决心以祖上圣明之君为榜样，治理好国家。他比较注重发挥群臣的作用，敢于任用和倚重宰相，经常和宰相在延英殿议事，很晚才退朝。他的政绩主要有两方面：一是政治上有所改革，二是暂时平定了一些藩镇。改革方面，他宣布一切按省估（中央政府规定的价格）折纳赋税，规定观察使须先征用所治州市税，不足时方可征所属其余州之税；又下诏蠲租税，退出多余的宫人，不准各地进奉，禁止南方掠卖奴婢；并省减各级官员。平定藩镇方面，他利用德宗以来积蓄的财力，主张对藩镇用兵。又改变了安史之乱以后节度使均由军中任命的习惯，元和二年（807年），以左金吾大将军范希朝出任朔方、灵盐节度使，以革旧弊。他又分割强镇之州县，以少其力。元和十四年（819年），又诏诸道节度使、都团练使、都防御使及经略使所属支郡兵马均归刺史统领，以分藩镇兵权。这样，藩镇势力暂时有所削弱。

宪宗在位十五年间，勤勉政事，君臣同心，削藩有成效，重振了中央政府的威望，成就了唐朝的中兴气象。与太宗、玄宗一道，被评为唐朝成就最高的三个皇帝。

南唐后主

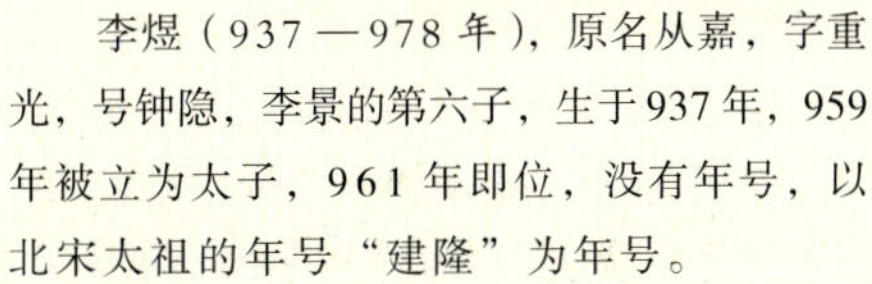

李煜（937—978年），原名从嘉，字重光，号钟隐，李景的第六子，生于937年，959年被立为太子，961年即位，没有年号，以北宋太祖的年号“建隆”为年号。

唐朝末年，庐州刺史杨行密占据以扬州为中心的江淮一带，建立吴国。杨行密死后，政权落到大将徐温手中。徐温死后，养子徐知诰执掌国政，他废掉吴国末代皇帝杨溥，自己称帝，建立南唐。他说自己是唐玄宗的子孙，改名李昪。南唐后主李煜是他的孙子。

李煜即位时，南唐已为宋的属国。面对宋朝的压力，他逆来顺受，以图苟且偷安。李煜在政治上是一个昏君，在文学上却是一个很有才华的词人，书法、绘画和文章也都很出色。书法独具一格，后人称为“错金体”。他的词前期作品主要反映宫廷生活，如《长相思》《浣溪沙》等。被俘后，比前期有很大突破，代表作有《虞美人》《破阵子》《浪淘沙》等。

李煜还是个情种。后周显德元年（954年），十八岁的李煜同南唐重臣周宗之女娥皇（大周后）结为伉俪。娥皇精通文墨，琴棋书画无所不能，特别擅弹琵琶，并凭借残谱复原了已经失传200多年的《霓裳羽衣曲》。李煜与娥皇结合后，不仅找到了生活中的知己，也找到了艺术上的知音。十年后，娥皇突患重病，终日昏睡，形容枯槁。这时，比娥皇小14岁的妹妹闯进了李煜的生活，她就是小周后。在她的身上，李煜仿佛又看到了昔日娥皇的神采。后来娥皇病重而死，李煜非常悲伤。

李煜作为君主，也实施过一些仁政，减轻赋税，放宽刑罚，促进了南唐经济的发展，后来北宋兵进攻时，南唐能够抵抗一年多，就说明了南唐的实力。

李煜在位十四年，975年，宋军攻人金陵，李煜被俘，南唐灭。宋太祖封他为违命侯。978年，李煜被毒死，终年四十二岁。

宋太祖

宋太祖赵匡胤（927—976年），宋朝开国皇帝，960年至976年在位，涿郡（今河北涿县）人。赵匡胤祖上世代为官，其父赵敬为后周大将。赵匡胤于959年任周殿前都点检，领归德军节度使，掌握禁军。后周世宗死，七岁的小儿子即位。第二年，国都开封传言，北方契丹犯边。大将军赵匡胤得旨，亲率大兵出城御敌。大军走到开封东北四十里的陈桥驿就驻下。经过赵的周密筹划，第二天，官兵在他身上加披象征皇帝的黄袍，一致推举他为皇帝。他就这样推翻了后周，建立宋朝。

赵匡胤即位后，虚心地问政治家赵普：我想平定天下长久不息的战乱，你有什么好办法吗？赵普回答：逐渐削夺藩镇节度使的权力，限制他们的钱粮，收回他们的精兵。宋太祖听了豁然开朗。于是，他便导演了“杯酒释兵权”。一天，他专门设宴招待几位重臣。酒酣耳热之际，他道：“我当皇帝，全靠你们，可当了皇帝以后，却整夜不能安睡。”石守信等忙问原因。宋太祖答道：“假若有一天，你们的部下贪图富贵，也把黄袍加在你们身上，那时的事情也由不得你们了。”石守信等惶恐下跪，问该怎么办。太祖道：“人生在世，无非是享受荣华富贵，并使子孙过上好日子。你们何不交出兵权，购置田宅，饮酒作乐，安度晚年呢？”大臣们一听，全都明白了。第二天，他们都老老实实地交出了兵权。宋太祖授给他们有职无权的高官，让他们在酒池肉林中度日。

宋太祖和他的弟弟宋太宗在位期间，陆续消灭南平、后蜀、南汉、南唐等割据政权，结束了五代十国的分裂局面。他还非常重视农业，兴修水利，鼓励垦荒，减轻租税，不愧为我国封建时代的政治家。但他所推行的“重文轻武”“守内虚外”的方针，一定程度上造成了北宋王朝“积贫积弱”的局面。

976年宋太祖病死，终年四十九岁，葬于永昌陵（今河南巩县西南堤东保）。

宋太宗

宋太宗（939—997年），太祖弟，初名匡义，后改光义，即位后改名为炅。在他们兄弟中，除去早夭者，太宗排行居中，比太祖小十二岁。他曾参加陈桥驿兵变，拥立其兄为帝。

关于宋太宗为何继承兄长的皇位，历史上有“金匮之盟”的传说。建隆二年（961年），即赵匡胤登上皇位的第二年，皇太后杜氏临终前，告诫赵匡胤道：前朝后周之所以灭亡，是因为继位的君主过于年幼，若要常保大宋江山，必须要兄终弟及，传位给年长的皇室。等到皇兄的儿子长大成人，再由皇弟将皇位传回给皇兄的儿子。这就是所谓的“金匮之盟”。

太宗即位后，继续进行始于后周周世宗时的统一事业，采取各个击破割据政权的方针，迫使吴越王献土归降，又亲征灭北汉，试图收复幽云十六州。他鼓励垦荒，发展农业生产。扩大科举取士规模，大大扩充科举取士名额，每科录取人数由太祖时的数十人猛增至数百人，甚至上千人。他编纂大型类书，设考课院、审官院，加强对官员的考察与选拔。进一步限制节度使权力，力图改变武人当政的局面，确立文官政治。为进一步加强中央集权，太平兴国二年（977年）他下令取消所有节度使所领支郡，各州均直属中央，继续将各地节度使调至开封，解除兵权，使节度使成为一种虚衔。这些措施顺应了历史潮流，为宋朝的稳定作出了重要贡献。

但是他又急功好利，几次北伐攻辽都受挫，然后转而执行守内虚外的政策。晚年政治大计循规蹈矩，使宋朝渐渐形成了“积贫积弱”的局面，给宋代社会的发展也带来了不利的影响。

997年，宋太宗病逝于汴京万授殿，终年五十九岁。

宋真宗

宋真宗赵恒（968—1022年），原名赵德昌，后又改名元休、元侃。太宗第三子。登基前曾被封为韩王、襄王和寿王，997年以太子身份继位。真宗在位二十五年，他统治时期治理有方，北宋的统治日益巩固，国家管理日益完善，社会经济繁荣，北宋比较强盛。

1004年，真宗任寇准为相。这年秋，辽国萧太后、圣宗亲自率领二十万大军南下，直逼黄河岸边的澶州（今河南省濮阳县）城下，威胁宋的都城。警报一夜五次传到东京，赵恒问计于群臣。副宰相王钦若、陈尧叟主张逃跑，寇准奏道：“要想退敌，五日即可，只是须陛下亲征。”真宗犹豫了几天，终于披甲亲征。宋辽军队在澶州南北对峙，为黄河所隔。真宗在寇准等人力主下，登上城楼，下令宋军渡河。结果，众将士见到城楼黄龙御盖，十分振奋，奋勇冲锋，辽军大败。萧太后见辽军陷入被动，要求议和。在寇准的授意下，使者曹利用到辽营一再讨价还价，于12月正式议定，宋朝每岁送给辽币银十万两，绢二十万匹，换得辽军撤走。这就是历史上的“澶渊之盟”。从此，岁币成为北宋人民长期的沉重负担。

据说曹利用在议和之前曾面见真宗，询问给辽朝财物的数量限度。真宗提出了可以接受的底线为一百万。寇准知道后警告曹利用：“皇上虽然说可以给一百万，但是若超过三十万，回来我就砍你的头。”曹利用最后果真以三十万代价谈判成功。曹利用回来之后，真宗派宦官去问他答应给辽多少钱物。曹利用没有回答，只伸出三个手指。来人回去告诉真宗，曹利用伸出三个手指，估计是三百万吧。真宗惊叫：“太多了！”想了一会，真宗居然认可了如此巨大的赔付数额：“能了结此事，三百万就三百万吧。”等到召见之时，曹利用只是一味谢罪，真宗问他到底许给辽朝多少财物，曹利用说许了三十万。真宗大喜，重重奖赏了曹利用。

宋真宗统治后期以王钦若和丁谓为宰相，信奉道教和佛教，称受天书，封泰山、祀汾阳，修建了许多寺庙。

宋真宗也是诗人，他比较著名的诗有《励学篇》《劝学诗》等。1022年，宋真宗病逝，终年五十五岁，葬于永定陵（今河南省巩县东南蔡家庄）。

宋仁宗

宋仁宗（1010—1063年）赵祯，原名受益，真宗儿子。据《宋史》载，其母李氏生仁宗后，被刘德妃窃为己子，仁宗即位后，仍认刘后为生母，李氏临死也没敢母子相认。刘后死后，仁宗才知道内情，追封李氏为皇太后。后人根据这段历史编写了《狸猫换太子》。

宋仁宗即位时只有十三岁，由刘太后垂帘听政。刘皇后其实也是一位非常有所作为的女皇后，“性警悟，晓书史，闻朝廷事，能记其本末。真宗退朝，阅天下封奏，多至中夜，（刘皇）后皆预闻。宫闱中有事，辄傅以故实相对。”她并不像戏剧中写的那么坏，才能可以和吕后、武则天相比，却比她们二位要仁慈得多，善良得多。

十余年后，宋仁宗亲政。他的统治开始较为节俭。在位期间，宋代科学文化有一定发展，文人辈出，例如，有著名宰相范仲淹和铁面无私的包拯。我国“唐宋八大家”，除唐朝的韩愈、柳宗元外，其他六大家均生活在仁宗时期，以至于北宋的各方面繁荣一时。林语堂先生曾说过“宋仁宗时期是中国历史上文人的鼎盛时期”。

但这时各种社会矛盾也进一步尖锐，土地兼并日趋严重，皇祐元年（1049年）全国军队总数增至一百四十万，达到北宋养兵的高峰，军费开支占财政收入的十之七八。官员数目也超过真宗时约一倍。但对西夏战争却屡败，被迫以“岁赐”银、绢、茶来妥协，对辽也以增纳岁币求和。这样加重了百姓的负担，农民起义、兵变、少数民族反抗斗争，一年多于一年。为了解决统治危机，仁宗曾

于庆历年间，任用范仲淹、韩琦、富弼等人执政，企图对吏治作一些整顿，史称“庆历新政”，但很快就取消了。总的来说，仁宗在位期间国家比较安定。1063年，仁宗病逝于宫中福宁殿，终年五十四岁。

宋神宗

宋神宗（1048—1085年）赵顼，又名仲针，宋英宗之子。继位后，对疲弱的政治深感不满，便向元老重臣富弼征询致国盛强之道，试图有一番作为。富弼要他二十年不谈兵。神宗素来欣赏王安石的才干，于是把革新的重任托付给王安石。王安石自熙宁二年（1069年）开展变法运动，使国家财政根本好转，封建统治力量加强，社会经济显著发展，是为“王安石变法”。后来王安石和神宗在抑制豪强、调节社会矛盾的问题上出现分歧，两次被罢相，神宗亲自主持变法。神宗对职官制度也进行了改革。

熙宁四年至六年（1071—1073年），神宗命王韶开拓熙、洮等五州，设熙河路，史称“熙河开边”。五年（1072年），章惇开拓梅山地区，史称“梅山之役”。八年（1075年），与辽重划河东边界，弃地数百里。这时西夏夏惠宗在位，母党梁氏专权，西夏国势渐弱。元丰四年（1081年），神宗凭借几年来积蓄的军事力量，趁机对西夏发动了强大的攻势。宋军付出了惨重代价占据了兰州，又在庆州（今甘肃庆阳）大破夏军，占领西夏二千里土地。切断西夏同河西走廊的联系，形成了环攻西夏的有利态势。为了保持这一战果，神宗于元丰五年（1082年）八月下令修筑永乐城（今陕西米脂西北）。但是主持永乐城修筑和防御任务的徐禧志大才疏，不懂军事，使宋军陷入西夏军的重重包围之中。城被攻陷，徐禧、李舜举和李稷以下数万宋军民夫全部死难。宋神宗闻讯在朝中当众痛哭。他有抱负，励精图治，想灭西羌，可惜壮志未酬。受此打击，神宗郁闷成疾，元丰八年（1085年）春病死，享年三十八岁。

宋哲宗

宋哲宗赵煦（1067—1100年），神宗第六个儿子。元丰五年（1082年）封为延安郡王。元丰八年（1085年）神宗病危时立为太子，同年三月即位，翌年改年号为“元祐”。

哲宗登基时，只有十岁，由太皇太后高氏执政。高太后任用顽固派的司马光为宰相，司马光上台后就全部废止了神宗时的“王安石变法”。但是宋哲宗对司马光的做法和高太后对自己的压制很不满意。元祐八年（1093年），高太后死，哲宗亲政。翌年改年号为“绍圣”，表示要继承神宗的新法。他追夺司马光、吕公著赠谥，并贬谪苏轼、苏辙等旧党党人于岭南（今广西一带），接着重用革新派如章敦、曾布等，恢复王安石变法中的保甲法、免役法、青苗法等，减轻农民负担，使国势有所起色。他又停止与西夏谈判，多次出兵讨伐西夏，迫使西夏向宋朝乞和。

哲宗是北宋较有作为的皇帝，但是由于新党与旧党之间的党争不但没有获得解决，反而在宋哲宗当政期间激化，种下了北宋灭亡的远因。

元符三年（1100年）1月宋哲宗病逝于汴京（今河南开封），年二十五，庙号哲宗，葬永泰陵。

宋徽宗

宋徽宗（1082—1135年）赵佶，宋神宗十一子，哲宗的弟弟。哲宗病死，太后立他为帝。宰相章淳曾向太后告诫说他“生性轻佻，不可以君天下”，但是太后不听。

徽宗在位期间，蔡京、童贯、高俅、杨戬等奸臣主持朝政，政治腐败，民不聊生。又大肆搜刮民财，穷奢极侈，荒淫无度。他建立了专供皇室享用的物品造作局，到处搜刮奇花异石，用船运至开封，称为“花石纲”，以营造延福宫和艮岳。徽宗酷爱画画，尤为擅长花鸟画，受吴元瑜影响，书法师黄庭坚，后自创一种瘦劲锋利，如“屈铁断金”的“瘦金体”。据说他画鸟雀，常用生漆点睛，小豆般地凸出在纸绢之上，十分生动。陆续描写过各种奇花异鸟，命名为《宣和睿览册》。

宋徽宗还尊信道教，在国内大建宫观，自称教主道君皇帝。他很相信命相，原本生

日是五月初五，道士认为不吉利，就改称十月初十；他的生肖为狗，于是下令禁止汴京城内屠狗。

由于宋徽宗把精力用在这些方面，不理朝政，国家日益衰败。靖康元年（1126年）十一月，金兵攻进京城汴梁，赵佶、赵桓、以及赵氏宗族、亲属等三千多人被金人俘虏。宋徽宗被金帝辱封为昏德侯，关押于韩州（今辽宁省昌图县），后又被迁到五国城（今黑龙江省依兰县）囚禁。囚禁期间，宋徽宗受尽精神折磨，写下了许多悔恨、哀怨、凄凉的诗句。后死在“五国城”（今黑龙江省依兰县），终年五十四岁。最后葬于永祐陵（今浙江省绍兴县东南三十五里处）。

宋高宗

宋高宗（1107—1187年）赵构，宋徽宗第九子，宋钦宗之弟。十五岁被封为康王。钦宗靖康元年（1126年）春，他曾以亲王身份在金营中短期为人质。北宋靖康元年（1126年）十一月，金兵攻陷宋都汴京（今河南开封），徽、钦二宗被金兵俘虏。这时，康王赵构正受命为河北兵马大元帅，拥兵万人在外。宋旧将臣便拥戴他为皇帝，他于次年（1127年）五月初一在南京应天府（今河南商丘）即位，改元建炎，为南宋第一个皇帝。

赵构即位初年，尚能起用一些抗战派将领，用李纲为相，以宗泽为东京留守，发动军民抗金。但他不是力图北进收复中原，而是一心想讨好金人。不久，他罢免了李纲，启用投降派黄潜善、汪伯彦，把宋军防线由黄河一线南移至淮、汉、长江一线，从而使抗战形势逆转，使得金兵兵分三路轻易渡过黄河，并在不到二个月之内即占领了西自秦州、东至青州一线之广大地区。九月，金兵渡江南侵，宋高宗即率臣僚南逃，漂泊海上，逃到温州（今属浙江）。直到建炎四年（1130年）夏金兵撤离江南后他才返回。建都临安（今杭州）。

高宗将秦桧引为亲信，加紧进行投降活动，竭力压制岳飞等将领的抗金要求。绍兴十年（1140年），当各路宋军在对金战争中节节取胜时，宋高宗却下令班师，断送了抗金斗争的大好形势。十一年（1141年），解除岳飞、韩世忠等大将的兵权。不久，他与秦桧制造岳飞父子谋反冤案，以莫须有的罪名加以杀害，遂同金签定了屈辱投降的绍兴和议。

绍兴三十一年（1161年）九月，金废帝完颜亮撕毁和议，再次大举南侵。在采石矶（今安徽省马鞍山市西南）被虞允文统帅的宋军击败，南宋再次转危为安。这时高宗屈辱求苟安的国策遭到了军民的强烈反对，他的统治难以继续维持，以年老厌烦政务和想以“淡泊为心，颐神养志”为借口，在次年6月宣布退位，禅位于太子赵慎，自称太上皇，退居德夺宫。1187年病死，在位三十六年，终年八十一岁，葬于永思陵。

宋理宗

宋理宗（1205—1264年）赵昀，原名赵与莒。赵昀出生于绍兴府山阴县虹桥里，父赵希瓐，母全氏。理宗为太祖十世孙，与宁宗同属太祖后裔，但宁宗属于秦王德芳一支，理宗则属于燕王德昭一支，至南宋后期，两支在血缘关系上已十分疏远。1222年立为宁宗弟沂王嗣子，赐名贵诚，1224年立为宁宗皇子，赐名昀。他的前任宋宁宗死后，宰相史弥远矫诏废太子赵弘，立贵诚，即为宋理宗。宋理宗是南宋的第五位皇帝，1224年到1264年在位。

宋理宗继位的前十年，朝廷由权相史弥远把持。1233年，史弥远死后，宋理宗开始亲政。他立志中兴南宋，采取了一系列改革措施：罢黜史党、亲擢台谏、澄清吏治、整顿财政等，史称“端平更化”，良好的政治局面从端平元年（1234年）持续到淳祐十二年（1252年），有近二十年的时间。理宗统治的最后十余年，丧失了早年的锐气，沉迷于享乐，信任丁大全、贾似道等奸相，国势日渐衰微。1234年南宋联合蒙古国灭金。1259年，蒙古攻鄂州，宰相贾似道以宋理宗名义向蒙古称臣，并将长江以北的土地完全割让给蒙古。

理宗对程朱理学推崇备至，是在理学官学化进程中最为重要的一位君主。

1264年理宗病死，谥号为建道备德大功复兴烈文仁武圣明安孝皇帝，庙号理宗。

元太祖

1162年，蒙古高原的斡难河畔诞生了一位苍狼和鹿的后代，《元史》记载，他出生时手握凝血如赤玉，他就是铁木真，即后来的成吉思汗，元太祖，蒙古民族杰出的军事家、政治家。

铁木真的父亲也速该把阿秃儿是蒙古乞颜部的首领，不幸在铁木真九岁时，被仇敌塔塔儿部人毒死。从此，铁木真的生活陷入了困境。他们兄弟在母亲带领下靠采集、捕鱼为生。这时，同为孛端察儿后裔的赤泰乌部首领塔儿忽台拉走了铁木真他们的部族，还对铁木真母子横加迫害。

后来，塔儿忽台要斩草除根，以绝后患。母亲听到消息，带着铁木真逃进了山林。塔儿忽台闻讯带兵包围了山林，铁木真只好骑马逃进山林深处。他在林子里躲了九天，饥饿难忍，便驱马出山林寻找食物，不料刚一出来，就被对方发现抓住。他们给铁木真枷上木枷，关在大营里。

这晚正值仲秋十六，皎洁的月光挥洒草原。泰赤部的人在斡难河畔设宴赏月，饮酒狂欢。铁木真见看守的人少，就用木枷击倒看守，戴着木枷跳进滔滔的斡难河。逃过了这一劫难。

少年时的苦难生活造就了这位苍狼白鹿的后代铁血的性格，磨炼了他钢一般的意志，为他今后的帝业奠下了基础。

果然，12世纪末，他被推举为蒙古部落首领，打败了他的敌对部落。又经过十几年的战斗，他统一了蒙古高原各个部落。1206年，还是在斡难河的源头，铁木真召集诸弟、诸子、驸马、和各部落首领，举行忽邻勒塔——即部落议事大会。他树立了九斿白旗，接受了成吉思汗——即海洋般的大汗的称号，正式建立了蒙古国。

建国后，成吉思汗建立了军事编制和领户分封制，编纂习惯法法典，建立行政管理体系。1204年，他在攻打乃蛮时，抓获了乃蛮的掌印官塔塔统阿。成吉思汗下旨让塔塔统阿造字，塔塔统阿便用畏兀儿字来书写蒙古语，创造了畏兀儿体的蒙古文。他又确立宗教与政治的关系，对蒙古社会政治经济的发展起了促进作用。

成吉思汗在位期间连年用兵。1215年陷金中都（今北京）。1219年率军首次西征，攻灭花剌子模，击败斡罗思（俄罗斯旧译）、钦察联军，收降康里国，将版图扩至中亚及俄罗斯南部，并将占领地分封给长子术赤、次子察哈台及三子窝阔台。1226年率军南攻西夏，就在将要灭亡西夏时，他于次年病死于军中。忽必烈即位后，改国号为元，追谥成吉思汗为元太祖。

元太宗

1227年12月，一代天骄成吉思汗在围困西夏国大兴府时，病倒在六盘山大营。临死时，他把几个儿子叫到面前，再一次宣布他的决定：你们如果想要有一生的舒服和荣华富贵，就一定要遵从我的决定，让窝阔台继承汗位。窝阔台是个意志坚强、足智多谋的人，只有他才能保证帝国的疆域永远无虞！你们有意见吗？

“没有谁反对父王的旨意！”他的儿子们表示了态度。

元太宗窝阔台（1186—1241年）是成吉思汗的第三子，足智多谋，屡建战功。按照蒙古的习惯，大汗要由大会选举产生，但是窝阔台没有马上召开大会选举登基。他畏惧小弟拖雷手里的重兵。按蒙古的习惯，儿子长大以后，便带着部分财产离家自立。但最小的儿子不离家，留下来继承父母的遗产。因此，拖雷继承了父王最精锐的部队亲卫军。后来在大臣耶律楚材的力谏下，托雷表态支持窝阔台为大汗。

窝阔台即位后，强化了国家机器，提高了大汗权威。始创朝仪，制定了皇族诸宗王见大汗时的跪拜礼节。再次颁行大札撒（法令），确定牧民赋额。始置仓廪，确立驿站制。任契丹人耶律楚材掌领汉人赋税，牙老瓦赤掌领西域赋税。1230年，他在汉地设置十路征收课税使，推行丁税、地税法。赋税制度的推行征收得大批金帛，使窝阔台开始信任耶律楚材等儒士大夫，他采用汉地传统制度，以改进统治。

1231年，他与拖雷等率军大举攻金。次年，蒙古军歼金军主力于钧州（今河南禹县）三峰山，进围汴京（今河南开封）。元太宗六年，灭金国。1235年，建和林城。后分遣诸王、皇子统兵西征，又攻南宋和高丽。1236年，印行交钞。以括中原民户分赐诸王贵戚，实行五户丝制，设达鲁花赤和官吏管理军民财政，以探马赤军镇戍各地。1241年，窝阔台因为酗酒而突然暴死。他在位十三年，庙号太宗，谥英文皇帝。

【元宪宗】

元宪宗蒙哥（1209—1259年），成吉思汗孙、拖雷长子，1251—1259年在位。自幼由太宗窝阔台抚养。太宗七年（1235年），与拔都、贵由等率师西征，败钦察部，征斡罗思，克也烈赞（今俄罗斯梁赞）。贵由死后，1251年召开忽里台于斡难河，被拔都拥立为大汗。

蒙哥即位后平息了窝阔台孙失烈门、脑忽、忽秃黑三王之乱，处决了诸王为乱者七十余人，把反对派的诸王、诸皇后分迁到各地，贵由的海迷失哈敦（皇后）和失烈门的母亲合答合赤被处死。他加强了法治，发布诏书，根除了诸王、官吏特权。1252年，命其弟忽必烈经甘肃、四川至云南，从背后攻打南宋。次年，忽必烈灭大理，招降吐蕃，占领了云南和西藏。同年，令其弟旭烈兀西征，灭木剌夷、阿拉伯帝国。为了一举消灭南宋，1258年命忽必烈攻鄂州（今湖北武昌）、大将兀良合台攻潭州（今湖南长沙），亲率大军入四川，克利州（今陕西汉中），破苦竹隘、大良山诸险关，围攻合州（重庆合川）钓鱼城。钓鱼城守军顽强抵抗，相持半年，蒙哥攻城时被飞石击伤，死于军中（一说城下病死）。享年五十二岁，在位九年。庙号宪宗，谥桓肃皇帝。

【元世祖】

元世祖忽必烈（1215—1294年），名字全称孛儿只斤忽必烈，成吉思汗之孙，宪宗蒙哥汗的弟弟。元朝的创始皇帝。

忽必烈想“大有为于天下”，并为此做好准备，热心学习汉族文化。先后召来僧海云（宋印简）、僧子聪（刘秉忠）、王鹗、元好问、张德辉、张文谦、窦默等，咨询儒学之道。任用汉人儒士整饬邢州吏治；立经略司于汴梁，整顿河南军政；屯田唐、邓等州。

蒙哥汗三年（1253年），忽必烈受命和大将兀良合台远征云南，灭大理国。1258年蒙哥兴师伐南宋，授命忽必烈代总东路军。1259年9月，忽必烈率师抵淮河，蒙哥在合州前线逝世的消息传来，忽必烈仍指挥大军自阳逻堡渡长江，围鄂州（今湖北武汉），并以军接应从云南北上的兀良合台军。这时，得悉留守漠北的幼弟阿里不哥擅自征兵图谋汗位，忽必烈立即采纳汉人郝经的献计，与宋约和，轻骑北返燕京。十年（1260年），在开平（今内蒙古正蓝旗东）称汗，始建年号中统。其幼弟阿里不哥也在和林（今蒙古鄂尔浑河上游东岸哈尔和林）称汗。至元元年（1264年），忽必烈打败阿里不哥，后迁都燕京（今北京），改称大都。

经过从中统元年到至元初年的增改损益，新王朝的各种制度大体上确立下来。至元八年（1271年），取《易经》“大哉乾元”之义，建国号为大元。次年，确定以大都为首都。中央集权政治的重新确立，恢复了正常的统治秩序，对人民的赋役剥削限制在一定的数额之内，并采取了一些有利于农业和手工业生产的措施，如立司农司、垦荒屯田、兴修水利、限制抑良为奴等。但是，这个政权也保留了大量的蒙古落后旧制，一直贯穿元代始终，严重束缚了生产力的发展，使元代的社会矛盾愈益激化。同时，忽必烈又积极着手消灭南宋的战争，至元十一年（1274年），命伯颜大举伐宋。十三年（1276年），下临安，十六年（1279年），消灭了流亡在崖山的南宋残余势力，完成了全国的大统一。元朝是中国历史上第一个少数民族统治全国的王朝，它初步奠定了中国疆域的规模。

忽必烈在位期间，注重选用人才，采用汉法，建立各项政治制度。地方建立行省，开创我国省制之端。劝课农桑，兴修水利，发展生产。加强对边疆地区管理，开辟中外交通，巩固和发展多民族国家。他把境内民众分成四等，民族压迫较重。

同期，忽必烈接连派遣军队远征日本、安南、占城、缅甸与爪哇，都遭到失败。但抗击海都、笃哇等西北诸王的侵扰和平服东

北诸王乃颜叛乱，具有一定的积极作用。至元三十一年，忽必烈病逝，享年八十岁，有子十一人，谥圣德神功文武皇帝，庙号世祖。

元成宗

元成宗铁穆耳（1265—1307年），蒙语称完泽笃皇帝，元世祖孙、太子真金之子。太子真金死后，他于至元三十年（1293年）受皇太子宝，总兵镇守漠北。次年，即皇帝位。

成宗即位后，停止了对外战争，集中精力整顿国内军政。他采取一系列措施，限制诸王势力，新编了法律条令，缓和了较为紧张的社会矛盾。在对待民生问题上，他采纳了王约的建议，经济上实行轻徭薄赋，停止所有非急需的土木工程，免除历年积欠的赋税，重新核实纳税的民户，以减轻民众负担，与民休息；同时设立义仓，赈济贫苦孤独之人；开放打猎等禁令；实行有利于农业的措施，以安抚民众，发展生产。

成宗为了维护国家的统一，出兵击败西北叛王海都、笃哇等，招徕都哇、察八儿归附，使西北长期动乱局面有所改观。但是，成宗后期曾一度用兵西南。1300年，他发兵两万出征八百媳妇国（今泰国北部、缅甸东北部，治京泰国清迈）。第二年，又因金齿（今中国云南西部和缅甸腊戌一带）诸国阻击元朝的征缅归师，下诏计伐金齿诸国。后因出征八百媳妇国之元军损失惨重，成宗才决心不再对西南用兵。

史书惯称成宗为守成，其实，成宗并非只是守成者，而推陈出新者居上，且政绩与功德卓然。但是他晚年患病，委任皇后卜鲁罕和色目大臣执政，朝政日渐衰败。大德十一年（1307年）正月初八，成宗去世，谥钦明广孝皇帝，庙号成宗。

元顺帝

元顺帝（1320—1370年）妥懽帖睦尔，元代末代皇帝。元明宗和世的长子，至顺元年（1330年）元顺帝的母亲被杀，他被驱逐到高丽，后来到静江（广西桂林）。至顺三年（1332年）十一月，元宁宗逝世，太皇太后卜答失里下令立他为皇帝，受到左丞相钦察人燕铁木儿的反对。直到至顺四年（1333年）六月，妥懽帖睦尔才在上都即位。即位后，燕铁木儿的儿子唐其势叛乱，元统三年（1335年）被平定。顺帝任命有拥戴之功的伯颜为中书右丞相。于是伯颜把持着朝政，排斥儒生，废除科举制，下令严禁汉人、南人私造私藏兵器，不允许汉人学蒙古语和喂养马匹，激化了元朝的阶级矛盾和民族矛盾。至元祐六年（1340年），元顺帝支持脱脱逐走伯颜，以脱脱为中书右丞相，下令复科举取士，开马禁，减盐额，由脱脱（后改由阿鲁图）主持修辽、金、宋三史，颁《至正条格》，史称“脱脱更化”。

至正四年（1344年）因黄河泛滥，国库空虚，他被迫改变钞法，引起物价上涨，社会矛盾更加激化，终于爆发了元末农民大起义。顺帝听信谗言，贬斥脱脱，国家大权于是尽落在哈麻、雪雪兄弟手里。至正十六年（1356年），哈麻、雪雪谋废顺帝，事败被杀。洪武元年（1368年）七月，明兵逼近大都。七月二十八日，顺帝率后妃太子奔上都。八月初二，明兵入大都，元亡。洪武二年（1369年）六月，顺帝奔应昌（今内蒙古克什腾旗西北），次年四月，因痢疾死于应昌。庙号惠宗，朱元璋加号顺帝。

明太祖

明太祖朱元璋（1328—1398年），原名重八，后取名兴宗，字国瑞。濠州（今安徽凤阳县东）钟离太平乡人。朱元璋从小很穷，曾经到皇觉寺当和尚。

至正十二年（1352年）闰三月初一，朱元璋投奔郭子兴。郭子兴见元璋状貌奇伟，与常人不同，遂留置为亲信兵。后郭子兴屡次率兵出征，攻无不克。心里大喜，任命朱元璋为镇抚，又将养女马氏嫁给朱元璋为妻，即后来的高皇后。至正十五年（1355年）三月，郭子兴病逝，其子郭天叙代领其众。九月，郭天叙、张天佑二人皆战死，郭子兴部将尽归朱元璋。接着以朱元璋战功连续升迁，龙凤七年（1361年）受封吴国公，十年自称吴王。元至正二十八年（1368年），在基本击破各路农民起义军和扫平元的残余势力后，朱元璋在南京称帝，国号大明，年号洪武。

朱元璋创建明朝后勤奋治国三十一年，为了缓和尖锐、复杂的阶级矛盾、民族矛盾和统治阶级内部各集团之间的矛盾，实行了抗击外侵、革新政治、发展生产、安定民生等一系列有利于社会前进的政策。他又整肃吏治，严惩贪官，创立卫所，巩固边防，重视农业，促进了社会的稳定和国家的统一和发展。

但是朱元璋又是历史上诛杀功臣最多的皇帝。他大兴冤狱，设立锦衣卫，对官民实行残暴的专制统治，废除丞相制，抑制贤能的辅佐，使权臣和宦官更容易控制政权，导致明末宦官专权，民乱纷起。

据说朱元璋相貌丑恶、凶狠。当年他召来天下一流的画师为其绘相。画师们惟恐受罚，都使出看家本领，画得惟妙惟肖。但朱元璋看到自己的尊容心里很气愤，以画得不像为由，一连杀了三个画师。第四个画师又被召到御前，他不知如何保住项上头颅，幸亏他的朋友献计，让他“绘御容时，稍事修饰，掩敛杀气而增慈善”。他如法炮制，御像绘出后，朱元璋大为满意，认为这画像“形神兼备，足称朕意”。

在中国所有皇帝中，朱元璋几乎是生育能力最为旺盛的一个。他有四十六个后妃，二十六个儿子和十六个公主。一百年后，朱氏家族就繁衍到八千多人，光是满足他们锦衣玉食的生活，就用去了相当于全国三分之一的军费。

1398 年闰五月，朱元璋病死于京都西京，终年七十一岁。谥号为高皇帝，庙号太祖。

明成祖

明成祖（1360—1424 年）朱棣，1402 年至 1424 年在位。朱元璋第四子。成祖出生时，朱元璋正忙着与陈友谅交战，连给儿子起个名字的工夫都没有。明成祖朱棣自称是马皇后嫡生，实际上他的生母是个贵妃，为此衍义出许多的野史和传说。明成祖长大后被封为燕王，就藩北平（今北京）。他娶徐达的长女为妻，成了他的好内助。多次受命参与北方军事活动，两次率师北征，加强了他在北方军队中的影响，也初步展示了他的军事才能。朱元璋去世后，继位的建文帝朱允炆实施削藩，朱棣遂于建文元年（1399 年）七月发动靖难之役，建文四年（1402 年）六月攻入南京，夺取了皇位。次年改元永乐。

朱棣即位之初，调整了洪武、建文两朝的一些政策，提出“为治之道在宽猛适中”的原则。注意社会经济的恢复与发展，认为“家给人足”、“斯民小康”是天下治平的根本。他大力发展和完善军事屯田制度和盐商开中则例（明朝开中制，分为边仓纳粮中盐和召商运粮中盐两种形式），保证军粮和边饷的供给。派夏原吉治水于江南，疏浚吴淞。在中原各地鼓励垦种荒闲田土，实行迁民宽乡，督民耕作等方法以促进生产，并注意蠲免赈济等措施，防止农民破产，保证了赋役征派。通过这些措施，永乐时“赋入盈羡”，达到明代最高峰。

为开展对外交流，扩大明朝的影响，从永乐三年（1405 年）起，朱棣派郑和率领船队七次出使西洋，所历三十余国，成为明初盛事。永乐时派使臣来朝者亦达三十余国，中亚的帖木儿帝国也与明朝多次互派使者往来。浡泥王和苏禄东王亲自率使臣来中国，不幸病故，分别葬于南京和德州。永乐四年（1406 年）朱棣派兵征安南，次年安南内属，于其地设交趾布政使司。

朱棣利用科举制及编修书籍等笼络地主知识分子，选择官吏力求因才而用。他对建文时逆命诸臣，残酷屠杀，大肆株连。当其皇位较巩固时，又继续实行削藩。永乐初开始设置内阁，选资历较浅的官僚入阁参与机务，解决了废罢中书省后行政机构的空缺。他很重视监察机构的作用，设立分遣御史巡行天下的制度，鼓励官吏互相告讦。他设置镇守内臣和东厂衙门，恢复洪武时废罢的锦衣卫。厂卫合势，发展和强化了专制统治。

永乐二十二年（1424 年）朱棣死于北征回师途中的榆木川（今内蒙古乌珠穆沁），葬于长陵，庙号太宗，嘉靖时改成祖。谥号启天弘道高明肇运圣武神功纯仁至孝文皇帝。

明孝宗

明孝宗朱祐樘（1470—1505 年），宪宗第

三子。孝宗的童年非常坎坷不幸，生母纪氏是广西纪姓土司的女儿，纪姓叛乱平息后，少女纪氏被俘入宫中，被派充到内廷书室看护藏书。一次宪宗偶尔经过，见纪氏美貌聪敏，就留宿了一夜，纪氏便怀孕了。宠冠后宫的万贵妃知道后，命令一宫女为纪氏堕胎。该宫女心生恻隐，不忍下毒手，便谎报说纪氏是“病痞”，并未怀孕。万贵妃仍不放心，下令将纪氏贬居冷宫。纪氏在冷宫中偷偷生下了朱祐樘后，又被万贵妃得知，派门监张敏来溺死皇子，幸而张敏冒着性命危险帮助纪氏将婴儿秘密藏起来，每日用米粉哺养。被万贵妃排挤废掉的吴皇后也帮助哺养婴儿。就这样，朱祐樘一直被偷偷地养到六岁。

一天，张敏为宪宗梳头时，宪宗叹息说：“我眼看就要老了，还没有儿子。”张敏连忙伏地说：“万岁已经有儿子了。”宪宗大吃一惊，忙追问究竟，张敏才说出了真情。宪宗皇帝听了大喜，立即命令去接皇子。当宪宗皇帝第一次见到自已那因为长期幽禁、胎发未剪拖至地面的瘦弱的儿子时，不禁泪流满面。当天召集众臣，说出真相。次日，颁诏天下，立朱祐樘为皇太子，并封纪氏为淑妃。

成化二十三年(1487 年)，宪宗皇帝驾崩，朱祐樘即皇帝位，改明年为弘治元年。即位后，他就着手改革弊政。他逮捕了以方术、房中术蛊惑皇帝得到宠幸的李孜省，以及与李一起祸乱朝政的太监梁芳，使文武百官弹冠相庆。接着，孝宗皇帝开始整顿吏治，将成化朝通过贿赂，溜须拍马发迹的官员一律撤换。改革首先从内阁开始，当时著名的“纸糊三阁老”都先后被“请”出内阁。孝宗皇帝重新起用了一些在成化朝由于直言被贬的官吏，其中著名的有王恕、怀恩、马文升等人，使得无论是朝中还是宫中都为之一新。

孝宗统治时期被史学家们认为是明朝回光返照的时期，得了重病的大明王朝经过孝宗皇帝的治理，精神为之一振，但是随着孝宗的驾崩，病情就急剧恶化，一步步走向了死亡。

孝宗一生只有一个妻子，就是皇后张氏。他是中国两千年帝国史上唯一一个一夫一妻的皇帝。1505 年五月孝宗病死，在位十八年，终年三十六岁，葬于泰陵。

明思宗

明思宗（1611—1644 年）朱由检，明光宗朱常洛第五子，天启二年（1622 年）封为信王。天启七年（1627 年）八月，明熹宗朱由校病逝于乾清宫，终年二十三岁。无子，遗诏命其五弟——信王朱由检即皇位。朱由检即位后，追谥生母贤妃为孝纯皇后，册封周氏为皇后。

1628 年正月，改元崇祯。逼阉党魏忠贤自杀，此后将阉党二百六十余人或处死、或发配、或终身禁锢。与此同时，平反冤狱，重新启用天启年间被罢黜的官员。当时明王朝外有后金连连攻逼，内有农民起义军的烽火愈燃愈炽，而朝臣中门户之争不绝，疆场上则将骄兵惰。面对危机四伏的政局，朱由检殷殷求治。每逢经筵，恭听阐释经典，毫无倦意，召对廷臣，探求治国方策。勤于政务，事必躬亲。全面考核官员，禁朋党，力戒廷臣交结宦官。整饬边政，以袁崇焕为兵部尚书，赐尚方剑，托付其收复金辽重任。与前两朝相较，朝政有了明显改观。

但是朱由检求治心切，很想有所作为。但因矛盾丛集、积弊深重，无法在短期内使政局根本好转。他刚愎自用，急躁多疑，又急于求成，因此在朝政中屡铸大错。在与后金战争的紧要关头，朱由检中了后金皇太极的反间计，冤杀袁崇焕，使辽东防卫几近崩溃。他又增加赋税，增调重兵全力防范雄居东北的后金政权和镇压李自成、张献忠领导的农民军，更加剧了社会矛盾。

崇祯十七年（1644 年）三月十九日，李自成领导的大顺农民军攻克北京，朱由检在煤山（今景山） 自缢，明王朝灭亡。南明的弘光年间谥“绍天绎道刚明恪俭揆文奋武敦仁懋孝烈皇帝”，庙号思宗，后改为毅宗，唐王谥为威宗。清改为庄烈愍皇帝，庙号怀宗，葬北京昌平思陵。

清太祖

清太祖努尔哈赤（1559—1626 年），大金（后金）开国君主，清朝奠基人。满族，爱新觉罗氏。明嘉靖三十八年（1559 年）努尔哈赤出生在赫图阿拉（今辽宁省新宾县境内）建州左卫一个小部酋长的家里。他的六世祖猛哥帖木尔，原是元朝斡朵里万户府的万户，明永乐三年（1405 年）应明成祖朱棣的招抚，入京朝贡，封授建州卫指挥使，后掌建州左卫，晋升至右都督。宣德八年（1433 年），因教授明都指挥佥事裴俊，被阿速江等卫“野人女真”杀死。努尔哈赤的祖父觉昌安为建州左卫都指挥，父亲塔克世为建州左卫指挥。万历十一年（1583 年），努尔哈赤二十五岁的时候，建州左卫苏克素护部图伦城主尼堪外兰引导明军镇压阿台，他的祖父和父亲觉昌安、塔克世也随军同往。在攻打古埒城时，明军在尼堪外兰的唆使下，误杀了觉昌安和塔克世。

努尔哈赤早年丧母，自立为生，经常采集松子和人参，到汉人的市集去卖，因此逐渐受到汉人文化的影响，学会说汉语，并且喜爱读《三国演义》。后因生活所迫，离家从戎，投到明辽东总兵李成梁部下，屡立战功。后来努尔哈赤继承了父亲遗留下来的十三副铠甲，开始招兵买马，发展自己的力量。

初起时，他兵少将寡，但是他的政策正确，经多次征战，很快成为女真诸部中最强大的力量。在其后三十多年的时间里，他东伐西讨，南征北战，统一了建州女真和海西女真的全部，以及“野人”女真的大部，从而结束了自元明以来女真社会长期分裂和动乱不安的局面。他的统一，促进了东北地区各族之间的经济文化交流，加快满族共同体的形成。万历四十四年（1616 年），努尔哈赤在赫图阿拉称汗，建立“大金”（史称后金），改元天命，自此公开与明抗衡。

天命三年（1618 年）四月，努尔哈赤以“七大恨”誓师，然后统兵攻陷明抚顺、清河等地。至此，后金由防御转入进攻，改变了辽东的形势，开始和明王朝争夺全国统治权。六年（1621 年）二月，努尔哈赤率领大军相继攻占沈阳、辽阳等七十余城，辽河以东尽为后金所有。他为了加强对新占领区的统治，由萨尔浒城迁都到辽阳，后又迁至沈阳。努尔哈赤进入辽沈地区以后，实行“计丁授田”，使原来的汉族农民沦为农奴，引起汉民的反抗。十年（1625 年）十月，又下令实行“编丁立庄”，把汉民编入汗、贝勒的庄中，使汉人遭到更残酷的剥削。他又大量掠夺人口，任意强占财物、屠杀汉民，加深了汉满之间的民族矛盾。努尔哈赤对汉民政策的失误，使得后金政权常处于飘摇动荡之中，无力再向外发展。

天命十一年（1626 年）正月，努尔哈赤乘明辽东经略高第放弃关外退守关内之机，统率大军进攻宁远（今辽宁兴城），被宁远守将袁崇焕击败，损失惨重。这是努尔哈赤对明战争以来第一次遭受挫败，他满怀忿恨返回沈阳。七月身患毒疽，八月十一日病死。清朝建立后被追封为太祖，初谥武皇帝，后谥高皇帝。

清世祖

清世祖（1638—1661 年）爱新觉罗·福临，是清朝入关后的第一位皇帝，皇太极第九子。崇德八年（1643 年）八月二十六日，他六岁时在沈阳即位，年号顺治。初由叔父多尔衮、济尔哈朗摄政。顺治七年（1650 年），多尔衮出塞射猎，死于塞外。这年清世祖十四岁，只好提前亲政。清世祖天资聪颖，读书勤奋，他注意吸收先进的汉文化，审时度势，对成法祖制有所更张。在其母孝庄文皇后的帮助下，整顿吏治，以明朝的兴亡为借鉴，警惕宦官朋党为祸。恢复六部旧制，改内三院为内阁。直接掌握正黄、镶黄、正白等上三旗，限制和削弱满洲贵族旗主势力。又继续用兵西南，加紧镇压各地反清斗争。颁布《大清律》，禁止文人结社，强化封建统治。同时又广开言路，网罗人才。注重农业生产，注意与民休息，取之有节。提倡节约，减免苛捐杂税。在各方面取得了很大成就，为巩固清王朝统治作出了贡献，初创了清王朝走向强盛的新局面，为康乾盛世打下了基础。

但他年少气盛，刚愎自用，急躁易怒。他宠爱的董妃去世后，就变得消极厌世，崇信佛教，于顺治十八年（1661 年）二十四岁时英年早逝。

关于清世祖的离位传统上有两种说法。

其一是世祖在顺治十八年因病而死，具体原因是因为爱子、宠妃的相继病亡，受到了巨大的精神打击，身体每况愈下，后又染上了天花而亡。另一种民间传说是他因爱妃董鄂妃病逝，崇信佛教而出家为僧，这种说法一般还把董鄂妃与董小宛当作同一人。根据史学界的考证已经基本否定这种说法。最近历史学家又提出了第三种说法，即炮击致死说，认为顺治在试图征服台湾时，被郑成功的大炮炮击致死。

清圣祖

清圣祖（1654—1722年）玄烨，世祖第三子，母亲佟妃。顺治接受了德国耶稣会传教士汤若望的意见，认为清圣祖出过天花具有免疫力而把他选为继承人。顺治十八年（1661年），清世祖福临去世，年仅八岁的清圣祖继承皇位，改次年为康熙元年（1662年）。二年（1663年）二月，生母去世，由祖母博尔济特氏（孝庄文皇后）抚育。他自幼苦读，好学不倦，身体强健，骑射娴熟。康熙六年（1667年）七月初七在太和殿举行亲政仪式。在其祖母太皇太后孝庄文皇后的帮助下，他在康熙九年赢得了与顾命大臣鳌拜斗争的胜利，开始真正亲政。

清圣祖亲政后，先后平定“三藩”，统一台湾，并粉碎了西北厄鲁特蒙古准噶尔部上层分子的分裂阴谋，基本上实现了国家的统一，并将侵略黑龙江流域的沙俄驱逐。

他亲政不久后便宣布停止圈地，治理黄河，发展农业，奖励垦荒，放宽垦荒地的免税年限。康熙五十一年命令征收赋税以康熙五十年人口为准，此后滋生人丁，永不加赋。他还着手整顿吏治，恢复了京察、大计等考核制度。为了防止被臣下蒙蔽欺骗，他还亲自出京巡视，了解民情吏治。其中最著名的是六次南巡，此外还有三次东巡、一次西巡，以及数百次巡查京畿和蒙古。他还亲自巡视黄河河道，督察河工，并下令整修永定河河道。

清圣祖重视对汉族知识分子的优遇，提倡程朱理学，开博学鸿词科，开放明史馆，创建了南书房制度，并亲临曲阜拜谒孔庙。还组织编辑与出版了《康熙字典》《古今图书集成》《历象考成》《数理精蕴》《康熙永年历法》《康熙皇舆全览图》等图书、历法和地图。

他为了加强思想统治，曾兴《明史》和《南山集》等文字狱。但是总的来说，他统治时期号为“治平”，系清王朝的繁盛时期，被称为“康熙盛世”。清圣祖一生勤奋治国，在位六十一年，是中国历史上在位时间最长的皇帝，也是中国历史上一位杰出的封建君主。康熙六十一年十一月十三日（1722年12月20日）卒于北京畅春园清溪书屋，终年六十九岁。

清世宗

清世宗（1678—1735年）爱新觉罗·胤禛，康熙皇帝第四子。清世宗八岁时随康熙出关北巡，十岁时出猎封为贝子，三十二岁时又晋封为雍亲王。康熙死后，四十五岁的胤禛继承帝位。关于清世宗的即位，民间传说是他串通隆科多，篡改诏书，将传位十四子改成了传位于四子而登上皇位，这显然是谣传。

清世宗在位期间，在西南少数民族地区实行改土归流等措施，平定了青海和硕特部贵族的叛乱，反击了准葛尔部贵族的骚扰，与沙俄订立了《中俄布连斯奇界约》《中俄恰克图界约》，划定了中俄中段边界。

他在经济上采取了一些旨在发展农业生产的措施。雍正二年（1724年），开始实行直隶巡抚李维钧提出的“摊丁入地”的赋役制度，同时宣布取消儒户、宦户，限制绅衿特权，这样，无论贫富，力役都合理负担。同时，为了解决人口日益增长所需粮食问题，更加严格地执行传统的重农抑末方针，鼓励垦荒，强调粮食生产，反对种植经济作物，并反对开矿和发展手工业。他注意兴修水利，除治理黄河、建筑浙江海塘外，命怡亲王胤祥在直隶开展营田水利，在宁夏修筑和疏浚水渠。

清世宗在位十三年，取得了卓有成效的业绩，为后代乾隆打下了扎实雄厚的基础，使“康乾盛世”在乾隆时期达到了顶峰。他的历史地位，同乃父康熙和乃子乾隆相比，毫不逊色。

雍正十三年（1735年）八月二十三日，太监见清世宗到黄昏还没有起床，也不见帐内有什么响动，忙去禀告皇后。据说，皇后赶来揭开龙帐一看，雍正已经暴死于床上。有传说为侠女吕四娘报家仇所暗杀；一说为正常死亡，终年五十八岁，葬于河北泰陵（今河北省易县西）。死后庙号为世宗宪皇帝，史称雍正皇帝。

清高宗

清高宗（1711—1799年）爱新觉罗·弘历，雍正皇帝第四子，雍正在位时被封为宝亲王。清高宗是雍正诸子中最有才干的一位，自小甚得其祖父康熙喜爱，在雍正即位当年，就被以“秘建皇储”的方式确立为继承人。1735年，雍正暴崩，群臣和总管太监从正大光明匾额后面取出锦匣，开读密诏，上面写着“皇四子弘历为皇太子，继朕即皇帝位。”清高宗顺利继承皇位。他从小得宠，几乎没受到挫折就登上皇位，这也许是他后来“好大喜功”的一个原因。第二年改年号为“乾隆”。

清高宗在内政方面创举不多，最大的成绩是继续施行雍正时期的“摊丁入亩”、“改土归流”等政策，并以个人威望维持统治高层的稳定，使社会经济在稳定发展中达到繁荣。他最为自豪的是他“十全武功”，也因此自称为“十全老人”。所谓“十全武功”包括两次平定西北的准噶尔部，一次平定新疆回部，两次征服西南的大小金川，一次镇压台湾林爽文起义，一次出征缅甸，一次出征越南和两次出征尼泊尔的廓尔喀。实际上，对历史影响较大的只有西北方面的军事行动。他平定了准噶尔部和维吾尔族的首领大、小和卓木的叛乱，设置了伊犁将军，并在喀什等地设参赞大臣、领队大臣等，同时大幅减轻了维族地区的赋税负担。广大的西北地区终于顺从于中央政权之下，这是他对中国历史的一大贡献。

清高宗时期在文化上也有突出的作为。他组织了许多大规模的文化工程，包括编撰《四库全书》《大清会典》《周易述义》《三礼义疏》《皇朝通志》《八旗通志》等书籍，还校刊重刻了《十三经》《二十二史》《三通》等书籍，其中最引人注目的是《四库全书》的编撰，共收入古书3457部，共79070卷，装订成36275册，保存了许多珍贵古书，为中国古籍文化的集大成之作。

乾隆六十年（1795年）底，清高宗决定将皇位禅让给皇太子。嘉庆元年（1796年）正月初一在太极殿举行禅位大典，自称太上皇，但仍掌握着朝廷实权。嘉庆四年（1799年）正月，乾隆得病，虽经过不少名医医治，都不见起色，初三死于养心殿。乾隆死后庙号为高宗纯皇帝，史称乾隆帝。

清德宗

清德宗（1871—1908年）爱新觉罗·载湉，道光帝的第七子醇亲王奕譞的儿子，慈禧太后外甥。同治十年（1871年）六月二十八日出生于北京宣武门太平湖畔醇王府。同治皇帝死后没有儿子，慈禧为了能名正言顺地把持朝政，亲自指定醇亲王的次子、也是自己妹妹的亲生子、年仅四岁的载湉继承皇位，由慈禧太后“垂帘听政”。清德宗继位后，由慈禧专权。至清德宗十六岁，慈禧“归政”，但仍然掌握大权。

1894年，中日战争爆发，清德宗主张抵抗，他派兵到台湾布防，下令停止继续移用海军经费修建颐和园，并命查察各路将领“有无畏葸纵敌情事，不得片词粉饰”。清德宗决心进行变革图强。次年7月，他发布了一道命令，列举一系列应革事项，但是在慈禧太后阻挠下，未能实施。1897年11月，德国占领胶州湾，中国面临被列强瓜分的危险，康有为等再次来到北京，上书指陈时局紧迫。清德宗更坚定了变法决心，传话给慈禧太后：“太后若仍不给我事权，我愿退让此位，不甘作亡国之君。”于是力排众议，于1898年6月11日下“明定国事”诏书，宣布开始变法，支持康有为、谭嗣同等人推行新政。但以慈禧太后为主的守旧派反对变法，发动政变，清德宗被幽禁，康、梁逃亡日本。

光绪二十六年（1900年），中国北方爆发了以“扶清灭洋”为口号的义和团运动，引起英、俄、法、德、美、日、意、奥等八国联军入侵。在八国联军逼近北京时，慈禧带着清德宗逃亡西安。还京后，慈禧太后让其备位随朝，以欺天下视听。1908年11月14日德宗死于宫中，终年三十八岁，在位三十四年，死后庙号为德宗，史称光绪皇帝。

慈禧太后

慈禧太后（1835—1908年）叶赫那拉氏，满洲镶蓝旗人。咸丰十二年（1852年）被选入宫，封兰贵人。1856年生皇长子载淳。次年封懿贵妃。在宫中的地位仅次于皇后钮钴禄氏。她因为得到咸丰帝的宠幸，开始干预朝廷政事。咸丰十年（1860年），英法联军攻占北京，咸丰皇帝携皇后、懿贵妃及皇子载淳等逃往热河行宫。次年8月，咸丰帝病死，六岁的载淳继位。慈禧和钮钴禄氏被尊为皇太后，徽号慈禧、慈安，分别被称为西太后、东太后。由于慈禧不满八位赞襄政务王大臣专权，11月，她与恭亲王奕䜣等贵族官僚在北京发动辛酉政变，将载垣、端华、肃顺处死，其他五人或革职或遣戍，改元同治，实行两太后垂帘听政，自己掌握实权。

慈禧统治时期，任奕䜣为议政王、军机大臣，管理总理各国事务衙门；依靠曾国藩、李鸿章等组织的汉族地主武装，先后镇压了太平天国、捻军和苗民、回民起义，巩固了清王朝的统治。她采用了洋务派自强和求富的方针，开办一些新式工业，训练海军和陆军以加强政权实力。同时，又支持顽固派对洋务派进行牵制。

同治十三年（1874年）底，同治帝载淳死于养心殿平安室。因同治无子，慈禧立醇亲王奕𫍽之子（即慈禧胞妹之子）载湉为皇帝，两太后再次垂帘听政。光绪七年（1881年），慈安皇太后暴死。慈禧独揽大权。1889年，她名义上归政于光绪帝，实际仍操纵内政和外交大权。中日战争后，中国与日本签订了丧权辱国的《马关条约》。1898年，光绪帝实行戊戌变法。以慈禧太后为首的顽固派于9月21日发动政变，幽禁光绪帝。废除全部维新措施，捕杀维新派谭嗣同等6人。慈禧太后宣布重新训政。1908年11月14日，光绪帝死。慈禧命立醇亲王载沣子、年仅三岁的溥仪为帝，年号宣统。次日慈禧也死于西苑仪鸾殿。